Menschenfresser

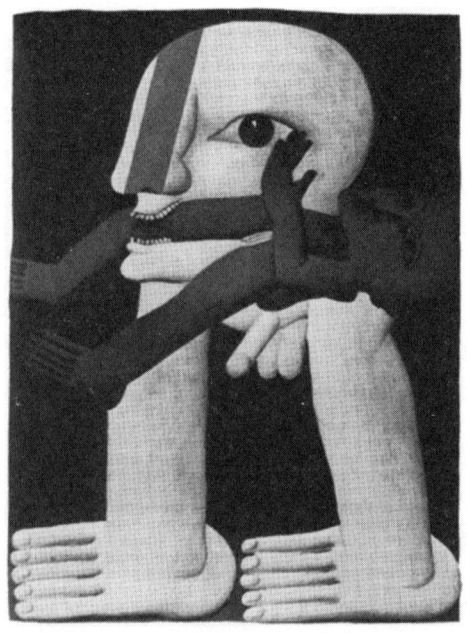

1 Horst Antes, Figur Menschenfresser, Farblithografie, 1971

»Ja«, sagte er, »ich bin es, der alte,
dir und vielleicht nur dir,
allein wohlgesinnte Menschenfresser,
einen kleinen Besuch will ich dir machen,
mich erholen an deinem Anblick,
die Nerven ein wenig ausruhen lassen ...«
                      Franz Kafka. Der Hungerkünstler

Christian W. Thomsen

Menschenfresser

in Mythen, Kunst und fernen Ländern

Mit 130 Abbildungen

Wichtiger Hinweis:

Die vorliegende Neuausgabe wurde von Christian W. Thomsen überarbeitet und um ein neues Vorwort mit neuen Abbildungen sowie eine aktualisierte Biographie erweitert.

Das Motto von Franz Kafka auf Seite 2 stammt aus: J. M. S. Pasley, »Asceticism and Cannibalism: Notes on an Unpublished Kafka Text«, *Oxford German Studies I* (Oxford, 1966), S. 106.

Das Motto von Erich Kästner auf Seite 6 stammt aus: »Anthropophagie und Bildungshunger«, in: *Kurz und bündig. Epigramme* (1950), in: Erich Kästner, *Gesammelte Schriften*, Bd. I, *Gedichte* (Köln/Berlin, o. J.), S. 329.

Christian W. Thomsen: Menschenfresser – in Mythen, Kunst und fernen Ländern
Copyright © 1983 by Christian Brandstätter Verlag, Wien
Genehmigte Lizenzausgabe für area verlag gmbh, Erftstadt
Alle Rechte vorbehalten

Einbandgestaltung: rheinConcept, Wesseling
Einbandabbildung: Kannibalistischer Bratrost in der Phantasie der Eroberer, aus Theodor de Bry (Amerika, 3. Teil, 1592); picture-alliance/akg-images
Satz & Layout: GEM mbH, Ratingen
Printed in Czech Republic 2006

ISBN-13 978-3-89996-710-4
ISBN-10 3-89996-710-0

www.area-verlag.de

Inhalt

Vorwort zur Neuausgabe		7
Einleitung		31
I.	Definitionen	45
II.	Mythos, Religion, Aberglaube	53
III.	Märchen und Sagen	94
IV.	Reiseliteratur, Ethnologie, Science-Fiction	137
V.	Psychologie, Philosophie	186
VI.	Erotik	212
VII.	Gastrosophie	240
VIII.	Kuriosa, Songs, Gedichte	259
IX.	Satire, Karikatur, Parodie	281
X.	Kunst und Kunsttheorie	319
Nachwort und Dank		353
Bibliographie		355
Bildnachweis		367
Personenregister		371

2 anonym, Ein kulinarisches Mahl, Frankreich, ca. 1810/11

Was weiß man schon über Menschenfresser?
Fressen sie mensch,
wie sich's gehört mit Gabel und Messer?
Schmeckt ihnen ein dicker,
asthmatisch gewesener Bäcker
besser als ein dünner, schmalfingriger König?
Man weiß so wenig ...
Erich Kästner

Vorwort zur Neuausgabe

Filmkunst kannibalisch

Nun ist das ›Menschenfresserbuch‹ also nach 22 Jahren zum Klassiker geworden, der erneut aufgelegt wird. Seine Aktualität hat es stets behalten. In den ersten fünf Jahren nach seiner Publikation gab es in den deutschsprachigen Ländern immer wieder neue Rundfunk- und auch Fernsehsendungen, eine Vielzahl von Rezensionen und ein lebhaftes Feedback aus der Leserschaft, wie das sonst nur selten bei einem wissenschaftlichen Buch vorkommt. Die brieflichen Anfragen, Kommentare, Hinweise, Interpretationen – E-Mails kannte man in den 80ern noch nicht – reichten von strikt sachlicher, wissenschaftlicher Fachdiskussion bis zu obskuren Sektierern, die irgendwelchen ominösen Kulten anhingen, schwarze Messen zelebrierten, von Kriminologen und Forensikern, die von speziellen Fällen aus ihrem Berufsalltag berichteten, bis zu pseudowissenschaftlich-pseudophilosophischen Querdenkern, die der Menschheit aufgrund ihres übermäßigen Gehirnwachstums den Untergang in einer Art kannibalischer Apokalypse voraussagten. Den meisten dieser Briefeschreiber habe ich nie geantwortet, weil mir ihre Ideen zu unseriös, zu abstrus schienen und weil mein eigenes Primärinteresse ja nicht dem realen Kannibalismus, sondern der Umsetzung dieses Motivkreises in Literatur und unterschiedlichsten Kunstformen galt.

Erstaunt war ich u. a. darüber, mit welcher Offenheit mir wildfremde Menschen intime Gedanken mitteilten, selbst in Rundfunksendungen Dinge Preis gaben, die man normalerweise vor der Öffentlichkeit verschweigt. Das war manchmal so, als sei dieses Buch eine Art Wünschelrute, die anschlägt, sobald man auf eine verborgene Quelle trifft. Ich erinnere mich z. B. jenes Dachdeckermeisters, der mich in einer dreistündigen »Phone-in«-Sendung des WDR Köln im Studio anrief und mich vor 2,5 Millionen Zuhörern fragte, ob er pervers sei. Was ich davon halte, dass er mit seiner hübschen jungen Frau und ihrer beider kleinen Kindern gerne nackt auf dem Wohnzimmerteppich herumkrabbele und sie in die Pos bisse. Ich antwortete damals, dass, solange dies rein spielerisch bliebe, dagegen nicht viel einzuwenden sei, dass er sich aber der Grenzen bewusst sein solle. Ich glaube, dass ich heute darauf wesentlich vorsichtiger und befangener reagieren würde.

Denn immer deutlicher wurde mir durch all diese Reaktionen und natürlich auch durch reale Vorkommnisse, dass im Verlauf des Buches vorgetragene psychologische Thesen von kannibalischen Instinkten im Homo

Sapiens zutreffen. Und meine Befangenheit und mein Erschaudern vor den Abgründen des menschlichen Trieb- und Seelenlebens wuchsen im Laufe der Jahre. Im Zuge des Älterwerdens vergrößerte sich auch die Einsicht in die gesellschaftliche Notwendigkeit von Tabus. Inzest und Kannibalismus sind die stärksten Tabus, welche nicht alle, aber die meisten und die entwickeltesten menschlichen Kulturen aufgerichtet haben, als Schranken gegen eine unkontrollierte animalische, mitunter bacchantische Wildheit in unseren Genen und unseren Leidenschaften. Man kompensiert dieses Urgrauen vor dem Überschreiten der Tabus gerne mit Witz, Satire und Karikatur. Die Kannibalenwitze sterben wohl niemals aus.

Am eindrücklichsten in Erinnerung geblieben ist mir wegen seiner Ambivalenz und seiner Unerwartetheit ein Erlebnis aus dem Jahre 1982 in Jerusalem, als ich noch mitten in der Arbeit zur Erstauflage dieses Buches steckte.

Ich war zu einer kurzen Gastprofessur an das Drama Department der Hebrew University auf dem Mount Scopus eingeladen worden, wo ich Vorlesungen über Shakespeare und moderne Theatertheorien hielt. Es war eine ungemein spannende und intensive Zeit. Jeden Abend wurde ich von anderen Gastgebern eingeladen und traf eine Vielzahl interessanter Menschen. Vor einem Abend jedoch hatte ich ausgesprochen Bammel. Ein aus Helsinki eingewanderter Kollege, dessen Bruder Rabbi war, lud mich ein und teilte mir beiläufig mit, dass zwölf Rabbis aus den verschiedensten Ländern erwartet würden. In der Tat stellte sich dann heraus, dass da ein Rabbi aus Barcelona, einer aus Madrid, einer aus London, einer aus Kopenhagen, einer aus Austin in Texas, einer aus Tokio usw. anwesend waren.

Ich beschloss vor mir selbst, dass es für einen Deutschen in Jerusalem unziemlich sei, darüber zu reden, dass ich gerade an einem Menschenfresser-Buch arbeitete. Vor mir selbst gesagt und nicht getan. In einer muntern Gesellschaft kamen wir schnell ins Gespräch. Ein erster Rabbi trat auf mich zu und fragte: »Ich habe gehört, Sie schreiben Bücher. Woran arbeiten Sie zurzeit?« Ich antwortete: »Ich schreibe gerade an einem Buch über Menschenfresser in Kunst und Literatur.« »Leute, alle mal herhören, er schreibt ein Buch über Kannibalen!«, rief besagter Rabbi. Und damit hatte ich Schleusen geöffnet, von denen ich nie zu träumen gewagt hätte. Bis vier Uhr morgens erzählten mir unbefangen und in immer angeheiterterer Stimmung zwölf Rabbis Kannibalenwitze, Geschichten aus den Schriften, Sprichwörter und linguistische Besonderheiten aus den verschiedensten Sprachen zum Thema. Und sie sangen mit unverhohlenem Vergnügen kannibalische Lieder. Ich wurde unfreiwillig zum Star der Nacht, war wie im Taumel. Nie zuvor und nie danach habe ich an einem Tag mehr zum Thema gehört und gelernt.

Nach einigen Jahren wurde es naturgemäß ruhiger um das Buch, im Untergrund rumorte es jedoch weiter. Immer wieder schrieben mir Leser, die in Bibliotheken oder Antiquariaten darauf gestoßen waren, zum Motivkreis forschten oder es aus purem Interesse lasen. Es entwickelte sich ein Antiquariatsmarkt mit Preisen bis zum Zehnfachen des ursprünglichen Kaufpreises, wohl ein Beweis dafür, dass es zwar zahlreiche Karikaturen, aber gemessen an anderen Themen nur verhältnismäßig wenig allgemeinverständliche und aspektreiche Forschungsliteratur zum Thema Kannibalismus gibt.

Von Zeit zu Zeit drangen Berichte über abnorme kannibalische Triebtäter wie Andrej Tschikatilo oder Jeffrey Dahmer an die Öffentlichkeit und ins Visier der Massenmedien, pushten die Thematik wieder in den Bereich des Sensationsjournalismus.

In den 90er-Jahren arbeitete ich als Medienwissenschafter sowie als Architekturtheoretiker und -kritiker intensiv in Bereichen des Dekonstruktivismus und der Diskussion um virtuelle Realitäten ebenso wie zum Themenkreis Sinnlichkeit und Erotik in der Architektur. Die virulente Gender-Forschung, Körperdiskussionen und Cyberweltendebatte dieser Jahre streifte immer einmal wieder die Kannibalismus-Thematik, deren metaphorisch-sozialkritische Dimension in Analogie zur ungebremsten Konsumgesellschaft und zum Entrepreneurskapitalismus alten Stils, wie er im Zeitalter der Globalisierung um sich greift, nicht erst seit Jacques Attalis Medizingeschichte *Die kannibalische Ordnung. Von der Magie zur Computermedizin*[1] von anhaltender Relevanz ist.

Und dann kam Freitag, der 13. Dezember 2002, der Tag, an dem die Massenmedien wie die seriöse Presse begannen, den Fall des »Kannibalen von Rotenburg« auszuschlachten. Der Computerfachmann Armin Meiwes hatte in einem Internetforum nach Schlachtopfern gesucht, in dem leitenden Ingenieur Bernd Jürgen B. aus Berlin auch eines gefunden, mit dessen voller Einwilligung er vor laufender Videokamera einen für jedes ›normale‹ Verständnis unfassbar grauenvollen kannibalischen Sexualakt vollzog.

Eine neue Dimension des uralten Themas schien erreicht. In virtuellen Subkulturen wurde dafür geworben, virtuelle Körperphantasien in höchst reale Schlachtorgien zurück zu verwandeln, und nur einem österreichischen Internetnutzer kam der Gedanke, dass da etwas Wahres dran sein konnte. Freilich bleibt eine Dunkelziffer von Adepten, die mehr als nur in Phantasien mit solchen Vorstellungen spielten.

Landauf, landab wurde der Fall von Juristen, Psychologen, Anthropologen, Kultursoziologen und vielen anderen, die sich dazu berufen fühlten, ausführlich diskutiert, und es nimmt nicht Wunder, dass auch ich aufgefordert wurde, dazu Stellung zu nehmen. Ich beschränkte mich jedoch bewusst auf einen Artikel in der ZEIT[2]. Doch selbst im Rahmen einer so angesehenen und seriösen Wochenschrift bekommt man es mit Leserbriefen zu tun, deren Antwortspektrum auf einen kulturhistorischen Überblick von anerkennender Zustimmung bis zu wüsten Schmähbriefen reicht, die einen als Autor quasi selbst des Kannibalismus' zeihen. Das beweist vermutlich nur, dass hier ein fauler Nerv getroffen wird, der durch einen solchen Fall wach wird und zuckt.

Armin Meiwes wurde durch die 6. Große Strafkammer des Landgerichts Kassel am 30. Januar 2004 wegen Totschlags lediglich zu einer Strafe von acht Jahren und sechs Monaten Haft verurteilt. Täter und Opfer seien sexuell abartig, aber voll steuerungsfähig gewesen. Ich beneide weder die Juristen noch die medizinischen Sachverständigen, die sich dieses Falles in allen Einzelheiten annehmen mussten.

Der Staatsanwalt jedoch gab sich mit dem beschriebenen Urteil nicht zufrieden und legte Revision beim höchsten deutschen Strafgericht, dem Bundesgerichtshof, ein. Dieser nun entschied am 23. April 2005, dass das Kasseler Urteil aufzuheben und das Verfahren vor einer Schwurgerichtskammer des Frankfurter Landgerichts neu aufzurollen sei. Bundesanwalt Lothar Senge argumentierte, im Fall Meiwes werde juristisches Neuland betreten, das bei Formulierung des seinerzeitigen Reichsstrafgesetzbuches nicht voraussehbar gewesen sei. Es habe damals weder Videos noch Computer noch Internet gegeben, über das Armin Meiwes beabsichtigte, Teile seiner Videoaufnahmen zu verbreiten. Der Bundesgerichtshof plädierte deshalb dafür, den Fall bei Neuverhandlung als Lustmord zu beurteilen, weil Meiwes, in dessen Kannibalismusphantasien seit seiner Pubertät menschliches Fleisch als Fetisch fungierte, immer wieder zu seinen Videoaufnahmen onanierte und mit deren beabsichtigter Nutzung im Internet ebenfalls erotische Ziele verfolgte.

Es stellte sich heraus, dass es zu diesem Gebiet noch keine Rechtssprechung gibt, dass für ein solches Verhalten, welches üblichen Denkmodellen zuwider läuft, erst neue Rechtsmodelle gefunden werden müssen. Diese aber könnten möglicherweise die Tatbestände von Gewaltpornographie und Lustmord miteinander verbinden. Es bleibt also abzuwarten, zu welcher Verurteilung und deren Begründung das erneute Verfahren kommen wird.[3]

3 Greser & Lenz, Karrikatur zum Kannibalismus-Prozess

Die Frage steht weiterhin zur Diskussion, ob es sich hier wirklich um eine neue Dimension eines alten Themas handelt. Leser des Buches werden erkennen, dass dem nicht so ist, sondern es nur konsequent ist, wenn in einer Zeit, da Realität und Fiktion ineinander verschwimmen, da wir ›virtuelle Realitäten‹ in unsere Wirklichkeitsdefinitionen integrieren und ›Docu-Fiction‹ die Medien dominiert, auch virtueller und höchst realer Kannibalismus interagieren und im neuen Leitmedium Internet die alten Tabus gebrochen werden. Da BGH-Urteile aber äußerst sorgfältig abgewogen werden, ist zu erwarten, dass ebenfalls konsequenterweise der Lustmordbegriff erweitert und neu gefasst werden wird.

Schon seinerzeit, 1983, als die Erstauflage dieses Buches angekündigt wurde, traten Massenpresse und renommierte ›Magazine‹ an mich heran. Sie würden mich »groß herausbringen«, wenn ich bereit sei, meinem Buch ein Kapitel über die damalige Welle von Kettensägenmassaker-Videos hinzuzufügen, versuchten sie mich zu locken. Ich lehnte rundheraus ab. Einmal, weil ich nicht bereit war, meinen Ruf als Wissenschaftler zu verspielen und zum anderen, weil mir die besagten Filme künstlerisch belanglos und banal-geschmacklos erschienen. Von echtem Horror und Terror in der Seele keine Spur.

Was hier wie am realen Fall des »Kannibalen von Rotenburg« überdeutlich wurde, war jedoch die Berechtigung der Thesen vom Warenkannibalismus und der Analogien von Kannibalismus und rigidem Kapitalismus. Auf allen Stufen einer Verwertungskette von oberflächlicher Sensationshascherei bis zur vielschichtigen psychologischen und kulturellen Analyse erweist sich das Kannibalismusthema selbst als Ware, die sich vorzüglich ausweiden und vermarkten lässt.

Das gilt, mutatis mutandis, auch für dieses Buch selbst, welches eben ein Thema von archaischer ebenso wie zeitgenössischer Brisanz über die dunklen Seiten des Menschseins behandelt. Insofern ist daran auch nichts Verwerfliches.

Und wenn der Erstauflage in Bezug auf die künstlerische Behandlung der Thematik eine Facette, ein Thema fehlte, so stellte sich im Fortgang der Rezeption heraus, dann war es eines über den Kannibalismus im Film, präziser gesagt in der Filmkunst.

Die Horrorvideos sowie die vielfältigen Anspielungen und Umspielungen des Themas in Science-Fiction-, Abenteuerfilmen und Thrillern früherer Jahre erfordern keineswegs zwingend die Analyse von deren künstlerischem Gehalt. Dies gilt schon gar nicht für ihre Fortsetzung in grauenhaften Computerspielen und Videogames, derer sich in abstoßendster Weise zu bedienen, um Rekruten zu werben, sich auch das amerikanische Verteidigungsministerium nicht zu schade ist. In Bezug auf den künstlerischen Film änderte sich das aber in den späten 80er- und frühen 90er-Jahren, als eine Reihe von filmischen Meisterwerken sich geradezu wellenartig dieser Thematik annahm. Ihnen sei die Aufmerksamkeit der folgenden Analyse gewidmet, welche die fortdauernde Aktualität der Erstauflage des Buches abrundet.

Die Welle ging gleichermaßen und fast gleichzeitig von Europa wie von den USA aus. Wohl wissend, dass es noch eine Reihe weiterer bemerkenswerter Filme dieser Thriller-Subgenres und viele minderwertige gibt, möchte ich mich auf fünf herausragende Beispiele beschränken, die über einen hohen Bekanntheitsgrad verfügen und unbestritten Spitzenleistungen der Filmkunst repräsentieren. Es sind dies: *Der Koch, der Dieb, seine Frau und ihr Liebhaber (The Cook, The Thief, His Wife and Her Lover)* (1989), Buch und Regie Peter Greenaway; *Das Schweigen der Lämmer (The Silence of the Lambs)* (1991),

Regie Jonathan Demme, Drehbuch Ted Dally nach der Romanvorlage von Thomas Harris; *Grüne Tomaten (Fried Green Tomatoes)* (1991), Regie John Avnet, Romanvorlage und Drehbuch von Fannie Flagg; *Delicatessen* (1991), Regie Marc Carot und Jean-Pierre Jeunet, Drehbuch und Dialoge von Gilles Adrien; sowie *Hannibal* (2001), Regie Ridley Scott, Drehbuch von David Mammet nach der Romanvorlage von Thomas Harris. Der erste Teil der Bestseller-Trilogie von Thomas Harris mit dem Kannibalen-Psychologen Dr. Hannibal Lecter als dämonischer Zentralfigur, Titel *Roter Drache (Red Dragon)*, wurde 1986 von Michael Mann unter dem Titel *Manhunter* mit Brian Cox in der Hauptrolle verfilmt und erfuhr 2002 unter der Regie von Brett Rattner, mit Anthony Hopkins als Protagonist, ein Remake.

Peter Greenaway seinerseits griff 1996 mit *Die Bettlektüre (Pillow Book)* unter postmodernen Vorzeichen der Begegnung japanischer und westlicher Kultur hetero- und homo-erotische Komponenten der Kannibalismus-Thematik in Zusammenhang mit Kalligraphie und Häutungspraktiken erneut auf.

Beginnen wir also mit Peter Greenaways *Der Koch, der Dieb, seine Frau und ihr Liebhaber*. Der britische Regisseur, Autor und Maler hat hier ein hochästhetisches, kompromisslos-unsentimentales, überaus vielschichtiges Film-

4 Der Koch, der Dieb, seine Frau und ihr Liebhaber (The Cook, The Thief, His Wife and Her Lover, F/NL/GB 1989, Regie: Peter Greenway)

kunstwerk in Szene gesetzt. Doch ungeachtet aller schönen Bilder, phantastischen Kostüme von Jean-Paul Gaultier und stimmungsvoll einfühlender, historisierend-moderner Musik von Michael Nyman, verursacht es wohl jedem Zuschauer, dessen Emotionen sich innerhalb einer Bandbreite nicht extremer Ausschläge auf der Skala menschlicher Emotionen und Werte bewegen, an mehreren Stellen schockartig Brechreiz.

Der von der Londoner Unterwelt des 18. Jahrhunderts in die Gegenwart transponierte Dieb, Hehler, Gangsterboss Albert Spica pflegt allabendlich in Richard Borsts französischem Feinschmeckerlokal »Le Hollandais« zu speisen, begleitet von seiner Frau Georgina und der Schmarotzergang seiner Schläger, Geldeintreiber und Diebe. Michael Gambon, Shakespeare-Darsteller von hohen Graden, spielt diesen brutalen, obszönen, ständig seine Frau und alle anderen, die von ihm abhängig sind, erniedrigenden, dabei von Minderwertigkeitskomplexen verunsicherten, dröhnend-angeberischen kannibalischen Fresser auf beklemmend virtuose Weise. Spica möchte jedoch auf seine tölpelhaft-sadistische Weise an höherer Kultur partizipieren, feinere Lebensart, exquisite Küche erleben, kennen lernen.

Greenaway lässt den Charakter seiner Protagonisten auf der ganzen Bandbreite dieser widersprüchlichen Gefühle, Aktionen und Reaktionen oszillieren.

Helen Mirren, ebenfalls bekannte Bühnendarstellerin von Shakespeare-Rollen, verliebt sich – »love at first sight« – in den am Nebentisch speisenden Buchhändler Michael, Alan Howard, mit dem sie erst alptraumartig verfremdeten Sex in der blendend weißen Damentoilette und später, vom Koch gedeckt, der damit an Spica Rache nimmt, in der Küche, in den Vorratskammern, im Kühlhaus des Restaurants, in einem Fleischtransporter, schließlich in Michaels Buchladen und Bücherlager hat.

Als Spica dahinter kommt, dass er gehörnt worden ist, lässt er in maßloser Rach- und Eifersucht seinen Nebenbuhler auf bestialische Weise ermorden, indem er ihm mittels einer messerscharfen Spindel die einzelnen Seiten eines Buches über die französische Revolution in den Mund und in die Kehle hinuntertreiben lässt, bis er verstümmelt, verblutet, erstickt ist.

Zuvor hat er geschworen, ihn fressen zu wollen. Damit macht nun seine verstoßene Gattin Georgina Ernst, die vom Koch Richard und seinem Personal ihren Liebhaber braten, kulinarisch aufbereiten, in feierlichem Geleitzug in den Speisesaal tragen lässt und dann die nach Art einer Archimboldo-Groteske grandios zubereitete Leiche in einem Akt der Epiphanie enthüllt und Spica mit vorgehaltener Pistole zwingt, davon zu essen. Sobald er die ersten Bissen hinuntergewürgt hat, erschießt sie ihn mit dem Wort: »Kannibale«.

Das hervorstechendste Merkmal von Greenaways Film ist seine – von der Kritik völlig unzureichend wahrgenommene – Palimpsestartigkeit. Da ist niemals nur eine Bedeutungsschicht sichtbar, stets sind mehrere in- und übereinander geschrieben.

Um strengem Jugendverbot zu entgehen, wurde seinerzeit die amerikanische Version um 26 Minuten gekürzt. In Großbritannien machte der Film wegen seiner behaupteten politischen Parabel auf den Thatcherismus Furore. In Folge kaprizierte sich die angloamerikanische Kritik völlig auf den politischen und gesellschaftskritischen Gehalt des Films. Dieser ist zweifellos vorhanden, und man kann, wenn man boshaft ist, den Dieb mit Thatchers Arroganz, proletenhafter Anbiederung bei den Reichen, Spicas Frau mit Britannia, den Koch mit den immer wieder kompromissbereiten Bürgern und Staatsdienern, Georginas »Lover« mit der ineffektiven Opposition von Linken und Intellektuellen assoziieren. Doch ganz gehen diese Gleichungen nie auf.

Und nachdem Margret Thatcher Historie ist, bleibt die zynische Allegorie auf die moderne kapitalistische Konsumgesellschaft, ihre Mentalität des Alles-Fressens, Verdauens und Ausscheidens, ihres Kulturverlusts, ihrer mechanistisch entemotionalisierten Sexualität, kurz, die des Waren-Kannibalismus, übrig.

Völlig gefühllos sind die Charaktere dennoch nicht. Alle Protagonisten dieser obszönen Dreiecksgeschichte zeigen durchaus auch echte Gefühle, aber die verdorbenen fleischlicher Lust, des Ekels, des Selbstmitleids und des Hasses. Alle sind sie hungrig, nach Sex, nach Anerkennung, nach gutem Essen. Kulinarik, Sexualität und Kannibalismus sind untrennbar miteinander verwoben, weil letzterer das eigentlich dominante Existenzprinzip ist.

Daneben ist *Der Koch, der Dieb, seine Frau und ihr Liebhaber* aber stets auch ein Film über Kunst und Kunsttheorien. Die amerikanische Kritik zumal nahm überhaupt nicht zur Kenntnis, dass Greenaway selbst ein Maler von kunstgeschichtlicher Bedeutung ist, der sich hier wie in *Der Kontrakt des Zeichners (The Draughtman's Contract*, 1982) mit Kompositionsprinzipien der Malerei mit Licht und Schatten, mit niederländischem Stillleben und Gruppenporträts, mit Rembrandt, Frans Hals und Vermeer auseinander setzt. *Vergnügliches Leben – Verborgene Lust* lautet der Titel der Frans-Hals-Ausstellung in der Hamburger Kunsthalle (2004). Das passt, eingeschränkt, was ersteren Teil als Ausstellungstitel angeht, uneingeschränkt, was seinen zweiten

Teil angeht, auch auf Greenaways Film, dessen Einzelbilder immer wieder Historienszenen der niederländischen Malerei nachempfunden sind. Des Weiteren ist dies ein Film, der Elemente von Theater, Oper und Film ineinander verflicht. Dabei bilden, Bühnenbilder nach Art Rembrandts und Frans Hals' Gruppenbildern, aber nun mit Spica und seinen Kumpanen nachgestellt, den Hintergrund der Handlung und Stillleben die Accessoires, die Requisiten, vor denen sich die menschliche Komödie abspielt, die eher Groteske ist und bei der einem das Lachen im Halse stecken bleibt. Das jakobäische Drama des 17. Jahrhunderts mit seiner höfischen Opulenz und der ungehemmten Grausamkeit seiner senecistischen und italianisierten Tragödien dient als Hintergrundfolie. Dann Malerei, Oper und Musik des 18. Jahrhunderts, welches es Greenaway auch in zahlreichen anderen Filmen als Zeitalter des Klassizismus, der Aufklärung, einer Hochkultur des Übergangs zur Moderne, aber auch der »Rakes«, der Wüstlinge vom Schlage eines Earl of Rochester, angetan hat. Man erinnere sich nur Feltrinellis und des Kastratenkults in der italienischen Oper des 18. Jahrhunderts. Seine Figur wird in der des Küchenjungen-Sängers Troy, gespielt von Tony Alleff, wieder aufgenommen, den Spica grausam verstümmelt und ›mundtot‹ macht.

Dann die Rolle der Bücher, denen Greenaway als Kultur- und Ideenträger Bedeutung beimisst wie wohl kein anderer Filmemacher und denen er in *Prosperos Bücher* (*Prospero's Books,* 1991) und *Die Bettlektüre* (*Pillow Book,* 1996) filmische Meisterwerke gewidmet hat. Hier aber wird der Buchhändler mit einem Buch zu Tode gefoltert, das über die Revolution handelt, die die meisten ihrer Kinder gefressen hat, die französische und die trotzdem noch immer als Wiege der Demokratie glorifiziert wird. Ein sarkastischerer Kommentar ist kaum denkbar.

In *Der Koch, der Dieb, seine Frau und ihr Liebhaber* schlagen Kunst und Ästhetik immer wieder in die kulturpessimistische Vivisektion westlicher Zivilisation um, die Greenaways Ansicht nach in steten Grenzüberschreitungen und Tabubrüchen zur kannibalischen Orgie verkommt.

Wir sind, was wir essen und wie wir essen. Sexualität, Essen, Verdauen, Ausscheiden sind innig ineinander verquickt. Aber in diesem Film haben Kulinarik und Erotik allen Glanz verloren, sind kannibalisch geworden.

Der Koch, der Dieb, seine Frau und ihr Liebhaber ist eine groteske Satire von Swift'scher Schärfe und Bösartigkeit. Greenaway nötigt seinen Schauspielern Spitzenleistungen ab. Er hat den Film in jeder Nuance durchkomponiert, jedoch ergreift er nie die Seele des Zuschauers, lässt ihn bewundernd, aber auch angeekelt und ratlos zurück.

Dr. Hannibal Lecter steht in der Mitte seines Plexiglas-Käfigs, völlig entspannt, beide Arme hängen an seinen Seiten herab. Er blickt dem Zuschauer frontal ins Gesicht. Seine gesamte Körperspannung konzentriert sich in seinen Augen. Von denen geht eine derart bannende Strahlkraft aus, dass sich beim Betrachter ein bedrückendes, beklemmendes Gefühl der Angst einstellt, welches ihn über den gesamten Film hinweg nicht mehr loslässt. Das satanische Böse in Gestalt eines mittelgroßen, unscheinbar-schmächtigen, aber mit dämonischer Intelligenz und infernalischer Wildheit begabten Mannes. Er fängt mit seinen Blicken seine Opfer ein wie eine Schlange, vernichtet und verspeist sie wie eine Anakonda.

In der großen Tradition britischer Bühnenschauspieler stehend, die ihre Kraft von innen heraus und nicht durch Aktionismus entwickeln, hat Anthony Hopkins in Hannibal Lecter seine Starrolle gefunden.

Seine weibliche Gegenspielerin Clarice Starling, Jodie Foster, wirkt da zunächst in der Tat wie ein Opferlamm, das sich in die sexistische Männergesellschaft des FBI verirrt hat. Die bietet sie als Lockvogel an, um der Intelligenz des kannibalischen Massenmörder-Psychiaters Lecter Hinweise zu entlocken, die zur Ergreifung eines weiteren Serienkillers führen können.

5 Das Schweigen der Lämmer (The Silence of the Lambs, USA 1991, Regie: Jomathan Demme)

Letzterer, Jamie Gumb, den sie zynisch »Buffalo Bill« nennen, weil er seine weiblichen Opfer häutet, ist psychopathisch besessen von der Vorstellung, aus seiner männlichen Haut heraus und in eine weibliche hineinschlüpfen zu müssen, die er sich aus den Häuten seiner Opferlämmer designt und näht. Jamie häutet, bleibt an der Oberfläche, Hannibal geht unter die Haut.

Der Zuschauer besucht das Kino oder besorgt sich einen Film, nicht um die Theorien von Kritikern nachzuprüfen, sondern um eine von brillanten Schauspielern spannend umgesetzte Geschichte nachzuerleben. In *Das Schweigen der Lämmer* bekommt er beides in Perfektion. Mit vollem Recht war dies erst der dritte Film, der die fünf wichtigsten Oscars gewann: für den besten Spielfilm, den besten Schauspieler, die beste Schauspielerin, die beste Regie und das beste Drehbuch. Seither gilt *Das Schweigen der Lämmer* als einer der stärksten Thriller aller Zeiten.

Judie Fosters Glanzleistung ist ebenso makellos wie die von Anthony Hopkins. In ihrem Gesicht und ihrer Rollengestaltung vereinen sich Unschuld und Stärke, Vorsicht, Mut und Intelligenz, allgemein-menschliche Angst, Schönheit, weibliche Verlockung, Charme und Entschlossenheit. Der weibliche FBI-Trainee wird zur unspektakulären Heldin. Die Zuschauer erleiden die Story mit ihr. Und sie erleiden sie psychologisch in der Tradition Hitchcocks mit ihr, weil die Regie in Kameraführung, Licht- und Farbeinsatz mit sparsamen Mitteln agiert, mit Schockeffekten geizt, diese, wenn sie das Drehbuch vorschreibt, aber nervenzerfetzend dramatisch einsetzt. Zusätzlich werden Ton und Musik höchst effektiv verwandt:

»Der Ton von *Das Schweigen der Lämmer* zeichnet sich auch in diesem Upmix durch subtile Qualitäten aus, die dem Zuschauer nicht unbedingt bewusst werden müssen, um zu funktionieren. Besonders deutlich wird dies bei der Filmmusik. Es gibt Filmmusik, die bewusst von dem Zuschauer wahrgenommen werden soll, um ihre Wirkung zu entfalten. Der orchestrale Soundtrack von *Das Schweigen der Lämmer* gehört jedoch zu der Sorte Filmmusik, die den Zuschauer unterschwellig manipuliert, ohne übertriebene Aufmerksamkeit auf sich zu lenken. Sie zieht den Zuschauer noch tiefer in das Geschehen hinein und verstärkt somit die ohnehin schon enorme Spannungswirkung des Filmes. Der Einsatz des Subwoofers basiert auf ähnlichen Überlegungen. Er ist eigentlich den ganzen Film über aktiv und steuert kaum wahrnehmbare, aber beunruhigende Frequenzen dem Geschehen bei.«[4]

Von Hollywood eine gesamtgesellschaftliche Kannibalismus-Diagnose à la *Der Koch, der Dieb, seine Frau und ihr Liebhaber* zu verlangen, wäre absurd. Nach alter amerikanischer Tradition ist das selbstbestimmte Individuum schuld und muss sehen, wie es mit den Problemen des Lebens zurechtkommt. Kriselt es, hat man schließlich seinen Psychiater. Der ist eine amerikanische Schlüsselfigur. Hannibal Lecter ist Psychiater, einer, der selbst alle Tabus bricht. Erst frisst er die Seelen und dann die Körper auf; pardon, er bereitet sie kulinarisch zu und verspeist sie, begleitet von einem guten Rotwein. Clarices Lämmer-Kindheitstrauma, das Lecter quasi aus ihr herauspresst, um sie psychologisch manipulieren zu können, ist dagegen harmlos. Man nimmt es Lecter ab, dass er am liebsten lecker duftende weibliche »Lämmer« frisst.

Wie im Märchen der böse Wolf als der böse, kannibalische Mann schlechthin? Doch Rotkäppchen trickst ihn aus. *Beauty and the Beast.* Sie sind einander, zumindest bis zu einem gewissen Grad, verfallen. Das garantiert natürlich auch den Serienerfolg. Als Clarice Starling in einer der Anfangsszenen trainierend durch den Wald joggt, erblickt man hölzerne Schilder mit den Aufschriften »Hurt«, »Agony«, »Pain«, »Love«. Sie symbolisieren nicht nur das Fitnessprogramm des FBI, sondern vor allem auch die Programmatik des Kannibalen.

Als ich seinerzeit den Malerfreund Horst Antes bat, mir für das Frontispiz der Erstausgabe seine Farblithographie *Figur Menschenfresser* (1971) zur Verfügung zu stellen, sprach schon er vom »Kannibalismus des Auges«, mit dem der Kunstsammler zwanghaft sammelt, mit dem man aber auch Bilder aufisst, bis sie ihren Gehalt verlieren, alltäglich werden. Dann verlangt man nach neuen Reizen.

Lecters kannibalisches Prinzip deckt sich zumindest teilweise damit. Er geht vom »Begehren« aus:

»*Hannibal Lecter:* First principles, Clarice. Read Marcus Aurelius. Of each particular thing ask: What is it in itself? What is its nature? What does he do, this man you seek?
Clarice Starling: He kills women …
Hannibal Lecter: No, that's incidental. What is the first and principal thing he does, what need does he serve by killing?
Clarice Starling: Anger, social resentment, sexual frustration …
Hannibal Lecter: No, he covets (er begehrt). That's his nature. And how do we begin to covet, Clarice? Do we seek out things to covet? Make an effort to answer.
Clarice Starling: No. We just …
Hannibal Lecter: No. Precisely. We begin by coveting what we see every day. Don't you feel eyes moving over your body, Clarice? And don't your eyes move over the things you want?«[5]

Das Schweigen der Lämmer erfüllt den Zuschauer mit Entsetzen. Entsetzen aber auch über die Ambiguität der Abgründe in den Seelen der Menschen. Hannibal Lecter vermag sich ebenso mild und freundlich zu geben wie Armin Meiwes. Wenn man dessen Fotos von der Gerichtsverhandlung betrachtet, meint man, er, der hilfsbereite Nachbar von nebenan, könne kein Wässerlein trüben, geschweige denn, ein Lämmlein schlachten. Weit gefehlt ...

Dass Kannibalismus im Film den Zuschauer herzerwärmend erfreuen kann, beweist eine Komödie wie *Grüne Tomaten*. Nicht erst seit Nestroy ist das Thema auch in der Komödie beheimatet, was den emotional-manipulativen Charakter von Kunst, in einem gemischten Zeichensystem wie dem Film, aus Handlung, Sprache, Bild und Ton, unterstreicht.

Der Zuschauer ist vollkommen einverstanden und empfindet es als Akt ausgleichender Gerechtigkeit, dass das männliche Ekelpaket eines tumben, gewalttätigen, rassistischen, eingebildeten, nutzlosen Macho-Ehemanns schließlich als Barbecue endet. Er wird aufgefressen, aus der Welt geschafft, ausgeschieden. Und das ausgerechnet vom Ankläger, der sein Verschwinden untersuchen soll. Wie bei Nestroy: »Die Soße macht's.«

Die Renaissance-Theoretiker des Dramas wie Scaliger sahen es noch einfach: Ging es mit Mord und Totschlag aus, war es eine Tragödie. Ging es gut aus, mit Heirat und/oder Happy End, war es eine Komödie. Dabei ist das Verzwickte an der Komödie, dass oft genug ihre Stoffe voller tragischer Konflikte und Implikationen stecken, nur dass der dramatische Knoten eben leichter geschnürt, ins Komische verwirrt und ins Harmonische entwirrt wird.

Das trifft im Grunde auch auf *Grüne Tomaten* zu, einen Film, dessen Story depressiv stimmen könnte, wäre da nicht die Frische, der Lebensmut, der Witz, die Unkonventionalität, der Überlebenswille der Protagonisten.

Erzählt wird in Rückblenden eine Geschichte aus den Südstaaten in der Depressionszeit der späten 20er- und 30er-Jahre, die im gottverlassenen Kaff »Whistle Stop« in Alabama spielt und eine erzkonservative, rassistische, in Konformismus erstarrte, Frauen und Farbige gleichermaßen unterdrückende Gesellschaft vorführt.

Zur Komödie wird sie durch die Erzählkunst einer im Seniorenheim lebenden alten Dame, Ninnie Threadgoode, gespielt von Jessica Tandy, die der frustrierten Hausfrau Evelyn Couch (Kathy Bates) in wöchentlichen Abschnitten berichtet, was sich vor einem halben Jahrhundert in »Whistle Stop« zugetragen hat. Es wird also ständig zwischen Gegenwart und Vergangenheit hin und her geblendet.

6 Grüne Tomaten (Fried Green Tomatoes, USA 1991, Regie: John Avnet)

Dabei geht es um die Geschichte von Idgie Threadgoode (Mary Stuart Masterson) und Ruth Jamison (Mary-Louise Patter), die, um der Tyrannei von Ruths gewalttätigem und ständig betrunkenem Ehemann zu entgehen, gemeinsam das »Whistle Stop Café« aufmachen, dessen Spezialität »*breaded fried green tomatoes*« sind.

Zwischen diesen beiden Frauen entspinnt sich eine wunderbar lebendig-optimistische Liebesgeschichte. Unverhohlen lesbisch in der Romanvorlage von Fannie Flagg, nehmen Autorin und Regisseur John Avnet sie im Film so weit zurück, dass die beiden Frauen nur noch »sehr, sehr gute Freundinnen« sind. Das mag prüdem amerikanischem Publikum genügen, aber in den Südstaaten bleibt ohnehin vieles unausgesprochen und der Zuschauer weiß Bescheid.

Die beiden jungen Frauen ziehen offensichtlich die Gesellschaft des schwarzen Helfers in allen Geschäftsdingen Big George (Stan Shaw) und seiner Mutter Sipsey (Cicely Tyson), die Idgie aufgezogen hat, der der dämlichen, grölenden Weißen des Ortes vor. Wir befinden uns noch in der Blütezeit des Ku-Klux-Clan. Als die Frauen darauf bestehen, in ihrem Café auch Big George zu bedienen, beschließt der weiße Mob, ihn zu lynchen, indem sie ihn kurzerhand zum Mörder von Ruths Ehemann erklären. Der ist nämlich kurz zuvor spurlos verschwunden und vermutlich umgebracht worden. Selbst wir, die Zuschauer, wissen nicht genau, ob Big George oder Idgie oder ein Dritter es war, der den eifersüchtigen und wie stets betrunkenen Ehemann mit einer Bratpfanne (!) erschlagen hat, als er seinen und Ruths gemeinsamen kleinen Sohn kidnappen wollte. Das große Barbecue, von George am Grill sachkundig bedient, zu dessen Bestandteil Frank Bennett wird, beseitigt alle Spuren. Nichts ist mehr nachzuweisen.

Der Film lebt von der Schauspielkunst aller Darsteller, insbesondere aber von der seiner vier Protagonistinnen Evelyn, Idgie, Ruth und Ninnie. Jedes Land hat ja seine großen alten Charakterdarstellerinnen, und was Jessica Tandy hier kurz vor ihrem Tod auf die Leinwand bringt, öffnet ihr die Herzen aller Zuschauer. Aber auch die anderen weiblichen Hauptdarsteller leisten mehr für Toleranz, Emanzipation, weibliches Selbstbewusstsein und die selbstbestimmte Rolle der Frauen in der Gesellschaft als viele akademische Diskussionen.

Wie heißt es in Volksmund und Sprichwort? »Rache ist Blutwurst!« Diese kannibalische Essenz des Films spricht zwar jedem rechtsstaatlichen Empfinden Hohn, wird aber vom Zuschauer goutiert, eben weil sie an ein archaisches Gerechtigkeitsgefühl appelliert und in komödiantischem Gewand einher kommt.

Das Kannibalismusthema genießt 1991 offensichtlich filmische Hochkonjunktur, denn es ist auch das Erscheinungsjahr von Marc Caros und Jean-Pierre Jeunets Film *Delicatessen*. Seit mehr als einem Vierteljahrhundert arbeitet dieses eingespielte Regisseursgespann nun schon miteinander und auch Autor Gilles Adrien hat bereits an einigen ihrer frühen Kurzfilmprojekte mitgearbeitet. Mit ihrem Film *Die fabelhafte Welt der Amelie* hatten sie zuletzt 2003 einen internationalen Erfolg.

Und »fabelhaft« im ursprünglichen Sinn des Wortes ist *Delicatessen* in der Tat. Der Film lebt von der Phantastik seiner Bilder und bizarren Einfälle, von der Art, wie er in der Zweidimensionalität des Märchens erzählt wird, vom Zauber der Phantasie, mit dem er die Zuschauer in eine Welt entführt, in der Träume Kapriolen schlagen, Reales und Surreales auf schier unnachahmliche Art mithilfe exzentrischer Kamerafahrten, Close-Ups und ausdrucksstarker Mimik aller Charaktere verschmolzen werden.

Wir befinden uns in einer postkatastrophalen, postapokalyptischen Stadtszenerie, ähnlich der, wie sie Anfang des 21. Jahrhunderts in *Matrix* und

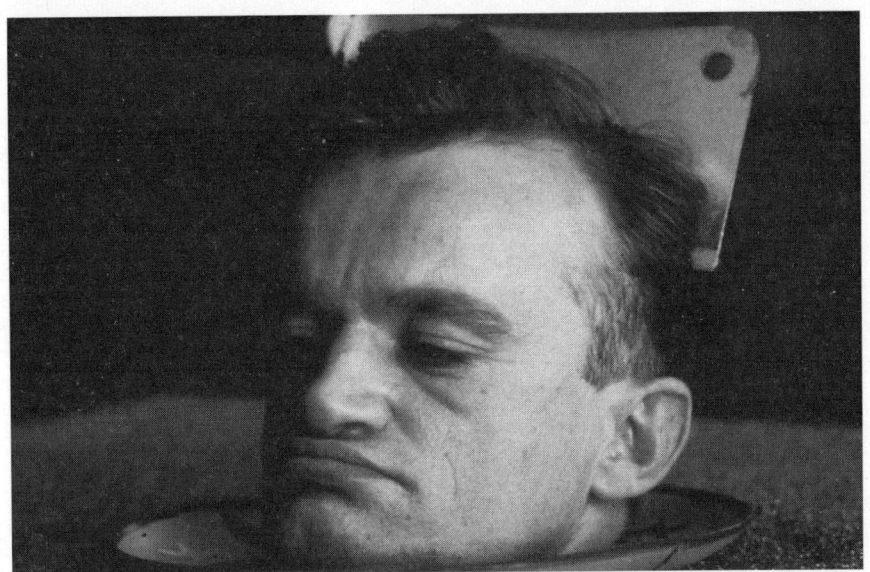

7 Delikatessen (FR 1991, Regie: Marc Carot, Jean-Pierre Juenet)

Final Fantasy weiterentwickelt wurde. Aber diesmal ist es ein heruntergekommenes Haus in einem Kleinbürgerviertel am Rande der großen Stadt, irgendwo in Frankreich. Im Erdgeschoss eine Metzgerei, »Delicatessen« steht auf ihrem Ladenschild, darunter das Bild eines Schweins. Vor dem Haus hält ein Müllwagen. Die Kamera fährt auf eine Mülltonne zu, darin versteckt sich zitternd der Hausmeister. Bevor die Tonne geleert wird, entdeckt ihn der Metzger und tötet ihn mit einem Beil …

Am nächsten Tag neues Frischfleisch in der Metzgerei. Die Hausbewohner stehen Schlange, tauschen ihre Portion gegen kleine Tüten mit Maiskörnern. Fleisch ist rar. Alle sind hungrig. Alle wissen, dass ihnen Stücke des ehemaligen Hausmeisters verkauft werden, aber alle sind's zufrieden, befürchten nur, sie könnten als nächste dran sein.

Gegen Abend des gleichen Tages taucht ein Nachfolger für die Hausmeister-Stelle auf. Louison, ein kleiner Mann in riesigen Schuhen, Ex-Clown, der mit Dr. Livingstone, einem dressierten Schimpansen, seine großen Zirkusauftritte hatte. Aber Livingstone wurde getötet und gefressen.

Der Metzger, Paul Benezech, nimmt ihn schließlich gegen Kost und Logis auf, obwohl seine Statur nicht viele Fleischportionen für all die hungrigen Mäuler verspricht.

Ist schon die Szenerie bizarr, die Bewohner des Hauses sind es erst recht. Die Gebrüder Kube z. B. stellen mit Bohrmaschine und Stimmgabel Schachteln her, die beim Umdrehen Tierstimmen von sich geben. Dann die Familie Tapioca: Sie steht bei Clapel, dem Metzger, tief in der Kreide. Oder Aurore Interligator, die ihren besorgten Ehemann mit ständig neuen Selbstmordversuchen quält. Mademoiselle Plusse, die gegen Fleischportionen des Metzgers diesem mit der eigenen ansehnlichen Fleischesfülle als Geliebte zu Diensten ist. In seiner feuchten Wohnung züchtet Monsieur Potin Frösche und Schnecken, die er bei imperialer Marschmusik verzehrt. Und dann ist da noch Julie Clapet, des Metzgers Töchterlein, sensibel, schön, Vegetarierin, kurzsichtig, malend, Cello spielend, ihrem Hackebeil schwingenden, Messer wetzenden, feisten Vater vollkommen unähnlich.

Julie und Louison verlieben sich, musizieren mit Cello und singender Säge, zwei Träumer auf Wolke sieben. Clapet trachtet seinem Hausmeister immer energischer nach dem Leben, Frischfleisch muss her!

Stetig bizarrer wird die Szenerie, das Tempo steigert sich, ein neuer Plot tut sich auf. In der Unterwelt der Kanalisation hausen die vegetarischen Troglodyten (griech.: Höhlenbewohner), die als Froschmänner den Aufstand gegen die Fleischfresser proben, um dem Metzger seine Maissäcke zu entwenden. Sie verraten eindeutige Einflüsse von Terry Gilliams *Brazil*, der wie *Delicatessen* zum Genre des Phantastischen Films gehört.

Die Turbulenz des Showdowns ist kaum noch zu übertreffen. Louison verteidigt sich und Julie gegen die schlachtgierig anstürmende Meute von Hausbewohnern mit einer ingeniös inszenierten Flutwelle, während die Troglos das Haus stürmen, welches sich ohnehin chaotisch in seine Bestandteile auflöst. Der surrealen Bildeinfälle sind so viele, dass man sie schwer nacherzählen, diesen Kultfilm einfach sehen muss.

»Fazit: *Delicatessen* ist ein Fest der urkomischen Charakterskizzen, Slapstick-Gags und sympathisch-exzentrischen Figuren und gehört zu der Sorte Komödie, die von einem einmaligen Quell der Fantasie und der Inspiration gespeist wird und die mit einer derartigen optischen Virtuosität gehandhabt wird, dass man als Zuschauer manchmal inmitten des Films aufstehen und vor Begeisterung in die Hände klatschen möchte!«[6]

Zehn Jahre lang verfolgten Caro und Jeunet unter Mithilfe Gilles Adriens dieses Projekt als ihr Spielfilmdebüt. Noch drei weitere Jahre dauerte es, bis sie einen Produzenten fanden, der bereit war, die Risiken dieses Stoffes zu tragen.

Delicatessen nimmt Anleihen bei der Welt des Pariser Grand Guignol und des Wiener Volkstheaters, aber es ist stärker als Nestroys *Häuptling Abend-*

wind (1924) oder H. C. Artmanns *Die Hochzeit Caspars mit Gelsomina* (1960) und behauptet sich, ungeachtet genretypischer Zitate, als eigenständiges Filmkunstwerk mit überschäumendem Einfallsreichtum. Seine Charaktere sind aus jeglicher Zeit herausgefallen und gleich zu Beginn heißt es: »Hier leben wir sowieso im Nirgendwo.«

Und dieses »Nirgendwo« mit seiner Phantasiefülle und Menschenfressergroteske ist die zweidimensionale Welt des Märchens. »Ich rieche, rieche Menschenfleisch«, raunt der Riese. Da werden Hände und Füße abgehackt, es tut nicht weh. Figuren werden gefressen und kommen aus dem Bauch des Wolfes wieder putzlebendig zum Vorschein.

Aurore Interligator versucht mit einer Kombination von Würgeschlinge, Selbstschussanlage, Schlaftabletten und ausströmendem Gas den Vierfach-Selbstmord. Aber als ihr Mann das Licht anschaltet, kommt es zur Explosion, Teile des Hauses brechen zusammen, aber sie bleibt unversehrt.

Das Menschenfresser-Thema entbehrt nicht übergreifender Metaphorik: C'est la vie. Aber es ist eben der Menschenfresser des Märchentraums, der mit gewetztem Messer über Berg und Tal stürmt. Am Ende siegt der Zauber von Unschuld und Kindheit. Bei Sonnenschein mit Schirmen gegen vom Wind verwehten braunen Staub, geschützt setzen sich Julie und Louison mit ihren Instrumenten auf das wieder unversehrte Dach und spielen »ihr« Lied, während die Kinder der Tapiocas, die ohnehin als Einzige das ganze turbulente Treiben amüsiert verfolgten und mit neckischen Spielen begleiteten, hinter ihnen sitzen und ihre in der Musik versunkenen Bewegungen nachahmen. Der Alptraum ist vorbei. Die Welt der Kindheit ist wieder heil.

Ridley Scott gehört zweifellos zur ersten Garde der Hollywood-Regisseure. Wir verdanken ihm Science-Fiction-Klassiker wie *Blade Runner* (1982), Thriller wie *Black Rain* (1989), Filmepen wie *Gladiator* (2000), Emanzipationskomödien wie *Thelma and Louise* (1991) oder Kriegsfilme wie *Black Hawk Down* (2003). Das zeigt hohe Professionalität bei erheblicher thematischer Bandbreite.

Hannibal schließt zehn Jahre später wieder an *Das Schweigen der Lämmer* an. Hannibal Lecter ist auf der Flucht im Italien seiner Vorväter gelandet und wird Kurator an einer bedeutenden florentinischen Bibliothek und Kunstsammlung. Special Agent Clarice Starling jagt ihn noch immer, fällt aber beim FBI in Ungnade. Der Multimillionär Mason Verger, einziges überlebendes Opfer von Lecter, der ihn, den Päderasten, zwang, seine Gesichtshaut Hunden zu verfüttern, jagt ihn ebenfalls, um ihn seinerseits sadistisch Stück für Stück lebend wilden Ebern zum Fraß vorzuwerfen. Auch Inspektor Rinal-

8 Hannibal (USA 2001, Regie: Ridley Scott)

do Pazzi aus Florenz jagt Lecter, dessen Identität er zufällig entdeckt hat. Er will an die von Verger ausgesetzten 3 Mio. US-$ Belohnung herankommen.

Lecter spielt Katz und Maus mit Clarice Starling, die er demütigen möchte, der er dennoch verfallen ist, so wie sie bis zu einem gewissen Grade ihm. Sie hilft ihm im letzten Augenblick, Vergers Racheplänen zu entkommen.

Bei dem unmittelbar vorausgehenden Dinner trepaniert Lecter einen FBI-Agenten, der mit offener Hirnschale – das Hirn verfügt über keine Schmerzempfindungen – dabeisitzt, und frittiert nicht-funktionsnotwendige Teile seines Hirns. Lecter gelingt im letzten Moment die Flucht vor der heranrückenden Polizei. Auf zur nächsten Runde.

Man erkennt schon an dieser Kurzzusammenfassung der Handlung, dass sich hier der Psychothriller aus dem *Schweigen der Lämmer* zum Actionthriller verwandelt hat. Der Reichtum der inneren Effekte, der Emotionen und Ängste, die der erste Film auslöste, tritt nun als Reichtum opulenter, glatter Bilder zutage, die alles zeigen, aber nichts mehr nur andeuten, somit der Phantasie des Zuschauers keinen eigenen Spielraum mehr eröffnen. Das »Angst essen Seele auf«-Prinzip ist gewaltigem Material- und Bilderaufwand sowie Special Effects gewichen. Deren Qualität ist makellos, aber eben deshalb auch platt. Was immer sich die Phantasie an Grauenvollem auszudenken vermag, hier wird es als Schockeffekt gezeigt.

Schon der »gunfight« des Anfangs, die aufwändige Ballerszene in New York, bei der Agent Starling das Kommando hat und fünf Polizisten verliert, ist zwar brillant gefilmt, bietet wie vergleichbare Szenen in *Terminator III* oder *Matrix* aber nur das bei Amerikanern so beliebte Abknallen und Zerstören von Menschen, Autos, Architekturen, Material.

Die Fortschritte der Filmtechnik, die in den 90ern erzielt wurden, werden in *Hannibal* voll eingesetzt und umgesetzt. Doch manches an Logik und Handlungsverzahnung bleibt zugunsten des Aktionismus auf der Strecke, so die Einbindung des FBI-Handlungsstrangs oder die Begründung von des Psychiaters Lecter beruflichem Erfolg als Kunstkurator in Florenz oder seine in die Groteske – im wahrsten Sinnes des Wortes ›kippende‹ – Ermordung des Florentiner Inspektors Rinaldo Pazzi. Auch eine pseudo-religiöse Dimension, die man in der Ära Bush anscheinend ebenso vonnöten hält wie die »gunfights«, hängt seltsam in der Luft.

Selbst die Farben sind nicht mehr die der 90er-Jahre, sind heller, intensiver, blauer geworden. Wo einst dunkle Braun- und Orangetöne vorherrschten, Licht- und Schatteneffekte, dominieren jetzt Blau- und Grüntöne. Natürlich gehören zu Ridley Scotts Repertoire auch Nachtszenen, Kameraperspektiven aus der Untersicht, vom Boden, im Gegenlicht, bei Regen, Dampf, Nebel. Die sind hier selten, aber wir befinden uns auch oft in Florenz. Dessen Gassen, Straßen, Plätze sind es, die dem Film Atmosphäre verleihen. Die geschichtsgesättigten Gemäuer des »alten Europa« verströmen auratisch Spannung und Geheimnis. Und wenn Lecter dann noch eine bibliophile Handschrift von Dantes erstem Sonett aus seiner *Vita Nuova*, wo vom Begehren und Sich-Verzehren die Rede ist, an die bildschöne Gattin des Inspektors Pazzi überreicht, dem er klar macht, dass er seine Frau gerne exquisit zubereitet verspeisen möchte, pendelt der Film zwischen Horror und parodistischer Ironie.

Anthony Hopkins spielt abermals Hannibal Lecter. Allein in der Zelle mit dem Universum seiner Gedanken und Phantasien, die ihn frei machten, war er gigantisch. Jetzt, auf freiem Fuß, wo er nach Belieben agieren kann, schrumpft er. Hopkins schauspielerische Leistung ist noch immer beachtlich, aber zur alten Größe findet er erst dann zurück, wenn er von Verger gefangen, festgeschnürt, mit einer grauenvollen Gesichtsmaske zu seiner kannibalisch geplanten Hinrichtung gefahren wird. Dann geht wieder die alte Strahlkraft seiner psychischen Präsenz von ihm aus.

Die positive Überraschung dieses Films ist Julianne Moore als Special Agent Clarice Starling. Man vermisst Jodie Foster keinen Augenblick. Julianne Moore verkörpert, um zehn Jahre gealtert, andere Seiten von Starlings Charakter. Sie ist reifer geworden, tougher, erfahrener, leid- und sturmerprobt, auf ihren Beruf und ihre Reputation versessen, Lecter in Hassliebe verfallen, gedemütigt und noch immer eine schöne Frau. Die enorm wandlungsfähige Julianne Moore stiehlt Hopkins sozusagen die Show aufgrund ihrer psychologisch überzeugenden Wirkung.

Mit einiger Vorsicht vor zu starker Generalisierung vermag man zu sagen, dass *Hannibal* recht repräsentativ Veränderungsprozesse aufzeigt, die sich, zumindest im Hollywoodfilm, innerhalb eines Jahrzehnts vollzogen haben. Technische Brillanz, Oberflächen, Tempo, Action sind gestiegen. Geheimnis, Poesie, psychologische Überzeugungskraft haben abgenommen, bleiben weithin auf der Strecke.

Und unser Kannibalismusthema? Hannibal Lecter erweist sich einmal mehr als psychopathischer Connaisseur kannibalischer Kulinarik. Aber es ist eine Sache, Tabubrüche nur anzudeuten, Exzesse auszusprechen, und eine zweite, sie ins Bild zu setzen und einem Massenpublikum in allen Einzelheiten vorzuführen. Mit entfernter Schädeldecke und offener Hirnschale sitzt da ein Vertreter des Staates, ein FBI-Agent, am Tisch und schaut, vom Alkohol leicht benebelt, zu, wie Teile seines Hirns in der Pfanne brutzeln. Gewiss, in der Realität haben es Armin Meiwes und sein Freund noch ärger getrieben. Aber die Gesetze des Actionthrillers verlangen ja nach Steigerung. Wer weiß also, was uns in den nächsten Kannibalenfilmen erwartet?

In einer Zeit, da das offizielle Amerika auf der einen Seite konservative Werte wie Religiosität, Familie, Treue, Patriotismus predigt, auf der anderen Seite Präventivkriege anzettelt, massivste Menschenrechtsverletzungen zulässt, den Überwachungsstaat propagiert, werden die amerikanischen Actionfilme immer grausamer, geschmackloser. Effekte stumpfen schnell ab, verlangen nach stetig erhöhtem Nervenkitzel. Wohin soll diese Schraube führen? Welche Organisation untersucht einmal, wie nahe die Zustände in amerikanischen Gefängnissen und die dortigen Verhörmethoden an die in Abu Ghoreib herankommen?

Der Kannibalismusfilm, wie viele andere Tendenzen auch, indiziert Kulturverfall in Teilen der westlichen Welt.

Fazit: Die Übersicht über filmische Behandlung des Kannibalismusthemas seit den späten 80er-Jahren des 20. Jahrhunderts zeitigt eine Reihe von künstlerisch herausragenden Filmen, in denen Abgründe menschlicher Psyche von verschiedenen Stellen ausgeleuchtet werden. In Greenaways *Der Koch, der Dieb, seine Frau und ihr Liebhaber* wird quasi die Gastrosophie Ludwig Klages' kunstanalytisch ins Bild gesetzt. Da wird von Anfang an in der Küche gehackt, zerstückelt, zerschnitten, zerkleinert und dann das optisch und kulinarisch exquisite Mahl bereitet. Fressen und Gefressen-Werden als Lebensprinzip, dem der Koch Richard als »Haute Cuisine« huldigt, das der Kannibale Spica, Symbolfigur des westlichen Konsumenten, aber depraviert, degeneriert. Menschliche Werte bleiben in der filmischen Vivisektion auf der Strecke.

Das Schweigen der Lämmer leuchtet, Angst einflößend, Schauder vor dem Unfassbaren und doch Realen auslösend, das in der Ambivalenz der menschlichen Seele angelegt ist, tiefes, existentielles Erschrecken aus.

Grüne Tomaten bedient andere, leichtere, heitere Seiten. Notwehr, Rache. Recht geschieht dem menschlichen Schwein, wenn es zum Schweinekotelett wird. Seelische Abwehrmechanismen und ein gewisser atavistischer Gerechtigkeitssinn, komisch serviert, sorgen für die Akzeptanz dessen, was juristisch nicht zu rechtfertigen ist.

Delicatessen entführt uns in das Zauberreich märchenhafter Phantasie. Der chaotische Sturm in der Kinderseele ist grauenhaft und poetisch zugleich und wird am Schluss in die Harmonie glücklicher Träume zurückgebunden.

Hannibal präsentiert brillant gemachte Oberflächen, eine Welt von Technik wie in der Apparatemedizin, welche auch die Abgründe der Seele als mechanisch heilbar vorgaukelt. Es geht nicht um das Ausloten seelischer Extreme und Tiefenstrukturen, sondern um Sensation und Nervenkitzel. Nicht um Erkenntnis, sondern um rein kommerzielle Unterhaltung.

Die Farbvaleurs der kannibalischen Palette reichen von Gastrosophie und Kulinarik zu Experimentierlust an den Grenzen des Menschseins, vom pervers-voluntaristischen Herausfordern und Brechen gesellschaftlicher Tabus, wie es schon die antiken Frevler und Halbgötter wie Thyestes praktizierten, zu den Extremen der Sexualität. Erotik und Kannibalismus sind nun mal im Menschen als höchsten entwickelten »carnivorous animal« angelegt und untergründig miteinander verbunden. »E lecker Mädsche« heißt es in Köln, und der Märchenbär brummt dem Mädel ins Ohr:

»Kraule mich, krabble mich, hinter den Ohren zart und fein oder ich fress' dich mit Haut und Bein.«

Die zwölf Rabbis als Vertreter gewiss sittenstrenger Religionsmänner wussten davon zu berichten, dass es eigentlich in jeder Sprache kannibalisches Liebesgeflüster vom Schlage des »Ich hab' dich zum Fressen gern«

gibt. Aber Spica brüllt seinen Schergen in der Folterszene mit Buchhändler Michael an: »Beiß ihm die Eier ab!«. Er meint es wenigstens noch metaphorisch. Doch realiter geschah das fast zeitgleich an muslimischen Gefangenen im Bosnien-Krieg auf Geheiß serbischer Folterer. Unausrottbarer männlicher Aggressionstrieb? Am düsteren Farbende der Palette steht die pessimistische, systemübergreifende Gesellschaftsmetaphorik der »kannibalischen Ordnung.«

Die gegenwärtige Tendenz im Film deutet eher auf zunehmende Kulturverflachung hin als auf das Gegenteil. Diese Richtung ist aber nicht umkehrbar. Kannibalismus-Filme wird es weiter geben, eben weil das Thema so alt wie der Mensch und immer wieder neu ist. Es hängt von der Kreativität der Drehbuchschreiber, Produzenten, Regisseure und Schauspieler, aber auch vom Zeitgeist ab, was die Zukunft uns hier bescheren wird.

Anmerkungen

1 Vgl. Jacques Attali, *Die kannibalische Ordnung. Von der Magie zur Computermedizin*, (Frankfurt, 1981).

2 Christian W. Thomsen, »Ich hatte ihn ja so lieb«. Kannibalismus in Rotenburg – nur ein abnormaler Einzelfall? Die Kulturgeschichte lehrt anderes«, in: *DIE ZEIT*, Nr. 52, 18. Dezember 2002, S. 38.

3 Vgl. Melanie Amans Artikel »Mörder oder Wunscherfüller? Der Kannibalenfall vor dem BGH« vom 14. April 2005 und »Kein Totschlag, sondern Mord« vom 23. April 2005 in der *Frankfurter Allgemeine Zeitung* (*FAZ*).

4 DVD Center – das ONLINE-Magazin, *Das Schweigen der Lämmer* ... http://www.dvd-center.de/main/reviews/display.asp.?id=3283&m=1

5 Memorable Quotes from *The Silence of the Lambs* (1991), in: http://www.imdb.com/title/tt012926quotes

6 http://www.filmbesprechungen.de/show.php?FilmID=1304

Einleitung

Es gibt keine menschenfresser, so böse ist niemand, man ißt wurzeln, beeren, eßbare tiere, aber keine menschen. Der erste menschenfresser war einer, der plötzlich in den wald lief und nicht mehr zurückkehrte. Er wurde wild, er wusch sich nicht mehr, er ließ sein haar wachsen, er schlief unter bäumen und in leeren bienenstöcken, er lebte in den behausungen der tiere des waldes, seine haut wurde hart, ein pelz bedeckte sie mit der zeit. Der menschenfresser nahm keine frau, er fraß sie auf, er sättigte sich an ihrem fleisch, er vermehrte sich nicht. Hätte er sich vermehrt, so gäbe es menschenfresser, so aber gibt es keine, oder nur wenige, eben solche, die plötzlich in den wald laufen und nicht mehr zurückkehren, gut so, sie kehren nicht zurück, schlecht so, sie lauern in den wäldern, sie sind die wirkliche gefahr der forste. Der menschenfresser ist gefährlicher als der vielfraß, den die Jäger glutton sylvestris *nennen. Man weicht dem Vielfraß aus, aber dem menschenfresser weicht man noch mehr aus, man meidet ihn, man macht einen großen bogen um ihn ...*[1]

Da evoziert einer Märchengut aus der Kindheit, Kinderschreck, atavistisches Grauen. Er appelliert an unsere Phantasie. Er errichtet damit ein Kunstgebäude ganz eigener Poesie, in dem alte Überlieferung, Legenden und Mythen, Märchen und Sprachspiele, quasi-wissenschaftliche Beobachtung, psychologische Abwehrmechanismen und die Kitzel der Angstlust ins Schaurig-Komische gewendet werden. Sogar Anspielungen auf Naturreligionen dürfen nicht fehlen, der Verfasser treibt milden Schabernack mit ihnen:

Selbst der Große Geist schlägt die augen nieder, wird er des menschenfressers ansichtig, er geht ihm nicht aus dem weg, aber er will ihn nicht sehen, denn auch er ist sein geschöpf.[2]

Unter den Märchen, auf die er anspielt, die imitiert und parodiert werden, mischen sich europäische und indianische, Magisches und Animistisches; südamerikanischer Urwald und altdeutscher Märchenwald, darin Bären, Feen und wilde Männer hausen, gehen eine poetische Verbindung ein:

»ich warte schon lange auf dich!« sagte der menschenfresser und kroch aus seinem baumstamm, er hatte das zauberlied des mannes schon von weitem gehört, die pfeile des mannes glitten an der haut des menschenfressers ab, er schoß wie auf einen stein, sein messer zerbrach an der haut des ungeheuers.[3]

»Es gibt keine Menschenfresser«, aber der Verfasser suggeriert uns, dass dies vielleicht doch nur eine beschwichtigende Selbstberuhigung sei, so wie man als Kind pfeifend die dunkle Kellertreppe hinunter- oder in den geheimnisvollen Wald hineinging, »durch abende, darin viel ungeheures, viel böses, viel unerwartetes lauert«.[4]

Mit dem Essen und Sich-Einverleiben beginnt das Leben, Fressen und Gefressenwerden regieren die Welt. Wir verdrängen mit Vorliebe, was der Augenschein von den Mikroben des Reagenzglases bis zu den Makroben elektronisch gesteuerter Massenvernichtungswaffen eigentlich tagtäglich beweist. Dabei ist auch unsere Sprache voll davon, bis in die glücklichsten, intimsten Äußerungen: »Oh, Du meine Liebste, mein süßes Herzchen, mein appetitliches Schnuckelchen, ich hab' Dich zum Fressen gern.«

»Es gibt keine Menschenfresser.« Wir sind zivilisiert und kultiviert, zumal in Mitteleuropa, dem Nabel der kulturellen Welt. Die Völker Mitteleuropas gehören schließlich zu den bürgerlichsten aller Kulturvölker. Oder? Waren da nicht in der jüngsten Geschichte einige Vorkommnisse, die vielleicht Zweifel an solchem Selbstwertgefühl wecken könnten? Wie dick ist eigentlich die Zivilisationskruste unter unserer Haut? Und was kommt darunter? – Und wenn, dann schon lieber selber fressen!

Hans Carl Artmann nimmt in Bezug auf unser Thema eine Sonderstellung innerhalb der neueren deutschsprachigen Literatur ein. Er ist schlechthin fasziniert von Menschenfressern, die allenthalben in seinem Werk ihr Unwesen treiben. Hinter all ihrer Ambiguität und urigen Komik lauern tiefsitzende psychologische Beweggründe, eine stete Angst vor dem Tode, der immer erneut provoziert, imaginativ gebannt und besiegt werden muss. Artmanns Menschenfressergeschichten sind zweifellos die bekanntesten dieser Spezies innerhalb der österreichischen Gegenwartsliteratur, und die skurrile Gefräßigkeit ihrer heimeligunheimlichen Charaktere zieht sich wie ein schillernd bunter Faden durch sein gesamtes Werk. Kannibalische Blutspuren zeigen sich schon bei den Dialektgedichten der 50er-Jahre:

... heit brenan ma keazzaln
in bumpadn bluad
heit woar e schon zwaamol
bem scheanschleiffa duat
dea hod ma de messa frisch geschliffm ...[5]

Und von da aus setzen sie sich fort über den *Aeronautischen Sindtbart* (1958) zur kannibalischen Kasperletragikomödie *die hochzeit Caspars mit gelsomina*

(1960), hin zu seiner Version des Dracula (1965), dem *handcolorierten Menschenfresser* (1968), zu den Geschichten um Stallo, den Menschenfresser (1969), der *Apotheose in Kammgarn* aus *How much Schatzi?* (1971), zu den poetischen Menschenfresserträumen in der von Ernst Fuchs illustrierten *Grünverschlossenen Botschaft* (1972) bis schließlich zur zitierten Geschichte aus Artmanns Buch *Die Sonne war ein Grünes Ei* (1981).

Da wird stets munter und makaber mit dem Grauen vor einem der größten Tabus gespielt, das die christliche Kultur errichtet hat und das doch literarisch zu allen Zeiten, in nahezu allen Völkern und literarischen Genres, neuerdings mit Lust auch im Film, immer wieder durchbrochen wird. Dagegen steigen Abscheu, Ekel und Horror auf, kommt es in unseren Tagen und unseren Breiten zu wirklichen Fällen von Kannibalismus, wie jüngst bei jenem japanischen Studenten in Paris, dem die geliebte Freundin untreu wurde, worauf er sie schlachtete, stückweise im Kühlschrank einfror, um sie ganz zu sich nehmen zu können. Oder wie bei dem 1982 in Duisburg verurteilten achtfachen Mörder Joachim Georg Kroll, der das Fleisch kleiner Mädchen im Suppentopf kochte, oder jenem tschechischen Studenten, der in triebhaften Anfällen von Vampirismus Frauen in den Hals biss, um ihr Blut zu trinken. Wir alle kennen jene Schlagzeilen, die von Zeit zu Zeit durch die Gazetten geistern. Und der neben Bokassa, dem Ungeheuer auf einem afrikanischen Operettenkaiserthron, schlimmste aller kannibalischen Triebtäter der jüngeren Geschichte, Fritz Haarmann, der 26 jungen Männern die Kehle durchbiss, ihr Fleisch und ihre Kleider auf dem schwarzen Markt verkaufte, ist längst zur Legende geworden, zum Stoff von zotigen Witzen, Bänkelsang und Gassenhauern, zum Kinderschreck. Aber er wurde auch geadelt durch die Kunst: Alfred Hrdlička setzte ihm in seinem erschütternden Haarmann-Fries ein

9 anon., Kurt Halbritter, Antiker Kopf, 1970, Illustration aus Gesellschaftsspiele

plastisches Denkmal, und abermals H. C. Artmann greift zum ambivalenten literarischen Schock, wenn er an Abzählreime und die im bayrischen und österreichischen Raum besonders traditionsreiche Kinderschrecklyrik anknüpft:

harmann, harmann
hat feine hosenträger an,
sind fleisch und blut vertraut,
sind ganz aus menschenhaut,
und als er auf die Straße ging,
ein schwarzer hund zum belln
anfing:
harmann, kumm,
fahr unsern emil im wagen herum
und bring ihn um![6]

Ekelhaft! abstoßend! geschmacklos! makaber! komisch! Die Skala der Reaktionen und Wirkungen ist breit. Und wenn wir uns recht entrüstet haben, gehen wir womöglich hin und erzählen Missionarswitze, mit denen man ein ganzes eigenes Buch füllen könnte. Kennen Sie den? »Ein Missionar, dem die Kannibalen seine Frau weggefangen haben, kommt zum Häuptling und fragt ...«, oder wir machen unseren Kindern, die laut oder frech sind, immer noch Angst vorm schwarzen Mann. Noch vor kurzem wurde ich Zeuge, wie eine Mutter ihren greinenden Buben damit zum Schweigen brachte, und ich erinnere mich gut, wie durch die Angstträume meiner Kindheit der nachkriegsspezifisch zum »Kohlenklau« umfunktionierte »Schwarze Mann«

10 anon., Illustration aus Punch, Mitte 19. Jh.

geisterte. Er ist ein später Abkömmling jener literarischen und bildnerischen Kinderfresser-Darstellungen, die im 17. und 18. Jahrhundert überall im süddeutsch-österreichisch-schweizerischen Raum außerordentlich populär waren. Die Berner haben ihm bekanntlich einen eigenen *Kindlifresserbrunnen* errichtet. In den Ursprüngen jener inzwischen als eines der städtischen Wahrzeichen geliebten Brunnenskulptur gehen schauriges Märchengut und politische Verteufelung – der zugrunde liegende Kinderfresser soll ein Jude sein – eine unheilige Allianz ein.

Durch den Spitzhut ist die Figur als Jude charakterisiert. Zudem waren früher Hut, Gürtel und Ärmel der Figur gelb bemalt, entsprechend der damaligen jüdischen Tracht. Allgemein ist man der Ansicht, der Künstler spiele hier auf ein Ereignis von 1288 an. Der Chronist meldet, zwei Juden hätten damals einen Knaben ermordet (es handelte sich sehr wahrscheinlich um einen Ritualmord, dessen geschichtliche Hintergründe Jakob Stammler, der spätere Bischof von Basel und Lugano, in seiner Schrift von 1888 untersuchte und zum Schlusse kam, dass der Mord bezweifelt, sogar in Abrede gestellt werden kann).[7]

11 Hans Gieng, *Kindlifresserbrunnen auf dem Kornhausplatz zu Bern,* 1545/46

Schauen wir uns daraufhin einmal an, mit welchen Mitteln man noch im 17. und 18. Jahrhundert Kinder zur Botmäßigkeit gefügiger Untertanen erzog: Unsere beiden Bild- und Gedichtbeispiele zeigen in greller Drastik, mit welcher breit ausmalenden Genüsslichkeit hier plumpe Sadismen, Marter- und Folterknechtsmentalitäten zum Vorschein kommen, sanktioniert von bürgerlichem Biedersinn; illegitime Ableger einer Volksmärchentradition, die in Märchen wie »Hänsel und Gretel«, »Rotkäppchen«, »Der Wolf und die sieben Geißlein« alte kannibalische Riten, Träume, Abenteuer, sexualpsychologische Befunde einer volkstümlichen Erzähltradition festschrieb. Mögen sich uns angesichts derartiger Erziehungsmethoden auch die Haare

12 anon., Der Kinderfresser, Holzschnitt, 17.–18. Jh.

sträuben, viel besser und humaner sind die noch immer ungemein beliebten norddeutschen Variationen der Kinderschreckliteratur aus dem 19. Jahrhundert auch nicht, etwa der *Struwwelpeter* oder Wilhelm Buschs *Eispeter*. Ironischer allerdings, glatter, komischer, Kannibalistisches nur noch in Anklängen:

Ja, ja! In diesen Topf von Stein,
Da machte man den Peter ein,
Der, nachdem er anfangs hart,
Später weich wie Butter ward.[10]

Die Attraktivität liegt auch hier in der Angstlust, im Spiel mit dem Grauen bei gleichzeitiger ohrwurmartiger Eingängigkeit der Verse, wie wir es heute von Schlagertexten und Popsongs her kennen. Kompliziert wird der Befund dadurch, dass die mechanistische, quasi zweidimensionale Grausamkeit unserer Märchen auf Kinder anders wirkt als auf reflektierende Erwachsene, ihrer natürlichen, kindlichen Grausamkeit adäquater ist. Denn denkt man je darüber nach, so ist die Idee, Peter als potentiellen Brotaufstrich aufzubewahren, Ausfluss zynischer Gefühlsroheit. Unversehens hat sich unser zunächst scheinbar so enges, spezielles Thema ausgeweitet, wird zu einem breiten Feld. Halten wir eine Weile inne und erläutern, wie einer dazu kommt und was auf diesem Feld bestellt wird.

Wie vieles fing auch dies in der Kindheit an und damit, dass mein Vater, aus der Kriegsgefangenschaft heimgekehrt, 1946 dem sechsjährigen Sohn gegen irgend etwas anderes Lebenswichtiges einen Band von *Bechsteins Märchen* ein-

13 anon., Der Kinderfresser, Holzschnitt, Süddeutschland, 17. Jh.

tauschte. Von den Illustrationen dieses Märchenbuches sind mir über nun fast vier Jahrzehnte drei in frischer Erinnerung geblieben: einmal eine dicke Frau, die breitarmig im Fenster eines Hauses an einem Kleinstadtmarktplatz liegt und »Maulaffen feilhält«, dann das bekannte Bild jenes Bären, der in Wirklichkeit natürlich ein verwandelter Prinz ist, der der holden Jungfrau drohend den magisch-kannibalischen Reimsatz zuraunt: »Kraule mich, krabble mich, hinter den Ohren zart und fein, oder ich fress dich mit Haut und Bein« – dass hier sexualpsychologische Implikationen im Spiel sind, dämmerte mir schon als Kind –, und zum Dritten jenes Bild, auf dem in bereits arbeitsteiliger Harmonie der wilde Menschenfresser am Schleifstein sitzt, sein Messer schleift, dass es blitzt und funkelt, ihm vor Gier schon der Geifer aus den Mundwinkeln rinnt, während seine Frau flugs das Rädlein tritt. Am Boden liegen abgenagte Knochen, unterdessen lugen zwei Kinder ängstlich hinter dem Schrank hervor. Solche Bilder bleiben im Gedächtnis haften, zumal wenn ihr Eindruck durch die abendlichen Erzählungen der schon apostrophierten Grimm'schen und Bechstein'schen Märchen verstärkt wird.

14 anon., Hans Hinderfür und die Butzenbercht, Holzschnitt, 17.–18. Jh.

In meiner Schulzeit nachdrücklich mit der *Odyssee* traktiert, war für mich dort eine der fesselndsten Episoden die mit Polyphem. Als Student und Doktorand der Anglistik, der weite komparatistische Interessen verfolgte, faszinierten mich u. a. der Atreus-Thyestes-Mythos, Shakespeares Caliban, Defoes *Robinson Crusoe* und Swifts *Modest Proposal*.

Bereits diese wenigen Beispiele entstammen höchst unterschiedlichen Textsorten und Gattungen, ein gemeinsames wichtiges Motiv aber ist das der Menschenfresserei. Subkutan, im Untergrund, rumorten die Menschenfresser bei mir

15 *Seht in diesen Topf aus Stein / Machte man den Peter ein ...*, Wilhelm Busch, Der Eispeter, 1864

immer weiter. Das heißt, je mehr ich in Literaturen der verschiedensten Gattungen, Völker und Zeiten las, wurde mir bewusst, dass da vom altchinesischen Roman über den griechischen Mythos, die griechische und lateinische Tragödie bis zu Shakespeare, vom klassischen Epos bis zur modernen Kurzgeschichte, von der Bibel bis zur zeitgenössischen »Underground«-Lyrik, von klassischen Reisegeschichten bis zur Science-Fiction, von geschliffenen Satiren wie denen Swifts und Voltaires bis zu vulgären Witzen und Zoten Menschenfresser-Geschichten eine wichtige Rolle spielen, aber offensichtlich niemand Literatur jemals unter diesem Aspekt gesammelt hat.

Dass dieses Motiv auch in der bildenden Kunst überaus fruchtbar ist, fiel mir erst später auf. Als ich mich vor einigen Jahren erstmals intensiv mit den Bildern des Malers Horst Antes beschäftigte, wurde mir angesichts seines Menschenfresser-Bildes blitzartig klar, dass ich dieses als Illustration im Rahmen eines Buches brauchte. Von da war es nur ein Schritt zu dem Entschluss, Texte und Bilder zu sammeln, um mit ihnen und über sie ein Buch zu schreiben. Es begann eine dreijährige Phase intensiven Sammelns, die inzwischen vermutlich zur größten einschlägigen Sammlung geführt hat. Nur Ethnologen und Märchenforscher haben wohl bisher ähnliche Sammlungen, aber mit wesentlich schmalerem Themenspektrum, angelegt.

Mit dem Anwachsen der Sammlung veränderte sich naturgemäß auch der eigene Ansatz. Was zunächst aus einer kribbelnden Angstlust, Freude am

Grotesken, über das ich habilitiert habe, am Makabren und schwarzen Humor heraus betrieben wurde, geriet zu einem umfassenden Forschungsgegenstand, dessen weitreichende philosophische, psychologische, religiöse, gesellschaftliche, künstlerische Bezüge mir inzwischen immer deutlicher geworden sind. Es wurde klar, dass dieses Thema in der Luft liegt, hochaktuell ist. Dafür zeugen Serien von Filmen mit kannibalistischer Thematik, Romane, die sich seit einigen Jahren, direkt oder symbolisch überhöht, intensiv des Themas annehmen wie Duca di Centiglorias *Ich fraß die weiße Chinesin* (1967), Jacques Chessex' 1973 mit dem Prix Goncourt ausgezeichneter Roman *Der Kinderfresser*, Alberto Savinios 1980 erstmals in deutscher Sprache erschienene Geschichtensammlung *Menschengemüse zum Nachtisch*, Maria Erlenbergers *Singende Erde* (1980), Peter Roseis *Die Milchstraße* (1981), feministische Romane wie Margot Schroeders *Der Schlachter empfiehlt noch immer Herz* (1981), Margaret Forsters *Geschlachtet werden noch immer die Töchter* (1982), der Theologin Dorothee Sölle sozialkritische Text- und Gedichtsammlung *Im Haus des Menschenfressers* (1981), wissenschaftliche Tagungen zur »Wiederkehr des Körpers« (1981), vor allem aber auch das wiedererwachende Interesse an Ethnologie, gipfelnd in dem großen Erfolg, den Jacques Attalis Buch *Die kannibalische Ordnung* (1979, deutsch 1981) in Frankreich, den angelsächsischen Ländern und nun auch im deutschsprachigen Raum errungen hat. Attali, einer der drei Chefberater Präsident Mitterrands, verbirgt hinter seinem provokativen Titel eine ebenso provozierende Geschichte der Medizin, enger der Heilkunst, von der Magie bis zur Computermedizin. Das Thema liegt, wie gesagt, in der Luft, was seine psychologischen Wurzeln in der Entwicklung der Zeitläufe haben dürfte.

Meine Mitarbeiter und ich haben unser Material zunächst nach Gattungsgesichtspunkten gesammelt: Mythos, Religion, Märchen, Epos, Drama (Tragödie, Komödie, Groteske, Kasperltheater, Posse, Musical), Roman, Kurzgeschichten, fiktionale und semifiktionale Reiseliteratur, Satiren, Gedichte, Songs, Aphorismen, Witze, Kochrezepte, Illustrationen zu all den oben angeführten Themen, originär künstlerische Gestaltungen des Themas in Malerei, Plastik und Aktionskunst.

Von hier aus gelangten wir zu interessanten thematischen Querschnitten. Es zeigte sich z. B., dass viele Kulturen Schöpfungsmythen besitzen, bei denen Kannibalismus ein zentrales Thema ist. Viele Hochreligionen kennen die den Menschen veredelnde Sitte des »Gott-Essens«. Noch die christliche Transsubstantiationslehre, »nehmet, esset; das ist mein Leib ... trinket, das ist mein Blut ...«, ist eine sublimierte Form solch kultischer Gebräuche. In

Mittelalter und früher Neuzeit wurden kannibalistische Riten weitgehend in Hexen- und Zauberaberglauben abgedrängt. Blut ist, wie wir alle wissen, »ein ganz besonderer Saft«, und das kannibalistische Moment wird in Blutsbrüderschaften und Freundschaftskulten vieler Kulturkreise ebenso sichtbar wie in ihren Religionen. Ein nächster Schritt zum Einstieg in das Thema führt zu Philosophie und Psychologie. Es liegt auf der Hand, dass Sigmund Freud und der »göttliche Marquis« hier eine zentrale Rolle spielen, aber neben Freud auch Ludwig Klages und Elias Canetti, neben de Sade auch Georges Bataille, Claude Lévi-Strauss und Jacques Lacan, neben Franz Kafkas Tagebüchern Antonin Artauds *Heliogabal* und seine Theorien zum »Theater der Grausamkeit«. Ein weiterer zentraler Bereich ist der der semifiktionalen und fiktionalen Reiseliteratur und – im 16. Jahrhundert beginnend, sich vor allem im 19. Jahrhundert intensivierend – die Ethnologie. Die Linie verläuft hier von antiken Reiseberichten über *Mandevilles Reisen* (1570) zu Rabelais' *Gargantua* (1532), zu Montaignes *Essais* (1585), zu Defoes *Robinson* (1719), zu Voltaires *Candide* (1759). Einen ersten Höhepunkt, von dem aus sich dann die ethnologisch orientierte Reiseberichterstattung wellenartig verbreitete, bildet Hans Stadens *Wahrhaftige Historia und Beschreibung einer Landschaft der wilden, nackten, grimmigen Menschenfresser, in der Neuen Welt Amerika gelegen* (1557). Von diesem Bestseller wissenschaftlich vorgehender früher Reiseliteratur über Brasilien gab es innerhalb von vier Jahrhunderten 80 Ausgaben in acht Sprachen, darunter sogar Japanisch. In der Moderne spaltet sich von der Reise- und populären Wissenschaftsliteratur als eigener, vielfältiger Bereich noch der der Science-Fiction ab.

Unser ergiebigstes Feld ist jedoch das der Märchen. Es gibt Hunderte von Menschenfresser-Märchen, vermutlich in nahezu allen menschlichen Kulturen. Zu ihrem typischen Inventar gehören immer wieder Bären, Drachen, Riesen, wilde Männer, Zerstückelungen, Verwandlungen, Fruchtbarkeitsriten, Erlösungen und schließlich Apotheosen.

Seit Jonathan Swifts *Bescheidenem Vorschlag* gehört der Bereich Satire, Karikatur, Sozialkritik zu den wichtigsten und fesselndsten unseres Themas. Es liegt auf der Hand, dass hier auch besonders zahlreiche bildnerische Darstellungen zu finden sind. In der Gegenwart wird »Kannibalismus« immer häufiger als gesellschaftskritische Metapher für Kapitalismus, Ausbeutung und moderne Industriegesellschaft verstanden.

Wie schon eingangs angedeutet, spielt auch die Erotik eine nicht zu unterschätzende Rolle. Man denke an Gretchen, die im Kerker das Menschenfresser-Lied aus dem Märchen vom Machandelbaum singt, an Kleists *Penthesilea*,

16 anon., Vitzliputzli, Kupferstich in: Arnoldus Montanus, De Nieuwe en Onbekande Weereld, 1671

an de Sade, an Tennessee Williams und H. C. Artmann, um nur wenige Namen zu nennen.

Ein altbekanntes Sprichwort sagt, dass die Liebe durch den Magen geht. Für unser Thema ist dies mehr als nur eine Frivolität. Es gibt, wen wundert's, natürlich auch so etwas wie eine »*haute cuisine anthropophagique*« in der Südsee, bei den Eskimos, in Brasilien, Frankreich, England, Deutschland und Österreich.

Unser letztes wichtiges Gebiet schließlich ist das der Kunsttheorie und -praxis. Hier stehen vier bedeutende Künstler im Mittelpunkt, zwei Spanier, ein Franzose und ein Österreicher, Salvador Dalí, Francisco de Goya, Gustave Doré und Alfred Hrdlička. Goyas Einfangen tiefster, kaum zu verbalisierender Tragik in seinem berühmten Bild »Saturn (Kronos) verschlingt eines seiner Kinder« lotet das Thema malerisch ganz anders aus als Dorés geniale Illustrationen etwa des *Gargantua* oder des *Orlando Furioso*. Dalís kunsttheoretische Schriften, vor allem aus der Blütezeit des Surrealismus, und viele seiner Bilder bezeugen seine durch und durch kannibalische Kunsttheorie, und für Hrdlička geht programmatisch »alle Kunst vom Fleische aus«.

Der Verfasser ist von Haus aus Literaturwissenschaftler, Literarhistoriker. So kann und will er sich trotz aller angestrebten Interdisziplinarität nicht anmaßen, in all jenen Wissenschaften wirklich zu Hause zu sein, die in diesem Buch angesprochen und einbezogen werden. Der Nachdruck wird stets auf der Literatur und ihrer Verbindung zur Kunst liegen, Verbindungslinien insbesondere zur Psychologie und Ethnologie werden immer wieder gezogen werden müssen. Die Forschungsliteratur der angesprochenen Fächer wird aber nur dort bemüht, wo es unumgänglich und notwendig ist. Der Leser wird manche thematisch verwandten Bereiche vergeblich suchen. Die gesamte Sippe der Ghoulen, Vampire, Wiedergänger, Nachzehrer, Untoten, Antimenschen und Zombies, die heutzutage ja im Film fröhliche Urständ feiert und ungebrochene Vitalität beweist, wird ausgeklammert. Nicht erst seit Dieter Sturms und Klaus Völkers unvergessenem Band *Von denen Vampiren und Menschensaugern* (1968) gibt es hierzu reichhaltige Literatur. »*The cannibals proper*«, in Literatur und Kunst, sind unsere Domäne.

Philosophen, Psychologen und Ethnologen streiten sich darüber, ob menschliche Kultur mit der Überwindung des Kannibalismus anfange oder ob menschliche Kultur überhaupt Kannibalismus sei, der mit dem Fortschreiten der Menschheitsentwicklung in immer abstrakteren Verwertungszusammenhängen zu verstehen sei. Vermutlich sind beide Theorien in ihrer Ausschließlichkeit falsch. Nachweisbar schließen sich Kultur und Kannibalismus nicht aus. Kultur aber auf einen theoretisch – wie weit auch immer – gefassten Kannibalismus zu reduzieren, wie Attali dies suggeriert, ist eine Simplifizierung, die dem Stand moderner Wissenschaft nicht gerecht wird. Die Wahrheit liegt irgendwo dazwischen, bindet das Kannibalismusthema in zahlreiche andere thematische Zusammenhänge ein. Dieses »Irgendwo« zu orten, die thematischen Zusammenhänge sichtbar zu machen, ist Hauptintention des vorliegenden Bandes. Daneben will er Neugier auf intensives Lesen zitierter Texte wecken, die den Literaturen vieler Länder entstammen, einen repräsentativen Querschnitt bieten, jedoch keinerlei Anspruch auf vollständige Erfassung des Themas erheben, und er will – es wäre angesichts des Sujets philiströse Heuchelei, dies zu leugnen – zum Genuss anregen, will Augen- und Hirnschmaus bieten. Auf jeden Fall ist das Thema »Menschenfresser« ein vielschichtiges und vielseitiges Thema, das mit Naserümpfen oder Abwehrreaktionen des Ekels abzutun falsch wäre. Die Beschäftigung mit ihm wirft erhellendes Licht auf die uralte und stets neue Frage: Was ist der Mensch?

Menschen, die plötzlich in den wald laufen und nicht mehr zurückkehren, sind winterschläfer, sie verkriechen sich in der kalten jahreszeit, man verwechselt sie häufig mit den bären; sie betreten nie harten boden, sie sind die herren des moores, man sollte lieber auf wegen bleiben, auf saumpfaden. Sie verwenden keine werkzeuge, können aber mit steinen werfen.

Im sommer tauchen sie meist im zwielicht auf, gleich ob abends oder morgens. Ihre größe ist gewöhnlich sechs bis sieben fuß, ihr gestank soll schrecklich abstoßend sein, ihre exkremente wachsen zu tödlichen pilzen heran, die den wald verpesten, nur schlangen bauen in ihrer nähe nester. Der pilz heißt Ungdrull, *und der menschenfresser frißt ihn, wenn er lange keines menschen habhaft wird. Nur er stirbt nicht an ihm.*[11]

Anmerkungen zur Einleitung

1 H. C. Artmann, *Die Sonne war ein grünes Ei* (Salzburg, 1981), S. 52.

2 ebda.

3 Artmann, a. a. O., S. 53.

4 H. C. Artmann, »Frankenstein in Sussex«, in: *Die Grammatik der Rosen.* Gesammelte Prosa, Bd. II, hrsg. von Klaus Reichert (Salzburg, 1972), S. 403.

5 H. C. Artmann, aus: »blauboad 2«, in: *med ana schwoazzn dintn* (Salzburg, 1958), wieder abgedruckt in: *The Best of H. C. Artmann,* hrsg. von Klaus Reichert (Frankfurt, 1970), S. 36 f.

6 H. C. Artmann, »harmann, harmann«, in: *allerleirausch* (Berlin, 1967), wieder abgedruckt in: *ein lilienweißer Brief aus lincolnshire,* hrsg. und mit einem Nachwort von Gerald Bisinger (Frankfurt, 1978), S. 455.

7 Paul Schenk, *Berner Brunnen-Chronik* (Bern, ³1960), S. 27.

8 Kinderfressergedichte aus: Hans Boesch, *Kinderleben in der deutschen Vergangenheit* (Leipzig, 1900), S. 87.

9 »Der Kinderfresser«, in: Dorothee Alexander und L. Strauss, *The German Single Leaf Woodcut 1600–1700,* 2 Bde. (New York, 1977).

10 Wilhelm Busch, *Bilderpossen,* »Der Eispeter«, erste Auflage (Dresden, 1864).

11 Artmann, *Die Sonne war ein grünes Ei,* S. 54.

I. Definitionen

Menschenfresser, heissen insgemein die sogenannten Cannibalen, Hottentotten und andere wilde Indianer, als von welchen fast aus allen Beschreibungen derer in ihre Gegend geschehenen Reisen zur Genüge bekannt ist, wie sie mehrenteils sowohl die bey ihnen sich verirrenden Fremden als auch ihre Feinde, welche sie in einem oder dem andern zwischen ihnen entstandenen Gefecht gefangen bekommen, auf das abscheulichste zerstückeln, und alsdann entweder gekocht oder gebraten bis auf die Knochen verzehren.[11]

Mit diesen Worten beginnt der »Menschenfresser«-Artikel des von Johann Heinrich Zedler 1739 verlegten *Grossen, vollständigen Universal Lexikon Aller Wissenschaften und Künste.* Mehrere Sachverhalte werden an diesem frühen Beispiel definitorischer Behandlung unseres Gegenstandes ersichtlich: Abgesehen von den mangelhaften geographischen Kenntnissen des Lexikographen – »Hottentotten und andere wilde Indianer« – ist es vornehmlich die schon um diese Zeit überwiegend ethnologische und religionsgeschichtliche Abhandlung des Themas, das etwa zu gleichen Teilen an Beispielen aus der Karibik, der Südsee und biblischen Bezugsstellen erläutert wird. Deutlich tritt zudem die vollkommen verinnerlichte Abscheu vor der Sitte des Menschenfressens zutage, die als Legitimation dient, die Indianer und andere Völker als »Wilde« zu klassifizieren, denen, unter Berufung auf Pufendorf, mit Waffengewalt »mores« beizubringen verdienstlich sei. Die Bibel wird dabei nicht als literarisches Dokument, sondern als kulturhistorischer Beleg verstanden, und religiöser Glaube wird wissenschaftlichen Fakten gleichgesetzt. Wenn GOTT der HERR des Alten Testaments im *Buch Mose* und *Jeremias* für die Übertreter seiner Gesetze Menschenfresserei als »eine der höchsten und äußersten Zorn = Strafen« androht, so ist dies gleichsam als möglicher Einbruch eines atavistischen Chaos, eines gesetzlosen »*homo homini lupus*« in eine zivilisierte, streng geordnete, rechtlich und moralisch gesicherte Hochkultur begriffen. Entschuldigt wird dagegen Kannibalismus in der Grenzsituation einer sonst unweigerlich zum Tode führenden Hungersnot. Evident wird zudem, dass um die Mitte des 18. Jahrhunderts die Termini »Menschenfresser« und »Cannibale« bereits deckungsgleich geworden sind. Historisch gesehen treten seit dem 16. Jahrhundert »Kannibale« und »Kannibalismus« an die Stelle der klassischen Termini »Anthropophage« und »Anthropophagie«, die sich im Französischen bis heute gehalten haben, wo es daneben noch die literarische Figur des »ogre« als eines menschenfressenden Riesen gibt. Die deutschen Begriffe »Menschenfresser« und »Menschenfresserei« sind deren wörtliche Übersetzung, während das seit 1600 belegte englische Wort »maneater« nur äußerst selten verwendet und neben Menschen auch auf menschenfressende Tiere wie Tiger angewandt wird. Mit Homers Polyphem begegnet uns der erste Menschenfresser als klassisch-literarische Figur, Ahnvater zahlloser menschenfressender Riesen und wilder Männer in Sagen und Märchen. Die griechischen Historiker Herodot und Strabo hingegen bezichtigen die Skythen, Massageten und irischen Kelten, andere antike Autoren die Inder und Äthiopier der Anthropophagie. Aus griechischer und später römischer Sicht werden häufig die »Barbaren«, jene Völker, die an den Grenzen oder jenseits der Grenzen des eigenen Machtbereiches wohnen, der Anthropophagie geziehen, was hinreichend Rechtfertigung bietet, sie wie in der frühneuzeitlichen Kolonialisierungsepoche den Segnungen der eigenen Zivilisation zu unterwerfen. Die Landkarten des Mittelalters und der Renaissance machen reichlich Gebrauch von derlei Legenden und Präventivrechtfertigungen. »*Anthropophagi sunt*«, »hier wohnen Menschenfresser«, steht breit über die weißen Flecken noch unentdeckter Gebiete geschrieben, womit gleichzeitig Furcht und Abscheu erweckt und zur Kolonisation ermuntert wird. Kolonisation gerät somit zum religiös-sittlichen Auftrag. Kolumbus und seine Mannschaft fanden auf einer der Antilleninseln Überreste einer Mahlzeit aus Menschenfleisch. Nachfolgende spanische Entdecker und Eroberer wurden immer häufiger der Tatsache gewahr, dass jene Stämme rund um den Golf von Mexiko und auf den westindischen Inseln, die sich selbst »Carib« oder »Caribes« nannten, mehr oder weniger hoch entwickelte Praktiken der Zubereitung und des Verzehrs von Menschenfleisch pflogen. »Caribe« bedeutet übrigens in den Eingeborenensprachen so viel wie »tapfer und wagemutig«. Die Spanier leiteten hiervon in ihren Berichten nach Europa die Worte »caribal« oder auch »canibal« ab, und Shakespeares »Caliban« (1610), eine ganz offensichtliche weitere Umformung des ursprünglichen Wortes »Carib«, bezeugt, dass im frühen 17. Jahrhundert sich der Sammelbegriff »Kannibalen« für wilde, menschenverzehrende Eingeborene neu entdeckter Länder durchgesetzt hat. Caliban stellt ja nicht zuletzt ein dichterisch durchgeformtes und überhöhtes Spiegelbild europäischer Vorstellungen vom karibischen Indianer dar. Spätestens im frühen 18. Jahrhundert wird der Begriff allgemein auf das Phänomen des Menschenessens übertragen, wobei aus seiner Herkunft schließend davon ausgegangen wird, dass Derartiges unter »zivilisierten« Völkern nicht vorkomme. Diese Herkunft und die damit verbundene Denkweise von Forschern zeichnen sicher in hohem Maße dafür verantwortlich, dass in der Folgezeit Enzyklopädien und Lexika eine fast ausschließlich ethnologische und damit ungemein verengende Blickrichtung bei der Behandlung dieses Themas einnehmen.

Im Verlauf des 19. Jahrhunderts wird in den Nachschlagewerken ein immer umfangreicheres, gesichertes, mitunter auch nur lückenhaft belegtes völkerkundliches Fachwissen ausgebreitet und aufbereitet. Man nimmt sich Erdkarten vor und berichtet von Zentralafrika über Polynesien, Neukaledonien, die gesamte südasiatische Inselwelt bis Australien, von Süd-, Mittel- und Nordamerika von den Zeugnissen reisender Forscher, die Spuren und Praktiken des Kannibalismus begegneten. Bei derlei Berichten mischen Übertreibungen und Ratekunst kräftig mit, denn aus verständlichen Gründen gibt es nur wenige Zeugnisse, in denen »live« von kannibalischen Festmählern – zum Alltag gehörten diese Praktiken nur in seltenen Fällen – berichtet wird. Sprachschwierigkeiten und die Kürze des Aufenthalts von Reisenden bei menschenverzehrenden Stämmen tun ein Übriges, um kultische, religiöse, medizinische Hintergründe solcher Sitten und Gebräuche im Halbdunkel zu lassen.

17 anon., Allegorie Amerika als schöne Menschenfresserin in Cesare Ripas Iconologia, 1611

Die französischen Nachschlagewerke *Grand Dictionnaire Universel* (1865) und Pierre Larousses *La Grande Encyclopédie* (1886) trachten gegen Ende des 19. Jahrhunderts, halbgare moralische Horrorgefühle und Vorurteile ihrer Leserschaft abzubauen und durch solide völkerkundliche Information zu ersetzen. Es lässt sich leicht nachweisen, dass noch Duca di Centigloria das ethnologische Material für seinen Menschenfresser-Roman *Ich fraß die weiße Chinesin* (1967) weitgehend aus diesen beiden umfangreichen Artikeln bezogen hat. Vor allem der Artikel im *Larousse* bemüht sich um eine analytische

Sicht anstelle des bloßen Aneinanderreihens von Anekdoten und Fakten. Die Ethnologie wird hierin als Kultur- und Gesellschaftswissenschaft greifbar, die auch ein so heikles Thema wie das des Kannibalismus auf seinen kulturellen Stellenwert hin zu durchleuchten bemüht ist. Bei den Definitionen werden immerhin noch literarische Anklänge in Richtung auf Satire und Sozialkritik hin sichtbar, wenn Autoren wie Voltaire oder Proudhon zitiert werden.

Mit dem Vordringen archäologischer Erkenntnisse wächst auch in deutschsprachigen Referenzwerken des späten 19. Jahrhunderts die Einsicht, dass Kannibalismus nicht allein ein Phänomen »wilder« Eingeborenenstämme in der Südsee sei, sondern, ethnologisch gesehen, ein bestimmter Kultur- und Entwicklungsstand menschlicher Gesellschaften. So verweist etwa die *Allgemeine Enzyklopädie der Wissenschaften und Künste* (1882), der Vorläufer des heutigen *Großen Brockhaus*, darauf, dass Knochenfunde aus Zentraleuropa und den Britischen Inseln vielerorts schließen lassen, dass unsere frühsteinzeitlichen Vorfahren intensiv der Menschenfresserei frönten.

Literarische Verweise über die Erwähnung Homers, Herodots und Strabos hinaus in Richtung auf ein ausgeweitetes Verständnis des Kannibalismus, wie es in der Einleitung umrissen wurde, oder auf eine Analyse der literarischen Figur des Menschenfressers fehlen jedoch in den Enzyklopädien des 18. und 19. Jahrhunderts fast völlig, obwohl diese sich von ihrem Anspruch her noch als umfassende Nachschlagewerke für Wissenschaft, Kunst und Literatur verstehen.

Verweist *Meyers Grosses Konversationslexikon* von 1905 noch darauf, dass »die Oger und Menschenfresser unserer Märchen als Nachklang der vorhistorischen Anthropophagen Europas betrachtet werden können«, so scheint derlei Wissen im 20. Jahrhundert vollends entbehrlich zu werden. Begibt man sich mit einem Sprung zu den wichtigsten zeitgenössischen Referenzwerken in ihren neuesten Ausgaben aus den mittleren und späten 70er-Jahren, so trifft man auf ein uniformes Bild, ob man den *Großen Brockhaus* (1970 ff.), *Meyers Enzyklopädisches Lexikon* (1975), das *Grande Dizionario Enciclopedico Utet* (1976), das *Diccionario Enziclopedico España* (1978), die *Encyclopaedia Britannica* (1979) oder die *Encyclopedia Americana* (1979) zu Rate zieht. Neben der bis in die Einzelformulierung gehenden Neigung von Lexikographen, auch international voneinander abzuschreiben, fällt eine nunmehr ausschließlich ethnologische Sicht des hier zur Diskussion stehenden Phänomens ins Auge. Der *Brockhaus* deutet wenigstens noch mythisch-religiöse Erklärungszusammenhänge an, fast alle befragten Referenzwerke unterscheiden nunmehr zwischen Endokannibalismus an Verwandten und Angehörigen des eigenen Stammes, meist aus Pietät, aus Zauber- und Seelenwanderungsglauben heraus, und Exokannibalismus an Kriegsgefangenen, Sklaven und anderen Fremden aus Gründen magisch-animistischer Art, etwa um sich die Stärke des Feindes einzuverleiben, die totale eigene Herrschaft über ihn zu beweisen, oder aus simpleren Gründen der Nahrungsbeschaffung.

Es wird aber auch bereits gesichertes ethnologisches Wissen wieder preisgegeben. Während sich das italienische *Grande Dizionario* noch auf Ewald Volhards Standardwerk *Kannibalismus* (1939) als umfassenden ethnologischen Kronzeugen beruft, stößt die *Encyclopaedia Britannica* die Tür zu neuer Forschung weit auf: »*No completely satisfactory explanations of cannibalism exist.*« Dies trifft zwar zu, man kann es sich damit unter Verzicht auf Erkenntnisse der einschlägigen Forschung des 20. Jahrhunderts, z. B. in Gebieten der Philosophie, Psychologie, Ökonomie, Literatur- und Kunstwissenschaften, aber auch sehr einfach machen. In Bezug auf den hier zur Untersuchung anstehenden Gegenstand bieten die großen zeitgenössischen Nachschlagewerke allgemein ein betrübliches Bild und nähren den Verdacht, dass außerhalb von Technologie und Naturwissenschaften Erkenntnisse moderner Wissenschaften, wenn überhaupt, nur sehr langsam in jene Werke vordringen, aus denen der gebildete Laie sein Überblickswissen bezieht. Nahezu reflexionslos wird unser Untersuchungsgegenstand allein der Ethnologie zugeschlagen. Dabei ist dann der Stichwortartikel »cannibalism« in der *Encyclopedia Americana* der weitaus am besten geschriebene und verlässlichste.

Das Fehlen jeglicher literatur- und geisteswissenschaftlicher Bezüge in den einschlägigen Artikeln neuerer und neuester Lexika wirft auch Licht auf den geringen Stellenwert, den diese Wissenschaft zumindest bei den Redakteu-

18 Gerhard Lahr, Illustration aus: *Das schöne Grauen*, 1968

ren derartiger Referenzwerke einzunehmen scheinen, und beleuchtet grell den Mangel an interdisziplinärer Forschung, die Zusammenhänge und Bezüge zwischen isoliert vor sich hinforschenden Einzeldisziplinen stiften könnte.

Eine gewisse Ausnahme, die bei näherem Hinsehen jedoch abermals recht einseitig ist, macht ein Spezialwerk unter den Nachschlagewerken des 20. Jahrhunderts, das *Handbuch des Deutschen Aberglaubens* (1934/35). Als einziges Lexikon im deutschsprachigen Raum geht es expressis verbis von Literatur aus, seinem Gegenstand angemessen häufig von zunächst weitgehend mündlich überlieferter Literatur wie Sagen und Märchen. Interdisziplinäre Ansätze werden sichtbar, wenn die Menschenfresser-Sagen auf primitiven Totenglauben und sich daraus entwickelnden Vampirglauben zurückgeführt werden (Wiedergänger, lebende Leichname, umgehende Seelen, Drachen), die alle Apperzeptionen der Unholde seien, die sich aus den Seelen von Toten entwickeln konnten. Der Sagentypus jener Menschenfleisch witternden Riesen und wilden Männer, wie Rapel, Erkinger und Hymir, wird mit den Drachentöter-Sagen in Verbindung gebracht. Psychologische Zusammenhänge werden sichtbar, wenn die Verwandtschaft des kleinen Däumlings mit dem Drachentöter betont wird. Was der kleine Däumling dem Riesen, ist der Drachtentöter dem Drachen. Beide werden uns im Märchenkapitel noch eingehender beschäftigen.

In den Definitionen einsprachiger Wörterbücher begegnet uns z. B. in Wahrigs *Deutschem Wörterbuch* ein Hinweis darauf, dass der »Menschenfresser« auch eine Märchenfigur ist, während für das Englische im *Oxford English Dictionary* ein solcher Bezug fehlt und »man-eater« stets mit »cannibal« gleichgesetzt wird. Das OED zitiert aber ausgiebig Reiseliteratur vom 16. bis 19. Jahrhundert, wobei es die erste Erwähnung des Wortes »cannibal« auf das Jahr 1553 datiert, innerhalb Edens Bericht über Neuindien, wo es in der Übersetzung von Sebastian Munsters *Cosmogonia* heißt: »Columbus ... sayled toward ye South, and at ye Length came to the Ilandes of the Cannibals.« Ein aufschlussreicher Irrtum unterlief Columbus, als er zum ersten Male »Caribe« und auch »Caniba« hörte. Er glaubte, es handele sich um das Territorium des Großkhan, dessen Land er, getreu seinem Vorsatz, den westlichen Seeweg nach Indien zu entdecken, in der Nähe wähnte *(»que Caniba no es ortra cosa sino la gente del Gran Can«)*.

Von einer Aussagekraft, die Europäer nachdenklich stimmen und in ihren Urteilen über die »Wilden« hätte vorsichtiger werden lassen sollen, ist vor allem ein Zitat des Forschungsreisenden David Livingstone in seinem

19 Francisco de Goya, Los cannibales, ca. 1815, Musée des Beaux-Arts, Besançon

Bericht über die Reise nach Zambesi: »*Nearly all blacks believe the whites to be cannibals*« (1865).

Große französische Wörterbücher noch der unmittelbaren Gegenwart wie das *Dictionnaire Quillet* (1975), Jean Girodets *Logos* (1976) oder das *Dictionnaire Hachette* (1980) geben unter den Stichworten »anthropophague« und »cannibal« keinerlei Hinweis auf die literarische Verwendung des Terminus oder gar auf eine literarische Figur. Sie tun dies in knapper Form allerdings unter dem Stichwort »ogre«, dem Sammelbegriff, unter dem menschenfressende Riesen in Märchen, Sagen und anderer Erzählliteratur gefasst werden. Dagegen lehrt uns *Täubners Deutsches Wörterbuch*, dass der Begriff Kannibale bereits 1508 seit M. Facans Bericht über *Neue unbekannte Lande* sich einbürgerte und damit beträchtlich vor der Martin Opitz 1639 oder 1644 zugeschriebenen Lehnübersetzung des Wortes »Menschenfresser« aus griechisch/lateinisch »anthropophagos« datiert. So mag es in der Tat Hans Staden sein, der 1557 das Wort »Menschenfresser« originär für die deutsche Sprache geprägt hat, denn bereits in den beiden Anfangszeilen des ursprünglichen Titels seiner *Wahrhaftigen Historia* heißt es: »Wahrhaftig' Historia und beschreibung eyner Landtschafft der Wilden / Nacketen: Grimmigen Menschenfresser Leuthen / in der Newenwelt America gelegen / ...« Die Gebrüder Grimm hingegen in ihrem *Deutschen Wörterbuch* von 1885, und dies wird niemanden verwundern, sammelten eine ganze Reihe literarischer Belege. Darunter gibt es so schöne Zitate wie Tiecks lapidare Feststellung aus dem *Kaiser Octavianus*, »die riesen sind fast immer menschenfresser«, oder Uhlands geradezu anheimelndes Gedicht, das den Menschenfresser bereits in ein ironisch verklärtes Licht spielerischer Fiktion taucht:

romantische menschenfresser
hausen auf jenem schlosz,
die mit barbarischem messer
abschlachten klein und grosz.[2]

Geradezu an H. C. Artmann aber fühlt man sich mit einem Zitat aus Abraham a Santa Claras *Judas* erinnert:

das kälberne fleisch ist nicht mein speisz (sagt der tod), ich bin der menschenfresser.[3]

Anmerkungen zu Kapitel I

1 Johann Heinrich Zedler, *Grosses, vollständiges Universal Lexikon aller Wissenschaften und Künste* (Leipzig, 1739), Sp. 751.
2 Ludwig Uhland, Gedicht 407, zitiert nach Jacob und Wilhelm Grimm, *Deutsches Wörterbuch* (1885), Sp. 2046.
3 Abraham a Santa Clara, *Judas*, 296, zitiert nach Grimm, *Deutsches Wörterbuch*, Sp. 2046.

II. Mythos, Religion, Aberglaube

Da blies ein Wind aus Osten auf mein Schiff herein. Und warf an diesen Felsen uns des Ätna, wo einsam des Meeresgottes Söhn', einäugige Kyklopen hausen, gierig nach der Menschen Blut.

Euripides, Der Kyklop, 20–25

Im Zentrum des mythologischen Vorstellungsbereiches der von den Ethnologen Paul Wirz und Gunnar Landtmann eingehend erforschten Kulte der Marind-anim auf Neuguinea, aber auch zahlreicher anderer Stämme in Ozeanien und Amerika, steht eine Gruppe göttlicher Wesen, von denen berichtet wird, sie hätten in mythischer Urzeit durch ihren Tod die Lebensmöglichkeiten für die Menschen geschaffen.[1] Den überlieferten Mythen ist meist gemeinsam, dass aus den toten Körpern dieser Wesen, für die der deutsche Ethnologe Jensen das der Religion der Marind-anim entlehnte Wort »Dema« eingeführt hat, die wichtigsten Nährpflanzen entstanden seien. Die Dema treten in Menschen- oder Tiergestalt auf. Sie verfügen über besondere Fähigkeiten, darunter die des Gestaltwechsels. Alles was für die Marind-anim von Bedeutung ist, die wichtigsten Pflanzen, wie Kokospalme, Sagopalme, Banane, aber auch Tiere, wie der Hund, Jagdgeräte, wie der Bogen, wird letztlich von den Dema hergeleitet. Dieses trifft auch für den Menschen und seine Kultur zu:

Nach Ansicht der Marind gab es also in früherer Zeit bloß Dema; Menschen, Tiere und Pflanzen, wie wir sie heute kennen, existierten noch nicht. Es bestand ein buntes Durcheinander, ein beständiges Sichverwandeln, Umgestalten und Hervorbringen. Da gab es noch kein Sterben, nur Werden und Umwandlung ... Aus den Dema ging das ganze Universum hervor. Sie erfanden auch die Geräte, die Waffen, den Schmuck und mancherlei Ordnungen. Auch die Tänze, Zeremonien, Zauberriten sowie die Kopfjagden gehen auf die Dema-Vorfahren zurück.[2]

Als Götter sind die Dema zwar unsterblich, in ihrer irdischen Existenz können sie jedoch getötet werden, und ihrem Sterben verdankt letztlich die gesamte Kultur der Marind-anim ihre Existenz: »Durch das Geschehen in der Welt wird nicht nur der Mensch erst wirklich Mensch, ein Wesen, das stirbt und sich fortpflanzt, die Welt wird jetzt auch erst Welt, wie wir sie kennen.«[3] Zahlreiche der Fruchtbarkeitsriten und Opferkulte der Marind-anim und anderer Stämme tragen ausgesprochen dramatischen Charakter, weitgehend sadistische Riten werden in ein strenges dramaturgisches Ritual eingebunden. So erzählt eine ceramesische Mythe von dem Mädchen Hainuwele, das ermordet wird, worauf aus ihrem Leichnam die Knollenfrüchte entstehen, die Hauptnahrungsquelle der Insulaner sind.

Dieser Mord fand während eines großen Tanzes statt. Spiralförmig bewegten sich die Tänzer um sie, drängten sie in eine Grube und töteten sie, während ihr lauter Gesang das Schreien des Mädchens übertönte. Die Grube wurde zugeworfen, die Erde durch die rhythmischen Bewegungen der Tänzer festgestampft.[4]

Die symbolische Bedeutung dieser Mythe für den Ackerbau, das Hervorbringen neuer Frucht, ist offensichtlich. In einer Variante der Geschichte wandern die Eltern, die ihre Tochter gesucht und den Mord entdeckt haben, mit der ausgegrabenen Leiche im Dorf umher und rufen den Bewohnern zu: »Ihr habt sie getötet, nun müßt ihr sie auch essen.«[5]

Einem Mythos der südamerikanischen Chipaya-Indianer zufolge soll die Sonne ein dunkelhäutiger, mit einer Federkrone geschmückter junger Mann gewesen sein, der andere Menschen zu verspeisen pflegte. Doch schließlich kam ein Mann, der diese kannibalische Sonne tötete, die ihn verschlingen wollte. Dem Mörder gelang es zwar, das Federdiadem zu fassen, er konnte sich aber nicht damit schmücken. Darauf wurde die Welt in Dunkel gehüllt, bis der jüngste der Sonnensöhne den Federschmuck aufsetzte und den Platz seines Vaters einnahm. Der Lebenszyklus konnte nun in gewohnter Weise ablaufen.[6]

In der griechischen Mythologie ist der Sänger Orpheus eng mit dem Gott Dionysos verbunden, geradezu sein »alter ego«. Im grundlegenden Dionysos-Mythos der orphischen Tradition berichtet Diodorus vom Leiden, Tod und der Auferstehung des göttlichen Kindes. Der neugeborene Zeus-Sohn Dionysos wird von den Titanen verschleppt. Er versucht seinen Peinigern zu entkommen oder sie irrezuführen, indem er sich nacheinander in einen Ziegenbock, einen Löwen, eine Schlange, einen Tiger und einen Stier verwandelt. In dieser letzten Metamorphose packen ihn die Titanen, reißen ihn in Stücke und verschlingen sein rohes Fleisch. Zeus tötet die Titanen mit seinen Blitzen, aus der Asche oder dem Ruß der Titanen entstehen Menschen. Der Kopf des Dionysos wird von Athena oder Rhea gerettet. Seine weithin verstreuten Glieder, »*disiecta membra*«, werden wunderbar wieder vereint. Dionysos wird wieder zum Leben erweckt.[7] So ist bereits der Mythos vom Ursprung der Menschheit mit Kannibalismus durchtränkt. Allen drei Mythen, die fast beliebig aus einer großen Fülle verwandten Materials aus Kulturkreisen der ganzen Welt herausgegriffen sind, ist zyklisches Denken gemeinsam. Leben entsteht aus Tod. Es bedarf des brutalen Tötens und des Sich-Einverleibens, um neues Leben hervorzubringen. Oft ist es der Gott, der getötet und kannibalisch verspeist wird. Sein Tod bringt für ihn selbst und für die Menschheit neues Leben, denn deren Gedeihen ist von den Göttern abhängig.

Mythen sind Welterklärungsmodelle, Einzelmythen in einem Mythensystem erheben den Anspruch, Phänomene der Welt, Vorder- und Hintergründe verständlich zu machen, zu deuten. In ihnen fallen gleichsam noch Religion und Wissenschaft zusammen. Pierre Grimal hebt mit Recht hervor, dass Mythen gewissermaßen der Rang großartiger wissenschaftlicher Arbeitshypothesen zukommt.[8] Der Unterschied liegt jedoch darin, dass wissenschaftliche Hypothesen falsifiziert, korrigiert werden können, während die Mythe bleibt, einen Realitätsanspruch erhebt, der ständig neu gedeutet werden kann, dessen Wahrheitsfrage im wissenschaftlichen Sinn sich aber gar nicht stellt. Wissenschaft tastet sich von Irrtum zu Irrtum vor, fügt Stein auf Stein, löst Schicht um Schicht, in ihrem sisyphushaften Bemühen, die Welt zu erklären, ihren Rätseln auf den Grund zu kommen. Der Mythos aber ist die anthropomorphisierte Wahrheit, die die Götter, das Universum und seine Zusammenhänge vermenschlicht, zu uns herabzieht. Es gibt Gesellschaften, für die die Realität des Mythos wirklicher ist als die des naturwissenschaftlich messbaren Universums.

Der Mythos gehört zu den wesentlichen Elementen des Bewußtseins; er ist eine Realität des Kollektivbewußtseins, das sich im individuellen Bewußtsein spiegelt, nicht anders als etwa die Sprache. Jeder Beteiligte hat das Gefühl, am Mythos wirklich teilzuhaben, ihn nachzuerleben – vor allem bei feierlichen Festen – und den Ablauf des Mythos in der eigenen Gegenwart zu erkennen.[9]

Wer wollte etwa bestreiten, dass die Weisheit des Indianerhäuptlings Ochwiä Biano, wie sie im Gespräch mit C. G. Jung zum Ausdruck kommt, der Weisheit des westlich-naturwissenschaftlich geprägten Denkens zumindest ebenbürtig ist:

Als ich mit Ochwiä Biano auf dem Dach saß und die Sonne mit blendendem Licht höher und höher stieg, sagte er, auf die Sonne deutend: »Ist nicht der, der dort geht, unser Vater? Wie kann man anderes sagen? Wie kann ein anderer Gott sein? Nichts kann ohne die Sonne sein.«[10]

Wie die wissenschaftliche Arbeitshypothese ist der Mythos zunächst vom Menschen Imaginiertes; im Unterschied zu ihr wird sein Wahrheitsgehalt jedoch nicht nachgemessen, sondern emotional erlebt und erfahren, und er wird literarisch ausformuliert und überformt. Dichter fassen die Mythen in Sagen, Heldengeschichten, Epen zusammen, Priester lenken ihre Substanz in »Heilige Bücher«. Die Mythen der meisten so genannten »Naturvölker« wurden oral tradiert, bis europäische Reisende seit der Renaissance und zunehmend seit der ethnologischen Forschung des 19. Jahrhunderts sie zu Papier bringen. In vielen Mythen und gerade in den Schöpfungsmythen spielen Aspekte des Kannibalismus eine wesentliche Rolle, aber weit davon entfernt, nun in Spengler-Frobenius-Jensen-Nachfolge erneut eine Kultur- und Universalgeschichte der Menschheit unter dem Blickwinkel des Kannibalismus schreiben zu wollen, wird doch bei genauerem Hinsehen schnell deutlich, dass es nicht einen, sondern viele Kannibalismen und auch literarisch höchst unterschiedliche Facetten und Ausformungen gibt.

Für uns, für den abendländischen Kulturkreis im weiteren Sinne, werden Schöpfungsmythen literarisch zum ersten Male bei den Griechen fixiert, und Hesiod ist im 8. Jahrhundert vor Christus der Autor, der sie für uns greifbar, erstmalig umfassend niedergeschrieben hat. Zu diesem Zeitpunkt liegt bereits eine lange orale Tradition hinter ihnen, stellen sie schon eine komplexe Synthese aus orientalischen, semitischen, präsemitischen und bodenständig griechischen Einflüssen dar. Zwischen den Polen des Logos und des Mythos, der Vernunft und des Erdichteten, pendelt das griechische Denken. Dabei ist der Mythos das, was sich an die schöpferische, poetische Phantasie des Menschen wendet, alles, was sich zwar der Nachprüfung entzieht, aber seine eigene Wahrheit in sich trägt. Es birgt jene Überzeugungskraft, die dem Schönen innewohnt.[11]

Am Anfang, sagt Hesiod, war das Chaos, das Sein, in dem es nichts gibt als den Raum, die Werte an sich, nichts Organisches, nichts Beschreibbares. Bald zeichnet sich Gaia ab, die Erde. Das Chaos gebiert Erebos, den unterirdischen Raum, und über der Erde setzt Gaia ihren Erstgeborenen ein, den Himmel.

Später vermählen sich Himmel und Erde, Uranos und Gaia. Sie zeugen zwölf Titanen und Titaninnen, Naturgötter von ungeheurer Macht, chthonische Gewalten. Kronos, der Letztgeborene unter ihnen, der Herrscher über die Zeit, ist der Mächtigste, der Urgott, von dem ab unerbittlich alle Geschichte und alles Geschick abrollen wird. Jüngere Söhne folgen: Kyklopen, Riesen, der Hekatonchireis, der Hundertarmige, auch die Naturgötter, Blitz und Donner verkörpernd.

Uranos sperrt seine störende, lärmende Nachkommenschaft in die Tiefen der Erde ein. Da beschließt Gaia, sich zu rächen, überdies ist sie der ständigen Schwangerschaften müde. Nur der jüngste ihrer Titanensöhne,

Kronos, der den Vater hasst, ist bereit, den Racheauftrag zu vollziehen. Das Verbrechen kommt in die Welt, aber es kommt in einem mythischen Bild von grausamer Schönheit: Gaia gibt Kronos eine sehr harte und spitze Sichel, und als Uranos sich ihr eines Nachts nähert, um sie erneut zu schwängern, schneidet er seinem Vater mit einem Sichelhieb die Genitalien ab und wirft sie in das Weltall. Das Blut des verwundeten Gottes fällt als Regen auf Erde und Meer nieder, wo es weitere Gottheiten zeugt. Aus dem Blut, das die Erde befruchtet, entstehen die Erinnyen, drei Furien, grausame Dämoninnen, die in den Tiefen der Unterwelt die Verbrecher foltern. Ängstlich beschwichtigend nennt man sie Eumeniden, die Gütigen.

Aus dem mit Samen vermengten Blut, das auf das Meer fällt, entsteht ein Mädchen. Bei der Insel Kythera steigt sie erstmals an Land und begibt sich nach Kypros. Die Göttin Aphrodite ist geboren:

»*Und die das Lächeln Liebende*
(Zugleich: Schamteile Gern-Habende)
Weil sie aus den Schamteilen erschienen ist«
(fährt Hesiod fort)
»*Ihr gab Eros die Geleite*
Und Himeros (die Sehnsucht), der Schöne folgte ihr,
Vom Anbeginn, wie sie entstanden war
Und wie sie zu der Götter Schar schritt.«[12]

Alle schlechten, niederträchtigen, bösartigen, verbrecherischen Eigenschaften sind mit den Titanen und ihrer Nachkommenschaft schon in der Welt, und zumal Kronos wird seiner Sippschaft nicht froh. Er hat das seiner Mutter gegebene Versprechen, die Brüder aus ihrem unterirdischen Gefängnis zu befreien, nicht gehalten, dafür belegt sie ihn mit einem Fluch. Er werde durch seine Kinder, die ihm den Thron entreißen würden, dasselbe erfahren. Um sich gegen dieses Los zu schützen, verschlingt Kronos der Reihe nach die ersten fünf seiner Kinder, sobald seine Gattin Rhea sie zur Welt gebracht hat. Als das sechste, der kleine Zeus, geboren werden soll, greift Rhea mit Wissen Gaias zu einer List. Sie entbindet in einer Höhle auf Kreta, wickelt statt ihres Sohnes einen Stein in Windeln, bringt ihn Kronos, der, ohne sich zu vergewissern, nach dem Stein greift und ihn verschluckt. Zeus ist gerettet, gleichzeitig aber Kronos zum Tode verurteilt.

Für uns, die Nachgeborenen Freuds, klingen all diese Geschichten um das Werden der Welt, den Widerstreit der Naturkräfte, das Entstehen sittlicher Prinzipien ungemein Freudianisch: Die Väter morden die Söhne, sie verschlingen sie, sie verleiben sich ein, was aus ihnen hervorgegangen. Die Söhne trachten sich zu behaupten, greifen zur List, rächen sich an den Vätern. Aggression, Gewalt und Lust und Gier, erotische Komponenten und die der schieren Fresslust gehören zum Kannibalismus in Hesiods *Theogonie*, die ein wesentlich pessimistischeres Weltbild entwirft als das, was uns aus vielen anderen literarischen und nichtliterarischen Zeugnissen griechischer Kunst und Kultur entgegentritt. Aus unserem mythischen Bewusstsein sind diese Geschichten ja nicht getilgt. Freud dominiert ihre heutige Deutung, und in malerischer Veranschaulichung hat Goya die Szene vom Vater, dem Gott über Zeit und Welt, der seine Kinder verschlingt, unauslöschlich in unser Bewusstsein eingegraben. Die kannibalistische Komponente des griechischen Mythos, der hier nur verkürzt und in den unser Thema betreffenden Ausschnitten wiedergegeben werden kann, ist damit keineswegs erschöpft.

Von Generation zu Generation kommen die Götter den Menschen näher, vermischen sich mit ihnen, werden vermenschlicht, die Titanen verlieren ihre Übermacht und Götterähnlichkeit. Der Mythos wird im Grunde unreligiöser, weniger heilig, die Dichter treiben ihren Spott mit ihm.

Zeus verschlingt seine erste göttliche Gemahlin Metis, weil Gaia und Kronos ihm ein Orakel enthüllen, das da besagt, von den Kindern, die Metis ihm gebären werde, werde das erste ein sehr kluges und tapferes Mädchen, das zweite jedoch ein unbotmäßiger Sohn sein, der ihm nach dem Thron trachten wolle. Präventivkannibalismus also. Und statt Metis gebiert Zeus seine Tochter selbst, denn er lässt sich zu dem Zeitpunkt, da Metis ihr erstes Kind hätte entbinden sollen, vom göttlichen Schmied Hephaistos die Stirn spalten, und hervor springt in voller Rüstung ein junges Mädchen, die Göttin Athene, Verkörperung lauterer Weisheit und Tapferkeit.

Bei Hesiod ist Zeus noch ein Tyrann, den das Glück der Menschen wenig schert, der mit Sterblichen und Unsterblichen überwiegend der Befriedigung seiner sexuellen Begierden lebt und dadurch eine Fülle halb göttlicher, halb menschlicher Nachkommen zeugt, die meist Ahnväter aristokratischer Geschlechter werden, welche fürderhin stolz auf ihre göttliche Abkunft verweisen. Das Göttliche, das Verbrecherische, oft der Fluch treffen in diesen Genealogien zusammen, zeigen, wie aristokratisch diese Mythen sind, in denen der einfache Mann nicht vorkommt.

Der von Diodorus berichtete Mythos über die Erschaffung der Menschen wurde bereits erwähnt. Bei Hesiod sind die Menschen selbstverständlich da, wohl etwas später, aber dann parallel zu den Göttern. Erst nach Hesiod setzt sich jener Mythos durch, demzufolge Prometheus die Menschen aus Lehm geformt habe »hier sitz' ich, forme Menschen / Nach meinem Bilde«, in der Formulierung Goethes. Bei Hesiod ist Prometheus der Wohltäter der Menschheit, der ihr das Feuer bringt und sich um sie sorgt. Dafür straft ihn Zeus, indem er ihn mit erzenen Ketten an den Kaukasos schmiedet und jenes Adlerungeheuer schickt, das ihm pausenlos an der Leber frisst, die sich bei dem Unsterblichen ständig erneuert. Eine besonders grausame und partiell kannibalistische Strafe also, denn die Leber galt als Sitz der Weisheit und bis zur Entdeckung des Blutkreislaufs auch als Erzeugerin des Blutes, mit dem Herzen als Sitz des Lebens. Und Blut, wir sagten es schon, »ist ein ganz besonderer Saft«, ohne den kein menschliches Leben möglich wäre.

Bei den Abkömmlingen der olympischen Götter, bei Polyphem, dem Sohn Poseidons, bei den Atriden, bei Pentheus, dem thebanischen König, dem die dionysischen Bacchanalien zum Verhängnis werden, treffen wir unser Thema erneut in stets unterschiedlicher Akzentuierung an, wollen es nun aber in seinen literarischen Ausformungen bei Homer, Euripides und Seneca betrachten. Über die Frage, ob Homer bereits ein Zeitgenosse Hesiods im achten vorchristlichen Jahrhundert gewesen sei oder doch um einiges später lebte, ist die Forschung sich noch nicht schlüssig geworden, wohl aber darüber, dass beide ihm zugeschriebenen Epen *Ilias* und *Odyssee*, auf denen sein literarischer Ruhm ruht, in ihrer Gestaltung auf die zweite Hälfte des achten *(Ilias)* und die erste Hälfte des siebten *(Odyssee)* Jahrhunderts zurückreichen. In der *Odyssee* begegnet uns zum ersten Mal der literarisch fruchtbarste aller Menschenfresser, der einäugige Kyklop Polyphem. Ihm ist bereits in der Antike eine vielseitige literarische Karriere beschieden. In Mittelalter und Neuzeit avanciert er vollends zum Ahnvater zahlloser menschenfressender Riesen und wilder Männer eines ungemein vielfältigen Märchengutes, zumindest was unseren Kulturkreis angeht. Und auch für die Malerei und bildende Kunst hat er bis in die Gegenwart seine thematische Anziehungskraft behalten. Im neunten Gesang der

20 anon., Odysseus und Polyphem, antikes Sarkophagfragment aus Neapel

Odyssee wird das Thema Essen mehrfach variiert, wird skizzenhaft eine Kulturgeschichte des Essens umrissen. Odysseus berichtet dem König Alkinoos von seinen posttroianischen Irrfahrten, und der Anfang der Episode gleicht einem Hohelied der Esskultur:

Wahrlich, es füllt mit Wonne das Herz, dem Gesange zu horchen,
Wenn ein Sänger wie dieser die Töne der Himmlischen nachahmt.
Denn ich kenne gewiss kein angenehmeres Leben,
Als wenn ein ganzes Volk ein Fest der Freude begehet,
Und in den Häusern unter die gereiheten Gäste des Sängers
Melodien horchen, und alle Tische bedeckt sind
Mit Gebackenem und Fleisch, und der Schenke den Wein aus dem Kelche
Flüssig schöpft und ringsum die vollen Becher verteilet.
Siehe, das nennet mein Herz die höchste Wonne des Lebens.
(3–11, Übersetzung J. H. Voss)

Der da so schwärmt und die Kulturleistungen der Gastfreundschaft preist, berichtet gleich drauf im hoffärtigen Überlegenheitsbewusstsein des griechischen Eroberers, mit welchen Methoden er selbst in Ismaros bei den Kikonen gehaust:

Da verheert ich die Stadt und würgte die Männer.
Aber die jungen Weiber und Schätze teilten wir alle
Unter uns gleich, daß keiner leer mit der Beute mir ausging.
Jetzo warnet ich zwar die Freunde, mit eilendem Fusse
Weiter zu fliehn; allein die Unbesonnenen blieben.
Und nun ward in dem Weine geschwelgt, viel Ziegen und Schafe
An dem Ufer geschlachtet und viel schwerwandelndes Hornvieh.
(40–46)

Die Kikonen zahlen's Odysseus und seinen Gefährten heim, und nach einem verlustreichen Scharmützel werden die Achäer weitere zehn Tage in der stürmischen See umhergetrieben, bis sie bei den Lotophagen landen. Die fleischessenden, entdeckungslustigen, eroberungssüchtigen Griechen geraten zu den vegetarischen antiken Blumenkindern der ägäischen Inselwelt, wobei sich Parallelen zu zivilisationsmüden Aussteigern der Gegenwart auf eben diesen Inseln geradezu aufdrängen:

Aber die Lotophagen beleidigten nicht im geringsten
Unsere Freunde; sie gaben den Fremdlingen Lotos zu kosten.

Wer nun die Honigsüsse der Lotosfrüchte gekostet,
Dieser dachte nicht mehr an Kundschaft oder Heimkehr,
Sondern sie wollten stets in der Lotophagen Gesellschaft
Bleiben und Lotos pflücken und ihrer Heimat entsagen.

(92–97)

Odysseus aber ist der Prototyp des sich in Rastlosigkeit, Neugier, Forscherdrang selbstverwirklichenden Abendländers. Er treibt seine Gefährten weiter, und nun erst gelangen sie »zum Lande der wilden gesetzlosen Kyklopen«. Homer schildert nicht nur lebhaft mit bildkräftiger Sprache, er ist auch erzähltechnisch bereits überaus versiert. Das Geschehen wird aus der Perspektive des Odysseus berichtet, und der weiß behaglich ausgemalte Idylle und Schreckenskabinett trefflich zu kontrastieren.

Die Kyklopen werden als barbarische Wilde gezeichnet, die sich selbst von den Segnungen der Kultur ausschließen. Wer sich so beträgt, dem kann man getrost das Menschsein absprechen:

»*Grässlich gestaltet war das Ungeheuer, wie keiner;*«

(190)

Dennoch bleibt nicht verborgen, dass der Kyklop gar so völlig kulturlos nicht sein kann, denn er versteht sich vollendet auf sein Hirtenhandwerk, auf die Zubereitung von Milch und Käse. Er ist auf seine Weise autark und bedarf keiner fremden Einmischung:

Jetzo sass er und melkte die Schaf und meckernden Ziegen,
Nach der Ordnung, und legte den Müttern die Säugling' ans Euter;
Liess von der weissen Milch die Hälfte gerinnen und setzte
Sie zum Trocknen hinweg in dichtgeflochtenen Körben;
Und die andere Hälfte verwahrt er in weiten Gefässen,
Daß er beim Abendschmause den Durst mit dem Tranke sich löschte.

(244–249)

Die andere Seite seiner Natur kommt zum Vorschein, als er der Eindringlinge gewahr wird, sie sich ausgeliefert sieht und dabei gleichzeitig die Götter schmähen kann:

Also sprach ich, und nichts versetzte der grausame Wütrich,
Sondern fuhr auf und streckte nach meinen Gefährten die Hand aus,
Deren er zween anpackt' und wie junge Hund' auf den Boden
Schmetterte: blutig entspritzt' ihr Gehirn, und netzte den Boden.

Dann zerstückt' er sie Glied vor Glied und tischte den Schmaus auf,
Schluckte darein, wie ein Leu des Felsengebirgs, und verschmähte
Weder Eingeweide, noch Fleisch, noch die markichten Knochen.
Weinend erhuben wir die Hände zum Vater Kronion,
Als wir den Jammer sahn, und starres Entsetzen ergriff uns.
Doch kaum hatte der Riese den grossen Wanst sich gestopfet
Mit dem Frasse von Menschenfleisch und dem lauteren Milchtrunk,
Siehe, da lag er im Fels weithingestreckt bei dem Viehe.

(280–298)

List, Schlauheit und der ungewohnte Wein verhelfen den Griechen zum Sieg über den Unhold:

Nimm, Kyklop, auf Menschenfleisch ist der Wein gut!

(347)

mit einer Tat, deren Grausamkeit der des Kyklopen in nichts nachsteht:

Also zischte das Aug' um die feurige Spitze des Ölbrands. Fürchterlich heulte er auf,
daß rings die dumpfige Kluft scholl.

(394–395)

Wie jedoch die weitere Geschichte zeigt, unterwirft Homer durchaus auch den Frevel des Odysseus seiner Kritik.

Der Menschenfresser als furchteinflößender Tölpel, als roher, dummer, ungeschlachter, tapsiger Barbar, so wie Griechen und Römer gern jene Völker darstellten, die an den Grenzen ihres Machtbereichs drohten oder erobert und kolonisiert werden konnten; das ist der dominierende Eindruck, den Homers Polyphem vermittelt.

Schon bei Euripides hat sich das Bild beträchtlich gewandelt. In seinem Satyrspiel *Der Kyklop* aus der späten Schaffensperiode zu Ende des fünften Jahrhunderts tritt uns Polyphem ganz und gar als eine literarische Figur entgegen, die bereits eine lange Tradition hinter sich weiß, deren Schreckgestalt goutiert wird wie heutzutage Frankensteins

21 anon., Odysseus und Polyphem, griechisches Lampenrelief

Monster und die sogar völlig ins Komische gewendet und veralbert werden kann.

Die großen farbigen Sprachbilder, das derbe Gebrüll, sind einer ironisch-ziselierten Dialogkultur gewichen, der Riese ist zum Schauspieler geworden, der den Menschenfresser mimt, was denn gar köstlich erheitern kann, da selbst der fiktive Schrecken zum theatralischen Nervenkitzel aufbereitet worden ist. Polyphem hat sich den Silenos, der ja selbst ein Sohn des Pan oder des Hermes sein soll, als Diener gefangen, und der groteske Satyr empfängt die Fremden auf der Insel:

ODYSSEUS:
Doch sind sie gastlich, freundlich wohl mit Fremdlingen?
SILENOS:
Die Fremden bringen, sagen sie, das beste Fleisch.
ODYSSEUS:
Was? Sind es Wilde, schlingen Menschenfleisch hinab?
SILENOS:
Kein Fremder kam noch, welcher nicht geschlachtet ward.

(125–129)

Man spürt richtig das Behagen, mit dem hier das Menschenfresserthema im Bewusstsein seiner totalen Fiktivität inszeniert wird. Der Kyklop ist bereits zum Koch und Feinschmecker mutiert, »*gourmand et gourmet*«.

KYKLOP:
Die schlacht' ich keinem außer mir – den Göttern nicht' – Und meinem Bauch hier, aller Götter Könige ... das, das ist der Zeus.

(334–535)

Die erste Andeutung einer »*haute cuisine anthropophagique*« wird sichtbar.

KYKLOP:
Gehst du nicht geschwind, ein großes Beil zu schleifen,
bringst ein mächtig Bündel Holz daher,
Es anzünden? Denn ich schlachte sie sogleich
Und fülle meinen Magen mit dem warmen Fleisch,
Das auf der Kohle bratet, mein Vorleger selbst,
Und schling hinunter, was mir sonst im Kessel kocht.
Des Fleisches aus dem Walde bin ich übersatt,
Löwen und Hirsche hab ich schon genug verspeist,
Doch ist es lang her, daß ich Menschenfleisch genoß

SILENOS:
Das Neue nach dem langgewohnten Alten, Herr
schmeckt immer besser ...

(241–251)

Wie es in der Komödie so sein muss, schürt der Satyr den komischen Konflikt:

SILENOS:
Ich will dir raten, laß von dieses Mannes Fleisch Nichts ungenossen; speisest du die Zunge weg, so wirst du gar beredsam, gar gewandt, Kyklop!

(313–315)

Und all sein Argumentieren und Räsonieren hilft Odysseus gar nichts, denn dieser Kyklop ist längst redegewandt und die Logik der Stimme seines Bauches obendrein schwer widerlegbar. Unterdessen steigert sich der Chor zu einer groteskkomischen Höhepunktsarie:

CHOR:
Öffne deinen weiten Schlund, Kyklop,
Sperr auf den Rachen! Dir bereit und fertig schon
Dampft in den Kohlen Gekochtes, Gebratenes:
Schling es hinab denn!
Und zerleg und zerhack und zerbeiße sie,
Die Glieder der Fremdlinge,
Auf zottigem Geißfell niedergestreckt!
Nein, o nein, gib mir nichts ab!
Allein für dich fülle deines Kahnes Rumpf!
Fahre hin du Lagerstatt, fahre hin das Opfermahl,
Das ohne Altar Ätnas Sohn,
Der Kyklop, verschlingt, der sich am Fraß
Des Fleisches der Fremden labet.
O grausam bist du, schlimmer Mann,
Der du die Fremden schlachtest, die
In deinem Haus, an deinem Herde Schutz gesucht,
Sie zerstückelst, und zerreißest
Und das Gesottene, schmausest mit gräßlichem Zahne,
Gekocht auf heißer Kohle, Menschenfleisch!

(556–374)

Der Kyklop des Euripides beherrscht nicht nur sein Metier als Koch, sondern auch sein Rollenfach – vermutlich im Bass – als Sänger:

KYKLOP:
Lalala! Ich bin von Wein voll
Und genoß des schönsten Mahles,
Bin befrachtet gleich dem Lastschiff
Bis hinauf zum Bauchverdecke.

(503–506)

Aber auch die Darstellung der Bestrafung des Polyphem verrät dann perfektionierte Foltergrausamkeit, die den Griechen zur Zeit des Euripides, die die Menschenfresserei so gut persiflieren konnten, weil sie im Grunde so weit entfernt lag, doch bestens vertraut erscheint.

Euripides und vor ihm bereits Epicharm und Kratinos, die den rohen Fresser Polyphem zum Feinschmecker und Weinkenner umstrukturieren, stellen die Weichen für die erstaunliche weitere antike Karriere dieser Figur. Im jüngeren Dithyrambos und bei Philoxenos werden parodistische Neuerungen eingeführt, die den Kern des alten Eposhelden angreifen.[13] Dazu gehört vor allem, dass der Menschenfresser sich zu vegetarischer Kost bekehrt, musikalisch wird und das Tanzbein zu schwingen versucht. Ein weiterer Zug tritt hinzu, der sich dann behauptet. Der menschenfressende Riese wandelt sich zum romantischen Liebhaber. Die Nereide Galatea entflammt ihn zur Liebe. Ihr singt er sein Lied zur selbstverfertigten Leier, rühmt ihre Schönheit, soweit er dies in seiner Tolpatschigkeit vermag, möchte schwimmen lernen, um der Spröden in ihr eigenes Element folgen zu können. Man sieht, dass die Phantasie der mittleren und neueren attischen Komödie kaum noch Grenzen der parodistischen Umformung alter Stoffe kennt.

In der hellenistischen Dichtung werden diese Züge konsequent weiter ausgebaut. Theokrit vollendet das komische Bild des verliebten Kyklopen, indem er ihn psychologisch ausgefeilt motiviert. Der homerische Kyklop ist nun zum amourösen jungen Schäfer geworden, der keinem Fremden mehr gefährlich ist. Er weiß um seine abstoßende Häßlichkeit in den Augen Galateas und versucht, sie durch reiche Gaben umzustimmen. Theokrit hat das Ende offen gelassen. Spätere Darstellungen nehmen Andeutungen auf und lassen seine alte Wildheit wieder hervorbrechen, wie in Ovids *Metamorphosen*, wo er seinen Nebenbuhler Akis mit einem Felsblock zerschmettert. Die untergründig wohl stets existente Überlieferung vom Menschenfresser trägt dann erst in der Renaissance neue Früchte. Homer hat jedoch in der *Odyssee*

22 anon., *Bestrafung des Polyphem, Archaisches Vasenbild (nach Zeichnung von M. Lübke)*

nicht nur Polyphem als Menschenfresser dargestellt, sondern im zehnten Gesang auch die Lästrygonen sowie die Ungeheuer Skylla und Charybdis. Lamos, der König der Lästrygonen, stammt ebenfalls von Göttern ab, Odysseus verliert bei diesem Menschenfresservolk alle Gefährten bis auf die Besatzung eines Schiffes:

Und sie gingen hinein in die Burg und fanden des Königs Weib, so groß wie ein Gipfel des Bergs; und ein Grauen befiel sie
Jene rief den berühmten Antiphates aus der Versammlung,
Ihren Gemahl, der ihnen ein schreckliches Ende bestimmte.
Ungestüm packt' er den einen Gefährten und tischte den Schmaus auf.
Aber die übrigen zween enteilten und flohn zu den Schiffen.
Und er erhub ein Gebrüll durch die Stadt, und siehe! mit einmal
Kamen hierher und dorther die rüstigen Lästrygonen
Zahllos zuhauf; sie glichen nicht Menschen, sondern Giganten.
Diese schleuderten jetzt von dem Fels unmenschliche Lasten
Steine herab, da enstand in den Schiffen ein schreckliches Getümmel,
Sterbender Männer Geschrei und das Krachen zerschmetterter Schiffe.
Und man durchstach sie wie Fische, und trug sie zum scheußlichen Fraß hin.

(112–125)

Die Lästrygonen-Episode umfasst bei Homer lediglich 55 Verse, während die des Polyphem breit ausgemalt wird. Dennoch wirkt sie erheblich realistischer, vermutlich weil ihr das Märchenhafte weitgehend fehlt. Eine Szene, die uns in ihrer alptraumhaften Qualität an Breughel oder Bosch erinnert, zieht ihre beklemmende Wirkung zudem aus der Schilderung des Kollektiv-Kannibalismus eines ganzen Volkes.

Es dauerte lange, bis ein gleichermaßen genialer Dichter diese Episode aufnahm und zu einer umfassenden, modernen Mythologie des Essens und Verdauens, des Sich-Einverleibens, Umwandelns und Wieder-Ausscheidens ausweitete, James Joyce im *Ulysses*.

Das Lästrygonen-Kapitel im *Ulysses* isoliert das Kannibalismus-Thema nicht, sondern bettet es ein in eine Chemie des Ekels und des Genusses,[14] in die Lebenszusammenhänge von Hunger und Sättigung der Bedürfnisse des Körpers und des Geistes nach lebenserhaltender kulinarischer, sexueller, spiritueller Nahrung. Mit dem Essen beginnt das Leben, mit dem Ausscheiden endet es bzw. wechselt seinen Aggregatzustand. Verdauung, Triumph des Organismus über den Geist, Metamorphosen der Lebensformen. Alles, was in den Mythologien und kannibalischen Fruchtbarkeitskulten enthalten ist, wird hier ironisch verdichtet und auf modernen Bewusstseinsstand gebracht, der die historische Spannweite des Themas voll einbegreift.

Einige Zitate mögen dies belegen:

... Gott will Blutopfer. Geburt, Hymen, Märtyrer, Krieg, Grundsteinlegung, Opferung, Nieren-Brandopfer, Druiden-Altäre. Elias kommt ... Es strömt und fließt doch unaufhaltsam dahin, niemals dasselbe, was uns der Strom des Lebens bringt, weil das Leben ein Strom ist ... Sag mir, wer die Welt erschaffen hat ... Trotzdem, gebraten wurde da alles in bester Butter. Kein Schmalz, kriegen sie nicht. Mir ist ja fast schlecht geworden, wie ich das Bratenfett aß ... Angst setzt Säfte frei, die machen das Fleisch erst richtig zart ... Stopft sie voll mit Essen und Trinken. Michaelis Gans. Hier ist noch eine hübsche Portion Thymian-Gewürz unter der Bauchhaut für Sie. Nehmen Sie doch noch einen Schlag Gänsefett, bevor es zu kalt wird ... Den Tranchierer nicht zu Atem kommen lassen ...

Und dann die Verwandlung der Dubliner Mitbürger zu Lästrygonen. Der Angstschweiß der Männer auf den Ruderbänken von Odysseus' Schiffen wird synästhetisch ebenso erfahrbar wie das Kauen und Schmatzen von Antiphatos' kannibalischer Schar:

Mit klopfendem Herzen stieß er die Tür zu Burtons Restaurant auf. Gestank packte seinen fliegenden Atem: scharfer Fleischsaft, Gemüsebrühe. Sieh dir das an: Fütterung der Raubtiere.
Männer, Männer, Männer.
Hoch hockend auf hohen Hockern an der Bar, die Hüte zurückgeschoben, an den Tischen nach Brot rufend, mehr Brot, das es gratis gab, saufend voll Gier, schlagweise den Dreckfraß verschlingend, mit quellenden Augen, benäßte Schnurrbärte ... Ein

anderer Mann spuckte wieder aus auf seinem Teller: halbzerkleinerte Knorpel: keine Zähne mehr, sie zu kaukaukauen. Hammelkotelett vom Grill. Schlingts runter, bloß damit's weg ist ... Bin ich genauso? ...

Ein Knochen! Der letzte heidnische König von Irland, Cormac in dem Schulgedicht, der ist doch an so was erstickt, ... Keinen Bissen brächte ich hier runter. Der Kerl da wetzt Messer und Gabel, um alles vor sich zu vertilgen, der alte Knabe dort prokel sich in den Zahnstummeln rum. Leichtes Hochwürgen, voll, Wiederkäuen. Vorher und nachher. Nach den Mahlzeiten Händchen falten ...

Ulysses alias Leopold Bloom erträgt solches Gebaren der atavistischen Horde nicht:

Er trat hinaus in reinere Luft und wandte sich zurück zur Grafton Street. Fressen oder gefressen werden. Töten! Töten! ... Jeder denkt bloß ans eigene liebe Ich. Die Kinder balgen sich, wer den Topf auskratzen darf. Brauchten einen Suppenkessel, so groß wie der Phoenix Park. Die Speckseiten und Hinterviertel werden herausharpuniert...

... Heißes frisches Blut verschreiben sie gegen Schwindsucht. Blut wird immer gebraucht. Gierig auf der Lauer. Lecken es auf, rauchend, heiß, dick, zuckrig ...

Ulysses-Bloom aber ist ein kultivierter Mensch. Er geht in Davy Byrnes Restaurant und isst ein Käse-Sandwich, Gorgonzola, ein blumiger Käse, den aber auch er mit kannibalischen Assoziationen verspeist:

Mr. Bloom verzehrte seine Sandwich-Streifen, das frische saubere Brot, mit einem wohligen Anflug von Ekel: der beißende, scharfe Senf, der fußige Geruch von grünem Käse. Nippschlückchen Wein streichelten seinen Gaumen ...

Und dann die Ess-Assoziationen mit sexuellen vermischt:

... War er die Auster, alter Fisch bei Tisch. Im Bett vielleicht junges Fleisch ... Entzückt lag ich über ihr, volle Lippen voll offen, küßte ihren Mund. Nimm. Sanft gab sie mir in den Mund den Mohnkuchen, warm und gekaut. Widerlichen Brei, gemummelt von ihr, süß und sauer von Speichel. Freude: ich aß ihn: Freude. Junges Leben, ihre Lippen, die es mir gaben, spitzten sich schwellend. Weich, warm, klebrige gummigallertige Lippen ...[15]

Der moderne Mythos sucht panoramisch, psychologisch-assoziativ die Totalität aller Lebenszusammenhänge in den Griff zu bekommen. Solche Darstellungsmittel stehen antiken Autoren noch nicht zur Verfügung. Dennoch ist die psychologische Individuation schon bei Euripides weit fortgeschritten.

Für unser Thema wird dies nachdrücklich in den *Bakchen* belegt, einem seiner letzten Werke, in dem die Frivolität des Satyrspiels der intellektuellen Durchdringung des Themas menschlicher Verblendung und Selbsterkenntnis gewichen ist. Damit geht eine Problematisierung des Gottesbegriffs Hand in Hand.

Wie Joyce wurde Euripides von der Menge nicht geliebt, der frivole Aufklärer musste sein Heil in der Verbannung suchen. Wenn ein Dichter zu denken wagt, so ruft das die heftige Opposition derer hervor, die an der Macht sind. Solches hat sich von Aristophanes bis in die Gegenwart kaum geändert. Walter Jens hat die Grundzüge der euripideischen Dramaturgie knapp und gut umrissen:

Auf der Szene selbst beherrscht allein das Geistige das Feld, Planung und List, Intrige und Sorge. Diskussionen und Verhör; man spürt Wirkungen, sieht aber nie eine Tat; man erlebt Reaktionen, wird aber keinesfalls zum Zeugen einer Katastrophe. Nicht das Sterben, sondern der Tod, nicht das Opfer, sondern der Entschluß zur Opfertat, nicht die Ermordung, sondern die Gedanken davor und danach, Entschluß und Zaudern, Ausflucht und Antrieb beherrschen die Bühne, ...[16]

Der Held gewinnt seine deutlichsten Konturen in der Umschlagsituation zwischen Abschied und Wiederfinden, Trennung und Anagnorismos, dem Moment der Selbsterkenntnis. So ist die euripideische Dramatik stark bestimmt von einer Ästhetik des Augenblicks, »Augenblicken, in denen Erinnern und Erwarten, Gedenken und Hoffen einander berühren«,[17] Augenblicken, in denen der Mensch zu sich selbst findet, Dimensionen des eigenen Seins erfährt, deren er sich vorher nicht bewusst war. Wie in den *Bakchen* kann dies mit äußerstem Entsetzen vor sich selbst verknüpft sein.

Worum geht es in diesem Stück? Dionysos, der fremde, bisexuelle Gott mit dem rauschhaften Kult, will seine Anbetung in Theben einführen und durchsetzen. König Pentheus widersetzt sich. Da verblendet Dionysos sowohl den König wie die Frauen, die sich in den allein ihnen vorbehaltenen Bacchanalien, heiligen Orgien, ekstatischen Verzückungen hingeben. Der König will in frevlerischer Neugier das Treiben der Frauen in den Hainen auf den Bergen beobachten. Die Frauen entdecken ihn, halten ihn für ein Tier, zerreißen ihn bei lebendigem Leibe, allen voran die eigene Mutter Agave, die den vermeintlichen Löwenkopf auf ihren zeremoniellen Tyrsosstab gesteckt hat und damit glückstrunken in die Stadt zurücktanzt. Denn den Höhepunkt des dionysischen Ritus bilden Sparagmos und Omphagia, die Zerstückelungen wilder Tiere und der Verzehr ihres rohen, noch blutwarmen Fleisches.

... warfen sich auf die Kühe, sie, die im Gras
weideten, ohne Eisen, mit den bloßen Händen.
Und sehen hättest du können, wie
Die eine junge Kuh mit vollem Euter,
Noch brüllend, in zwei Teilen in den Händen hielt.
Andere rissen ausgewachsene Kühe
In Fetzen, und du konntest sehen, wie Lendenstücke
Oder ein Fuß mit zwiegespaltenem Huf
Herauf und nieder wirbelte, und an den Tannen
Hangend, tropften sie ab, vermengt mit Blut.

(736–741)

Solches die Präliminarien, der Auftakt, und dann wird Pentheus selbst zum Opfertier.

Jan Kott, dessen Beiträge immer wieder Perspektiven öffnen, Stoff zu engagierten Diskussionen liefern, bei der Wissenschaft regelmäßig aber auch auf Kritik stoßen, hat in seinem Aufsatz »Gott-Essen oder die Bakchen« den Dionysoskult, seine kannibalischen Riten, wie sie übersteigert in den *Bakchen* geschildert werden, universalistisch eingebettet in die Art der Fruchtbarkeitskulte, wie wir sie eingangs am Beispiel der Marind-anim skizziert haben.[18]

Kott argumentiert, das Opferlamm sei ein Bild dessen, dem es geopfert wird. Der Ritus sei eine Wiederholung des Opfers Gottes. Pentheus werde in Stücke gerissen, weil auch Dionysos in Stücke gerissen worden sei. Dahinter stecke ein zugleich genetischer und kosmischer Mythos. Die Zerstückelung und Zusammenfügung des Dionysos sei ein kosmischer Mythos der ewigen Wiederkehr, die Erneuerung ein Mythos von Tod und Wiedergeburt, Chaos und Kosmos. Der Mythos, in dem die Fruchtbarkeit der Natur und ihre alljährliche Erneuerung mit dem Erdenbesuch des Gottessohnes, seiner Ermordung und Auferstehung verbunden sei, gehöre zu den meistverbreiteten und beständigen Mythen. Unüberhörbar wird dabei auch das Christentum schon miteinbezogen. Der Gottessohn werde getötet, zerrissen, und sein Leib werde zur Nahrung. Die Wiederholung von Passion und Opfer des Gottessohnes, der Mord, die Zerreißung und der Verzehr des Leibes des Stellvertreters seien die Garantie für Erntefülle, Fruchtbarkeit und Erneuerung und in den stärker spirituell orientierten Religionen die Teilnahme an der göttlichen Weltgeschichte und der Erlösungsgarantie. Die Anthropophagie sei somit eine sakrale Anthropophagie. So weit, so gut; und sicher sind Zusammenhänge zwischen Dionysosmythen und Fruchtbarkeitskulten nicht von der Hand zu weisen. Kott stellt jedoch Griechentum, Christentum, Azteken und Marind-anim mehr oder weniger auf eine Stufe, in dem Bestreben, die universalen Züge einer sakralen Anthropophagie herauszumodellieren.

Stimmt das für die *Bakchen*? Im Zentrum stehen der Gedanke des Opfers und der Anagnorismos. Opfer sind uns Heutigen unvertraut geworden, weil sie meist nur noch in Gestalt eines anonymen Fiskus oder von Organisationen an uns treten, die Spenden für irgendeinen mildtätigen Zweck heischen. Die Verknüpfung mit Gott und der Welt durch das Opfer ist uns fremd geworden, bleibt aber erfahr- und nachvollziehbar.

Zitieren wir die zentrale Passage der *Bakchen*:

Da war's die Mutter, die den Opfermord begann
Und auf den Sohn sich stürzte. Doch er riß vom Haar
Die Binde, daß Agave ihn erkenne und
Ihn nicht ermorde, rührt an ihre Wange dann
Und ruft: »Ich bin es, Mutter, bin Pentheus, dein Sohn,
Den in Echions Hallen du geboren hast.
Erbarm dich mein, o Mutter, ach, ermorde doch
Um seiner Sünde willen nicht den eignen Sohn!«
Agave rollte schäumend wild das Aug umher
Und dachte nicht mehr, was zu denken ihr geziemt,
Sie ward von Bakchos fortgerafft und hörte nicht.
Mit ihren Armen faßte sie die linke Hand,
Stemmt auf des Unheilvollen Leib mit Macht den Fuß
Und reißt ihm ab die Schulter – nicht durch eigne Kraft:
Der Gott verlieh dem Frauenarme die Gewalt.
Die Glieder ihm zerreißend schafft am anderen Teil
Ino, mit allen Bakchen war Antinoe
Beim Werk geschäftig: alle schrien in einem Laut.
Pentheus – so lang er atmet – stöhnt in dumpfen Ton:
Die Bakchen jubeln. Einen Arm trug diese fort,
Die samt den Sehnchen einen Fuß. Zerfleischt ward ihm
Die ganze Seite: jede warf der anderen
Mit blutiger Hand wie Bälle Pentheus Glieder zu …

(1115–1156)

Das Opfer wehrt sich, leidet, ist keineswegs einverstanden, zu Ehren des Gottes, an Gottes Stelle zerfleischt zu werden. Die im göttlichen Wahnsinn befangene Mutter tanzt glückstrunken, bis der Rausch von ihr genommen

23 anon., Mänade und Silen, Schaleninnenbild des Makron, München, Museum antiker Kleinkunst

wird, sie im Anagnorismos gewahr wird, was sie angerichtet hat. Die klassischen Philologen werden nicht müde, zu betonen, dass es im griechischen Drama noch nicht um Psychologie im modernen Sinne gehe, dass noch keine individuelle Problematik abgehandelt werde und keine Individuen im Sinne des modernen Dramas aufträten.[19] Die Gegenüberstellung von Homer und Joyce hat denn auch die Unterschiede deutlich hervortreten lassen. Dennoch ist die grausamste Erkennungsszene des griechischen Dramas, in der Agave gewahr wird, dass sie den eigenen Sohn zerrissen hat, eine Szene der Individuation, der Selbstfindung des Individuums. Was denn sonst? Die ungeheure kulturelle Leistung dieses Stückes liegt in der individuellen Bewusstwerdung, der Selbsterkenntnis dessen, was der Mensch im Rausch zu tun fähig ist, und dass jeder dazu fähig wäre und dass Kultur eben gerade nicht der bacchanalische Taumel ist. Die kulturelle Leistung besteht auch im Wirksamwerden des unter den Göttern bekanntlich nicht beachteten Inzesttabus, das in den *Bakchen* den Übergang vom Mythos zur Geschichte markiert. Von daher werden diese Götter fragwürdig, stehen nicht mehr nur als die Mörder da, die sie aus rituellen, abstrakten Gründen im Mythos schon immer waren, sondern als ganz konkrete Mörder eines konkreten Individuums. Da bleibt wenig Glanz an Olympiern, die um ihrer Eitelkeit willen morden. Das ist es ja wohl auch, was die Athener Euripides übel nahmen, dass er die Götter ihres Nimbus entkleidet und in ein zweideutiges Licht gestellt hat. Sicher stehen ursprünglich Furchtbarkeitsmythen hinter den dionysischen Kulten, aber die Gleichsetzung mit Azteken, Marind-anim oder anderen afrikanischen oder amerikanischen Völkern funktioniert eben nicht. Dort existierte noch fraglose Harmonie mit den Göttern, der Sinn des Opfers war einsichtig. Dennoch berichten spanische Augenzeugen, dass die Sklaven und Kriegsgefangenen der Azteken an den Haaren zu den Opfertempeln geschleift werden mussten, heulten und um sich traten. Nur Auserwählte gingen freudig, aus religiösen Motiven in den Opfertod.[20] »Ihr habt sie getötet, nun esst sie auch«, rufen die Eltern des Mädchens. In anderen Mythen muss jährlich ein geschlechtsreifer

Knabe oder ein Mädchen, meist ein Mädchen, gemeinsam geschlachtet und gegessen werden. Die Knochen werden bei den wichtigsten Nährpflanzen rituell begraben, mit dem Blut besprizt man rituell Kokospalmen und Bananenstauden.[21] Hier handelt es sich um voneinander völlig verschiedene Kulturstufen. Es würde auch allen Zeugnissen der griechischen Kunst und Kultur Hohn sprechen, wenn nicht in der Spätzeit des Euripides der Durchbruch zu individuellem Bewusstsein vollzogen wäre. Das Menschenopfer ist hier zum Verbrechen geworden. Die Götter, denen dies gefällig ist, sind selber Verbrecher, denn es ist der Mensch, der sich die Götter nach seinem Bilde, oder nach seinen Alpträumen, schafft und nicht umgekehrt. An den östlichen Gestaden des Mittelmeers werden etwa um die gleiche Zeit die Bücher des Alten Testaments geschrieben. Die Ideen des Opfers und der Strafe nehmen darin zentralen Stellenwert ein. An mehreren Stellen des Alten Testaments wird Menschenfresserei als eine der grausamsten Strafen beschworen, mit denen der alttestamentarische Gott jene Völker blenden und geißeln kann, die seine Gebote nicht befolgen und sich von ihm abwenden. Die Tatsache der Strafandrohung allein zeigt schon, dass Kannibalismus als einer niedrigeren, überwundenen, moralisch tiefer stehenden Kulturstufe zugehörig angesehen wird, dass die Erinnerung darum aber noch nicht versunken ist, dass Kannibalismus bereits als gräuliches Verbrechen betrachtet wird, das jedoch aus dem Schoß gottgewollter menschlicher Verblendung wie ein Krebsgeschwür wieder aufbrechen könnte:

Werdet ihr aber dadurch mir noch nicht gehorchen und mir entgegen wandeln,
So will ich euch im Grimm entgegen wandern und will euch sieben mal mehr strafen um eure Sünden,
daß ihr sollt eurer Söhne und Töchter Fleisch fressen.
Und will eure Höhen vertilgen und eure Sonnensäulen ausrotten und will eure Leichname auf eure Götzen werfen, und meine Seele wird an euch Ekel haben.[22]

(3. Mose Kap. XXVI, 27–30)

Wenn in Jeremia XIX die Verwüstung Jerusalems angedroht wird, so spricht der Herr, der ein unbarmherzig grausamer Gott ist:

Ich will sie lassen ihrer Söhne und Töchter Fleisch fressen, und einer soll des anderen Fleisch fressen in der Not und Angst, damit sie ihre Feinde und die, so nach ihrem Leben stehen, bedrängen werden.

(XIX. 9)

In der griechischen Mythologie trafen wir einen symbolischen Kannibalismus aus Rache, zur Vorbeugung von Unheil, zur Versinnbildlichung von

Naturvorgängen unter Göttern und Titanen, einen fiktiven Kannibalismus aus Fressgier und Lust am Töten in der epischen »Reiseliteratur« der *Odyssee*, der zumindest vom Hörensagen auf weit zurückliegende derartige Gebräuche wilder Völker verweist, einen rituellen Kannibalismus im irregeleiteten Dienst einer Gottheit bei Euripides. Kollektiv und real, wie er bei Moses, Jeremias, im »Buch der Weisheit« und dem »Buch der Könige« beschworen wird, taucht er in der griechischen Literatur nirgends auf, individualisiert allerdings, und hier als abscheuliches Verbrechen im Geschlecht der Atriden, das sich von mythischer Abstammung herleitet, wenn Atreus seinem Bruder Thyestes die eigenen Söhne zum Rachemahl auftischt. Rache bedeutet aber schon Negierung und Umkehrung der Opferidee. Und bevor wir uns Thyestes zuwenden, soll noch die rätselhafteste der Weissagungen Hesekiels ins Blickfeld gerückt werden, in der der Herr den Untergang des Götzen Gog und Israels Wiederkehr prophezeit. Zum Dank soll ein Schlachtopfer gefeiert werden. Ein Opfer, das die Gottheit den Menschen bereitet und nicht umgekehrt. Ein Opfer, das in seiner archaischen Großartigkeit zugleich kannibalische Anklänge evoziert, selbst wenn es symbolisch gemeint sein sollte, die Allgewalt des Essens, des rituellen Sich-Einverleibens ausmalt:

Sage allen Vögeln, woher sie fliegen, und allen Tieren auf dem Felde: Sammelt euch und kommt, findet euch allenthalben zuhauf zu meinem Schlachtopfer, das ich euch schlachte – ein groß Schlachtopfer auf den Bergen Israels –, und fresset Fleisch und sauft Blut!

Fleisch der Starken sollt ihr fressen, und Blut der Fürsten auf Erden sollt ihr saufen, der Widder, der Hammel, der Böcke, der Ochsen, die allzumal feist und wohl gemästet sind.

Und sollt das Fleisch fressen, daß ihr voll werdet, und das Blut saufen, daß ihr trunken werdet, von dem Schlachtopfer, das ich euch schlachte.

Sättiget euch nun über meinem Tisch. Von Rossen und Reitern, von Starken und allerlei Kriegsleuten, spricht Gott der HERR.

(Hesekiel, XXXIX, 17–20)

Hier wird das große Fressen beschworen, mit anarchischen Konnotationen der Auflehnung gegen Autoritäten obendrein. Die Einsetzungsworte des Abendmahls, »nehmet, esset; das ist mein Leib ... trinket, das ist mein Blut ...«, sind denn doch von gänzlich anderer Qualität, auch wenn der alte mythische Grundtenor noch nachklingt, das Thema des Gott-Essens, das den Menschen veredelt. Sie zeigen den Abstand des Neuen vom Alten Tes-

24 Matthaeus Merian, Die Opferung Isaaks, 1625, Kupferstich, Merian-Bibel, 1. Mose 22, 1–19

tament, zeigen die Weiterentwicklung einer Religion, die vom Rachegedanken, von der »Auge um Auge, Zahn um Zahn«-Ideologie zu einer des Mitleidens, Verzeihens und Erbarmens gefunden hat.[23] Der Grundgedanke des Opfers jedoch, dass Tod Leben gebiert, dass das Opfer existenziell notwendig ist, ist geblieben, aber er ist spiritualisiert worden.

Welche Unterschiede hier klaffen, wird erneut ersichtlich, wenn wir uns zum Abschluss der antik-mythologischen Überlieferung den Atriden zuwenden. Das Geschlecht der Atriden ist infolge eines Fluches, den Ahnvater Pelops gegen seine beiden Söhne Atreus und Thyestes geschleudert hat, in eine Kette von Mord und Vergeltung eingebunden, die an Grausamkeit auch im griechischen Mythos nicht ihresgleichen besitzt. Der Thyestes-Stoff gehört zu jenen, die in der Tragödie am häufigsten behandelt wurden. Wir wissen von zahlreichen griechischen und römischen Dramatikern, die den Stoff als Vorwurf genommen haben, z. B. Agathon, Apollodorus von Tarsos, Lykophron, Sophokles, Euripides, Theodektes, Ennius Attius, L. Varus Rufus, Curatius Maternus. Aber nur eine all dieser Tragödien ist erhalten geblieben, die von Lucius Aeneus Seneca. Senecas Drama ist jedoch aus mehreren Gründen ein besonders gutes Beispiel: Zum einen, weil er bis zum Fall von Byzanz das Hauptbindeglied zwischen antiker und Renaissance-Dramatik darstellt und seine Tragödien in erheblichem Maße auf die italienische und englische Renaissance-Tragödie eingewirkt haben, zum anderen, weil die Neronische Epoche als eine Zeit des spätantiken Manierismus in sich höchst interessante Blüten literarischer Entwicklungen getrieben hat.[24] Senecas Tragödie setzt schon mit einer grausigen Szene ein, die die Tonlage für das gesamte Stück einstimmt: Tantalus, der einst seinen Sohn Pelops zerstückelt den Göttern zum Mahl vorgesetzt hat, tritt als Schatten auf; eine Furie bestürmt ihn, auch die Söhne des Pelops, Atreus und Thyestes, ins Unglück zu stürzen. In der nächsten Szene brütet Atreus an einem Racheplan gegen den verbannten jüngeren Bruder, der ihm die Gattin Aerope verführt und mit ihr zwei Söhne gezeugt hat, ihm außerdem den Thron streitig machen wollte. Unter dem Vorwand der Versöhnung lockt Atreus Thyestes nach Mykene und setzt dem zuerst Nichtsahnenden, dann von Unheilsahnungen geschüttelten Bruder das Fleisch seiner Söhne zum Festmahl vor. »Da erkenne ich den Bruder!«, stößt der Getäuschte hervor, als ihm zuletzt die wohl bekannten Hände und Häupter aufgetischt werden. Thyestes erbricht die grässliche Mahlzeit und verflucht das Geschlecht des Bruders. Das Entsetzen vor der Untat lässt sogar die Sonne ihren Lauf umkehren.

Unter allen Rachetragödien, die der italienischen und englischen Renaissance eingeschlossen, ist der Thyestes trotz seiner gehäuften Abscheulichkeiten mit Ausnahme des Hamlet wohl doch die beste, ob der sprachlichen Kraft und der dramaturgischen Konsequenz, mit der die Bilder des Grauens in Szene gesetzt werden. Hier wird in vollem Bewusstsein des Verbrechens eine totale Umwertung aller sittlichen Werte vollzogen, die Idee des Opfers pervertiert. Senecas Botenberichte zeichnen sich unter all den vielen Botenberichten antiker Literatur durch den teils düsteren, teils grellen Glanz ihrer Sprachbilder aus. Ein kurzer zentraler Ausschnitt soll dies verdeutlichen:

Die Eingeweide, aus der noch lebenden Brust herausgezerrt, zucken, die Adern schlagen, und noch pocht angstvoll das Herz; doch jener macht sich an den Gedärmen zu schaffen, erkundet ihre Bedeutung und nimmt die noch warmen Adern des Gekröses in Augenschein. Nachdem die Opfer günstig ausgefallen, findet er, nunmehr unbekümmert, Muße für des Bruders Mahl: er selbst schneidet den Leichnam zerstückelt in seine Glieder, er trennt ringsum los bis zum Rumpf die ausladenden Schultern und der Arme Bänder, entblößt, der Rohling, die Gelenke und trennt rings die Knochen weg, schont nur ihre Häupter und Hände, die sich seinem Schutze anvertraut. Die einen

Eingeweide hangen an Bratspießen, auf glühende Roste gebreitet schmoren sie, andere läßt flammerhitzte Brühe aufwallen in ächzendem Erzkessel. Über die aufgesetzten Gerichte hinaus sprang das Feuer: auf den wankenden Herd zwei-, dreimal zurückgebracht und dort auszuharren gezwungen, brennt es widerwillig. An den Bratspießen zischt die Leber; und nicht leicht konnte ich sagen, ob mehr die Leiber stöhnten oder die Flammen ...

Die Söhne verzehrt der Vater, er kaut sein eigen Fleisch und Bein mit mörderischem Munde. Sein Haar glänzt feucht von triefendem Salböl, und schwer ist er von Wein; oft blieb in sich verschließendem Rachen die Speise stecken – –[25]

(735–782)

Der gesamte mythische Kontext des Opfermahls ist Senecas Atreus bewusst, aber er hat seine Existenz auf einen einzigen Punkt reduziert, den der Rache. Von da aus steigert er sich zum Übermenschen, frevelt im nie dagewesenen Verbrechen, zwingt selbst die Götter, Komplizen seiner Untat zu werden, womit er sich ihnen überlegen zeigt und endgültig der Mensch zum Maß aller Dinge wird. Im Opfer sieht er ein negatives Spiegelbild seiner selbst. Psychologisch geschickt, in stufenweisem Aufbau und sadistischem Auskosten steigert Atreus seine Rache.

Im *Thyestes* vollzieht sich der Einbruch einer Dimension totalen Grauens in die Literatur. Das Spiel mit den Doppeldeutigkeiten der Sprache verleiht Atreus ein Gutteil seiner Rachebefriedigung. Nicht das Vernichtetsein des Bruders interessiert ihn, sondern das langsame Heraufziehen der Vernichtung, das Zerstören an sich, der Vorgang, wie Ordnung sich verkehrt in Anarchie und Chaos.

»*Miserum videre nolo, sed dum fit miser.*«

(907)

Atreus ist der vollkommene Verbrecher aus eigener Willensentscheidung. Er kämpft nicht nur gegen den Bruder, sondern auch gegen die Götter. Seine Wertskala ist eine Skala des Verbrechens, deren höchsten Stellenwert das furchtbarste Verbrechen einnimmt. Die sakrale Anthropophagie ist zur schwarzen Messe geworden. Der Preis grenzenloser Zerstörung ist ihm für die Erfüllung seiner Rache nicht zu hoch. In seiner manischen Besessenheit bittet er die Götter, eine Tat zu gestatten, vor der sie selbst erschrecken sollen.

Während der Opfer- und Ermordungsszene ereignet sich die Revolution der Natur. Die Sterne fliehen, der Himmel verdüstert sich, die Erde bebt. Lebloses belebt sich. Inmitten des Aufruhrs von Elementen und Göttern steht der Mensch, der mit der Unbedingtheit seines Wollens die uneingeschränkte Freiheit dessen erlangt, der außerhalb aller Gesetze steht und sich schließlich in größenwahnsinniger Vermessenheit zum Herrn der Sterne ausruft.

Vom religiösen Kannibalismus zur Aufrechterhaltung des Lebenszyklus bis zu Senecas Rachedrama ist es ein weiter Weg, den der Römer aber schon gegangen war, lange bevor die eingangs zitierten Kulte sich entwickelten. Rückschlüsse auf die Neronische Zeit sind dabei natürlich erlaubt und erwünscht. Der stoische Philosoph hat in seinem eigenen Leben und Sterben wohl bewiesen, dass er ein festes moralisches Wertbewusstsein besaß. Ungeachtet seines Sujets ist der *Thyestes* ein hervorragendes Stück, das in der italienischen, französischen und englischen Renaissance und Aufklärung große Wirkung gezeigt hat. Nicht zuletzt setzt es die Tradition der bekannten »bloody banquet«-Szenen in Gang. Kyd, Marlowe, Webster, Tourneur, Middleton sind einige Namen aus dem elisabethanischen und jakobäischen Drama, in denen sich die kannibalischen Blutspuren des *Thyestes* niedergeschlagen haben. Zitiert sei unter allen nur eine Szene aus Shakespeares Frühwerk *Titus Andronicus*, das sich lange großer Beliebtheit erfreute, wegen der Häufung von Greueltaten im 19. Jahrhundert in Misskredit geriet und erst in den 50er-Jahren durch Peter Brook wieder der Vergessenheit entrissen wurde. Titus rächt sich an den Söhnen Tamoras für die Vergewaltigung und Verstümmelung seiner Tochter Lavinia:

Nun hört mich! Eu'r Gebein reib' ich zu Staub
Und knet' es ein zu Teig mit eurem Blut;
Und aus dem Teige bild' ich eine Rinde,
Drin einzubacken eure Schurkenhäupter;
Dann soll die Metze, eure hünd'sche Mutter,
Der Erde gleich die eigne Brut verschlingen:
Dies ist das Mahl, zu dem ich sie beschied,
Und dies der Schmaus, an dem sie schwelgen soll.
Denn mehr als Philomel' erlitt mein Kind,
Und mehr als Prokne nehm ich Rach' an euch.
Jetzt reicht die Gurgeln her! – Lavinia komm,
Fang auf den Strahl; und wenn ich sie entseelt,
Zerstampf ich ihr Gebein in feinen Staub,
Und feucht' es an mit dem verhaßten Blut,
Die Häupter einzubacken in den Teig.

Kommt, seid mir alle jetzt zur Hand, dies Mahl
Zu rüsten, das viel grimmer werden soll
Und blutiger, als der Centauren Schmaus.

          (Er durchschneidet ihre Kehlen)
So!
Nun tragt sie hin, ich mache selbst den Koch,
Sie anzurichten, bis die Mutter kommt. –

               (Alle gehen ab)
                 (V. iii)

Es gibt nicht einen, sondern viele Kannibalismen. Und im griechischen Mythos sind die Spielarten der Anthropophagie vom Fruchtbarkeitskult bis zum sadistischen Rachemord von Anfang an enthalten. Gemeinsam ist ihnen die rituelle Durchführung, die die Tat als etwas Außergewöhnliches ausweist. Dies hat sich bis zu Shakespeare und darüber hinaus erhalten. Letztlich soll ja auch im *Titus Andronicus* die Weltordnung wieder hergestellt werden, soll begangenes Unrecht gesühnt, die Natur versöhnt werden. Mit neutestamentlich-christlichen Auffassungen haben all diese Akte der Selbstjustiz nichts zu tun. Dort wird der Ring des rituellen Mordens gesprengt, das Opfer nur noch symbolisch gegessen. Vielleicht sind die Archetypen menschlicher Natur aber doch stärker, denn auch Christen haben in der Geschichte das Tötungsverbot mindestens ebenso oft gebrochen wie gehalten. Und bis auf den heutigen Tag wird noch für jeden Krieg von jeder Seite die Sanktion des Überirdischen beansprucht. Die anhaltende Faszination des Kannibalismusthemas wäre so besehen die Faszination des Extremfalles, in dem nicht nur das Tötungstabu gebrochen, sondern der Getötete von der eigenen Spezies auch noch einverleibt wird.

Auch literarische Schöpfungsmythen außereuropäischer Hochkulturen bedienen sich metaphorisch des Kannibalismuskontextes, um die Entstehung der Welt aus dem Chaos, die Kämpfe widerstreitender Naturgewalten, der Mächte von Licht und Finsternis, Gut und Böse darzustellen. Das mongolische Kurzepos *Mangyus daruysan üliger (Erzählung wie der Menschenfresser unterdrückt wurde)* ist dafür ein gutes, in Europa kaum bekanntes Beispiel. Das erst von dem ostmongolischen Sänger Pajai (1902–1965) niedergeschriebene und aus verschiedenen oralen Vorformen herausdestillierte Epos kann in seinen frühen Varianten auf eine zirka eintausendjährige Überlieferung zurückblicken, ist gemessen an den griechischen Epen also noch jung und atmet – bei aller Vorsicht gegenüber den andersartigen Kontexten – einen unseren mittelalterlichen Heldenepen verwandten Geist. Vordergründig ist es eines von zahlreichen mongolischen Wiedergewinnungsepen, wie sie ähnlich auch viele andere Völker kennen: der Kampf mit einem ungeheuren Riesen und seinen Töchtern, die Vernichtung der Riesensippe und die Wiedergewinnung des von den Riesen Geraubten.[26] Verglichen mit dem furchtbaren, achtzehnköpfigen Riesen Vcirqo kimai, der das Volk unterdrückt, ist Polyphem ein harmloser Waldschrat. Zwei Helden, Ayjaya und Bayatur, ziehen, vom Volke dankbar bewirtet, auf ihren Wunderpferden gegen den Riesen zu Felde. Als sie in die finstere, blutgeschwängerte Wohngegend des Riesen kommen, geloben sie, voll des edlen Zorns über dieses Ungeheuer, es zu töten oder selbst nicht mehr zurückzukehren. Ihr Kommen wird von der blutrünstigen Sippschaft der 90.000 menschenfressenden Riesen bemerkt, an deren Spitze der schrecklich anzuschauende Vcirqo kimai, dessen Frau, die Riesenmutter und das Riesenmädchen Gilbang sira stehen. In der sich entspinnenden Schlacht werden Vcirqo kimai, die Riesenmutter und viele Angehörige des Riesenvolkes getötet. Die verwundete Riesentochter entkommt zu Dorjini lama, dem irrgläubigen Riesenlama, der ihre Wunden heilt, dann aber selbst voller Zorn unter Steinregen und heulendem Sturm gegen die beiden Helden zieht. Diese töten ihn sowie das Riesenmädchen und kehren als Sieger in die Heimat zurück. Die Riesengefahr ist gebannt. Die glückliche Bevölkerung feiert sie mit einem großen Festmahl. Es bedürfte spezieller Fachkenntnisse, um den genauen Symbolgehalt dieses Epos aufzuschlüsseln, auch um etwa nur die Querverbindungen zu anderen mongolischen und buddhistischen Epen in Bezug auf das Kannibalismusthema aufzudecken. Doch auch den, der über diese Kenntnisse nicht verfügt, beeindruckt dieses Epos in seiner packenden, bildkräftigen Sprache. Denn die Strukturen sind bekannt, es sind dieselben, die auch in den Trivialmythen der modernen Comics wieder und wieder auftauchen: Gut kämpft gegen Böse, David gegen Goliath, der unerschrockene menschliche Held gegen den titanischen Riesen, der das Unglück in die Welt gebracht hat.

Dahinter stecken chthonische Urkräfte, die miteinander um das Entstehen der Welt ringen, Elemente, Feuer, Wasser, Winde, Gebirge und Seen, moralische Prinzipien. Dies bestätigen schon die Pferde der beiden Helden Ayjaya und Bayatur:

Hatten Leiber von Bergesgrösse,
Die Ohren waren gross wie Boote,
Hatten Flanken von der Steppe Grösse,

Die Schädel gross wie Hügel,
Hatten Augen gross wie Seen,
Die Nüstern gross wie Felsen,
Hatten Mäuler gross wie der Ganges,
Die Zähne wie halbe Berge gross,
Hatten Widerriste wie Dünen gross,
Schweife wie tausend Klaftern, ...

Mit diesen munteren Rössern machen die Helden sich auf gen Riesenland. Dabei entspricht ihre Bewaffnung dem Kaliber ihrer Pferde, vorzüglich die Schwerter:

Schwerter, vom Gewicht von sieben Bergen,
Schwerter, die feuerglühend sprühten,
Schwerter, die das Lied des Stahls singen,
Schwerter sausend wie der Wirbelwind, ...

Sie kommen an:

Das Land der Riesenbestie.
Bedeckt von Wolken und Nebel,
Eine ganz finstere Welt,
Tag und Nacht ohne Unterschied ...
Todesgeruch war ausgebreitet,
Blutgeruch hatte sich ausgedehnt, ...

Die Natur wird nicht ohne Komik anthropomorphisiert:

Es nickt ein Berg mit seinem Hals,
Es schimpft der Querulantenberg ständig vor sich her,
Es sperrt das Maul der Gierberg auf,
Es jault der Lästerberg ...

Das Epos zeigt ausgesprochen filmische Qualitäten:

Neunzigtausend, die mit gekreuzten Beinen
Sassen auf ihren elefantenfarbenen Maultieren,
Junge und alte Riesen,
Neunzigtausend, die Keulen hielten,
Neunzigtausend, die quer sassen
Auf ihren blaufarbenen Maultieren, ...

Und erst der Riesen-Vater, ein Ungeheuer wie aus Hollywoods Trickfilmstudios:

Hatte achtzehn Köpfe, …
Da war ein Schädel, mit Augen zu nehmen ausser zu schauen,
Ein Schädel mit einem Maule, zu nehmen, nachdem es zerstückelt,
Ein Schädel, mit einer Zunge auch zu reden,
Ein Schädel, hungrig, gierig und raffend,
Ein Schädel giftiger als Krankheit zu verbreiten,
Ein Schädel mit Dämonen, die Tod bringen,
Ein rasender Schädel, der in Stücke reisst.
Ein Schluck-Schädel, der Lebewesen verschlingt, …

Der Kampf, der entbrennt, gewinnt kosmische Dimensionen:

Tage, Monde und Jahre vergingen und verstrichen.
Es schwankte Schlag auf Schlag die
Erde, der Kosmos, das Weltall, …

Das kannibalistische Prinzip wird als das Urböse dargestellt; sobald es aus der Welt ist, ziehen Glück und Frieden ein.

Riesen, Zauberer, Hexen: Wir bewegen uns vom Bereich des Mythos in den der Märchen und Sagen, von der Religion zum Aberglauben. Böswillige Zungen unterstellten aufgrund der Einsetzungsworte der Eucharistie dem Christentum noch im Altertum gern, eine Religion mit menschenfresserischen Riten zu sein, deren Anhänger vornehmlich kleine Kinder rituell opferten und verspeisten. Derartiger Unsinn hat sich hartnäckig bis in die Mitte des 19. Jahrhunderts in das Buch des Eiferers Georg Friedrich Daumer, *Die Geheimnisse des christlichen Altertums*,[27] gehalten und ist wohl auch heute noch nicht ganz ausgestorben, denn Aberglaube ist nun mal besonders hartnäckig und dauerhaft. In der Tat hat es im Mittelalter zu Zeiten der Pest und lang währender Hungersnöte auch im christlichen Europa Fälle von realem Kannibalismus gegeben.[28] Aber nicht dieser ist es, der uns hier interessiert, sondern der imaginative Kannibalismus in der Literatur.

Die Kirche wusste, dass sie auf der Hut sein musste, einmal wegen des möglichen Vorwurfs, »das Abendmahl sei eine anthropophagische Ceremonie«,[29] zum anderen, um sich der vorchristlichen Vorstellungen zu erwehren, wie sie z. B. von germanischen Stämmen wie Franken, Alemannen, Langobarden zählebig überliefert wurden. Bei diesen war der Aberglaube verbreitet, dass manche Frauen »Striges«, Hexengeister seien, die andere von innen heraus verzehren könnten und sich zu kannibalischen Festen träfen. Mitunter wurde ihnen zugeschrieben, dass sie fliegen könnten, eine Gabe des Teufels. Aber man musste beweisen, dass eine Hexe eine Hexe war, anderenfalls erging es dem Ankläger schlecht.[30] Kaiser Karl der Große beschränkte sich darauf, die Hinrichtung von Zauberern anzuordnen, die der Menschenfresserei überführt waren.[31] Die Paderborner Synode des Jahres 785 fällte den Spruch, dass mit dem Tode bestraft werde, wer, vom Teufel verführt, jemanden für eine menschenfressende Striga halte und sie aus diesem Grunde anbrenne oder ihr zu Testzwecken Fleisch zu essen gebe.[32] Dies änderte sich erst zu Zeiten des in Europa brandenden Hexenwahns im 15. und 16. Jahrhundert.

Nicht nur die Einsetzungsworte des Abendmahls, sondern auch jene Stellen aus dem Evangelium des Johannes, in denen Jesus sich als Brot des Lebens bezeichnet, konnten Grund zu bösartig kannibalistischen Interpretationen geben. Sie vermochten auch Mystikern und religiösen Schwarmgeistern Anlass zu einer Verzückung zu geben, in der die Liebe Christi als eine kannibalisch verzehrende mit erotischen Konnotationen gedeutet wird. Zweifellos leuchtet in den Worten des Johannes-Evangeliums noch das durch, was Attali »die kannibalische Ordnung« nennt, aber doch auf eine symbolische Ebene gehoben, in der die Ebene des Tötens und leibhaftigen Aufessens transzendiert ist:

25 Hans Baldung Grien, Hexensabbat, Handzeichnung, 1614, Wien, Albertina

Ich bin das Brot des Lebens.
Eure Väter haben Manna gegessen in der Wüste und sind gestorben.
Dies ist das Brot, das vom Himmel kommt, auf daß, wer davon isset, nicht sterbe.
Ich bin das lebendige Brot, vom Himmel kommend. Wer von diesem Brot essen wird, der wird leben in Ewigkeit. Und das Brot, das Ich geben werde, ist mein Fleisch, welches Ich geben werde für das Leben der Welt.

Da zanketen die Juden untereinander und sprachen: Wie kann dieser uns sein Fleisch zu essen geben?

Jesus sprach zu ihnen: Wahrlich, wahrlich, ich sage euch: Werdet ihr nicht essen das Fleisch des Menschensohnes und trinken sein Blut, so habt ihr kein Leben in euch. Wer mein Fleisch isset und trinket mein Blut, der hat das ewige Leben, und Ich werde ihn am Jüngsten Tage auferwecken.

Denn mein Fleisch ist die rechte Speise, und mein Blut ist der rechte Trank.

Wer mein Fleisch isset und trinket mein Blut, der bleibt in mir und Ich in ihm.

(Johannes VI. 48–56)

Johann Huizinga gibt im *Herbst des Mittelalters* treffliche Beispiele, in welche Verstiegenheiten schwärmerischer Verzückung solche Bibelstellen im 14. und 15. Jahrhundert umgedeutet werden konnten:

Nicht nur der groteske Brugman, auch der reine Ruusbroec genießt die Gottesminne unter dem Bilde der Trunkenheit. Neben dem der Trunkenheit steht das Bild des Hungers. Möglicherweise lag das Vorbild für beides in dem Bibelworte: »qui edunt me, adhuc esurient, et qui bibunt me, adhuc sitient« (»die von mir gegessen haben, die wird es noch hungern, und die von mir getrunken haben, die wird es noch dürsten«), das, von der Sapientia ausgesprochen, als Wort des Herrn gedeutet wurde. Die Vorstellung, der menschliche Geist werde von einem ewigen Hunger nach Gott heimgesucht, war damit gegeben. »Hier beginnt ein ewiger Hunger, der nimmermehr gesättigt wird, das ist ein inwendiges Gieren und Verlangen der minnenden Kraft und des geschaffenen Geistes nach einem ungeschaffenen Gut ... Das sind die ärmsten Menschen, die leben; denn sie sind gierig und gelüstig, und sie haben den Heißhunger (»mengherael«). Was sie auch essen und trinken geistigerweise, sie werden davon nimmermehr satt, denn dieser Hunger ist ewig ... Und gäbe Gott diesen Menschen alle Gaben, die sämtliche Heiligen haben ... nur nicht sich selbst, so bliebe die klaffende Gier des Geistes hungrig und ungestillt. – Doch ebenso wie das Bild der Trunkenheit ist auch das des Hungers umkehrbar: »Sein (Christi) Hunger ist über alle Maßen groß; er verzehrt uns alle von Grund auf; denn er ist ein gieriger Schwelger und hat den Heißhunger; er verzehrt das Mark aus unseren Knochen. Trotzdem gönnen wir es ihm wohl, und wir werden es ihm um so mehr gönnen, je besser wir ihm schmecken. Und was er auch von uns zehrt, er kann nicht gesättigt werden, denn er hat den Heißhunger und sein Hunger ist ohne Maßen; und sind wir auch arm, er achtet dessen nicht, denn er will uns nichts lassen. Erst bereitet er seine Speise und verbrennt in Minne all unsere Sünden und Gebrechen. Und wenn wir dann gereinigt sind und in Minne gebraten, so schnappt er gierig, um dies alles zu verschlucken ... Könnten wir die gierige Lust sehen, die Christus nach unserer Seligkeit hat, wir würden nicht ablassen können, ihm in die Kehle zu fliegen. Und verzehrt uns Jesus gänzlich in sich, so gibt er uns dafür sich selbst, und er gibt uns geistlichen Hunger und Durst, seiner mit ewiger Lust zu genießen. Er gibt uns geistlichen Hunger, und unserer herzlichen Liebe seinen Leib zur Speise. Und wenn wir diesen essen und in uns zehren mit inniger Devotion, so fließt aus seinem Körper sein ruhmwürdiges heißes Blut in unserer Natur und in alle unsere Adern ... Seht, also werden wir allzeit essen und gegessen werden, und in Minne auf- und untergehen, und dies ist unser Leben in Ewigkeit.«

Noch ein kleiner Schritt, und man ist von diesen höchsten Verzückungen der Mystik wieder bei einem platten Symbolismus angelangt.

»*Ihr werdet ihn essen, im Feuer gebraten, gut gesotten, nicht angebrannt noch verbrannt. Denn wie das Osterlamm zwischen zwei Feuern von Holz oder Kohle wohl gekocht und gebraten ward, so ward der süße Jesus am Karfreitag an den Spieß des würdigen Kreuzes gesteckt zwischen den zwei Feuern sehr angstvollen Todes und Leidens, und von sehr brennender Liebe und Minne, die er für unsere Seelen und für unser Heil trug, ward er gleichsam gebraten und langsam gesotten, uns zu retten.*«

Die Bilder der Trunkenheit und des Hungers sind an sich schon eine Widerlegung der Meinung, daß jedes religiöse Seligkeitsgefühl erotisch interpretiert werden müßte. Das Einströmen des Göttlichen wird ebensogut als ein Trinken oder ein Gesättigtwerden empfunden. Eine Devote aus Diepenveen fühlt sich ganz vom Blute Christi überströmt und wird ohnmächtig. Die Blutphantasie, die durch den Glauben an die Transsubstantiation ständig lebendig gehalten und angereizt wird, äußert sich in den berauschendsten Extremen roter Glut. Jesu Wunden, sagt Bonaventura, sind die blutroten Blumen unseres süßen und blühenden Paradieses, über die die Seele wie ein Falter hinschweben muß, bald an dieser, bald an jener trinkend. Durch die Seitenwunde muß sie bis zum Herzen selbst vordringen. Auch in den Bächen des Paradieses strömt das Blut. Das ganze rote und warme Blut aller Wunden ist durch Seuses Mund in sein Herz und seine Seele geflossen. Katharina von Siena ist eine der Heiligen, die aus der Seitenwunde Christi getrunken haben, so wie es anderen zuteil wurde, die Milch aus Marias Brüsten zu kosten: dem heiligen Bernhard, Heinrich Seuse, Alain de la Roche.[33]

Im Hexenaberglauben schlug sich vor allem partielle Anthropophagie nieder, die in Verbindung mit Magie bestimmten Körperteilen, wie Herz, Auge, Geschlechtsteilen, Leber, Nieren, ja sogar Leichensekreten, besondere Heilkräfte zuschrieb. Nach all dem Gesagten nimmt es nicht Wunder, dass Blutaberglaube, die Vermutung, man könne durch Menschenblut schwere Krankheiten heilen, besonders weit verbreitet war.[34] Blut wurde als heilkräf-

26 Hans Baldung Grien, Saturn (Der Hexenmeister), Handzeichnung, 1516, Wien, Albertina

tige Substanz angesehen. Noch Galen spricht davon, dass Blut die Seele sei. Teilen der Leichen, insbesondere von »armen Sündern«, also Hingerichteten, wurden bis weit ins 19. Jahrhundert geheimnisvolle Heil- und Zauberkräfte zugeschrieben. »Armsünderfett« hatte unschätzbaren Wert, Leichenzähne sollten nicht nur gegen Zahnschmerzen, sondern gegen eine Fülle von Krankheiten helfen.[35]

Penisse wurden ebenso wie Finger abgeschnitten und fanden als »Diebskerzen« Verwendung. Föten, durch Abortus abgegangene Embryonen, wurden in den Apotheken zu hohen Preisen verkauft. Schon Plinius hatte als probates Mittel gegen Kopfweh empfohlen, sich den Strick eines Gehängten um die Stirn zu binden. Wogegen mochte da nicht erst ein bisschen von seinem Körperfett, ein Teil eines Organs helfen!

Noch 1908 berichtet Albert Hellwig:

Daß dieser Volksglaube auch einen realen Hintergrund hat, kann man auf Grund der ethnologischen Tatsachen nicht bezweifeln. Unbestritten hat die Anthropophagie vielfach den Zweck, Seele und Leib des Getöteten sich zu eigen zu machen. Durch Trinken des Blutes glaubt man der Kräfte des Opfers teilhaftig zu werden. Schon die arabischen Reisenden des 9. Jahrhunderts berichten aus China den Brauch, daß das Blut Hingerichteter als kräftigend getrunken wird; ebenso werden dort noch heute Markkugeln in das Blut Hingerichteter getaucht und bilden als »Blutbrot« eine kostbare Medizin. Nach Plinius, Celsus und anderen tranken die Römer das Blut gefallener Gladiatoren, um ihre Fallsucht zu kurieren. Auch in der mittelalterlichen medizinischen Literatur wird das Blut Hingerichteter als heilkräftig gegen Epilepsie gerühmt. Zahlreiche Vorfälle auch aus den letzten Jahrzehnten zeigen, wie lebendig dieser Volksglaube noch ist. Als die Hinrichtungen noch öffentlich waren, kam es regelmäßig zu Reibungen zwischen der die Richtstätte abschließenden bewaffneten Macht und den mit gieriger Hast sich durchdrängenden Weibern, welche um jeden Preis etwas von dem Blute des Hingerichteten haben wollten und mit Löffeln, Tiegeln und Töpfen es aufrafften. Bei der Hinrichtung einer Giftmischerin im Januar 1859 bei Göttingen durchbrach das Volk das von Hannoverschen Schützen gebildete Karree, stürzte sich auf das Schafott und suchte sich in den Besitz des Blutes der Hingerichteten zu setzen. In Hanau stürzten sich im Jahre 1861 bei der Hinrichtung eines Raubmörders viele Menschen auf das Blutgerüst und tranken von dem rauchenden Blute. Als 1864 in Berlin zwei Mörder hingerichtet wurden, tauchten die Scharfrichtergehilfen ganze Mengen von weißen Schnupftüchern in das Blut und erhielten für jedes zwei Taler.[36]

Und nicht ohne Vergnügen sei Carly Seyfarth aus dem Jahre 1912 zitiert:

Mit welcher Zähigkeit das Volk an solchen abergläubischen Heilmitteln hängt, sehen wir daraus, daß noch heute E. Merck, Darmstadt, in seinem Katalog offeriert: Mumia vera aegyptica, solange Vorrat, Kilo Mark 17,50.[37]

Kannibalismus, Nekrophagie und Schwarze Messe gehörten zu den beliebtesten Untersuchungsfeldern der »Heiligen Inquisition«, die bekanntlich weit grausamere Methoden anwandte, um Geständnisse aus Menschen herauszupressen, als sie echte Kannibalen je erdacht haben. Zu den Verbrechen, die Hexen zur Last gelegt wurden, zählten das Herstellen von Heil- oder Zaubersalben mit Babyblut und Menschenfett. Solche Salben wurden gegen Impotenz und allerlei Krankheiten verwandt, sollten, auf einen Besenstiel geschmiert, Hexen aber auch flugtauglich machen.

Wollte eine Hexe ein Pulver herstellen, das ihr die Kraft vermittelte, Torturen der Inquisition ohne Geständnis zu ertragen, so war es angeblich das Wirksamste, wenn sie ihren noch ungetauften erstgeborenen Sohn im Backofen röstete und dann zusammen mit anderen Ingredienzien zu einem Pulver zerstieß

27 Hans Baldung Grien, Der Hexensabbat, Helldunkel-Holzschnitt, 1510

und zerrieb. Hexe oder Verbrecher, die von diesem Pulver bei sich trugen, waren vor einem Geständnis gefeit. Literarisch haben die kannibalischen Konnotationen des Hexenglaubens ihren bedeutendsten Niederschlag und ihre poetische Verdichtung in der Walpurgisnacht in Goethes *Faust* und Shakespeares *Macbeth* gefunden:

Walpurgisnacht
MEPHISTOPHELES:
Ein Nebel verdichtet die Nacht,
Höre, wie's durch die Wälder kracht!
Aufgescheucht fliegen die Eulen.
Hör, es splittern die Säulen
Ewig-grüner Paläste!
Girren und Brechen der Äste!
Der Stämme mächtiges Dröhnen!
Der Wurzeln Knarren und Gähnen!
Im fürchterlich-verworrenen Falle
Übereinander krachen sie alle,
Und durch die übertrümmerten Klüfte
Zischen und heulen die Lüfte.
Hörst du Stimmen in der Höhe?
In der Ferne? in der Nähe?
Ja, den ganzen Berg entlang
Strömt ein wütender Zaubergesang!
HEXEN IM CHOR:
Die Hexen zu dem Brocken ziehn,
Die Stoppel ist gelb, die Saat ist grün.
Dort sammelt sich der große Hauf,
Herr Urian sitzt obenauf.
So geht es über Stein und Stock,
Es f-zt die Hexe, es stinkt der Bock.
BEIDE CHÖRE:
Es trägt der Besen, trägt der Stock,
Die Gabel trägt, es trägt der Bock;
Wer heute sich nicht heben kann,
Ist ewig ein verlorner Mann!
…

CHOR DER HEXEN:
Die Salbe gibt den Hexen Mut,
Ein Lumpen ist zum Segel gut,
Ein gutes Schiff ist jeder Trog:
Der flieget nie, der heut nicht flog!
                    (Faust I)

Eine finstere Höhle, in der Mitte ein Kessel
ALLE:
Mischt ihr alle, mischt am Schwalle!
Feuer brenn und Kessel walle!
ZWEITE HEXE:
Sumpf'ger Schlange Schweif und Kopf
Brat' und koch' im Zaubertopf:
Molchesaug' und Unkenzehe,
Hundemaul und Hirn der Krähe;
Zäher Saft des Bilsenkrauts,
Eidechsbein und Flaum vom Kauz:
Mächt'ger Zauber würzt die Brühe,
Höllenbrei im Kessel glühe!
ALLE:
Mischt ihr alle, mischt am Schwalle!
Feuer brenn und Kessel walle!
DRITTE HEXE:
Wolfeszahn und Kamm des Drachen,
Hexenmumie, Gaum' und Rachen
Aus des Haifisch' scharfem Schlund;
Schierlingswurz auf finsterm Grund;
Auch des Lästerjuden Lunge,
Türkennas' und Tatarzunge;
Eibenreis, vom Stamm gerissen
In des Mondes Finsternissen;
Hand des neugeborenen Knaben,
Den die Metz' erwürgt im Graben,
Dich soll nun der Kessel haben.
Tigereingeweid' hinein,
Und der Brei wird fertig sein.

ALLE:
Mischt ihr alle, mischt am Schwalle!
Feuer brenn und Kessel walle!
   (Macbeth, IV, i.)

Goethe ist romantischer und wohl auch harmloser als Shakespeare. Beide aber verknüpfen ihre Hexenszenen mit kosmischen Themen, mit Gegenwelten, dem Kampf von Licht und Finsternis, Ordnung und Chaos. Damit wird der Kannibalismus dichterisch erneut als mythische Bedrohung empfunden, die es zu bannen gilt, will der Mensch seinen Status als Kulturwesen behaupten, jene Bedrohung, die aber doch von jener Faszination umwoben ist, die das Tabuierte, das Geheimnisvolle, mit dem Urgrund des Lebens Verbundene umgibt.

In unseren Tagen erleben Hexenkulte seit den späten 60er-Jahren eine neue Konjunktur. Sie stoßen in ein metaphysisches und religiöses Vakuum, das der Rückgang kirchlichen Einflusses und religiöser Überzeugungen aufgerissen hat. Vornehmlich in den Vereinigten Staaten und in England genießen Voodoo- und Wicca-Kulte zunehmende Popularität. Darin werden zwar nicht Kinder rituell geschlachtet, sondern nur Puppen aus Plastik und Stoff, aber der magisch-rituell-kannibalische Impuls wird doch sorgsam gehegt. Der Film nimmt sich ebenfalls gern solcher Themen an. In Filmen wie Polanskis *Rosemary's Baby* oder *Der Exorzist* wurde sogar erhebliches künstlerisches Niveau erreicht, nebst einer doppeldeutigen Faszination, nach der es den Menschen einer technisierten, den Geheimnissen der Natur immer mehr entfremdeten Gesellschaft eben doch von Zeit zu Zeit gelüstet.

Anmerkungen zu Kapitel II

1 Vgl. Ad. E. Jensen, *Die getötete Gottheit*. Weltbild einer frühen Kultur (Stuttgart, 1966), S. 27 ff.; Th. P. Van Beveren, *Menschen wie wir*. Religion und Kult der schriftlosen Völker (Gütersloh, 1964), S. 70 ff.; Mircea Eliade, *Mythes, rêves et mystéres* (Paris, 1957), S. 245 ff.

2 Paul Wirz, *Die Marind-anim von Holländisch-Süd-Neuguinea* (Hamburg, 1925), Bd. III, S. 15.

3 Van Beveren, a. a. O., S. 72.

4 Van Beveren, a. a. O., S. 73; Ad. E. Jensen, *Hainuwele*. Volkserzählungen von der Molukken-Insel Ceram (Frankfurt, 1939), S. 116 f.

28 Heinrich Füssli, Die Hexen (Macbeth, gestochen von Barathier, 1813, Paris, Bibliotheque Nationale, Kupferstichkabinett)

5   Van Beveren, ebda. Vgl. auch Jensen, a. a. O., S. 59 ff., der weitere Versionen dieses Mythos wiedergibt.
6   Pierre Grimal, *Mythen der Völker*, 3 Bde. (Frankfurt, 1967), hier Bd. II, S. 211 f.
7   Vgl. Ivan M. Lindforth, *The Arts of Orpheus* (Berkeley, 1941), S. 30 ff., dort die grundlegenden Überlieferungen zu allen Dionysos-Mythen, hier Diodorus 1, 96.
8   Pierre Grimal, *Mythen der Völker*, Bd. I, S. 12.
9   Grimal, Bd. I, S. 19.
10 Vgl. C. G. Jung, *Erinnerungen, Träume, Gedanken* (Olten, 1971), S. 256 ff.
11 Vgl. Grimal, Bd. I, S. 150.
12 Hesiod, *Sämtliche Gedichte, Theogonie, Erga, Frauenkataloge*, übersetzt und erläutert von Walter Marg (Zürich/Stuttgart, 1970), S. 37 f.
13 Vgl. hierzu den Polyphem-Artikel im *Lexikon der griechischen und römischen Mythologie*, hrsg. von Wilhelm Heinrich Röscher (Hildesheim/New York, 1978) und zur neueren Entwicklungsgeschichte des Polyphem-Stoffes Ludwig Laistner, *Das Rätsel der Sphinx. Grundzüge einer Mythengeschichte*, Bd. II (Berlin, 1889), Kap. III.

14 Vgl. hierzu Ulrich Raulff, »Chemie des Ekels und des Genusses«, in: *Die Wiederkehr des Körpers*, hrsg. von Dietmar Kamper und Christoph Wulf, edition suhrkamp, N. F. Bd. 132 (Frankfurt, 1982), S. 241–258.

15 James Joyce, *Ulysses*, Übertragung von Hans Wollschläger, edition suhrkamp, N. F. Bd. 100 (Frankfurt, 1981), die Zitate entstammen dem Lästrygonen-Kapitel, S. 210–258.

16 Walter Jens, Einleitung zu: *Euripides. Sämtliche Tragödien in zwei Bänden*, nach der Übersetzung von J. J. Donner, bearbeitet von Richard Kannicht (Stuttgart, 1958), S. XIV.

17 Jens, a. a. O., S. XXIII.

18 Vgl. Jan Kott, »Das Gott-Essen oder Die Bakchen«, in: Jan Kott, *Gott-Essen*. Interpretationen griechischer Tragödien (München/Zürich, 1975), S. 198–245.

19 Vgl. Jens, Einleitung zu: *Euripides. Sämtliche Tragödien*, a. a. O.

20 Vgl. Marvin Harris, *Kannibalen und Könige*. Aufstieg und Niedergang der Menschheitskulturen (Frankfurt, 1978), S. 141 ff.

21 Vgl. Van Beveren und Jensen, a. a. O.

22 Alle Bibel-Zitate entstammen der Ausgabe: *Die Bibel oder die ganze Heilige Schrift*, nach der deutschen Übersetzung Martin Luthers mit 200 Bildern nach Schnorr von Carolsfeld (Stuttgart, 1912).

23 Die Gegenposition hierzu vertritt Jacques Attali, *Die kannibalische Ordnung* (Frankfurt, 1981), S. 47 ff. Attali wirft dem Christentum vor, es halte die alte kannibalische Ordnung voll aufrecht, verschleiere sie aber: »Um zu genesen, um zu leben, hier wie im Jenseits, muß der Gläubige den Leib des Herrn essen. Die Zensur, die verhindert hat, die kannibalischen Wurzeln dieser göttlichen Botschaft im Abendland voll und ganz anzuerkennen, ist zweifellos eines der größten Geheimnisse des Wissens.« S. 48.

24 In den folgenden Ausführungen stütze ich mich auf meine Dissertation, *Der Charakter des Helden bei Seneca und in der frühelisabethanischen Tragödie* (Marburg, 1967).

25 Zitiert nach: Seneca. *Sämtliche Tragödien*, übersetzt und erläutert von Theodor Thomann (Stuttgart, 1969), Bd. II, S. 159.

26 Vgl. *Mongolische Epen*. Bd. VIII, Übersetzung von sechs ostmongolischen Epen nach den Aufzeichnungen von Lhisürün, Ganjuurjab, Orgil, Dorongya und Pajai von Walter Heissig (Wiesbaden, 1979), Einleitung und Text.

27 Georg Friedrich Daumer, *Geheimnisse des christlichen Altertums* (Hamburg, 1847).

28 Vgl. Attali, a. a. O., S. 47–60.

29 Daumer, a. a. O., S. 36.

29 *Franz Graf von Pocci, Menschenfresser, aus: Lustige Gesellschaft, 1867*

30 Arne Runeberg, *Witches, Demons and Fertility Magic* (Helsingfors, 1947), Chpt. II, »The Early Middle Ages«.
31 Attali, a. a. O., S. 49.
32 »Si quis a diabulo deceptus creddiderit secundum morem paganorum virum aliquem aut feminam strigam esse et homines comedere, et propter hoc ipsam incenderit vel carnem eius at comedendum dederit vel ipsam comederit capitis sententia punietur.« Zitiert bei Runeberg, S. 16.
33 Johann Huizinga, *Herbst des Mittelalters* (Stuttgart, [8]1961), S. 280–283.
34 Vgl. Albert Hellwig, *Verbrechen und Aberglaube* (Leipzig, 1908), S. 63 ff. und Julius v. Negelein, *Die Idee des Aberglaubens* (Berlin/Leipzig, 1931), S. 115 ff.
35 Vgl. Carly Seyfarth, *Aberglaube und Zauberei in der Volksmedizin Sachsens* (Leipzig, 1913), S. 286–288.
36 Hellwig, a. a. O., S. 67.
37 Seyfarth, a. a. O., S. 289.

III. Märchen und Sagen

Märchen, ich pflanze dich,
auf daß du groß und schön wirst.
Ich lege dich auf Holzscheite und backe dich knusprig,
auf daß du duftest wie die Brotfrucht.[1]

Ich rieche, rieche Menschenfleisch.

Fee, faw, fum
I smell the blood of some earthly one …

Je sens la chair fraîche.[2]

Mythen, Märchen und Sagen besitzen erhebliche Übereinstimmung in den Grundstrukturen, unterscheiden sich aber beträchtlich voneinander in der Ausführung ihrer Themen, in deren Realitätsbezogenheit, in der historischen Verankerung der dargestellten Charaktere und Ereignisse, im Symbolgehalt und in ihrer Weltsicht. Märchen nehmen eine Art Zwischenstellung zwischen Mythos und Realität ein. Dabei werden in ihnen in stärkerem Maße Erfahrungswelten literarisiert als in Mythen,[3] obwohl gerade in Märchen so genannter »Naturvölker« oder »primitiver Kulturen« häufig noch ein intensives Ineinandergleiten, Miteinanderverwobensein von erlebter Erfahrungswelt, Märchen und Mythos zu beobachten ist.

C. G. Jung und seine Schule sehen die wesentlichste Leistung des Märchens in der bildhaften Vergegenwärtigung innerseelischer Vorgänge.[4] Max Lüthi, einer der bedeutendsten modernen Märchenforscher, geht davon aus, dass im Märchen, das des Wunders liebstes Kind sei,[5] die Bereiche des Jenseitigen und des Wunderbaren eine hervorragende Rolle spielen. Sie seien aber nicht wie in der Sage grundsätzlich voneinander geschieden, sondern es gebe da keine Abgrenzung dieser Bereiche. Lüthi spricht in diesem Zusammenhang oft und gerne von der Eindimensionalität des Märchens, die in Wirklichkeit eine flächenhafte Zweidimensionalität ist. Charaktere werden psychologisch nicht differenziert, Handlungsorte nicht räumlich fixiert, Handlungen nicht motiviert. Im Unterschied dazu kennt die Sage dimensionale Vertiefung ihrer Protagonisten und ihres Geschehens. Die Figuren sind räumlich und zeitlich meist lokalisierbar, die Helden der Sagen in eine heimatliche Umwelt eingebunden, sie zeigen individuellere Charaktereigenschaften als die schematischen Märchenfiguren. Der Märchenheld geht in die Fremde und trifft dort, außerhalb der gewohnten Umwelt, auf das Wunderbare, auf Drachen, auf Hexen, auf Zauberer, Zwerge, sprechende Tiere, Schätze und auch Menschenfresser. Die Figuren von Mythos, Märchen und Sage benutzen die gleichen Archetypen,[6] aber der Sagenheld ist der Welt des Mythos noch stärker verbunden als der des Märchens, das meist wesentlich säkularisierter ist und in dem, zumindest in Europa, Gott oder Götter keine zentrale und schon gar keine philosophische Rolle mehr spielen. Für außereuropäische Kulturen gilt dies nur mit erheblichen Vorbehalten.

Der Märchenheld ist reduziert und ausgerichtet auf das unmittelbare Handeln und das, was fürs Handeln wichtig ist.[7] Dagegen stellen der Sagenheld und der des Mythos durchaus schon Reflexionen an. Vor allem endet der Mythos oft tragisch, grauenhaft, im Verbrechen, ihm und der Sage eignet häufig eine pessimistische Grundhaltung, während der Märchenheld, als wär' nichts geschehen, unbeschadet aus den gefährlichsten Abenteuern und Verwicklungen emportaucht. Die Schurken werden überlistet und vernichtet, am Schluss siegt eine optimistische Grundhaltung, und es winkt das Happyend. Optimismus und glückliches Ende sind in der Tat universale Grundzüge des Märchens, während man andere Charakteristika, die Märchenforscher und auch der interessierte Leser gemeinhin aus den Märchen unseres mitteleuropäischen Kulturkreises herausfiltern, nicht so ohne weiteres verallgemeinern darf. Es gilt dabei zu bedenken, dass Forscher, zumal im deutschen Sprachraum, auch heute noch wesentlich auf die Märchen der Brüder Grimm fixiert sind, die ja ihrerseits schon didaktisierte, kindgemäß bearbeitete Fassungen alter Volksmärchen darstellen.

Zu den universalen Zügen des Märchens gehört, dass es darin immer wieder um Abenteuer und Geheimnis geht, häufig um die Einführung des jungen Menschen in die Geheimnisse des Lebens: Liebe, Zeugung, Geburt, Töten, Tod, um das Eingebundensein in natürliche Kreisläufe also, innerhalb derer sich menschliches Leben vollzieht, um das Sich-Abnabeln vom Elternhaus, um das Erwachsen- und Selbstständigwerden, um den Übergang von Unwissenheit zum Wissen.

Mit Abstrichen universal ist die Neigung des Märchens zur Formelhaftigkeit. Die Zahl etwa spielt in Märchen aller Kulturkreise eine wichtige, magische Rolle. Damit und mit anderen Formeln ist ein abstrakter Stil verbunden, der wiederum desto weniger abstrakt wird, je weniger technisch, wissenschaftlich zivilisiert eine Kultur ist, aus der ein bestimmtes Märchen stammt.

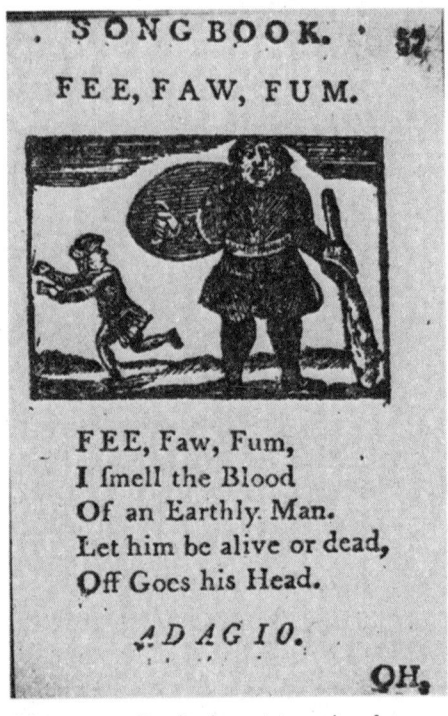

30 anon., Englisches Menschenfresserlied, 17. Jh., Illustration aus Classic English Fairy Tales

Den Romantikern waren die Märchen Inbegriff der Poesie. Unseren heutigen Forschern sind sie oft zu Steinbrüchen völkerkundlichen Faktensammelns, soziologischer, wirtschaftsgeographischer Hypothesen, zum Übungsgelände psychoanalytischer Motivdeutungen geworden, man kann auch sagen verkümmert. Sie lassen von der Poesie, von der Bildhaftigkeit, von den sprachlichen, literarischen Qualitäten des Märchens nichts oder fast nichts übrig.

Letztere zu bewahren und dabei erstere nicht aus den Augen zu lassen, soll hier versucht werden. Denn uns interessieren Märchen in erster Linie als Literatur, als spannende Sprachschöpfungen menschlicher Vorstellungskraft. Menschenfressermärchen gibt es in der ganzen Welt, vermutlich in nahezu allen Kulturen, ihnen eignet also per se Archetypisches. An einer Auswahl soll im Folgenden skizziert werden, zu welchen thematischen, sprachlichen, individuellen und kulturkreistypischen Ausfaltungen es in diesem Bericht kommt, ohne dass der Spaß an der Freude des Lesens dabei hinweggezaubert werden soll.

Im vorausgegangenen Kapitel verwiesen wir darauf, dass Homers Polyphem zum Ahnvater einer Vielzahl menschenfressender Riesen in Märchen der verschiedensten Völker avanciert ist. Diesem Strang der Menschenfresserliteratur soll zunächst nachgegangen werden. Bei der Suche nach Polyphems Söhnen und Enkeln stellt sich heraus, dass in Griechenland und den Mittelmeerländern bereits eine prähomerische Erzähltradition existiert haben muss, die mit Variationen Geschichten von der Blendung und Überlistung eines ungeheuren Riesen berichtet. Man darf sich dies nun nicht so vorstellen, als gebe es hier stets direkte literarische Einflüsse. Die sind etwa in den Mittelmeerländern noch bis in die Gegenwart ungebrochen vorhanden, in anderen Gegenden gehören diese Motive zum volkstümlichen Erzählgut, ohne dass man direkte Zusammenhänge nachweisen kann. Vor allem in naturverbundenen Teilen Europas, in den Alpen, in Wales, Cornwall und Lappland etwa, treten

31 anon., Der Menschenfresser, ca. 1910, aus: Fr. Ph. Schmidt, Deutsche Märchen

besonders viele Märchen vom Kyklopentypus auf. Das griechische Wort »Kyklop« soll Radauge bedeuten, und man stritt sich schon in der Antike darüber, ob Polyphem ein, zwei oder gar drei Augen gehabt habe.[8] Demzufolge gibt es auch keine einheitliche Überlieferung der Blendungsgeschichte und der Übertölpelung des Riesen, aber neben der homerischen Variante, der Blendung im Schlaf, wird den Riesen von listigen Märchenhelden immer wieder eingeredet, sie wollten ihnen neue Augen einsetzen, damit sie nachher besser sehen könnten. Dafür lassen die Riesen unmenschlichste Prozeduren über sich ergehen. Die Augen werden ihnen mit heißem Wasser, Feuer und glühendem Blei ausgebrannt, blind werden sie dann in Abgründe gestürzt oder von Klippen und Bergen in Seen hinabgestoßen. Oft kommt es bei der Beschreibung der Riesen zu grotesken Übertreibungen einer schieren Fabulierfreude, wie beispielsweise in einem siebenbürgischen Märchen, in dem der arme Schneider sich in die Höhle des Riesen verirrt hat und von den Atemzügen des schnarchenden Giganten durch die Luft gewirbelt wird.

Sagen- und Märchengut gehen dabei mitunter in Geschichten, die seit dem späten Mittelalter tradiert werden, enge Verbindungen ein. Groteske Details verselbstständigen sich und gewinnen Eigendynamik, wie in jener tirolischen Geschichte von einem einheimischen Grafen, der auf der Fahrt nach Palästina ins Land der »Uenazzager« gelangt, Riesen, die nur einen Fuß, eine Hand und ein Auge besitzen. Sie schleppen ihn und seine beiden Diener in eine Höhle, schlachten und verzehren den fettesten der Diener. Dann gehen sie ihres Weges, was ja wohl nur ein groteskes Hüpfen sein kann, und lassen einen Mann und eine kranke Frau als Wächter zurück. Während des Verdauungsschlafes des Mannes entkommt der Graf mit seinem übrig gebliebenen Diener, gelangt ans Meer zu seinem Schiff und schlägt der nacheilenden Frau mit seinem Schwert eine Hand ab.[9]

Bereits im 19. und zu Beginn des 20. Jahrhunderts haben Märchenforscher eine Fülle derartiger Geschichten zusammengestellt. Häufig treten dabei statt der Riesen auch Riesinnen auf, vor allem im Norden Europas, in Russland, in Deutschland, Island und Lappland. Oder die Riesen sind schon von vornherein blind, was ihnen natürlich ein Gutteil ihres Schreckens nimmt und sie zu tapsigen Ungeheuern macht. Mit Polyphem verknüpft sind die Riesen oft noch durch überirdische Abkunft. Eine Vielzahl heimischer Überlieferungen von halbgöttlicher oder unidentifizierbar dunkler Abkunft fließt in die Geschichten der Riesen ein. In Russland z. B. wird Kannibalismus gewöhnlich von »Baba Yaga«, einer Riesenfrau, oder einer ihr ähnlichen Hexe ausgeübt. Der Riese kann aber auch durch einen Drachen ersetzt werden und der blinde Riese durch einen blinden Drachen, denn Drachen sind allzumal Menschenfresser. So verknüpft das griechische Märchen »Georg und die Störche« die alte Odysseus-Tradition mit orientalischen Reiseerzählungen, der Held wird zu einem Storch und am glücklichen Ende in einen Menschen zurückverwandelt.

Als Seemann muss Georg aus Therapia bei Konstantinopel auf seinem vom Sturm verschlagenen Schiff zunächst jene Art von Hunger-Kannibalismus erleben, die in Reiseberichten des 17. bis 19. Jahrhunderts häufig eine Rolle spielt. Die ausgehungerte Besatzung bestimmt jeweils durch Los, wer von ihnen als Nahrung dienen soll:

Sie zerlegten ihn und kochten das Fleisch. Ach, es schmeckt den Ausgehungerten köstlicher als das fetteste Osterlamm ihrer Heimat ...[10]

Georg kann sich schließlich mit seinen beiden Brüdern auf eine Insel retten, auf der plötzlich eine viel ältere Erzähltradition in die Geschichte einbricht. Sie kommen an einen scheinbar verlassenen Palast, wo sie sich sättigen:

Kaum aber hatten sie einige Schüsseln geleert, als ein ungeheuer großer, scheußlich anzusehender Drache sich durch die Tür drängte und mit einer Stimme, die das Blut in den Adern erstarren ließ, immer wieder brüllte: »Menschenfleisch, ich wittre Menschenfleisch!«

Das Ungeheuer tötet Georgs Brüder, er selbst entkommt schließlich – mit einer ausdrücklichen Anspielung auf Odysseus – im Fell eines Widders.

Das in Europa lange Zeit hindurch wirkungsmächtigste Beispiel orientalischer Erzählkunst bilden die Geschichten aus *1001 Nacht,* an deren Episoden »Georg und die Störche« in manchen Passagen erinnert. In »Sindbads dritter Reise« finden wir im Rahmen von *1001 Nacht* eine der kunstvollsten, spannendsten und farbigsten Ausgestaltungen des Polyphem-Motivs. Sindbad wird von den Affenwesen, die wie ein Heuschreckenschwarm über sein Schiff herfallen, auf einer Insel ausgesetzt. Die Besatzung gelangt auch hier in den Hof einer großen Burg, in dem keine Menschen anzutreffen sind, aber viele Knochen herumliegen. Anschließend kommt es zu einer der pittoreskesten literarischen Schilderungen eines Monsters, die an phantastischer Bildhaftigkeit zumindest dem ebenbürtig ist, was man etwa im gotischen Schauerroman gegen Ende des 18. Jahrhunderts vorfinden kann:[11]

Da plötzlich erbebte die Erde unter uns, und wir hörten ein Getöse in der Luft. Und nun stieg von der Zinne ein gewaltiges Wesen zu uns herab, das glich einem Menschen, aber es war schwarz von Farbe und hoch von Wuchs, so lang wie eine große Dattelpalme; und es hatte Augen, die wie Feuerscheite glühten, Zähne gleich den Hauern eines Ebers, ein Maul, so weit wie die Öffnung eines Brunnens, Lippen wie die eines Kamels, die ihm auf die Brust hinabfielen, und Ohren wie zwei große Decken, die ihm bis auf die Schultern reichten, und die Nägel an seinen Händen waren den Krallen eines Löwen gleich. Als wir dies Ungeheuer erblickten, schwanden uns die Sinne, gewaltige Furcht und grausiger Schrecken kamen über uns, und wir erstarrten wie Tote im Übermaß von Grauen, Angst und Entsetzen.[12]

Man merkt deutlich, wie hier die literarische Ausmalung ersetzt, was der Koran an bildlicher Darstellung untersagt. Die Zurüstung des Schiffskapitäns am Bratspieß und das kannibalische Mahl des Riesen sind von schwer zu überbietender Drastik und erinnern in ihrer Sachkunde beklemmend an Hans Stadens Berichte von tatsächlichen Kannibalenfesten bei den brasilianischen Tupinamba.[13]

Sindbads Riese wird nur noch durch dessen grässliche Riesenfrau an Scheußlichkeit übertroffen, die jener geblendet zu Hilfe holt und die mit ihm nach Kyklopenmanier die Flüchtenden mit Felsbrocken bombardiert. Dennoch kommt es in dieser Geschichte Schehrezâds noch zu einer Steigerung des Grauens, als Sindbad von der menschenfressenden Schlange attackiert wird. Doch am Schluss empfängt auch in diesem Märchen Sindbad den Lohn der Angst und erhält all sein Vermögen zurück. Kein Wunder, dass William Beckford, der junge englische Plutokrat mit den bizarren Neigungen eines sexuellen und künstlerischen Außenseiters, sich von derartigen Schilderungen angezogen fühlte und in seinem Roman *Vathek*, »einer orientalischen Geschichte«, kräftige Anleihen bei *1001 Nacht* nahm. Carathis, die hexenhafte Mutter des Kaliphen Vathek, treibt ihr Unwesen im engen Verbund mit menschenfressenden Ghoulen und Zauberern. Und im Giaur, Beckfords menschenfressendem Groteskmonster, das nach dem Fleisch junger Knaben gierend in Schluchten haust, deren Eingänge an mittelalterliche Höllenrachen und die Monstren im Garten von Bomarzo erinnern, wird in einer Mischung von Voltaire'schem Spott und der orientalischen Exotik von *1001 Nacht* eine Figur geschaffen, in der Riese und Dämon eine phantastischgroteske Synthese eingehen.[14] Doch der Unterschied zum echten Märchen lässt sich an *Vathek* vorzüglich aufweisen. Der Giaur ist Agent des Bösen, das hier als metaphysisches Prinzip schlechthin verstanden wird. Er lockt Vathek ins Verderben, und diesem winkt kein Happyend, sondern ewige Verdammnis in der Gegenwelt unterirdischer Paläste des Eblis.

Riesinnen können mitunter Züge von Humanität gewinnen, wie in den Märchen vom »Cinderella«-Typus, die Varianten von Portugal bis Lappland und nach Persien und Indien besitzen. Drei von der bösen Stiefmutter vertriebene Töchter gelangen auf ihrer Wanderung in die Burg einäugiger Riesen, wo die Riesenfrau sich schließlich, statt die Mädchen auf Grill und Bratspieß zuzubereiten, erweichen lässt und sie versteckt. Doch der heimkehrende Riesengatte, wie die meisten seines Schlages mit der vortrefflichen Witterung naturverbundener Waldleute begabt, entdeckt die Mädchen und designiert sie für Kochtopf und Backofen. Die Jüngste muss den Ofen einheizen. Sie bittet den Riesen, die rechte Backtemperatur zu überprüfen, und stößt ihn dabei in den glühenden Ofen, wo er verbrennt. Die Mädchen schalten die Riesin mittels kräftiger Schläge auf den Kopf aus und bemächtigen sich der Schätze und des Schlosses der Riesen.

Dieser Typus wird uns bei der Interpretation von Hänsel und Gretel noch näher beschäftigen, er kennt aber auch zahlreiche Varianten, in denen statt der Mädchen Frau oder Kind des menschenfressenden Riesen verzehrt oder durch eine List des ursprünglich vorgesehenen Opfers zumindest getötet werden. In einer afrikanischen Bantu-Version wird sogar der Kannibale von seinen Gästen gefressen, weil die Jungen entkommen sind.[15]

In all diesen Märchen kann man feststellen, dass die übermenschlich gigantische Statur des Riesen allmählich immer mehr gegen Menschenmaß konvergiert, der ursprüngliche Titan schließlich zum wilden Mann einschrumpft.

Ein berühmtes Beispiel dieser wilden Männer ist der Stalo oder Stallo (Stahlmann, verwandt mit dem deutschen Eisenhans) aus der schwedischen Lappmark, der Kinder an sich zu locken pflegt, sie mästet und frisst. Ein Junge, der sich eines Tages in seine Höhle verlaufen hat, stellt sich, als sei er mit ganz außerordentlicher Scharfsicht begabt, die daher rühre, dass er sich erstmals einen Tropfen Blei ins Auge geträufelt habe. Stallo verlangt, mit ähnlichem Gesichtssinn begabt zu werden, legt sich auf den Rücken und lässt sich willig heißes Blei in die Augen gießen. Dermaßen geblendet, ist der Riese auf die Hilfe des Jungen angewiesen, der ihm aber eines Tages entkommt, nachdem er den Leithammel aus der Herde des Stallo geschlachtet und sich dessen Fell umgebunden hat. Er schlüpft zwischen den Beinen des Stallo durch, der dem vermeintlichen Tier noch freundlich auf den Rücken klopft.[16] Hier lässt sich eine Rückkehr zur engeren Tradition der griechischen Polyphem-Geschichte feststellen, die aber mit heimischem Erzählgut verschmolzen ist und bei der in der oben angedeuteten Weise die Statur des Giganten geschrumpft, aber auch Odysseus zum Kind verkleinert worden ist.

Während im griechischen Mythos bei Blendungen durchaus der Freud'sche Kastrationskomplex mitschwingt – das Blenden oder Ausreißen der Augen bei Ödipus, stellvertretend für das Geschlechtsorgan –, spielt dies wohl weder bei Homers Polyphem noch in Märchenfiliationen des Polyphem-Themas eine Rolle.

Freud selbst bezieht sich ja wiederholt auf Märchen, die den Kindern erzählt worden sind, und auf kindliche, von Märchen hergeleitete Reflexionen über bürgerliche Erziehungsmethoden. In seinem berühmten Aufsatz über »Das Unheimliche«, der einer der zentralen Texte der Phantastiktheorie geworden ist und in dem E. T. A. Hoffmanns Erzählung »Der Sandmann« eine Schlüsselrolle spielt, wird der unbewusste Wunsch des Knaben, der als Voyeur Geschlechtsverkehr der Eltern beobachtet hat, den Vater zu kastrieren, zu töten, offen ausgesprochen. In der Märchentradition vollzieht sich aber auch eine Ablösung und Verselbständigung derartiger Motive, die als spannende und grausige Details weitergereicht werden.

In unseren Tagen hat H. C. Artmann in einem ganzen Kranz von Geschichten aus seiner Zeit in Schweden den Stallo wieder zum Leben erweckt und ihm ein zeitgenössisches Denkmal gesetzt, das die Märchenüberlieferung zugleich ernst nimmt, ironisch bricht und psychologisiert.[17] Die Geschichte »Auf die Frage, wer der Stallo sei …« z. B. ist gleichzeitig psychologische Deutung solcher Märchen, die illustriert, dass aus der Sicht des

Kindes jeder Erwachsene als Riese erscheint, wie originär poetisches Fortspinnen einer ursprünglich volkstümlichen Erzähltradition:
Der Stallo ist eigentlich ein ganz gewöhnlicher Mensch wie alle anderen, nur größer und stärker ist er meistens. Es hat aber immerhin schon Leute gegeben, die es mit dem Stallo aufnahmen und ihn im Kampfe töteten. Da konnten sie wirklich von Glück reden. Der Stallo ist ein Zauberer, er kann zaubern, er verwandelt sich in allerlei Gestalten. Einmal ging er sogar als Mond verkleidet rum. Da saß er in den Bäumen und belauerte die vorbeikommenden Menschen, er griff nach ihnen. Er ist ein Menschenfresser ... Am liebsten macht er Würste aus dem Menschenfleisch. Aber manchmal ißt er es auch in der Suppe ...

Seine Frau ist ebenfalls eine Menschenfresserin, eine Blutsaugerin, eine böse Wanze, die den Menschen mit einem Eisenrohr das Blut aussaugt ... Die Kinder des Stallo sind von Jugend auf schlecht, sie sehen ja von zuhause nichts besseres, sie wachsen unter Menschenfressern auf ... Der Stallo hat immer einen großen Schatz verborgen, Gold und Silber und anderes von Wert ...[17]

Artmanns augenzwinkernde, zutraulich-ironische Kommentare stellen eine Fortentwicklung Grimm'scher Märchenkommentare dar, sie weisen dem Stallo und seinesgleichen aber auch einen Platz im phantastisch-poetischen Kosmos von Artmanns skurrilen literarischen Spielwelten zu. Nicht nur der Stallo, sondern auch viele menschenfressende Riesen, wie etwa im irisch-keltischen »Fionn«-Zyklus, bewachen Schätze, und wir sagten schon, dass an die Stelle des Riesen auch ein Drache treten kann. Aus mittelalterlichen Heldenepen und Sagen, wie dem *Nibelungenlied,* sind die feuerspeienden Drachen als Hüter von Schatz und Geheimnis wohl bekannt.

In seiner Zwischenstellung gibt das altenglische Heldenepos *Beowulf* hierfür höchst bemerkenswerte Zeugnisse. Zunächst muss Beowulf mit Grendel kämpfen, einem monströsen Unhold, den Gott der Herr in das Geschlecht Kains verdammt hat, »der in den Mooren hauste, im Sumpf und am unzugänglichen Ort« (13).[18] Grendel ist einer der Träger alles Bösen, Verkörperung des Prinzips der Zerstörung und Negation. Gott hat Kain wegen seiner Freveltat weit weg vom Menschengeschlecht verbannt. »Von daher stammen alle Unholde, die Riesen und Alben und bösen Geister und auch die Giganten, die lange gegen Gott kämpften; dafür gab er ihnen den Lohn!« (13) Somit wird antikes und nordeuropäisch-vorchristliches Erzählgut miteinander verschmolzen. Grendel wird nie genau beschrieben, aber er muss ein grausliches Monstrum, halb Mensch, halb Untier mit Drachenklauen sein, und er ist ein Menschenfresser:

Da kam vom Moore in der Hülle des Dunkels Grendel geschritten. Er trug den Zorn Gottes ...

Viele Männer sah er in der Halle schlafen, die Schar der Stammverwandten, alle vereint, die Menge der Jungmannen. Er frohlockte in seinem Herzen. Der schreckliche Unhold gedachte, bevor der Tag kam, jedem einzelnen das Leben vom Körper zu trennen, da sich ihm die Hoffnung auf Fraßfülle zeigte. Es war aber nicht mehr Schicksalsbestimmung, daß er nach dieser Nacht noch mehr aus dem Geschlechte der Menschen verzehren durfte. Der Kraftvolle, der Verwandte Hygelaks, beobachtete, wie der Frevler mit unheilvollen Griffen vorgehen wollte. Und der Unhold gedachte nicht, es aufzuschieben, sondern er ergriff rasch fürs erste einen schlafenden Krieger, zerriß ihn gierig, biß in das Fleisch, trank das Blut in Strömen, verschlang ihn in gewaltigen Bissen. Bald hatte er von dem Leblosen alles, auch Füße und Hände, verzehrt. Er ging näher heran und ergriff mit seiner Hand den tapferen Helden auf dem Ruhelager. (28)

Beowulf besiegt Grendel und danach auch noch dessen Mutter, eine ebenfalls schaurige Unholdin, somit wird er Herr über das Böse in der Welt und ist damit zum christlichen Herrscher prädestiniert. Einen noch viel schlimmeren Kampf auf Leben und Tod muss der schon alternde Beowulf aber gegen Ende des Werkes gegen jenen Drachen bestehen, der sich zum Hüter eines Schatzes der Riesen aufgeworfen hat, das Land mit seinem feurigen Atem verwüstet und dem bislang kein Mensch widerstehen kann:

Nun war keine Zeit mehr, Freundschaft zu suchen! Zuerst kam der Atem des Ungeheuers, heißer Kampfqualm, aus dem Felsen heraus; die Erde dröhnte. Der Krieger am Fuße des Hügelgrabes, der König der Gauten, wandte den Schild gegen den grausigen Feind. Da wurde das Herz des sich windenden Drachens dazu getrieben, den Kampf zu suchen. Der tapfere König hatte schon das Schwert gezogen, das altbewährte Erbstück, scharf an den Schneiden. Jedem der beiden auf Verderben Sinnenden war der andere ein Schrecken. Der Beschützer der Gefolgsmannen stellte sich festen Mutes hinter seinen hohen Schild, als sich der Drache rasch zusammenzog; Beowulf wartete in seiner Rüstung. Da kam der Flammenumhüllte in Windungen herangeglitten; er eilte seinem Schicksal entgegen! (76)

Während alle anderen fliehen, steht Wiglaf Beowulf bei, und vereint gelingt es ihnen schließlich, inmitten der wabernden Lohe dem Drachen den Leib aufzuschneiden und ihn zu töten. Aber auch Beowulf ist durch des Drachens Glutatem und die giftigen Tatzenschläge des Untiers auf den Tod verwundet.

32 Gerhard Lahr, Riese (1968), Illustration aus: Das schöne Grauen

Im Volksmärchen werden die Drachen dann weitgehend anthropomorphisiert. Im russischen Märchen »Vom Drachen« verlassen wir den Einflussbereich der Polyphem-Erzählung und begegnen einem Drachen, der völlig vermenschlicht und ganz als »wilder Mann« dargestellt wird. Das Verblüffende an diesem Märchen ist die Selbstverständlichkeit, mit der die Gleichsetzung Drache = Menschenfresser vorgenommen wird, obwohl dieser Drache wie manche antiken menschenfressenden Geister gleich den Sauriern und Empusen fliegen kann.

Das Märchen ist zugleich eine originelle Blaubartvariante:

Da blieb ihr nichts anderes übrig, sie setzte sich hin und aß mit ihm zu Abend. Das Fleisch war süß, denn es war von Menschen.

Und als sie gegessen hatten, legten sie sich schlafen. Das Mädchen stand früh auf, der Drache jedoch noch früher. Er sprach zu ihr: »Jetzt sollst du mein Weib sein; da hast du die Schlüssel und einen Apfel; geh durch alle Zimmer und Scheuern, aber hier, in diese zwei Kammern, geh nicht hinein.« So sprach er und flog davon.[19]

Es versteht sich von selbst, dass das Mädchen hineingeht und in den Kammern Leichen erschlagener Frauen findet. Die Parallelen zum Baum der Erkenntnis und zur Sexualsymbolik des »Blaubart« sind überdeutlich. Dennoch bleibt eine Fülle von Fragen an dieses Märchen. Warum kümmert sich der Vater nicht um das Schicksal seiner Töchter? Sind Vater und Drache identisch, und geht es hier in Wahrheit um das Inzestmotiv? Dann aber will die Tochter mit der Schatztruhe zu ihrem Vater zurück, und von der Mutter ist überhaupt keine Rede mehr. Liegt eine Doppelgängergeschichte mit Spaltung in guten und bösen Vater vor? Warum ist es hier entgegen aller

Märchenregel die mittlere der drei Töchter und nicht die jüngste, die den Sieg über den Drachen davonträgt, der dies schließlich nicht feuerschnaubend, sondern mit Gleichmut hinnimmt? »Nun erkannte er, daß sie ihn betrogen hatte, aber es war nichts mehr zu machen.«[20] Wie geht es zu, dass sie ihm ein Wesen gebären kann, halb Drache, halb Mensch? Gerade diese offenen Fragen, die höchstens durch psychoanalytische Hypothesen zu beantworten versucht werden können, verleihen diesem Märchen aber seinen holzschnittartigen Reiz, und ihre selbstverständliche Nichtbeantwortung gehört wesensgemäß zum europäischen Märchen.

Je weiter man von Mitteleuropa aus nach Osten geht, umso gewaltiger und vielköpfiger werden die Monstren. Wir sahen dies bereits an jenem mythischen mongolischen Heldenepos, das im vorausgegangenen Kapitel vorgestellt wurde.

Das Tschuwaschen-Märchen »Wie die Helden Sonne und Mond vor dem Drachen retteten« lässt sich gut hiermit vergleichen. Es ist eines der schönsten Menschenfressermärchen, mit stark mythischen Zügen, ausgezeichnet durch ungemein plastische Sprachbilder und poetische Ausstrahlungskraft. Die Sprache des ostfinnisch-turktatarischen Volkes der Tschuwaschen von der mittleren Wolga gehört bereits zu den mongolischen Sprachen, und so nimmt die Ähnlichkeit dieses Märchens zum diskutierten Mongolenepos nicht Wunder, handelt es sich doch um verwandte Vorstellungswelten. Es ist ein kosmisches Märchen, das die große Weltkatastrophe beschwört, vor der die Menschheit aber dank der Kraft und Unschuld kindlicher Helden gerettet wird:

Hinter den Wäldern, hinter den Meeren, hinter den hohen Bergen hauste einmal ein schrecklicher Drache. Man nannte ihn – den Großen Drachen.
Er war ein riesiges, böses Ungeheuer, blies Feuer, wühlte mit den Tatzen Schluchten aus und stürzte Berge mit seinem Schwanz. Von seinem Gebrüll fielen weit im Umkreis die Blätter von den Bäumen, versiegten die Flüsse.
Eines Tages wurde der Große Drache auf die Menschen böse. Er begann zu brüllen, erhob sich in seiner ganzen Größe und stahl die Sonne und den Mond vom Himmel. Im gleichen Augenblick wurde es dunkel auf der Erde, und die Menschen fürchteten sich. Der Große Drache aber stürzte sich in der Finsternis auf die Erdbewohner, packte sie und verschlang sie. Alle fraß er auf.[21]

Heutzutage fragt man sich unwillkürlich, ob dies nicht ein poetisches Gleichnis für eine Wasserstoffbombenexplosion abgeben könnte. Jene Spielart der Science-Fiction, die postkatastrophale Gesellschaften darstellt, bringt

33 Hendrik Goltzius, Der Drache tötet die Gefährten des Kadmus, Kupferstich, 1588, Basel, Kupferstichkabinett

bis dato jedoch keine vergleichbare visionär-poetische Kraft auf und vor allem auch nicht den Optimismus, den dieses Märchen ausstrahlt. Drei kleine Jungen, die die Katastrophe in der Steppe überleben, sind es, die schließlich zu Helden heranwachsen – Erdrecke, Eichenrecke, Bergrecke – und die Welt von den Mächten der Finsternis, verkörpert durch die Drachensippe, befreien.

Da sah er – zwölf dunkle Wellen rollten über den schwarzen Strom. Eine immer höher als die andere, in der Dunkelheit glänzten sie wie Gold und die letzte Woge trug einen goldenen Thron. Auf dem Thron aber saß ein Drache mit zwölf Köpfen und zwölf goldenen Kronen. Das Ungeheuer brüllte mit fürchterlicher Stimme: »He, ihr! Ich bin der älteste Sohn des Großen Drachen. Ich bin gekommen, um mit euch drei Brüdern zu kämpfen. Ich werde euch alle zermalmen, im Feuer vernichten und die Asche in den Wind streuen!«[22]

Nach dem Sieg Erdreckes über den Drachen kommen nicht nur die Brüder, sondern alle Menschen, die es je gefressen, aus dem Leib des Untiers lebendig wieder heraus.

Natürlich ist dies Märchen ein Gleichnis vom Sieg des Tages über die Nacht, aber doch auch viel mehr, eines vom Sieg der Vitalität, der Kreativität über Angst und Chaos. Auch im Korjaken-Märchen »Die Menschenfresser«[23] werden Naturkräfte beschworen, um drei beerensuchende Frauen in der Tundra vor den menschenfressenden »Ninwiten« zu retten. Es ist dies ein Stück landschaftlich gebundener Märchenliteratur, das den erdigen Geruch der Tundra atmet und doch nicht ohne Leichtigkeit ist, denn diesmal wird der Menschenfresser humorvoll überlistet und schickt sich in sein Los, statt Frauen zu fressen, lediglich einen aufgeblähten Wasserbauch vorweisen zu können. Diese Menschenfresser haben nun endgültig alles Gigantische verloren und sind eher knorrige, drahtige Steppenbewohner:

Sie liefen der Spur nach, die Nase wie Hunde dicht überm Boden. Trotz ihrer kurzen Beine konnten sie schnell laufen. Sie sprangen über Erdhuckel hinweg und stampften Büsche nieder.[24]

Der fiktive proletarische Feld-, Wald- und Steppen-Menschenfresser aus Russland erscheint als Drache. Der historische aristokratische Menschenschlächter aus Frankreich, drachenhaft, wenn man eine Metapher für seine Untaten formulieren will, erscheint im Märchen als Ritter Blaubart.

Neben seinem weiblichen Gegenstück, der ungarischen Gräfin Elisabeth de Báthory, die sich am Foltern junger Mädchen sexuell erregte, später dann, als ihre Schönheit gewisse Verwitterungserscheinungen aufzuweisen begann, allmorgendlich um vier Uhr, der Stunde der Magie, im Blut von Jungfrauen badete, zu welchem Behufe sie ca. 650 Mädchen in »Eisernen Jungfrauen« zu Tode quälen ließ,[25] ist Baron Gilles de Rais, Marschall von Frankreich, Waffengefährte der heiligen Jungfrau Johanna, als einer der mörderischsten Triebtäter in die Kriminalgeschichte eingegangen. Er pflegte sexuelle Befriedigung zu erreichen, wenn er gegen die Körper sterbender oder frisch getöteter Knaben masturbierte. Als er sein Vermögen verschleudert hatte, wandte er sich gemeinsam mit dem italienischen Erzalchemisten Francisco Prelati, der immerhin die niedrigen Weihen der Kirche genossen hatte, in seinem Schloss Tiffauges dem kirchlich geförderten Experiment zu, einfache Metalle in das so dringend benötigte Gold umzuwandeln. Kinderblut versprach solches Geschäft zu befördern, vielleicht sogar Menschenfleisch. Die Prozessakten weisen da Lücken auf, denn neun Jahre nach der Jungfrau bestieg der reuige Sünder Gilles de Rais den Scheiterhaufen, ein Schicksal, das der Gräfin Báthory erspart blieb. Sie wurde nach Entdeckung der Verbrechen lediglich für den Rest ihres Lebens in einem Zimmer einer ihrer Burgen eingeschlossen. Die Zahlen über die Opfer Gilles de Rais' schwanken zwischen 140 und 800.[26]

Ein abnormal veranlagter aristokratischer Triebtäter wie Gilles de Rais musste die Phantasie der Menschen beschäftigen, und so spannen sich bald zahlreiche Legenden um seine Person. Als Charles Perrault, Oberaufseher der königlichen Bauten unter Colbert, Mitglied der Académie Française und Vorreiter des Streites um die antike und moderne Literatur, 1697 unter dem Namen seines Sohnes eine Märchensammlung veröffentlichte, waren dies bereits frivol und ironisch gefilterte und aufbereitete Volksmärchen, die jedoch großes öffentliches Interesse an Volksmärchen und ihrer Aufzeichnung bewirkten und viele Kunstmärchen nach sich zogen.

In Perraults »Blaubart« schwingt das Echo des historischen Gilles de Rais noch nach. Aber Räume und Personen sind doch so weit abstrahiert, dass die Geschichte überall im feudalistischen Europa spielen könnte:

Es war einmal ein Mann, der hatte schöne Häuser in der Stadt und auf dem Lande, goldenes und silbernes Geschirr, reich verzierte Möbel und ganz vergoldete Karossen. Aber zu seinem Unglück hatte dieser Mann einen blauen Bart, und das machte ihn so häßlich und schrecklich, daß es keine Frau und kein Mädchen gab, die nicht vor ihm weggelaufen wäre.[27]

Blaubarts Hässlichkeit und sein eigenartiger Bart, der unter Umständen nicht frei von sexuellen Konnotationen ist, billigen ihm gewissermaßen noch mildernde Umstände zu. Es ist ein weiter Weg von den ungeschlachten, tumben Rohlingen à la Polyphem zum dekadenten perversen Aristokraten à la Blaubart, doch in den Märchensammlungen existieren sie hinfort Seite an Seite. Zweifellos setzt mit Perrault eine Psychologisierung des Märchens ein, und »Blaubart« ist eine Initiationsgeschichte, eine spannend und dramatisch erzählte obendrein. Es ist auch ein Warnmärchen für junge Mädchen. Seht euch vor, seid auf der Hut, zumal vor aristokratischen Verführern! Es ist die Initiation in die Geheimnisse der Sexualität, in das Verbrechen, das Abnorme, was hier angedeutet wird:

Dieser kleine Schlüssel aber ist der Schlüssel zu dem Zimmer am Ende des Korridors in der unteren Wohnung. Öffnet alles, geht überall hin, aber ich verbiete Euch, in dieses kleine Zimmer einzutreten, und zwar verbiete ich es Euch so streng, daß wenn es

Euch beikommen sollte, es zu öffnen, Ihr alles nur Erdenkliche von meinem Zorn zu gewärtigen habt.[28]

Es versteht sich von selbst, dass Blaubart seine junge Frau auf die Probe stellen will und dass sie der Verführung erliegt. Damit kann er sein Gewissen beruhigen, seinen sadistischen, kannibalischen Gelüsten frönen und dies noch als gerechte Strafe für eine Verbotsübertretung deklarieren. Die Raffinesse des Perrault'schen Märchens liegt darin, dass es jedes Detail vermeidet, keine Einzelheiten dessen verrät, was die junge Frau sieht, aber gerade dadurch die Phantasie erhitzt, zu Spekulationen anregt. Die »*mind monsters*« sind noch immer die faszinierendsten gewesen. Denn wann käme die Realität schon an die Imaginationskraft heran, und wer hat nicht schon einmal sadistische Träume geträumt?

Zunächst konnte sie nichts sehen, weil die Fensterläden geschlossen waren. Nach einigen Augenblicken aber begann sie zu erkennen, daß der Fußboden ganz mit geronnenem Blut bedeckt war und daß sich in diesem Blut die Körper von mehreren toten Frauen spiegelten, die an den Wänden festgebunden waren – das waren all die Frauen, die Blaubart geheiratet und eine nach der anderen ermordet hatte ...[29]

Blaubart ist ja vielleicht oder wahrscheinlich gar kein Menschenfresser im engeren Sinn, obwohl die Andeutungen partiellen Kannibalismus offen lassen. Wir erfahren nicht, was er mit den Körpern der getöteten Frauen angestellt hat. In jedem übertragenen Sinne jedoch ist er ein Menschenfresser und wird als solcher fortfahren, die Phantasie der Leser zu beschäftigen.

Dies haben bis heute auch drei weitere Märchen aus Perraults Sammlung zuwege gebracht: »La Belle au Bois Dormant« (»Die Schöne, die im Walde schlief = »Dornröschen«), »Le Petit Chaperon Rouge« (»Rotkäppchen«) und »Le Petit Poucet« (»Däumling«).

»Däumling« wird uns noch in der englischen Version und wegen seiner Querverbindungen zu »Hänsel und Gretel« beschäftigen, die beiden anderen Märchen aber mögen an dieser Stelle Aufmerksamkeit finden.

Die Brüder Grimm haben in »Dornröschen« sorgfältig alle kannibalistischen Konnotationen der Perraultschen Fassung getilgt. Diese zerfällt im Grunde in zwei Teile. Der erste geht bis zum Erwecken der schlafenden Schönen. Die Sexualsymbolik ist auch hier ganz handgreiflich. Und der zweite Teil wird vom Kannibalismusmotiv und dem in vielen Märchen so gehegten und gepflegten Schwiegermuttersyndrom (an ihre Stelle kann auch die böse Stiefmutter treten) beherrscht. Dennoch gibt es bereits im ersten

Teil einen Hinweis auf das Menschenfresserthema: Das verwunschene Schloss wächst ein, damit die Prinzessin ungestört ihren hundertjährigen Schlaf schlafen kann. Der Volksmund aber ist der Ansicht, »dort hause ein Menschenfresser, der alle Kinder, die er erwischen könne, dorthin bringe, um sie nach Herzenslust zu verspeisen«.[30]

Das »Ondit« vom Menschenfresser erweist sich als Mär im Märchen. Desto schlimmer aber gebärdet sich die Schwiegermutter, die mit Unmut den zunächst prinzlichen, dann königlichen Abnabelungsprozess verfolgt. Zu allem Überfluss stammt sie ohnehin von Menschenfressern ab:

Man munkelte sogar bei Hofe, sie habe menschenfresserische Neigungen, und wenn sie kleine Kinder vorbeigehen sehe, koste es sie alle erdenkliche Mühe, sich nicht auf sie zu stürzen.

Sobald dann die Schwiegertochter mit ihren beiden Kindern »Morgenröte« und »Tagesschein« im Haus und der Sohn kriegshalber außer Haus ist, kommt es, wie es kommen muss:

»Morgen will ich zum Abendessen die kleine Morgenröte verspeisen.«
»Aber Madame!...« sagte der Haushofmeister.
»Ich will es«, sagte die Königin (sie sagte es mit der Stimme einer Menschenfresserin, die Lust hat, frisches Fleisch zu essen), »und zwar in Essigsoße mit Zwiebeln.«

Der elegante, frivol-ironische Stil Perraults, Zeugnis einer verfeinerten, amüsierten Hofkultur, treibt mit dem Entsetzen Spott. Schon in den antiken Filiationen der Polyphemgeschichte ließ sich verfolgen, dass mit entsprechendem sozialem Standard und kulturellem Aufstieg auch sofort die Einrichtung der gehobenen Menschenfresserküche einhergeht. Das rohe Verschlingen ist eine Sache der niederen Wilden in Wald und Höhle.

Die böse Schwiegermutter will gleich mehrere Fliegen mit einer Klappe schlagen: sich rächen für den Verlust des Einflusses auf ihren Sohn, weiterem Einflussverlust durch Beseitigung möglicher Nachfolger ihres Sohnes vorbeugen, Jugend und Schönheit vernichten, die ihr eigenes Alter umso augenfälliger machen, zuerst und vor allem aber ihren kannibalischen Instinkten Genüge tun. So übermächtig ist der menschenfressende Trieb, dass sie, als es mit dem Fressen nichts wird, sich, ohne eine vielleicht mildere Strafe abzuwarten, von dem ekligen Gewürm im Bottich selber fressen lässt.

Perraults »Le Petit Chaperon Rouge«[31] hat bis heute mehr als 100 Bearbeitungen erfahren: »Rotkäppchen« gehört damit zu den wirkungsmächtigsten Märchen überhaupt, auch wenn viele der Varianten parodistischen Inhalts oder jeweils auf aktuelle Bezüge hin geschrieben worden sind. Lange Zeit über beharrten Anthropologen, Volkskundler und Historiker darauf, die Fabel vom Rotkäppchen auf weit zurückliegende Mythen über Sonnenaufgang und Sonnenuntergang zu reduzieren. Selbst wenn derartige Mythen in der Fabel impliziert sind, mutet solches Beharren heute wie ein Witz an, wie ein mutwilliges Verschließen der Augen vor den erotisch-kannibalistischen Konnotationen dieser Geschichte, die doch wesentlich weniger weit hergeholt werden müssen.

Perrault betont dies ganz offen und verstößt damit bewusst gegen die ungeschriebenen Gesetze des Märchen-Happyends, denen die Gebrüder Grimm sich fügen. Seine Schlussworte lauten:

»*Damit ich dich fressen kann!*«
Und mit diesen Worten stürzte sich der böse Wolf auf Rotkäppchen und fraß es.

Jack Zipes hat der Geschichte dieses Märchens und seiner Interpretation ein ganzes Buch gewidmet, in dem er 19 verschiedene Fassungen abdruckt, Hans Ritz veröffentlicht in seinem Buch sogar 30 Fassungen. Dass das Märchen ein Warnmärchen für Kinder ist, sich allein vertrauensselig Fremden anzuschließen, bedarf keiner weiteren Interpretation. Dass es darüber hinaus zumindest bei Perrault und vielen Bearbeitern eine Projektion männlicher Sexualphantasien darstellt, ist für heutige Leser ebenso offensichtlich. Für unser Thema bleibt festzuhalten, dass kein anderes Märchen so offen und frivol erotische Komponenten des Kannibalismus aufdeckt:

34 anon., *Der Wolf schickt sich an, das erste Mahl des Tages zu sich zu nehmen*, aus: Favourite Stories for the Nursery, 1900

Als es durch einen Wald kam, traf es den Gevatter Wolf, der große Lust hatte, es zu fressen; aber er wagte es nicht wegen einiger Holzfäller, die in dem Wald waren ...

35 Gustave Doré, Illustration zu Perraults Le Petit Chaperon Rouge, 1862

Das kleine Rotkäppchen zieht sich aus und geht hin und legt sich in das Bett, wo es zu seinem allergrößten Erstaunen sah, wie seine Großmutter ohne Kleider beschaffen war ...

Das 17. Jahrhundert kannte in Frankreich ohnehin noch recht freizügige Erotik. Die Prüderie kam mit der Aufklärung und blieb dann über die Romantik hinweg. Stets wurde die Farbe Rot mit Sünde, Sinnlichkeit und Teufel assoziiert. Zipes sieht die Ursprünge des Märchens stark mit dem Aberglauben des 15. und 16. Jahrhunderts an Werwölfe und Hexen verflochten. In vielen Werwolf-Prozessen wurde Männern vorgeworfen, sie hätten Kinder gefressen und andere gräuliche Taten begangen.[32]

Perrault setzte einer französischen Bauerntradition großbürgerlich-aristokratische Lichter auf, deren flackernde Dochte von den Gebrüdern Grimm auf bürgerliches Normalmaß geschnitten wurden. In zahlreichen europäischen Bearbeitungen des 19. Jahrhunderts feiert dann bürgerliche Mittelklassenmoral Triumphe, wobei charakteristischerweise in Frankreich die erotische Tradition gewahrt bleibt, in Deutschland die Aufrechterhaltung von Ruhe und Ordnung betont wird und in England und den USA christliche Rührseligkeit und Happyend in den Vordergrund rücken. Alle Bearbeitungen dieser Epoche weisen Rotkäppchen Mitschuld an der Verschlingung durch den Wolf zu, in den beiden letztgenannten Ländern wird kurzerhand die Hauptschuld an Rotkäppchens »Vergewaltigung« dem Mädchen selbst aufgeladen. Kein Wunder, dass im 20. Jahrhundert auch die Feministinnen auf den Plan gerufen wurden und Rotkäppchen sich in realistischen, aufsässigen und frechen Versionen gegen so viel männlichen Dünkel emanzipiert.[33]

Ausgerechnet ein kannibalischer »Verschlingungs-Zyklus«,[34] der in vielfältigen Variationen über die Welt verbreitet ist, nämlich das Märchen von »Tom Thumb«, dem »Kleinen Däumeling«, hat sich über nun bald vier Jahrhunderte hinweg[35] als populärstes englisches Kindermärchen behauptet.

Und das, obwohl im Zentrum der Geschichte von einem grausamen Menschenfresser-Riesen berichtet wird, den Tom durch den Schornstein seiner Burg hindurch beim kannibalischen Mahl beobachtet, wie er »menschliche Keulen und Bratenstücke kochte, brutzelte und briet, sie alle hintereinander weg Biss um Biss verschlang, Arme, Beine und Köpfe, bis alles aufgegessen war«.³⁶

Tom wird erst von einer Kuh verspeist, dann vom Raben verschleppt, danach vom Riesen verschlungen, wieder ausgespien, von einem Fisch verschluckt und danach in erweiterten Versionen noch von einem Müller und einem Lachs.

Auf den ersten Blick möchten solch zahlreiche Verschlingungen für Kinder ganz und gar ungeeignet erscheinen, aber schon auf den zweiten Blick wird

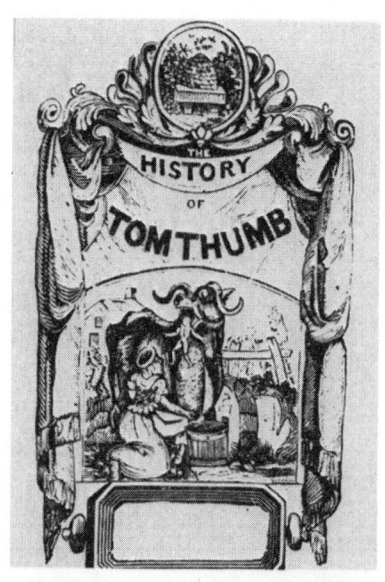

36 anon., Titelseite einer »penny history« des Tom Thumb, Holzschnitt, ca. 1835

die ungebrochene Bestseller-Popularität dieser Geschichte bei Kindern plausibel. Zum einen ist es der kleine, ihrer Größe adäquate Held, der imponiert und mit dem Kinder sich identifizieren können, der sich über alle Fährnisse hinweg behauptet. Zum zweiten beweist diese Popularität die Thesen Freuds über die kannibalistisch-orale Phase frühkindlicher Sexualität, was den Kindern natürlich ebensowenig bewusst ist wie die Reproduktion des mystischen Themas vom Gott-Essen und der häufigen Metamorphose des Gottes, der wie Dionysos zerrissen, verschlungen wird und am Schluss doch siegreich intakt Fruchtbarkeitssymbolik repräsentiert. Am Hofe König Arthurs macht Tom Däumling schließlich sein Glück als putziger Gespiele der Hofdamen. Jonathan Swift hat von hierher eindeutig die Anregung für seine Gestaltung der Riesenepisode Gullivers in Brodingnag bezogen. Bei Swift wie im Märchen wird jedoch die phallische Sexualsymbolik des kleinen Däumling, der ja voller Kraft und Vitalität steckt, gleichsam eine verselbstständigte dauernde Erektion darstellt, überdeutlich, z. B. wenn im Märchen und bei Swift die Hofdamen Däumling bzw. Gulliver ständig streicheln, bei Swift sogar zwischen ihre Brüste nehmen.

Ein weiteres englisches Menschenfressermärchen, das sich durch ein Kinderbild von in Mitteleuropa kaum bekannter Frische auszeichnet, ist »John und der Bohnenstängel«. Anders als etwa der »Hans im Glück« ist John ein verwegenes Glückskind und ein kluger Narr dazu. John, der an einer Zauberbohne schnurstracks in den Himmel geklettert ist, trifft dort auf ein Riesenhaus, vor dem eine Riesenfrau sitzt. Da er hungrig ist, bittet er die Frau um etwas Essen:

»*Was, Frühstück willst du haben?*« *sagte die riesengroße Frau.* »*Du wirst gleich selbst Frühstück sein, wenn du nicht schnell machst, daß du fortkommst. Mein Mann ist nämlich ein Menschenfresser, und er ißt zum Frühstück nichts lieber als kleine Jungen auf Brot geröstet. Du tätest besser, dich schnell davonzumachen, denn er wird gleich kommen.*«[37]

Erstaunlicherweise lässt John sich keineswegs einschüchtern:

»*...und wahrhaftig, liebe Frau*«, *sagte John,* »*und ich finde geröstet zu werden auch nicht schlimmer als vor Hunger zu sterben.*«[38]

John trickst den Menschenfresser gleich dreimal mit einer bravourösen Unverfrorenheit aus, obwohl der ein wahrer Gargantua unter seinesgleichen ist:

37 Martin und Ruth Koser-Michaels, Illustration zu John und der Bohnenstängel, 1956

Es war ein ganz richtiger Riese, wahrhaftig. An seinem Gürtel hingen drei Kälber mit zusammengeschnürten Hinterbeinen. Er machte sie los, warf sie auf den Tisch und sagte: »*Hier, Frau, röste mir zwei davon zum Frühstück, aber ah ...*«, *er schnupperte in die Luft,* »*was riecht denn hier so?*
Fi – Fei – Fo – Funn, ich wittre Blut von einem englischen Mann,
sei er nun lebend oder tot, ich esse ihn heute zum Mittagbrot.«[39]

Das Märchen weist jene Qualitäten auf, die häufig auch englische Kinderfilme besitzen. Wer selbst Kinder hat, wird vermutlich bestätigen können, dass diese englische Kinderfilme deutschen in der Regel bei weitem vorziehen, und zwar deshalb, weil es in englischen Filmen noch echte Spannung und Abenteuer gibt, erzählt in einer gradlinig voranschreitenden Handlung, wo deutschsprachige Filme vor didaktischer Betulichkeit, wissenschaftlicher Begleitung und Beratung, die den kindgemäßen Film sicherstellen soll, kaum noch laufen können.

Der Menschenfresser wird in »John und der Bohnenstängel« nie als existentielle Bedrohung empfunden, die bei sensiblen Gemütern Alpträume hervorrufen könnte, sondern als ein Abenteuer und eine Herausforderung, die es zu bewältigen gilt.

Unter den Märchen mit Menschenfresser-Motivik aus der im deutschsprachigen Raum in unzähligen Auflagen verbreiteten Sammlung der Brüder Grimm hat »Hänsel und Gretel« – zu Recht – die größte Aufmerksamkeit der Märchenforschung gefunden. Perraults »Kleiner Däumling« ist zumindest in seiner ersten Hälfte eng mit »Hänsel und Gretel« verwandt. Aber im Gegensatz zum deutschen Märchen ist der kleine Held, der allen Kleinwüchsigen die kompensatorische Bestätigung eigener Leistungsfähigkeit vermitteln kann, von Anfang bis Ende die rettende dynamische Kraft, während sich in »Hänsel und Gretel« ja eine psychologisch höchst bemerkenswerte Wandlung der dominanten Aktivitäten vollzieht, sobald Hänsel von der Hexe eingesperrt wird. Perrault dagegen widmet der Familienidylle im Heim des Ogers, mit seinen herzigen sieben kleinen Ogressen, die alle so eine zarte Haut haben, weil sie sich wie ihr Vater von Frischfleisch nähren, breiten Raum. Gustave Doré lieferte zu dieser Szene eine der künstlerisch beeindruckendsten, aber auch schockierendsten Illustrationen des Menschenfresserthemas.

Volkskundler, Soziologen, Psychologen und Literaturwissenschaftler haben sich dieses Märchens angenommen, und erst jüngst hat Helmut Brackert aus literaturwissenschaftlicher Sicht die Interpretation von »Hänsel und Gretel« neu aufgerollt.[40] Er wendet sich gegen jene psychoanalytischen Interpreten, die, unter Verletzung des Gebots der Texttreue, alsbald Einzelmotive aus dem Sinngefüge eines Märchens herauslösen, dann damit nach ihren Interpretationsrastern umgehen und diese schließlich dem Märchen überstülpen und somit dem komplexen literarischen Gebilde »Märchen« Gewalt antun.[41] Brackert vergleicht die Urfassung, welche die Brüder Grimm 1810 unter dem Titel »Brüderchen und Schwesterchen« an Brentano schickten, mit der später erweiterten und didaktisch kommentierten Textfassung von 1819, wie wir sie im Wesentlichen heute noch in Ausgaben der Grimm'schen Märchen finden.

Jene für unser Thema zentrale Stelle lautet in der späteren Fassung:

Die Alte hatte sich nur so freundlich angestellt, sie war aber eine böse Hexe, die den Kindern auflauerte, und hatte das Brothäuslein bloß gebaut, um sie herbeizulocken. Wenn eins in ihre Gewalt kam, so machte sie es tot, kochte es und aß es, und das war ihr ein Festtag. Die Hexen haben rote Augen und können nicht weit sehen, aber sie haben eine feine Witterung wie die Tiere und merken's, wenn Menschen herankommen. Als Hänsel und Gretel in ihre Nähe kamen, da lachte sie boshaft und sprach höhnisch: »Die habe ich, die sollen mir nicht wieder entwischen.« Frühmorgens, ehe die Kinder erwacht waren, stand sie schon auf, und als sie beide so lieblich ruhen sah, mit den vollen roten Backen, so murmelte sie vor sich hin: »Das wird ein guter Bissen werden.« Da packte sie Hänsel mit ihrer dünnen Hand und trug ihn in einen kleinen Stall und sperrte ihn mit einer Gittertür ein: er mochte schreien, wie er wollte, es half ihm nichts. Dann ging sie zur Gretel, rüttelte sie wach und rief: »Steh auf, Faulenzerin, trag Wasser und koch deinem Bruder etwas Gutes, der sitzt draußen im Stall und soll fett werden. Wenn er fett ist, so will ich ihn essen.« Gretel fing an bitterlich zu weinen, aber es war alles vergeblich, sie mußte tun, was die böse Hexe verlangte.[42]

Hinterher stößt bekanntlich Gretel die Hexe in den Ofen. Diese verbrennt, die Kinder bemächtigen sich ihrer Schätze, kehren nach Hause zum Vater zurück. Die Mutter ist in der Zwischenzeit verstorben, »und sie lebten in lauter Freuden zusammen«.[43] Brackert gelangt mithilfe einer Synthese aus Methoden des strukturalistischen Formalismus, Lévi-Strauss' Kritik am Formalismus und der Morphologie zu der wohl schwer zu widerlegenden Aussage, dass das Hexenhaus letztlich mit dem Elternhaus identisch sei, allerdings sei es das antithetisch erlebte Elternhaus. Folgerichtig ist die Hexe die negativ erlebte Mutter, Gretel tötet sie, und damit machen sich die Kinder frei vom Einfluss der Mutter.

38 Gustave Dore, Illustration zu Perraults Le Petit Poucet, 1862

Beide Kinder erleben das Hexenhaus als tückisch-ambivalent: außen ist es eßbar und stillt den Hunger; innen sollen beide Kinder selbst in Eßbares verwandelt werden, das Brüderchen in ein Schweinchen, das Schwesterchen in ein Brot ...

Für die Hexe ist genau charakteristisch, was die Kinder an der Mutter erleben: sie verstellt sich, sie ist nicht so, wie sie zu sein scheint.[43]

Brackert stellt einen umfangreichen Fragenkatalog an das Ende des ersten Aufsatzes:

Was meint die Identität von Hexenhaus und Elternhaus, von Hexe und Mutter im Sinne der Geschichte? Was meint die in der Geschichte beobachtete Parteiung von Eltern einerseits, von Kindern andererseits, die strikt durchgehalten wird? Was meint die grausige Entdeckung der Kinder, daß die Eltern, insbesondere die Mutter, anders sind, als sie sie frontal erleben? Was meint es, daß gerade die Mutter als Inbegriff des nahrungsverweigernden und freiheitsberaubenden Bösen erscheint? Was meint es, daß die Kinder Gegenstrategien entwickeln? Was meint insbesondere das eigenartige Verhältnis von Rahmengeschichte (Aussetzung der Kinder) und antithetischer Spiegelgeschichte (Hexenhaus)? Was meint es, daß das Brüderchen als Schweinchen ins Ställchen gesperrt und gemästet wird? Was meint es, daß die Hexe das Brüderchen einen Finger herausstrecken läßt und daß es schließlich geschlachtet werden soll? Was meint es, daß das Schwesterchen hier zur Handelnden und zur Erlösenden wird? Was meint es, daß die Kinder, als die Hexe tot ist, das Haus voller Edelgestein finden und sie dieses dem Vater bringen?[44]

39 anon., Die Hexe vor Hänsels Käfig, englische Illustration zu Hänsel und Gretel, ca. 1900

In seinem zweiten Aufsatz versucht Brackert die eigenen Fragen dann literaturpsychologisch zu beantworten. Er konstatiert, dass die Kinder im Elternhaus den Plänen der bösen Mutter hilflos ausgeliefert seien, sich aber im Hexenhaus von ihr befreien könnten. Der Reifungs- und Entwicklungsprozess der Kinder dürfe also nicht im Elternhaus stattfinden. Individuation werde vernichtet, wenn die Kinder bei der Mutter blieben. Brackert schließt sich dem Psychologen

Bettelheim[45] an, wenn er argumentiert, die Kinder äßen nur die symbolische Repräsentation der Mutter, das Lebkuchenhaus; die Hexe dagegen wolle die Kinder selber fressen.

Ein möglicher Fehlschluss solcher Interpretationen scheint mir darin zu liegen, dass einerseits die Individuation der Kinder außerhalb des Einflusses der Mutter postuliert wird, diese ja wohl andererseits kaum im frühkindlichen Alter erfolgen kann, im Fortgang der Interpretation aber mit frühkindlich oralen Verschlingungsphantasien argumentiert wird. Die Kinder möchten die Mutter in diesem Stadium verschlingen, projizieren die eigene kannibalische Gier auf sie, die sich der totalen Verschlingung entzieht, ihre eigene Individualität bewahren möchte, was die Kinder wieder dergestalt fehlinterpretieren, dass sie wähnen, die Mutter trachte nun sie zu verspeisen. Die Mutter = Hexe sei somit nicht nur Täter, sondern auch Opfer.[46] Der Weisheit letzter Schluss scheint mir selbst diese Interpretation noch nicht zu sein. Magie und Poesie des Märchens werden eskamotiert. Zweifellos wird aufgedeckt, dass dieses Märchen eine Initiationsgeschichte ist, die Kinder dunkel darüber informiert, dass es im Elternhaus Tabus gibt, die sie nur außerhalb des Elternhauses klären, sich nur draußen von deren Gespinst befreien können. Andrerseits schreckt die Interpretation aber davor zurück, nahe liegende weitere Schlüsse zu ziehen. Wenn Mutter und Hexe schon identisch sind, was heißt es denn dann, dass das Schwesterchen die Initiative ergreift und die Mutter ausschaltet, zum Vater zurückkehrt, mit Brüderchen und Vater »in Freuden« lebt? Ist hier nicht die bekannte Vater-Tochter-Bindung offensichtlich, ist nicht die zumindest im Wunschtraum imaginierte Durchbrechung des Inzesttabus mit Händen zu greifen? An Stelle der Mutter kehrt die Tochter ins Elternhaus zurück und lebt mit dem Vater. Und dann sind da noch »Brüderchen und Schwesterchen«, wenn schon, denn schon. Dass derartige Wunschträume zum kindlichen Gefühlshaushalt gehören, vielleicht sogar notwendig sind, um erwachsen zu werden, wer wollte es leugnen. Aber einmal mehr wird doch auch demonstriert, dass Märcheninterpretation zwar ohne Zuhilfenahme psychologischer Modelle heute nicht mehr auskommt, dass das Puzzlespiel psychoanalytischer Deutung, zu der Brackert nach anfänglichen Attacken auf Psychologen selbst findet, jedoch zu kurz greift, um den Reiz literarischer Texte voll zu erfassen. Auch die literatursoziologische Ergänzung genügt nicht.

Dem ambivalenten Ritzel von Lust und Grauen, der die Lektüre eines Märchens wie »Hänsel und Gretel« charakterisiert, dem sprachmagischen Equilibrium von Reizen und Wirkungen wird die Interpretation nicht gerecht, weil sie die ästhetische Dimension außer Acht lässt.

Wie ein erratischer Block liegt ein Märchen in der Grimm'schen Sammlung, das sich durch eine Mischung von Poesie und besonderer psychologischer Bestialität auszeichnet. Es ist das Märchen vom »Machandelbaum«, das die Brüder Grimm neben »Der Fischer un sin Fru« als einziges ihrer Sammlung in einer niederdeutschen Dialektfassung abgedruckt haben, wohl um dadurch seine Grausamkeit zu mildern. Der Typ dieses Märchens – »meine Mutter erschlug mich, mein Vater aß mich« – ist in mehr als 200 Variationen über die Kulturkreise der Welt verbreitet,[47] was nun doch auf archetypische Qualitäten hinweist. Wie so viele Märchen nimmt es seinen Ausgangspunkt bei der Unfruchtbarkeit eines Ehepaares, die stets psychische Probleme schafft, früher noch in weit höherem Maße als heute. Um den Schauder des Kannibalismusthemas zu verringern, wird das Geschehen vom Erzähler gleich zu Anfang in eine geradezu prähistorische Vergangenheit gerückt:

Dat is nu all lang her, wol tew dusend Johr, da wöör dar en ryk Mann, de hadde enne schöne frame fru, un se hadden sik beyde leef, hadden awerst keene Kinner … (271)

Unter dem Machandelbaum im Garten, als sie sich in den Finger schneidet und Blutstropfen in den Schnee fallen, wünscht sich die Frau »en Kind so rood as Blood un se witt as Snee«. Der Wunsch wird ihr um den Preis des eigenen Lebens erfüllt. Sie stirbt vor Freude über das Kind bei der Geburt. Die mythische Fruchtbarkeitssymbolik des Machandelbaums, dessen Boden mit Blut gedüngt ist, wird schon hier offensichtlich. Die Verwandtschaft etwa zu den eingangs des vorigen Kapitels beschriebenen ceramesischen Fruchtbarkeitskulten ist unübersehbar. Nach geziemender Trauerfrist heiratet der Mann erneut, und die zweite Frau schenkt ihm eine Tochter. Er liebt beide Kinder, und die Kinder lieben sich, aber die Stiefmutter hasst den Sohn aus erster Ehe, der nicht nur Erbe sein wird, sondern in dem gleichzeitig die erste Frau als Nebenbuhlerin um die Liebe des Mannes präsent ist. Mit niederdeutscher Behäbigkeit wird in märchenuntypisch langer Exposition Spannung aufgebaut. Ein Plan, den Stiefsohn zu beseitigen, reift in der Stiefmutter, der ihr als vom Bösen eingegeben dargestellt wird, wobei jedoch ersichtlich wird, dass »der Böse« aus den Einflüsterungen ihres eigenen Inneren kommt; »*mind monster*« als Auslöser des Verbrechens. Sie schlägt dem Jungen mit dem scharfen Schloss der großen Apfelkiste den Kopf ab. Die biblischen Assoziationen, die sich an den Apfel knüpfen, kommen dabei sicher nicht von ungefähr. Sadismus und Schuldbewusstsein eines von innen heraus den Menschen überwältigenden Verbrechens gehen eine Verbindung ein, ähnlich der in den psychologischen Geschichten Edgar Allan Poes.

... un seeg em so hastig an. »Moder«, säd de lüttje Jung, »wat sühst du gräsig uut! Ja, gif my einen Appel.« Du wöör ehr, as schull se em Zoreden.

»Kumm mit my«, säd se un maakd den Deckel up, »hahl dy enen Appel heruut.« Un as sik de lüttje Jung henin bückd, so reet ehr de Böse: »Bratsch!« Slögg se den Deckel to, dat de Kopp afflögg un unner de Appel füll ... (273)

Einmal begonnen, erweist das Verbrechen seine eigene Art von Fruchtbarkeit und zeugt sich selber fort. Die Stiefmutter bindet den Kopf des Jungen mit einem Halstuch fest und setzt die Leiche vor die Tür auf einen Stuhl mit einem Apfel in der Hand. Marlenchen, die Tochter, wundert sich, dass der Bruder so weiß und so still ist und sie überdies nicht vom Apfel beißen lassen will. Die Mutter heißt sie, dem Bruder eine Ohrfeige zu geben. Gesagt, getan, dessen Kopf fällt ab, und nun wird die Schuld scheinbar auf die Tochter verlagert, was der Mutter die Rechtfertigung gibt, die Spuren des Verbrechens zu beseitigen, indem sie die Leiche zubereitet, »Do nöhm de Moder de lüttjen Jung un hacked em in Stücken, un kaakd em in Suhr« (273), und dem Vater vorsetzt. Ein quasi-mythisches Mahl, das gleichzeitig Atreus und dionysische Fruchtbarkeitsriten evoziert.

Der Vater vermisst den Sohn, der über Land gegangen sein soll, ohne sich zu verabschieden, und gleichzeitig verabschiedet er sich in seinem eigenen Inneren, indem es ihm hervorragend schmeckt. Grausame Ironie und Poesie verbinden sich:

– »Ach Fru«, säd he do, »wat smeckt my dat Aeten schöön! Gif my mehr!« Und je mehr he eet, je mehr wull he hebben und säd: »Geeft my mehr, gy schöhlt niks door af heben, at is, as wann dat all myn wöör.« (274)

40 Antoine Wiertz, Hunger, Wahnsinn und Verbrechen, 1853

Eros-Thanatos, unbewusst und kulinarisch! Marlenchen vergräbt indes die Knochen des Bruders unter dem Machandelbaum, der sich als Lebensbaum erweist. Alsbald fliegt jener wunderschöne Vogel mit der herrlichen Stimme heraus, Symbol der Freiheit, des Lebens der Seele, der das Lied singt, das Goethe mit Gretchens Lied im Kerker in die Sphären tragischer Dichtung gehoben hat:

»Mein Mutter, der mich schlacht',
mein Vater, der mich aß,
mein Schwester, der Marlenichen,
sucht alle meine Benichen,
bind't sie in ein seiden Tuch,
legt's unter den Machandelbaum.
Kywitt, kywitt, wat vör'n schöön Vogel bün ik!« (274)

Mit seinem zauberischen Gesang, dem alle zwanghaft zuhören müssen, heimst der Vogel Geschenke ein, zuletzt auch einen Mühlstein, den er sich um den Hals hängt. Unterdessen verbrennen die Gewissensbisse die Stiefmutter von innen heraus, sie erleidet seelische Höllenqualen, das Weltende scheint ihr nahe, das doch nur ihr eigenes Ende ist:

Un as se uut de Döhr köhm, bratsch, smeet ehr de Vogel den Mählenstein up den Kopp, dat se ganß zomatsch wurr. (279)

Der Tod der Verbrecherin löst das Happyend des Märchens aus. Der Vogel wird erlöst, verwandelt sich in den Jungen zurück: »He nöhm synen Vader un Marleenchen by der Hand, un woren alle dre so recht vergnöögt un gingen in dat Huus by Disch un eeten.« (279) Bestraft bleibt einzig die, die, angestachelt von den monströsen Gedanken ihrer Seele, zum Monstrum wurde. Das unfreiwillig kannibalische Mahl des Vaters bleibt ungesühnt, war es doch kein Verbrechen, sondern ein Liebesmahl, fast eine heilige Kommunion der Vereinigung mit dem eigenen Kind. Und so steht denn am Ende dieses Märchens erneut das lebenserhaltende Essen als versöhnliches Freudenmahl.

Dass das Märchen vom »Machandelboom« in der Tat innerseelische Vorgänge poetisch verlebendigt, wird niemand bestreiten wollen.

Wir haben den Mittelteil dieses Kapitels den Märchen unseres eigenen zentraleuropäischen Kulturkreises gewidmet. Nun soll abschließend der Blick über Spanien, das durch seine Entdeckungsreisenden lange Zeit ein Tor zur Welt nach Ost und West war, ausgreifen, um wenigstens an einigen repräsentativen Beispielen aufzuzeigen, wie das Menschenfresserthema in den Märchen anderer Kulturen und Kontinente behandelt wird.

Das spanische Märchen von der »Leber des Toten«, das wir um seiner Kürze willen ganz zitieren wollen, vereint in humorvoll-ironischer Weise Hungerkannibalismus mit symbolisch-rituellem Kannibalismus:

Es waren einmal ein Mann und eine Frau, die lebten in der Nähe des Friedhofs und hatten nichts zu essen. Und eines Abends ging die Frau hin und grub eine Leiche aus und schnitt die Leber heraus und briet sie. Und als der Mann kam, stellte sie sie ihm mit Kartoffeln auf den Tisch.

Sie aßen sie auf, und es geschah nichts Besonderes. Und nach dem Essen legten sie sich schlafen. Und als sie im Bett lagen, hörte man eine Stimme, die sagte:
»Meine Leber will ich holen,
die du mir gestohlen.«
Und die Frau schrie:
»Weh, lieber Mann, wer mag da stehn?«
Und der Mann antwortete:
»Sei still, liebes Weib, er wird schon gehn.«
Doch da sprach die Stimme:
»Ich geh nicht von hier,
an der Zimmertür bin ich, ganz nahe bei dir.«
Und noch entsetzter schrie die Frau zu ihrem Mann:
»Weh, lieber Mann, wer mag da stehn?«
Und wieder sagte der Mann zu ihr:
»Sei still, liebes Weib, er wird schon gehn.«
Und die Stimme antwortete:
»Ich geh nicht von hier,
unterm Bett bin ich jetzt, ganz nahe bei dir.«
Da klammert die Frau sich an ihren Mann und schrie wieder:
»Weh, lieber Mann, wer mag da stehn?«
Und wieder antwortete der Mann:
»Sei still, liebes Weib, er wird schon gehn.«
Da sprach die Stimme:
»Ich geh nicht von hier,
auf dem Bett bin ich jetzt, ganz nahe bei dir.«
Fast wahnsinnig vor Schrecken schrie da die Frau wieder:
»Weh, lieber Mann, wer mag da stehn?«
Und der Mann sagte zu ihr:
»Sei still, liebes Weib, er wird schon gehn.«

Da aber sprach die Stimme:
»Ich geh nicht von hier,
 an deinen Haaren schleif ich dich mit mir.«
Und da packte der Tote die Frau an den Haaren und schleppte sie mit auf den Friedhof und tötete sie und nahm ihr die Leber heraus und setzte sie sich ein und begrub sich wieder.[48]

Seit alters gilt die Leber als Sitz der Weisheit und der Liebeskraft, mitunter auch der Lebenskraft überhaupt. Es liegt also eine tragische Ironie darin, dass die Eheleute die Leber des Toten essen. Sie soll auch ihren Hunger nach Liebe stillen, Liebe und Lebenskraft zurückbringen. Doch damit ist die Uhr der Frau abgelaufen, der Tod holt sie zu sich.

Die großen Märchensammlungen der letzten Jahrzehnte, mit Märchen selbst der exotischsten Völker, haben auch in diesem Bereich die Welt zusammenrücken lassen und führen gleichzeitig ihre Vielfalt vor Augen.

Die Kulturen am Nil, der Ägypter und Nubier, gehören zu den ältesten der Welt. Der vielleicht wichtigste ägyptische Mythos, der Osiris-Mythos, beinhaltet, ohne direkt kannibalistisch zu sein, einen Zerstückelungsmythos, dem Fruchtbarkeitskulte zugrunde liegen. Für westliche Besucher ist es verblüffend zu sehen, in welchem Ausmaß die Bevölkerung auch heute noch mit ihren 4000 Jahre alten Göttern lebt, wie sie deren Mythen in moderne Lebenskontexte integriert hat. So findet sich in nubischen Märchen eine ganze Anzahl von Geschichten, die um den »Itkal«, einen menschenfressenden Dämon, kreisen, der aber merkwürdigerweise oft ungeschoren wie ein Mensch unter Menschen lebt, obwohl diese wissen, dass er ein Menschenfresser ist. Nur wenn der »Itkal« es allzu dreist treibt, greifen die Menschen zur Selbsthilfe, zerstückeln und töten ihn, wie in dem Märchen vom »betrogenen Itkal«, das unter orientalischen Ausschmückungen ganz ähnliche Strukturen zeigt wie viele europäische Menschenfressermärchen:

Fatma wirft die Federn über den Itkal, er versinkt in der Erde und Fatma hält das Loch mit ihrer großen Zehe zu. Sie schreit laut um Hilfe, und die Leute laufen herbei, zerhacken den Menschenfresser in Stücke, gießen Petroleum über die Teile, zünden sie an und verbrennen sie.[49]

Ein bislang ungenannter universaler Zug des Märchens fällt an diesem Zitat besonders krass in die Augen. Volksmärchen kennen keine Gerichtsinstitutionen. Sie sind durch atavistisches Rechtsempfinden geprägt, durch eine retributive Gerechtigkeit, die stets und überall zur Selbstjustiz greift. Die

Märchen um den »Itkal« zeichnen sich durch Lebhaftigkeit, dramatische Handlungsfülle, überraschende Wendungen und bildhafte Sprache aus. Eines unter ihnen ist von besonderer poetischer Kraft. Es trägt den Titel »Wie ein Skarabäus einen Menschenfresser überlistet«. Darin hat ein Ehepaar sieben Töchter, deren jünste Fatma heißt. Die heilige Siebenzahl taucht in all diesen Märchen auf. Fatma findet auf einer Nilinsel ein Ei, das sie ungeachtet der Warnungen ihrer Freundinnen nach Hause trägt. Ihr Vater baut eine Mauer um das Ei. Eines Tages schlüpft aber ein »Itkal« aus dem Ei, der Fatma sofort als Mutter akzeptiert, wie wir das von Küken kennen. Allsogleich ruft er: »Fatma, ich will essen, ich will Fleisch!« Die Familie verfüttert nach und nach ihren gesamten Besitz an Ziegen, Rindern und Schafen an den unersättlichen »Itkal«, der jedoch weiterhin nur den einen Ruf kennt: »Fatma, ich will essen, ich will Fleisch.« So werden auch die sechs Schwestern Fatmas an den »Itkal« verfüttert, und danach frisst er noch ihre Mutter. Der Itkal bleibt unersättlich, schließlich opfert sich der Vater selbst. Da flieht Fatma. Der »Itkal« eilt ihr hinterher. Spätestens jetzt wird klar, dass der »Itkal« ein lebensvernichtender Todesdämon ist. Niemand und nichts kann sich ihm entgegenstellen, obwohl erst die Mädchen und dann die Bauern den »Itkal« zerstückeln wollen. Schließlich begegnet Fatma einem Skarabäus, der ihren Fluchtgrund wissen will:

»*Warum läufst du davon?*« *will der Skarabäus wissen.*
  »*Ich laufe vor etwas weg, das stärker ist als ich und als du und dem sich niemand entgegenstellen kann als nur Gott allein!*« –
  »*Verstecke dich doch in dem Loch hier!*« *sagt der Skarabäus.*
  Inzwischen kommt auch Itkal dahergelaufen und will vom Skarabäus wissen, wo die Fatma ist. Der Skarabäus fährt aber fort, seine Pillen zu drehen, und antwortet:
  »*Ich habe Fatma gesehen*
  Und habe sie doch nicht erblickt,
  O Gott!
  Ich habe Fatma erblickt
  Und habe sie doch nicht gesehen,
  O Gott!«
  Da verschlang der Itkal den Skarabäus, doch der Skarabäus kam dem Itkal beim Hintern wieder heraus.
  »*Warte, ich werde mich an dir rächen!*« *brüllte Itkal, lief zum Fluß und verstopfte sich den Hintern mit Schlamm.* »*Jetzt wirst du nicht mehr herauskommen!*« *Inzwischen richtete der Skarabäus eine Rasierklinge, roten Pfeffer und Salz her, und als der*

Itkal ihn verschlang, schnitt der Skarabäus das Herz des Itkal ab und aß es, und auch die Leber und die Niere, so daß der Itkal starb. Dann heiratete der Skarabäus das Mädchen Fatma.[50]

Das für uns zunächst so surrealistisch anmutende Geschehen löst sich, sobald man in Rechnung zieht, dass der Skarabäus ein Gott ist, Verkörperung der Sonne, des Lebensgottes selbst. Der Gott und nicht der Käfer kann das Mädchen heiraten, fortzeugend das Leben über den Tod siegen lassen. In einem ungemein optimistischen Bild wird also die Lebenskraft des Todesdämons verzehrt, ganz im Gegensatz zu jener Philosophie, die aus dem zitierten spanischen Märchen hervortritt.

Auch auf dem amerikanischen Kontinent findet man von den Eskimos bis tief in den Süden Südamerikas Menschenfressermärchen.

Eines der bekanntesten Eskimomärchen ist das von »Giviok«,[51] dessen Frau stirbt und ihn, den Eskimojäger, mit seinem Sohn allein zurücklässt. Giviok halluziniert in seiner Verzweiflung seine Frau in den Armen eines Liebhabers, tötet die beiden Schemen und verlässt schließlich den Sohn, weil es seine Bestimmung ist, auf die Jagd zu gehen. Auf seiner Fahrt mit dem Kajak durch die arktische Eiswelt, die auch eine Lebensreise ist, hat er viele Abenteuer zu bestehen, bis er zu zwei Frauen, Mutter und Tochter, kommt, die sich als Menschenfresserinnen herausstellen. Wiederum müssen Menschenfresser überlistet werden. Giviok gelingt dies, indem er sich nachts eine Steinplatte auf die Brust legt. Als Usorsak auf den vermeintlich Schlafenden springt, um ihn mit ihrem Sägeschwanz zu töten, bricht der Schwanz ab, und die Unholdin selbst muss sterben. Giviok harpuniert dann noch ihre Tochter, die bedauert, seine Wangen nicht verspeisen zu können (Leckerbissen wie die Handteller). Schließlich kommt Giviok zu einer guten Frau und deren Tochter, mit denen er eine Zeit lang zusammenlebt. Deutlich wird der Männermangel infolge der Gefahren, denen die Eskimojäger immer wieder zum Opfer fallen.

Dann zieht es Giviok aber doch wieder in die Heimat. Der Gedanke an seinen Sohn lässt ihm keine Ruhe. Er kommt an eine Küste, vor der zahlreiche Boote mit freudig singenden Insassen einen erlegten Wal an Land ziehen. Auf dem Wal steht ein kraftvoller, siegreicher Jäger, sein Sohn. So schließt sich der Kreis der Lebensreise mit einer optimistischen Grundnote.

Das alles wird in einer einfachen, unpathetischen Sprache erzählt, die doch die Schönheiten wie die Gefahren des Lebens in einer Welt aus Eis und Schnee plastisch vor Augen führt. Die Menschenfresserthematik wird eingebunden in einen symbolisch überhöhten realistischen Lebenskontext. Für den Verfasser gehören nordamerikanische Indianermärchen, und die Erwähnung persönlicher Vorlieben sei an dieser Stelle gestattet, zu den eindrucksvollsten und schönsten Märchen überhaupt. Und zwar deshalb, weil sich in ihnen eine ungebrochene Naturverbundenheit mit einer höchst anschaulichen bildhaften Sprache verbindet, die vertieft wird durch eine mythisch-religiös-philosophische Lebensanschauung, welche mit wachsendem Erfolg der Oberflächlichkeit amerikanischer Plastikzivilisation widersteht. Wenn ich unter den mir vorliegenden Märchen zum Gegenstand dieses Buches ein Lieblingsmärchen auswählen müsste, so wäre es das Wasco-Märchen »Wie der Pfeilmacher zum Kannibalen wurde«:[52]

Ein Mann lebte davon, daß er für die übrigen Jäger des Dorfes Pfeilspitzen aus Feuerstein machte. So geschickt war er in seiner Kunst, daß seine Pfeilspitzen weit und breit berühmt waren wegen ihrer Form und ihrer Treffsicherheit. Eines Tages nun, als der Pfeilmacher wiederum dabei war, eine Spitze zu formen, schnitt er sich an einer scharfen Kante in den Finger. Unbekümmert arbeitete er weiter und steckte den blutenden Finger in den Mund. Der Geschmack von frischem Blut gefiel ihm sehr, erst knabberte er an seinem Finger, bald hatte er fast die ganze Hand verzehrt, und ehe er es sich versah, war sein Arm bis zur Schulter verschwunden. Weiter mahlten die gefräßigen Zähne, und bald stand der Pfeilmacher als Knochenmann da. Nur zwischen den Schulterblättern war ihm ein wenig Fleisch geblieben, denn bei aller Anstrengung konnte er seinen Mund nicht bis an jene Stelle bringen. Zu einem seltsamen Wesen war er geworden, das schrecklich anzuschauen war, denn mitten im knöchernen Brustkorb hing das noch immer schlagende Herz, während alle Muskeln der Glieder verschwunden waren.

Poesie und Mythos gehen in diesem Märchen Hand in Hand. Es steigert sich zu großartigen Sprachbildern der Versinnbildlichung des Kampfes von Leben und Tod. Die Weisheit des Alten besiegt den Tod:

Hungrig und scheinbar unersättlich brach er ins Dorf ein, verzehrte dort einen Bewohner nach dem anderen und ließ nur die abgenagten Knochen zurück. Als er seine eigene Hütte erreichte, rannte seine Frau mit ihrem Sohne schreiend aus dem Dorfe, denn fürchterlich war der Anblick des Kannibalen. Auf den Spitzen der Grashalme lief sie nach Süden, und keine Spur kündete von ihrem Fluchtweg. Als der menschenfressende Pfeilmacher aber dennoch die Richtung herausfand, wußte die Frau sogleich, daß er ihr auf den Fersen war, denn ein Sturmwind lief vor dem Kannibalen her.
Tag und Nacht eilte sie voller Furcht dahin, aber der Kannibale war schneller und hatte sie am dritten Tage beinahe eingeholt. Schließlich kam sie erschöpft an eine Hütte

am Fuße des Berges. Dort saß ein alter Mann und schnitzte an Pfeil und Bogen, während seine Tochter dabei war, einen Beutel zu verzieren, so wie man sie für Tabak gebraucht. »Oh, Vater! Hilf mir!« *rief die erschöpfte Frau aus.* »Ehe die Sonne über den Horizont ist, wird er hier sein, der menschenvernichtende Pfeilmacher.« *Doch der Alte rührte sich nicht, und auch das Mädchen schien nicht zu hören. Statt dessen erhob sich ein brausender Sturm, der die Hütte fast ins Tal geschleudert hätte. Heulend fuhr der Wind aus dem Norden durchs Tal, peitschte die Tannen und schüttete Sturzbäche auf den Wald. Da sprach der alte Mann, ohne von seiner Arbeit aufzusehen:* »Verstecke dich hinter meinem Rücken!« *Im gleichen Augenblick erschien auch schon der Knochenmann, der einst ein berühmter Pfeilmacher gewesen war. Taumelnd ging er vor dem Winde her, der ihm pfeifend durch den dürren Brustkorb fuhr. Mit unsicheren Schritten stolperte er ums Feuer und zertrat die Pfeile, die der alte Mann vor sich liegen hatte. Da nahm der Alte eine lange Pfeilspitze, wie man sie zur Jagd auf Großwild verwendet, beugte sich vor und stieß sie dem Knochenmann ins Herz. Im gleichen Augenblick ging eine Veränderung mit dem Pfeilmacher vor. Er blieb stehen, die Knochen lösten sich voneinander, und mit dem letzten Schlag des Herzens wurde er zu einem wirren Haufen Knochen, auf denen zuoberst der grinsende Schädel lag. Kaum aber waren die Knochen zur Ruhe gekommen, als auch der Wind zu blasen aufhörte. Der Mann aber sprach zur verängstigten Frau:* »Komm, hilf mir die alten Knochen auf den Abfallhaufen zu werfen, denn sie sind zu nichts nütze.«

Ein seltsames Leben führten der Alte und seine Tochter, denn sie aßen nie. Jeden Tag ging der Alte mit einem Bündel Pfeile hinaus an den sonnigen Berghang, um am Abend mit einem großen Armvoll Tabak nach Hause zu kommen. Beide, Vater und Tochter, lebten vom Rauche, dem Atem der Tabakleute, den sie tief in sich hineintranken, wenn die Tabakblätter in der langen Pfeife glimmten. Immer, wenn die Tabaksbeutel leer waren, zog der Alte hinaus und machte Jagd auf die Tabakleute.

Lange Zeit blieb die Frau mit ihrem Sohne bei den beiden in der Hütte am Berge. Der Junge wuchs heran, zog auf die Jagd und brachte Wild heim für die Mutter. Eines Tages jedoch folgte er aus Neugierde dem alten Manne hinauf zwischen die Steine, wo die Tabakleute lebten. Da sah er voller Staunen, wie der Alte nach Tabakstauden schoß. Um ihm bei dieser Beschäftigung behilflich zu sein, legte der Junge einen Pfeil auf die Bogensehne, bat die Geister um Beistand und schoß auf die Tabakstauden. Als der alte Mann mit so viel Tabak heimkehrte, daß beide Jäger schwer zu tragen hatten, sprach er zu seinem Helfer: »Von nun an sollst du meine Tochter zur Frau haben, denn meine Zeit ist fast um.« *Zur Tochter aber sagte er:* »Hier ist dein Mann, denn jedes Mädchen will einen guten Jäger. Hinfort sollen die Eltern dafür sorgen, daß die Tochter einen guten Mann bekommt. So soll es sein, bis die Welt endet.«

Das Kannibalismusthema wird in einen Kulturmythos des Übergangs von einer reinen Jagd- zu einer gemischten Jagd- und Pflanzenbaukultur eingebunden. Nach einem Fruchtbarkeitsritual auferstehen die kannibalisch getöteten Dorfbewohner. Leben und Kultur haben gesiegt. Es bleibt aber die Einsicht in zyklische Zusammenhänge von Leben und Tod:

Nach diesem Vorfall jagte der junge Mann stets für den Alten, der glücklich in der Hütte saß und den Atem der Tabakleute genoß. Eines Tages begaben sich die Mutter und die beiden jungen Leute hinunter an den Fluß, nachdem sie dem Alten die Hütte mit Tabak gefüllt hatten. Als sie bei jenem Dorfe ankamen, in dem sie früher einmal gewohnt hatten, damals, als der Pfeilmacher noch hier wirkte, sahen sie nur Knochen herumliegen. Fünfmal warf der junge Mann jeden Knochen in die Luft, danach erstanden alle Bewohner zu neuem Leben, als ob sie nicht gestorben seien. Als die Mutter älter wurde, nahm sich das Mädchen ihrer an und umsorgte sie. Dennoch wurde sie immer schwächer. Kurz vor ihrem Tode sprach sie: »Alle Schwiegertöchter sollen sich fortan um ihre Sohnesmutter kümmern. Du aber sollst mit mir aufbrechen nach dem Süden. Dort wollen wir bleiben und die Schutzgeister aller Medizinfrauen werden. Jede Frau aber, die vom heiligen Atem der Tabakleute trinkt, soll heilende Kräfte haben.« Auch der Sohn verließ das Dorf und sprach: »Fortan will ich der Schutzgeist aller Jäger sein. Die mich verehren, werden niemals ohne Beute heimkehren.«

Nie vergaßen die Bewohner die drei Besucher, die ihnen das Leben wieder zurückgegeben hatten. Noch heute beten sie zu ihnen, wenn sie in Not sind.

Südamerikanische Indianermärchen aus der Gegend des Amazonas und seiner Nebenflüsse atmen den Geist des unbarmherzigen Lebenskampfes in einer alles verschlingenden Dschungelwelt. Auch Stämme, die nie realen Kannibalismus praktiziert oder erlebt haben, kennen Mythen und Märchen, die voll von alptraumhaften Horrorvisionen über kannibalische Geister sind.[53] In dem Märchen »Der Jüngling und die Menschenfresserin« z. B. gerät die Lebensweise des Mannes sinnbildlich zu einer einzigen Flucht vor der mörderischen Naturgottheit »Menschenfresserin«, bis er, alt geworden, heim zu seiner Mutter findet:

Die Menschenfresserin verfolgte sie. Wie sie die Flüchtigen beinahe erreicht hatte, befahl der Jüngling den Palmwedeln, sich in Tapire, in Hirsche, in Wildschweine und andere Tiere zu verwandeln. Die fraß die Menschenfresserin alle auf. Als sie die Tiere verschlungen hatte, machte der Jüngling eine große Fischreuse, in der sich viele Fische fingen. Kaum langte sie an dieser Stelle an, so sprang sie in die Reuse und begann zu schlingen. Unterdes schnitt der Jüngling einen Wedel von der Marajá-Palme ab, spitzte den Stiel zu und schlug seine Feindin damit. Dann nahm er die Flucht wieder auf ...[54]

Mythos und Märchen sind vor allem in jenen Weltgegenden noch fast ungetrennt miteinander verwoben, die bis in jüngere oder jüngste Vergangenheit Kannibalismus als realen Kult oder als Lebensbedrohung feindlicher Stämme gekannt haben. So taucht Kannibalismus als Drohgebärde und Verhöhnung der Feinde in dem melanesischen Märchen »Vom Mann, der ausging, sich eine Frau zu suchen« auf. Mit brutalem Realismus wird darin von einem Mann berichtet, dem seine Frau lästig geworden ist und der sich prachtvoll geschmückt aufmacht, um eine neue Frau zu finden. Bei aller Drastik ist es doch das erotischste aller mir bekannten Menschenfressermärchen. Nach mehreren Begegnungen mit abstoßend hässlichen, ausgelaugten Frauen findet er zwei dralle Maiden, die sein Gefallen erregen:

Und es waren herrliche Maiden, stolz trugen sie ihre Brüste, und fest und rund waren ihre Schenkel und Lenden.[55]

Auch die Mädchen wittern den Wohlgeruch des Mannes:

»Komm herunter, komm schnell herunter und nimm uns alle beide«, riefen die Mädchen. »Einverstanden«, gab der Mann zurück und glitt eiligst den Stamm herab. Er stieg ins Wasser und watete auf die Mädchen zu, näher und näher kam er ihnen, und diese sahen, wie schön, wie herrlich er war. Und die beiden jungen Weiber gingen ihm entgegen, faßten ihn um den Leib, schmiegten sich an ihn und führten ihn in den Busch nach einer verlassenen Hütte ...

Ungehemmte Sinnlichkeit und ungehemmte Gewalt dominieren diese Geschichte, die dennoch von einer hochentwickelten Erzählkultur zeugt, auch wenn die Texte übersetzt und vermutlich sprachlich geglättet worden sind.

Erbarmungslos schlachtet der Jüngling einen Mann aus dem Dorf seiner neuen Gespielinnen und setzt ihn den heimkehrenden Dorfbewohnern als Lockspeise vor. Als die erkennen müssen, dass sie kein Schweine-, sondern Menschenfleisch vor sich haben, fahren sie angeekelt vom Mahle hoch und werden sämtlich vom schönen Jüngling aus dem Hinterhalt mit Pfeilen erschossen. Danach ist er Herr des Dorfes, und das Liebesfest kann stattfinden.

Bei näherem Hinsehen sind derartige Märchen auch nicht grausamer als die europäischen, die wir vorgestellt haben. Aber während sich bei den europäischen Märchen jedermann bewusst ist, dass hier Fiktionen und feste

Erzählkonventionen reproduziert werden, erwecken viele Märchen aus der Südsee den Eindruck eines authentischen Realismus. Ohne die Deckung schützender Kulturschichten, die all so etwas in das Reich der Fiktion und obendrein ferner Vergangenheit verweisen, schlägt die Erkenntnis durch, dass der Mensch so sei, zumindest in seinen ungehemmten Triebstrukturen.

Vor allem in Geschichten aus Papua-Neuguinea, die großenteils erst während der 70er-Jahre aufgezeichnet worden sind, wo sich noch heute letzte Residuen von rituellem und gewohnheitsmäßigem Kannibalismus halten, wird Menschenjagd und Menschenfresserei, zusätzlich noch ohne die geringste moralische Verbildung durch Gewissensbisse, als Nahrungsquelle für dringend benötigte Proteine ausgewiesen, die die Jungen kräftig halten und die kranken Alten wieder auf die Beine bringen sollen:

... und legte das Netz in einem großen Haus ab, in einem Zeremonialhaus, wo sie den Fang all dieser Menschen mit Trommel- und Flötenmusik feierte. Diese Menschen waren gutes Fleisch, gutes Fleisch für alle. Sie kochte seinen Kopf und zerteilte seine Hände und das Fleisch an den Beinen, das ganze gute Fleisch hier,[56] und legte es in den Topf und kochte es. Dann nahm sie seine Eingeweide und seinen Penis und gab sie der alten ausgemergelten Frau. Sie aß das gute Fleisch. Den Schädel hängte sie da auf, wo sie auch die Schädel der anderen Menschen, die sie gegessen hatte, aufgehängt hatte. Dann holte sie Trommeln und Flöten und tanzte bis in den frühen Morgen ...[57]

Menschenessen in Griechenland machte traurig, auf Papua-Neuguinea machte es fröhlich! Was hier als Märchen firmiert, ist die Übersetzung von Tondbandprotokollen aus dem Jahre 1972.[58] Der Erzähler endet mit den Worten: »Ich glaube, das ist die ganze Geschichte.« Er ist sich demnach bewusst, bereits Überlieferungen zu literarisieren. Doch sind wir betroffen durch das, was die Forschung über Romanautoren des 18. Jahrhunderts gern die »vraisemblance«, die »verisimilitude« nennt, den versuchten Nachweis der Authentizität von fiktiver Reiseliteratur. Realistischer Lebensbezug schwingt in der zitierten Geschichte noch unmittelbar nach. Sie wird auch nicht durch irgendwie geartete Schöpfungsmythen oder partielle Weltdeutungen veredelt.

Im Tätigkeitsbericht für 1981 einer so glaubwürdigen Institution wie der »Studienstiftung des deutschen Volkes«, der deutschen Hochbegabtenstiftung, die ihre medizinischen Stipendiaten u. a. zu Famulaturen bis in die entferntesten Gegenden der Welt schickt, ist im fotografisch dokumentierten Bericht der Studenten Werner Solbach und Johannes Mattar über die Famulatur auf Papua-Neuguinea zu lesen:

Eine andere Krankheit, die exklusiv in einem eng begrenzten Gebiet im Hochland auftritt, hat in den letzten Jahren die Aufmerksamkeit vieler Wissenschaftler auf sich gezogen; ihre Entdeckung und die Erforschung ihrer Ursachen waren sogar einen Nobelpreis wert. Gemeint ist Kuru, *eine spongiöse Degeneration des ZNS mit besonderer Bevorzugung des Kleinhirns, die immer zum Tode führt. Eines der Frühsymptome ist eine leichte Ataxie. Wenn in vergangener Zeit ein Bauer abends bei der Heimkehr aus dem Feld Schwierigkeiten hatte, beim Übersteigen des Zaunes, der sein Feld vor wild lebenden Schweinen schützt, die Balance zu halten, war er Kuru-verdächtig. Bei der Entdeckung der Krankheit im Jahre 1957 wurde zunächst aufgrund der epidemiologischen Situation eine Erbkrankheit angenommen; ja, zuvor hatte man sogar an eine Konversionshysterie gedacht als Folge des ersten Kontakts der Betroffenen mit der weißen Rasse. Durch langwierige Inokulationsexperimente und Tierpassagen (Autopsiematerial erkrankter Gehirne wurde Affen intracerebral injiziert) konnte man jedoch die Übertragbarkeit eines infektiösen Agens nachweisen, welches eine sog.* slow virus infection *hervorruft. Mit diesem Begriff ist eine Infektion gemeint, die eine Inkubationszeit von Jahren oder sogar Jahrzehnten hat, ohne daß der Patient Symptome zeigt. Treten diese jedoch auf, so verläuft die Krankheit rasch progredient und führt bei der Kuru-Krankheit von der Ataxie über eine progressive motorische Lähmung in etwa einem Jahr zum Tode. Die Transmission erfolgt mit größter Wahrscheinlichkeit durch rituellen Kannibalismus. Mit dem Rückgang dieser traditionellen Gewohnheit nahm auch die Zahl der Kuru-Patienten ständig ab. Während Ende der fünfziger Jahre Tausende an dieser Krankheit starben, sind zur Zeit noch 21 lebende Fälle bekannt. Die Bedeutung der Entdeckung der Kuru-Krankheit liegt darin, daß durch die Entdeckung der* slow virus *als neuer Klasse von Krankheitserregern andere degenerative Erkrankungen des ZNS auf ihre Ursachen näher untersucht wurden.*[59]

Nun haben wir endgültig die Spielregeln dieses Kapitels gebrochen, sind aus den literarischen Reichen von Mythos, Märchen und Sage unversehens in die Realität hinübergewechselt. Doch dies nicht nur, um zu zeigen, dass der echte Kannibalismus nun auch in diesem Teil der Welt auf dem Aussterbeetat steht, sondern um darauf zu verweisen, vor welchem Hintergrund und wie Literarisierungsprozesse verlaufen. Binnen vermutlich recht kurzer Zeit wird die zitierte Geschichte, mit mythischen Ausschmückungen versehen, erst zur Mythe und später zum echten Märchen transformiert werden.

Doch tauchen wir zum Schluss mit dem kurzen Märchen »Wie der Tod in die Welt kam« des südamerikanischen Yamane-Stammes in den Bereich der mythischen Märchen zurück. Der Text beweist, welche hohe literarische Imaginations-, Abstraktions- und Formulierungskraft »primitive« Völker

41 Gustave Doré, Illustration zu Les Contes de Perrault, 1862

haben können. Er ist gekennzeichnet durch eine fatalistische Grundhaltung verhaltener Trauer. Er zeugt davon, welch profunde Gedanken sich diese Menschen machen, woher wir kommen und wohin wir gehen:

Vor langer, langer Zeit, als die ersten Menschen lebten, kannte man noch keinen Tod. Die Menschen lebten und wurden nicht alt.

Nun war da eine Mutter, die viele Söhne geboren hatte, darunter auch die Yoàlox, die von ihrem ersten Mann stammten – später heiratete sie nämlich einen andern Mann –, und sie wurde langsam müde und schwächlich. Und als sie auch noch alt und faltig wurde, begannen manche junge Burschen sie zu verspotten. Und man gab ihr nichts mehr zu essen. Die arme Alte klagte und weinte, aber niemand hatte Mitleid mit ihr und gab ihr etwas.

Als sie eines Tages durch den Wald ging, begegnete ihr ein Bursche, der ihr zurief: »Wenn du Hunger hast, so iß doch deinen faltigen Bauch!« Da ergrimmte die Alte, nahm ihren Stock und schlug ihn dem Burschen so auf den Kopf, daß er hinstürzte.

Dann zog sie ein Messer heraus, schnitt ihm die Kehle durch und sagte: »Du wolltest, daß ich mein Fleisch essen sollte. Nun werde ich dein Fleisch essen. Es wird mir besser schmecken.«

Und sie aß erst sein Herz, dann seine Leber und schließlich alles übrige Fleisch.

Und da ihr das Menschenfleisch geschmeckt hatte, und weil man ihr nichts anderes zu essen gab, blieb sie dabei. Sie lauerte den Menschen auf, jungen und alten, Männern und Frauen, schlug sie tot, wo sie sie fand, und fraß sie auf. Und so ist es geblieben bis heute.[60]

Anmerkungen zu Kapitel III

1 Aus dem melanesischen Märchen »Wie die Menschen das Feuer und die Nacht bekamen«, in: *Märchen aus der Südsee,* erzählt von Vladimir Reis, illustriert von Karel Feisig (Hanau, 1976), S. 53.
2 Menschenfresserspruch, ursprünglich aus: *The History of Tom Thumbe,* abgewandelt in zahlreichen Märchen vieler Länder.
3 Vgl. Helmut Brackert, »Hänsel und Gretel oder Möglichkeiten und Grenzen literaturwissenschaftlicher Märchen-Interpretation«, in: *»Und wenn sie nicht gestorben sind ...« Perspektiven auf das Märchen,* hrsg. von Helmut Brackert, (Frankfurt, 1980), S. 9–39, hier S. 9 f., und Mircea Eliade, »Wissenschaft und Märchen«, in: *Wege der Märchenforschung,* hrsg. von Felix Karlinger, Wege der Forschung, Bd. CCLV (Darmstadt, 1973), S. 311, 313. Vgl. auch Jan de Vries, *Betrachtungen zum Märchen besonders in seinem Verhältnis zu Heldensage und Mythos* (Helsinki, 1954), passim.
4 Vgl. Brackert, »Hänsel und Gretel oder Möglichkeiten und Grenzen der Märchendeutung«, a. a. O., S. 223– 239, hier S. 228.
5 Vgl. Max Lüthi, *Märchen* (Stuttgart, ^{6}1976) und »Das Volksmärchen als Dichtung und als Aussage« (1956), in: *Wege der Märchenforschung,* hrsg. von Felix Karlinger, a. a. O., S. 295–310.
6 Vgl. Eliade, a. a. O., S. 315 und de Vries, a. a. O., S. 175.
7 Vgl. Brackert, a. a. O., S. 28.
8 Die Einäugigkeit des Kyklopen leitet sich wohl vornehmlich von Hesiod her, in dessen *Theogonie* es heißt:
Ein einzig Auge aber lag mitten in ihrem Gesicht. Kreisaugen (Kyklopen) war der Name, Mit dem man sie nannte. (S. 32)
9 Vgl. Ludwig Laistner, *Das Rätsel der Sphinx.* Grundzüge einer Mythengeschichte, Bd. I (Berlin, 1889), S. 138 und S. 90. Neben Laistner hat auch J. A. Maculloch, *The Childhood of Fiction* (London, 1905), eine Fülle von Filiationen der Polyphemgeschichte zusammengetragen.
10 »Georg und die Störche«, in: *Märchen der Welt,* hrsg. von Erik Jeschke (München, 1956), S. 282–295, hier: S. 284 f.
11 Vgl. z. B. Matthew Gregory Lewis, *The Monk* (London, 1973), das Schlusskapitel mit der Schilderung Satans.
12 »Die dritte Reise Sindbads des Seefahrers«, in: *Die Erzählungen aus den tausendundein Nächten,* hrsg. von Enno Lithmann, Bd. VI (Wiesbaden, 1953), S. 129.
13 Hans Staden, *Wahrhaftige Historia und Beschreibung einer Landschaft der wilden, nackten, grimmigen Menschenfresser, in der Neuen Welt Amerika gelegen* (1557), origi-

nalgetreuer Faksimiledruck, hrsg. von Günter E. Th. Bezzenberger (Kassel, 1978).
14 Vgl. William Beckford, *Vathek* (Frankfurt/Main, 1964), S. 32 ff., bes. S. 43 f.
15 Vgl. Maculloch, a. a. O., S. 299.
16 Vgl. Laistner, a. a. O., S. 115.
17 Hans Carl Artmann, »Mein Erbteil von Vater und Mutter. Überlieferungen und Mythen aus Lappland«, in: *Grammatik der Rosen*. Gesammelte Prosa, Bd. II (Salzburg, 1979), S. 409-451, hier S. 417.
18 *Beowulf*, aus dem Altenglischen übersetzt von Herbert Koziol (Innsbruck, 1979). Nach dieser Ausgabe wird zitiert.
19 »Vom Drachen«, in: *Russische Volksmärchen*, Übersetzung und Einleitung von August v. Löwis (Jena, 1921), S. 58-62, Zitat S. 59.
20 »Vom Drachen«, a. a. O., S. 62.
21 »Wie die Helden Sonne und Mond vor dem Drachen retteten«, in: *Die Wunderblume und andere Märchen* (Berlin, 1964), S. 360-365, Zitat S. 360.
22 »Wie die Helden ...«, S. 363.
23 »Die Menschenfresser«, Korjaken-Märchen, in: *Märchen aus Sibirien*, hrsg. von Felix Karlinger (Düsseldorf/Köln, 1972), S. 214-220.
24 »Die Menschenfresser«, a. a. O., S. 217.
25 Vgl. Reay Tannahill, *Flesh and Blood*. A History of the Cannibal Complex (London, 1975), S. 67-69.
26 Tannahill, a. a. O., S. 67.
27 Charles Perrault, *Contes de Fées. Die Märchen*, dtv zweisprachig (München, 1975), »La Barbe Bleue«, »Blaubart«, S. 38-55, Zitat S. 59.
28 »Blaubart«, a. a. O., S. 41.
29 »Blaubart«, a. a. O., S. 43, 45.
30 »La Belle au Bois Dormant«, »Die Schöne, die im Walde schlief, Perrault, a. a. O., S. 6-30. Zitat S. 15, die folgenden Zitate S. 21, 23. Vgl. hierzu: Annemarie Dross, »Blaubarts Schloß steht im Wald«, in: *Weiblich-Männlich*, hrsg. von Birgitt Wartmann (Berlin, 1980), S. 134-149.
31 »Le Petit Chaperon Rouge«, »Rotkäppchen«, Perrault, a. a. O., S. 30-37; Jack Zipes, *Rotkäppchens Lust und Leid*. Biographie eines europäischen Märchens (Köln, 1982); Hans Ritz, *Die Geschichte vom Rotkäppchen*. Ursprünge, Analysen, Parodien eines Märchens (Emstal, 1981). Zum Folgenden vgl. Zipes, S. 13-87. Die Zitate aus »Rotkäppchen«, Perrault, a. a. O., S. 37, 33, 35.
32 Vgl. Zipes, a. a. O., S. 16, 20.

33 Vgl. Zipes, a. a. O., S. 56 ff.
34 Vgl. *The Classic Fairy Tales,* hrsg. von Iona und Peter Opie (Oxford/London, 1974), S. 31.
35 Die erste Ausgabe von »Tom Thumbe« erschien 1621. Das war zugleich der erste Druck eines Märchens in England. Bereits 1579 wird das Märchen jedoch von William Fulke in Heskins *Parleament Repealed* erwähnt, danach von Reginald Scot 1584 in seiner Schrift *Discoverie of Witchcraft.*
36 Übersetzung C. W. Thomsen.
37 »John und der Bohnenstängel«, in: *Märchen der Welt,* a. a. O., S. 145–151, Zitat S. 147.
38 ebda.
39 ebda.
40 In den beiden eingangs zitierten Aufsätzen.
41 Brackert[2], a. a. O., S. 225–228.
42 »Hänsel und Gretel«, in: *Märchen der Brüder Grimm.* Mit 100 Bildern nach Aquarellen von Ruth Koser-Michaels (Berlin, 1937), S. 236–243, Zitat S. 241. Nach dieser Ausgabe werden im Folgenden Grimms Märchen zitiert.
43 Brackert[1], a. a. O., S. 35.
44 Brackert[1], a. a. O., S. 37.
45 Brackert[2], a. a. O., S. 232, vgl. Bruno Bettelheim, *Kinder brauchen Märchen* (Stuttgart, 1977), S. 151 ff.
46 Vgl. Brackert[2], a. a. O., S. 242.
47 Michael Belgrader hat in seiner Dissertation *Das Märchen von dem Machandelboom* diese Variationen des Märchens gesammelt, aber nicht weiter interpretiert, in: *Artes Populares. Studia Ethnographica et Folkloristica,* Bd. IV, hrsg. von Lutz Rohrich (Frankfurt, 1980).
48 »Die Leber des Toten«, in: *Spanische Märchen,* hrsg. u. übersetzt von Hans Meier und Felix Karlinger (Düsseldorf/Köln, 1961), S. 173 f.
49 »Der betrogene Itkal«, in: *Nubische Märchen,* hrsg. und übersetzt von Andreas und Waltraud Kronenberg (Köln, 1978), S. 83–89, Zitat S. 87.
50 »Wie ein Skarabäus einen Menschenfresser überlistet«, in: *Nubische Märchen,* a. a. O., S. 109–111, Zitat S. 111.
51 »Giviok«, in: *Tales of the North American Indians,* hrsg. von Stith Thompson (Cambridge, Mass., 1929), S. 157–161.
52 »Wie der Pfeilmacher zum Kannibalen wurde«, in: *Nordamerikanische Indianermärchen,* hrsg. von Gustav. A. Konitzky (Düsseldorf/Köln, 1963), S. 212–215.

53 Ich beziehe mich hier auf Berichte meines Kollegen Peter Massons, der als Ethnologe über den Stamm der Quichua von Saraguro am Amazonas promoviert hat.

54 »Der Jüngling und die Menschenfresserin«, in: *Brasilianische Märchen,* hrsg. und übersetzt von Felix Karlinger und Geraldo de Freitas (Düsseldorf/Köln, 1972), S. 107–116, Zitat S. 108 f.

55 »Vom Mann, der ausging, sich eine Frau zu suchen«, in: *Südseemärchen,* hrsg. von Paul Hambruch (Düsseldorf/ Köln, 1979), S. 31–35, Zitate S. 33 und 34.

56 Der Erzähler zeigt die Teile an, indem er über Waden, Hüften, Hinterbacken und Ober- und Unterarme streicht.

57 »Die Menschenfresserin«, in: *Märchen aus Papua-Neuguinea,* hrsg. und übersetzt von Ulla Schild (Düsseldorf/Köln, 1977), S. 86–91, Fn. S. 256–257, Zitate S. 87, 90.

58 »Die Menschenfresserin«, a. a. O., Fn. 33, S. 256.

59 In: *Lernen durch Handeln,* Famulaturen und Praktika in Ländern der Dritten Welt, hrsg. von der Studienstiftung des deutschen Volkes (Bonn, 1981), S. 7–15, Zitat S. 11.

60 »Wie der Tod in die Welt kam«, in: *Südamerikanische Indianermärchen,* hrsg. von Felix Karlinger und Elisabeth Zacherl (Düsseldorf/Köln, 1976), S. 270 f.

IV. Reiseliteratur, Ethnologie, Science-Fiction

Und meiner Reisen wundervolle Fahrt: ... Zu melden war im Fortgang der Geschichte; Von Kannibalen, die einander schlachten, Anthropophagen, Völkern, deren Kopf Wächst unter ihrer Schulter ...

Shakespeare, Othello, I. iii, 139,142–144

Wenn einer eine Reise tut, so kann er was erzählen. Othello, der Desdemona für sich gewinnen möchte, weiß sehr wohl, dass Berichte von exotischen Abenteuern und Gefahren das Prestige eines Mannes erhöhen, ihn als ganzen Kerl bestätigen und Frauenherzen zum Schmelzen bringen können. Was heute zum Hauptfaktor der Zigarettenwerbung verkommen ist, war in Antike, Mittelalter und Renaissance oft wirklich noch mit kaum glaublichen Strapazen, Entbehrungen und häufiger Lebensgefahr verbunden. Krieger und Kaufleute, Eroberer und auf ihren Fußspuren die Händler waren es, die in all diesen Zeiten von fremden Völkern Runde gaben und das, was nur schwer nachprüfbar war, auch nach Kräften ausschmückten. Antike, vorchristliche Historiker wie Herodot und Strabo, die bereits über kannibalische Völker berichten, gehörten noch zu den am weitesten gereisten Leuten ihrer Zeit. Herodot aus Halikarnass kam immerhin nach Ägypten, Phönizien, Mesopotamien, Persien, Skythien, Italien und Athen; Strabo lernte nach eigenen Angaben die Erde von Armenien bis Sardinien, vom Schwarzen Meer bis Äthiopien kennen.

Später reisten Historiker bevorzugt am eigenen Schreibtisch und ließen sich von Reisenden erzählen oder werteten deren Berichte aus. In der Renaissance sind es die Entdecker und Conquistadoren, in deren Gefolge Chronisten wie Bernal Diaz, Hans Staden oder Jean de Léry von den Wundern und Absonderlichkeiten der »Neuen Welt« farbig, aber auch präzis Auskunft geben. Bei den britischen Weltumseglern des 18. Jahrhunderts wie James Cook verbinden sich schon kolonial-imperialistische Motive mit wissenschaftlichem Entdeckerdrang, und über die großen Forschungsreisenden des 19. Jahrhunderts wie David Livingstone gelangen wir immer mehr zu den Anthropologen und Ethnologen des späten 19. und des 20. Jahrhunderts. In der Gegenwart reisen aber auch, in immer stärkerem Maße, Literaten, Science-Fiction-Schreiber. Sie reisen fiktiv. In einer Zeit, da es auf diesem Planeten nur noch wenig geographisch zu kartographieren und ethnologisch zu enträtseln gibt, dehnen sie ihren Reise- und Entdeckungsdrang auf ferne Welten, auf imaginäre Räume und Zeiten aus. In Zeitreisen durchmessen sie Perioden von fernster Vergangenheit bis in fernste Zukunft oder – ein Haupt-Charakteristikum der Science-Fiction des letzten Jahrzehnts – machen sich Gedanken über postkatastrophale Gesellschaften nach jener Apokalypse, auf die hin die Menschheit mit jährlich wachsenden gigantischen »Verteidigungsausgaben« und immer gründlicheren Vernichtungswaffen rüstig voranschreitet. So ist der Gegenstand dieses Kapitels dreipolig. Am einen Ende stehen antike und mittelalterliche Geschichts- und Geschichtenschreiber mit einem Hang zur Fiktionalität, am anderen Ende die moderne ethnologische Feldforschung. Dazwischen tummelt sich Reiseliteratur in einer undogmatisch weit gefassten Begrifflichkeit, changierend in allen Abstufungen der Fiktionalität vom subjektiven Tatsachenbericht bis zur puren Erfindung der Science-Fiction, die ihre Basis jedoch ebenfalls in gesellschaftlichen, technologischen und wissenschaftlichen Tendenzen der Zeit hat. Aus Gründen des Umfangs können jedoch nur Stichproben behandelt werden. Und da der Hauptgegenstand dieses Buches die literarische Auseinandersetzung mit dem Thema »Menschenfresser« ist, soll die strenger wissenschaftliche Seite der Ethnologie, deren Erkenntnisse in die interpretatorischen Erörterungen dennoch einfließen, nur gestreift werden.

Vom ersterwähnten Ende der Skala möchten wir eines der beliebtesten Reisebücher des späten Mittelalters, *Sir John Mandevilles Reisebeschreibungen* (ca. 1356–1371) herausgreifen.[1] Uns brauchen dabei die Echtheitszweifel moderner Literaturwissenschaft nicht zu quälen, die diesen über Jahrhunderte anerkannten Reiseführer ins Heilige Land, mit Abstechern in die Türkei, nach Persien und Indien, inzwischen weitestgehend ins Reich der Fiktion verwiesen hat und sich nicht einmal darüber klar ist, ob der nach eigenen Angaben um das Jahr 1300 in St. Albans geborene Autor Sir John Mandeville nicht ebenfalls eine Fiktion ist, an deren Stelle der Franzose Jean d'Outremeuse zu treten habe.

Mandeville nimmt, für heutige Leser in horribel-ergötzlicher Form, jene über mehrere Überlieferungsstufen wohlgehegte antike Monstertradition auf, an der schon Diodorus Plinius, Pomponius Mela, Solinus gestrickt hatten und der dann vom heiligen Augustinus geradezu kanonische Autorität verliehen worden war. Es geht darin um halbmenschliche Monstren wie Einfüßler, Riesen mit einem Auge in der Stirnmitte, kopflose Menschen mit Augen zwischen den Schultern, andere mit großen, bis auf die Knie herabhängenden Schlappohren sowie um hundsköpfige kannibalische Menschenwesen.[2]

42 anon., Monstrous Nations, nach Herold, Heydenwelt, 1554

Derartige Erfindungen beweisen in Illustrationen und Berichten eine erstaunliche Zählebigkeit. Noch 1724 tauchten die Kopflosen von Jodocus Hondius zum letzten Mal als vorgebliche realistische Darstellung eines Einwohners von Mittelamerika auf, in Joseph-François Lafitaus *Moeurs de sauvages amériquains comparées aux moeurs de premiers temps*.[3] Jacques Cartier will in der sagenumwobenen nordamerikanischen Stadt Saguenay Einfüßler gesehen haben,[4] und Sir Walter Raleigh berichtete 1596, beim Stamme der Ewaipanoma am Caura-Fluss in Venezuela gebe es kopflose Menschen mit Augen in den Schultern. Er merkt dazu an:

Ein solches Volk wurde von Mandeville beschrieben, dessen Berichte man viele Jahre lang für Fabeln hielt. Seit man jedoch Ostindien entdeckte, bestätigten sich die Nachrichten über verschiedene Dinge, die bis dato als unwahrscheinlich angesehen wurden.[5]

Mandeville hätte sich ins Fäustchen gelacht. Es ist unwahrscheinlich, dass er selbst derartigen Geschichten aufgesessen ist, denn schon die Passagen seiner Schrift, die sich mit Kannibalen beschäftigen, bezeugen Sinn für Komik und

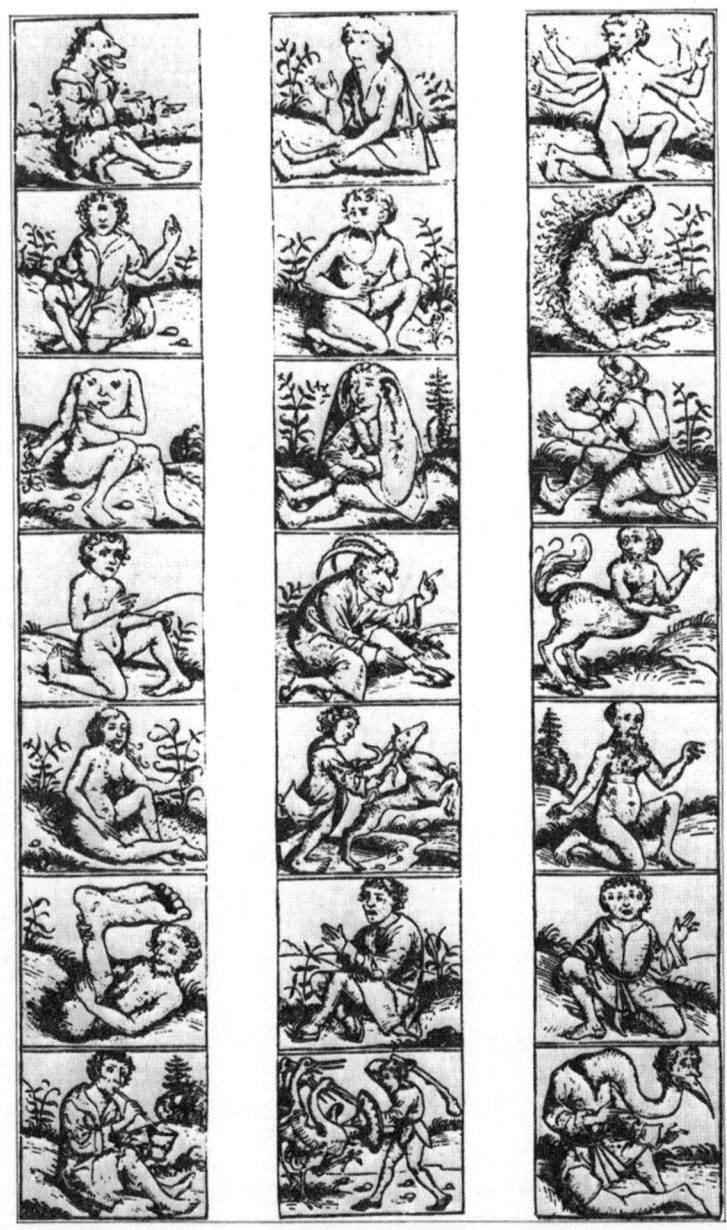

43 Michael Wohlgemut, Monstren, Holzschnitttafel aus der Nürnberger Chronik, 1493

Ironie und jene mittelalterliche Aufmüpfigkeit, die z. B. auch die *Secunda Pastorum*, das zweite Hirtenspiel des Wakefield-Meisters aus etwa der gleichen Zeit kennzeichnet. Die deutsche Übersetzung der *Travels* erfolgte bereits sehr früh (ca. 1393–1399) durch den Tiroler Richter und Schlossverwalter Michel Velser.[6] Im Lande »Lamori« siedelt Mandeville seine edlen und nackten Wilden an, die nicht nur, was materiellen Besitz angeht, eine Art kommunistische Idealgesellschaft totalen Gemeinbesitzes pflegen, sondern auch einer allgemeinen fröhlichen Promiskuität obliegen:

Item sie hond kain gemähelt wib, wann die wiber sind da allu gemain ...
Item alles daz daz in dem land ist, das ist gemain von allen ...
Und sind all gelich rich. (112)

Mit dem gleichen Frohsinn frönen die Leute von Lamori dem Kannibalismus, denn sie schätzen Menschenfleisch vor allen anderen Fleischsorten, und sie treiben sogar einen schwunghaften Handel mit Menschenfleisch und Kindern, die sie zum Verzehr mästen:

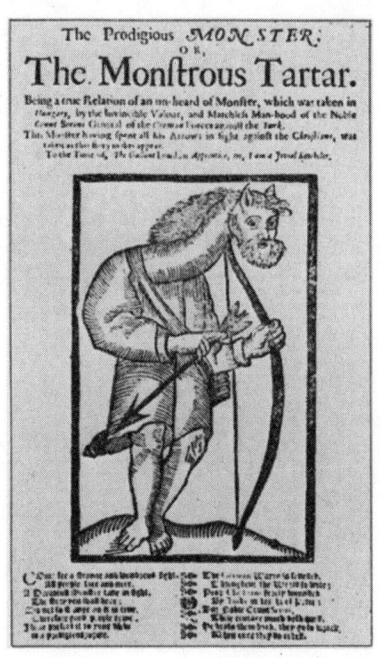

Item es kument vil koufflüt dar, die in die jungen Kind verkouffend die sie anderswo ouch kofft hand. Und wenn die kind faist sind, so essend sie es all zehand. Sind sie aber mager, so machent sie sie vaist und sprechent daz kain besser fleisch syge in der weit. (113)

Auf engstem Raum wird hier gegen die wichtigsten Tabus christlicher Gesellschaft verstoßen. Auf der Insel »Vonle« kommt es noch deftiger:

Wann sie gar gern menschen flaisch essent, und wer aller maist léet ertöt hat, der ist der frumest. (121)

Mandeville erzählt auch von Inseln, bevölkert mit nackten menschenfressenden Riesen und mit solchen, die über einen todbringenden Basiliskenblick verfügen. Wurden derartige phantastische Geschichten über Jahrhunderte

44 anon., The Monstrous Tatar, englisches Pamphlet, 1664 (?)

45 anon., *Hundeköpfige Kannibalen*, Holzschnitt aus: *Underweisung und uszulegen Der Carta Marina*, 1530

hinweg für bare Münze genommen, so begegnet uns im frühen 16. Jahrhundert in Rabelais' Gargantua ein fiktionaler Riese von ganz anderem Zuschnitt. Weisheit, Satire, Spott, Parodie, lärmender Frohsinn gehen in *Gargantua und Pantagruel* (um 1532) eine einzigartige Symbiose ein. Menschenfressende Riesen und wilde Männer der mittelalterlichen Volksbücher verbinden sich in der Genealogie Gargantuas mit erasmischem Humanismus und einer vieldeutigen Wissenschaftsparodie auf die Gelehrsamkeit der Zeit, die im Kern noch immer einigen Wahrheitsgehalt besitzt, vor allem aber von derartiger Dynamik und umwerfender Komik strotzt, dass man diesem Buch auch seine bisweilen wild überschäumende Phantastik verzeiht. Wenn es im übertragenen Sinne so etwas wie sprachliches Menschenfressertum gibt, dann hier in den grotesken Wucherungen, Verschlingungen und Manierismen von Rabelais' expressiven und exzessiven Sprachspielen, die geradezu in linguistischen Orgien schwelgen, in denen Sinn und Unsinn unvermittelt ineinander schießen, in deren Wortkaskaden die alltäglichsten Dinge in Vorgänge von unerhörter Phantastik eingeschmolzen werden. Neben vielem anderen ist Rabelais' Werk auch ein

Reisebuch. Eine der bestimmenden Sinn-und Formkategorien des Buches ist in all seinen Themen das Groteske, die stete Steigerung von Proportionen, das Miteinander von Komik, schwarzem Humor und blankem Entsetzen, von Obszönität und Feinsinnigkeit. Es nimmt deshalb nicht Wunder, dass Gargantua, dessen Hunger ja sprichwörtlich geworden ist, auch kannibalische Anwandlungen zeigt, der gigantische Fresser verfremdet wird zu einem Monster, das geradezu an Breughels »Dolle Griet« erinnert. Andererseits kennt das Riesenwerk bezeichnenderweise nur ein Kapitel, nämlich das achtunddreißigste, »Wie Gargantua sechs Pilger im Salat aß«, in dem es wirklich zu einem kannibalischen Akt kommt, einem unbeabsichtigten und am Schluss wieder korrigierten obendrein. Der Humanist Rabelais schreckt vor blutigem Kannibalismus denn doch zurück.

Mit einigen Stängeln Lattich, aus denen er sich einen Salat bereiten will, wirft Gargantua auch sechs Pilger in die Salatschüssel, die sich für die Nacht im Garten unter die Kohl- und Lattichstauden verkrochen hatten:

Während sie also noch ratschlagten, warf sie Gargantua mitsamt dem Lattich in einen Küchen-Napf, so groß wie die Tonn zu Cisteaux, und aß sie mit Essig, Öl und Salz zu seiner Erfrischung vorm Abendbrot. Und hätt' bereits fünf Pilger verschlungen: der sechste lag noch im Napf verborgen unter einem Lattichblatt, bis auf den Pilgerstab, der drüber herfürguckt. Als den Grandgoschier sahe, sprach er zu dem Gargantua: »Ich glaub da ist ein Schneckenhorn. Iß nit.« – »Warum?« spricht Gargantua. »Sie sein gesund diesen ganzen Monat.« Ergriff damit den Stab und hub den Pilger daran zugleich mit auf und aß ihn lustig. Tät drauf einen schauderhaften Zug Zirbelwein, bis das Nachtessen fertig wäre.[7]

46 anon., Kopfloser in Holzrahmen, 17. Jh., Nationalmuseum Kopenhagen

47 Gustave Doré, Illustration zu Rabelais' Gargantua, 1854

Die zwischen Gargantuas Zähnen herumturnenden Pilger können schließlich doch noch entkommen, als einer von ihnen mit seinem Pilgerstab an den Nerv eines hohlen Zahns gerät und der schmerzgeplagte Riese die Pilger mit einem Zahnstocher wieder aus dem Mahlwerk seiner Zähne herausholt. Riesenburleske, Phantastik, Spott auf den Religionstourismus und deftige Obszönität gehen Hand in Hand:

...und dem armen Schelm, der ihn angebohrt hätt', ertappt er gar durch den Hosenlatz: doch war es ihm zum großen Glück; denn er stach ihm damit einen Schanker-Schwären auf, der ihn, schon seit sie durch Anceny's kamen, gepeinigt hätt. (100)

48 anon., Stahlstich aus Brockhaus Ikonographische Encyclopaedie der Wissenschaften und Künste, Leipzig, 1844–1847

Ist es im *Gargantua* der groteske Leib jenes von Bachtin beschworenen »karnevalistischen Weltempfindens«,[8] der in seiner animalischen Verbindung von Leib und Welt kannibalistische Implikationen evoziert, so berichten zwei berühmte Reisebücher des 16. Jahrhunderts zum erstenmal von der realen und handfesten Konfrontation zwischen Europäern und Kannibalen: die Chronik des Bernal Diaz dell Castillo *Wahrhaftige Geschichte der Entdeckung und Eroberung von Mexiko*[9] und Hans Stadens *Wahrhaftig' Historia und Beschreibung einer Landtschafft der Wilden/Nacketen/Grimmigen Menschenfresser-Leuthen/in der Newenwelt America gelegen/* ...[10]

Bernal Diaz brachte seine Erinnerungen, welche die Historiker als die genaueste, interessanteste und vollständigste Chronik der Eroberung von Mexiko schätzen, erst 1568, im hohen Alter von 76 Jahren, zu Papier (er soll 89 Jahre alt geworden sein), und doch atmen sie noch immer die Frische eines unmittelbaren Erlebnisberichtes. Veröffentlicht wurde die Chronik gar erst 1632, aber ihre Haupthandlung gilt den Ereignissen der Jahre 1519–1521 von Cortes' Landung an der mexikanischen Küste bis zur Einnahme von

Monteczumas Hauptstadt. Stadens bereits 1557 publiziertes Buch schildert im Kern seine neunmonatige Gefangenschaft im Jahre 1554 bei den Tupinamba, einem Stamm brasilianischer Küstenindianer.

Beide Bücher sind einzigartige Zeugnisse des Kulturschocks und der Veränderungen im Denken, die die Begegnung mit mittel- und südamerikanischen Indianern im europäischen Bewusstsein auslösten. Die Entdeckung Amerikas – und sie möge Kolumbus zugeschrieben bleiben, da alle vorherigen Entdeckungen des Kontinents seit den Wikingern keine größeren Folgen zeitigten – ist als das große säkulare Ereignis des 15. Jahrhunderts bezeichnet worden.[11] Seine Wirkungsmächtigkeit begann es erst im 16. Jahrhundert zu entfalten. Für die Entdeckten war es der Anfang einer geschichtlichen Katastrophe, die in ihre weitgehende Unterwerfung und Ausrottung mündete, den Europäern selbst aber neben den Reichtümern dieser Völker zahlreiche aus Habgier und wirtschaftlichen Interessen geführte Scharmützel und Kriege bescherte. Für die Entdecker veränderte es nachhaltig ihr Weltbild. Dass unser Thema hierbei eine zentrale Rolle spielt, auch wenn es vom Umfang her gar nicht so sehr ins Gewicht fällt, bestätigt Bernal Diaz schon in seiner Vorrede:

Von den fünfhundertundfünfzig Soldaten, die unter Cortes von der Insel Kuba nach Neuspanien segelten, sind bis zu diesem Jahr 1568, in dem ich meinen Bericht niederschreibe, nicht mehr als fünf noch am Leben. Alle übrigen starben in den Kriegen, von denen ich erzählt habe. Wer in die Gewalt der feindlichen Indianer kam, wurde den Idolen geopfert, und die anderen sind ihren Tod gestorben. Wenn ihr mich fragt, wo sie ihre Gräber haben, sage ich, daß es die Bäuche der Indianer sind, die ihre Beine, Schenkel, Arme, fleischigen Glieder, Füße und Hände aßen. Das übrige wurde begraben ... denn sie starben jenen grausamsten Tod, um Gott und Seiner Majestät zu dienen und denen Licht zu bringen, die in der Finsternis waren, und auch, um Reichtümer zu erlangen, die wir Menschen alle gemeinhin zu suchen pflegen. (19–20)

Es spricht für Bernal Diaz' unbedingte Chronistenehrlichkeit, dass er den zweiten Gesichtspunkt so offen ausspricht und nicht wie viele andere mit dem ersten zu kaschieren trachtet. Die Entdeckten hatten da – verständlicherweise – eine andere Optik. Sie sahen vor allem die Goldgier der Spanier, wie sie sich nach dem Fall Cholulas für die Abgesandten und Repräsentanten Monteczumas in der Begegnung mit Cortes offenbarte *(Codex Florentino)*:

Als die Spanier das Gold sahen ... funkelten ihre Augen vor Vergnügen; sie waren entzückt. Wie Affen griffen sie nach dem Gold, befingerten es, waren hingerissen vor

49 anon., Von den Menschenopffer der Indianer zu Mexico, Kupferstich in Theodor de Bry, America, 9. Teil, 1601

Freude ... sie hungerten und dürsteten nur nach Gold ... sie wühlten wie hungrige Schweine nach Gold. Sie rissen die goldenen Banner an sich, prüften sie Zoll für Zoll, schwenkten sie hin und her und antworteten mit wilden, barbarischen Reden auf das ihnen unverständliche Rauschen im Wind.[12]

Deutlicher kann der intellektuelle Zusammenprall zweier Kulturen wohl kaum dokumentiert werden, auch nicht, dass die »Wilden«, denen christliches »Licht« die geistige Finsternis in ihrem tropischen Land erhellen sollte, ebenfalls Vertreter einer Kulturnation waren. Wie so oft in der Geschichte hielten sich beide Lager wechselseitig für Barbaren.

Für die Vertreter des Landes, dessen »Heilige Inquisition« im Namen ihres Gottes der Liebe Hunderttausende unbarmherzig folterte, sie dehnte, streckte, aufs Rad flocht, ihnen Gelenke und Knochen zerbrach, sie auf glühenden Stühlen gefesselt halb röstete und bei lebendigem Leibe vierteilte oder ver-

50 Jodocus Hondius, Die kopflosen Einwohner Guayanas, Kupferstich, Nürnberg, 1599

brannte, war in der Tat die Begegnung mit den Menschenopfern der Azteken ein ungeheurer Kulturschock, bei dem ihnen das Kannibalismustabu die ideologische Legitimation lieferte, die Bevölkerung Mexikos innerhalb von 50 Jahren von ca. 25,5 Millionen Einwohnern auf ca. 1,5 Millionen zu dezimieren, wobei natürlich auch eingeschleppte Krankheiten das Ihre taten.[13] Dies gibt zu denken. Und so ist nicht nur während der vergangenen Jahrzehnte viel Ethnologenschweiß vergossen worden, um den Sinngehalt der grausamen aztekischen Opferriten zu deuten, große, in vorzüglichen Katalogwerken dokumentierte Ausstellungen der letzten Jahre haben auch versucht, die Mythen der Neuen Welt, die geistige und kulturelle Bedeutung der Entdeckungsreisen und ihrer Folgen neu zu durchleuchten.[14] Dabei spielen literarische Zeugnisse eine wesentliche Rolle.

Die Arbeit der Ethnologen soll hier nicht noch einmal nachvollzogen werden. Es ist bekannt, dass die Azteken selbst ein Eroberervolk waren, das

51 anon., *Das volck und insel ... Holzschnitt*, vermutlich früheste Darstellung brasilianischer Indianer, Nürnberg (?), ca. 1505

etwa 200 Jahre vor den Spaniern in die Gegend von Tenochtitlan (das heutige Mexico-City) einfiel, erst seit 100 Jahren seine Herrschaft gefestigt hatte und einer Religion anhing, die im 18-monatigen Zyklus ihres Jahreslaufes immer anderen Göttern Menschenopfer darbrachte. Der dogmatische Kern dieser Religion bestand in dem Glauben, dass der lebenspendende, allein lebenserhaltende Sonnengott frischen Herzblutes und des würzigen Dufts gebratener, entsprechend mit Gewürz bestreuter Menschenherzen bedürfe, um seine schwere Arbeit vollbringen zu können, täglich von neuem die Himmelsbahn zu durchlaufen. Eine Fülle weiterer Götter, z. B. Kriegs- und Regengötter, musste überdies mit Menschenopfern beschwichtigt werden, um Kriegserfolge sicherzustellen, um Katastrophen zu verhindern, Ernten zu gewährleisten usw. Das ist je nach Standpunkt so absurd oder so sinnvoll wie die Glaubenssätze anderer Religionen auch. Nicht restlos geklärt ist, in welchem Maße die aztekische Priesterschaft selbst partiellen Ritualkannibalismus betrieben hat und in welchem Maße die manchmal nach Hunderten, in Einzelfällen nach Tausenden an Sklaven und Kriegsgefangenen zählenden Leichen der Menschenopfer von deren Besitzern wirklich verzehrt wurden. Dass es diese Art Kannibalismus gab, ist sicher, inwieweit Mangel an größeren jagdbaren Tieren und folgerichtig Mangel an tierischem Eiweiß in der Ernährung dabei eine Rolle spielte, ist ein weiterer viel diskutierter Streitpunkt der ethnologischen Forschung.[15]

Wenn wir auf unseren Text, die Chronik des Bernal Diaz, zurückkommen, so lässt sich darin feststellen, dass sich Menschenopfer und Kannibalismus wie der rote Faden einer Obsession durch die Argumente und Handlungsbegründungen von Hernando Cortes hindurchziehen.

Immer wieder, in jeder Stadt, fordert er Priester, Kaziken und Einwohner auf, sofort von ihren Göttern und den Menschenopfern zu lassen, und wer dies nicht tut, an dem wird unverzüglich spanisches Recht exekutiert. Viel diplomatischer und psychologisch einsichtiger verhält sich Pater Bartolome, der Cortes begleitende Geistliche. Und man muss es Cortes wohl abnehmen, dass es Glaubensüberzeugungen, tief eingegrabene religiöse und kulturelle Verhaltensmuster sind, die ihn dazu treiben, so zu handeln, wie er handelt. Dass die psychoanalytische und kulturanthropologische Forschung hier trotzdem weiter fragen kann, liegt auf der Hand. Zur Illustration sei eine zentrale Textpassage zitiert, die den zugleich sachlichen und farbigen Chronikstil des Bernal Diaz demonstriert:

Als die Kaziken verwundert nach dem Grund fragten (warum er ihre Töchter nicht sofort annehmen wollte), sagte er:
»Ich habe dafür nur den Grund, daß ihr zuvor eine Auflage erfüllen müßt, die zu machen wir unserem Gott und unserem Kaiser gegenüber verpflichtet sind. Ihr sollt nämlich euren Götzendienst, die Menschenopfer und die Sodomie aufgeben und an unseren Gott glauben, welcher der allein wahre Gott ist.« Cortes schloß an diese Erklärung ausführliche Belehrungen über unseren heiligen Glauben, zeigte den Kaziken Bilder der Mutter Gottes und ihres Sohnes, unseres Herrn, und beendete seine lange Rede schließlich mit den Worten: »Wenn ihr wirklich unsere Brüder sein und enge und wahre Freundschaft mit uns haben wollt und wenn wir eure Töchter in Liebe annehmen und als unsere Frauen halten sollen, dann müßt ihr eure abscheulichen Götter verlassen, dann müßt ihr an unseren Herrn und Gott glauben, den wir verehren und anbeten. Ihr werdet bald sehen, daß ihr davon großen Nutzen habt; denn der Segen Gottes wird auf allem liegen, was ihr auch unternehmt; er wird eure Leiber vor Krankheiten schonen, wird euch fruchtbringendes Wetter schicken, und eure Seelen werden nach eurem Tod in den Himmel versetzt und der ewigen Seligkeit teilhaftig. Eure Götter aber sind Teufel, und die Menschenopfer bringen euch keine andere Frucht als die sichere Fahrt in das ewige Feuer, in die Hölle.«

Die Kaziken verständigten sich sehr schnell untereinander und antworteten dann: »Malinche! Du hast uns dies alles schon früher gesagt und erklären lassen. Wir glauben gern, daß ihr einen guten Gott habt und daß diese erlauchte Frau ein sehr gütiges Wesen ist. Aber bedenke doch einmal, daß ihr erst vor wenigen Tagen dieses Land und diese Wohnungen betreten habt. Wir brauchen Zeit, um euch, euren Gott und seine Lehre gründlich kennenzulernen. Erst dann können wir darüber entscheiden, was recht ist. Wollten wir in unserem hohen Alter dir zu Gefallen gleich auf deine Vorschläge eingehen, was würden dazu unsere Papas, die jungen Männer und die Knaben sagen? Sie würden gegen uns aufbegehren. Die Papas haben schon mit unseren Teules gesprochen. Die Götter haben ihnen geantwortet, daß wir in keinem Fall von den Menschenopfern und von den sonstigen Satzungen ablassen sollen. Sie würden sonst unser ganzes Land mit Hunger, Pestilenz und Krieg überziehen.« (196/197)

Cortes und die Seinen trafen bei Azteken und Majas ebenso auf staatlich straff durchorganisierte Hochkulturen wie Pizarro bei den Inkas. Nur wenige Jahre nach der Landung des Kolumbus in Westindien fand Vasco da Gama den Seeweg nach Indien, und Cabral entdeckte durch Zufall Brasilien. In den europäischen Vorstellungen über die Bewohner der »Neuen Welt« schossen die unterschiedlichen Berichte über Hochkulturen einerseits und frühsteinzeitliche Indianerstämme andererseits, denen alles abging, was nach den Vorstellungen der Zeit die richtige, und das hieß zugleich die absolut gesetzte eigene gesellschaftliche Ordnung ausmachte,[16] zu einem merkwürdigen Gemisch von Mythen und Märchen zusammen, zu »kollek-

52 anon., Porträt Hans Stadens, aus: Hans Justus Winkelmann, Der Amerikanischen Neuen Welt Beschreibung, Oldenburg, 1664

Historia vnd beschreibung eyner Landtschafft der Wilden/Nacketen/Grimmigen Menschfressen
Leuthen/in der Newenwelt America gelegen/vor vnd nach
Christi geburt im Land zu Hessen vnbekant/biß vff dise ij.
nechst vergangene jar/Da sie Hans Staden von Homberg auß Hessen durch sein eygne erfarung erkant/
vnd yetzo durch den truck an tag gibt.

Dedicirt dem Durchleuchtigen Hochgebornen herrn/
H. Philipsen Landtgraff zu Hessen/Graff zu Catzen-
elnbogen/Dietz/Ziegenhain vnd Nidda/seinem G.H.

Mit eyner vorrede D. Joh. Dryandri/genant Eychman/
Ordinarij Profussoris Medici zu Marpurgk.

Inhalt des Büchlins volget nach den Vorreden.

Getruckt zu Marpurg/im jar M. D. LVII.

53 Frontispiz der Erstausgabe von Hans Stadens Wahrhaftig' Historia, 1557

tiven Phantasien«,[17] die in erheblichem Maß Projektionen unbewältigter eigener Probleme und Spannungen beinhalten.

Als Völker »*sans roi, sans foi, sans loi*«, ohne König, ohne Glauben, ohne Gesetz, werden sie in den Briefen und Berichten der frühen Entdecker fast durchgängig beschrieben. Die ersten Berichte über die großen Seereisen kamen als Broschüren und Flugblätter heraus, die nur selten gesammelt und aufbewahrt wurden. Es gibt heute nur noch eine geringe Zahl von Exemplaren aus den vielen frühen Auflagen der Kolumbus- und Vespucci-Briefe. Sie wurden 1507 von Francanzano di Montalboddo aus Vicenza in einem Band gesammelt, der außerdem Reiseberichte von Cadamostro, Vasco da Gama und Cabral enthielt.[18] Dieser Band stellte für ein halbes Jahrhundert die Hauptinformationsquelle zu Entdeckungsreisen dar. Dann erschienen um die Mitte des 16. Jahrhunderts gleich mehrere Werke, die das allgemein zugängliche Wissen um die »Neue Welt« beträchtlich vermehrten: Oviedos *Historia General de las Indias* (1547), Giovanni Battista Ramusios *Navigationi e Viaggi* (Venedig, 1550), Castanhedas *Historia de descobrimento e conquista da India peloe Portuguezes* (1551), F. Lopez de Gómaras *Historia General de las Indias* (1552–1553), P. Cieza de Léons, *Chrónica del Peru* (1553). Zu den weitaus einflussreichsten illustrierten Reiseberichten entwickelten sich die ab 1590 von Theodor de Bry und seinen Söhnen in Frankfurt herausgegebenen *Grand Voyages*. Hans Stadens *Wahrhaftig' Historia …* fällt genau in die Zeit der Hochkonjunktur spanischer und portugiesischer Berichte, und dies ist nicht verwunderlich, stand er doch ab 1547 in portugiesischen Diensten. Der deutsche Beitrag an der Entdeckung Mittel- und Südamerikas ist vergleichsweise gering, aber nicht unbedeutend. Vor Staden hatte der Nürnber-

54 anon., Vorbereitung der Kannibalenmahlzeit, Illustration aus der Erstausgabe von Hans Stadens *Wahrhaftig' Historia*, 1557

55 anon., *Zubereitung des kannibalischen Mahles*, Illustration aus der Erstausgabe von Hans Stadens *Wahrhaftig' Historia*, 1557

ger Astronom Martin Behaim mit Fernao Dulmo (Ferdinand von Ulm) 1486 und 1490 noch vor Kolumbus die Küste Amerikas entdeckt, 1492 erschien dann Behaims erster Erdglobus. Aufgrund der 1504 in St. Dié veröffentlichten Reisebriefe des Amerigo Vespucci und in Anlehnung an dessen Vornamen prägte Martin Waldseemüller 1507 in seiner *Cosmographia Introductio* für die neu entdeckten Länder im Westen des Atlantik den Namen »America«. Mit dem Erscheinen von Mercators großer Weltkarte 1569 begann dann eine neue Epoche in der Geschichte der Kartographie. Aber da war Staden längst aus Brasilien zurück, und seine Beschreibungen über die Sitten und Gebräuche der Urbevölkerung an der brasilianischen Küste zwischen Santa Catarina und Recife waren wie die des Hofkosmographen André Thevet und des kalvinistischen Geistlichen Jean Léry bereits in das Fachwissen der an der »Neuen Welt« Interessierten eingegangen.[19]

Hans Staden aus Homberg in Oberhessen (geb. zwischen 1525 und 1528) war einer jener vielen jungen Leute, die aus der heimischen Enge heraus und in der weiten Welt etwas erleben wollten. Die Berichte von den überseeischen Entdeckungen und den Reichtümern, die es dort einzuheimsen gab, lockten ihn nach Portugal, wo er nach eigenen Angaben 1547–48 (nach Forschungsergebnissen 1548–49)[20] von Setubal aus als Seemann auf seine erste Reise nach Brasilien geht. Als Büchsenschütze im Dienste des Kapitäns Penteado bricht er 1550, diesmal unter spanischer Flagge, zu seiner zweiten Brasilienfahrt auf, die fünf Jahre dauern sollte. Er wollte auf dieser Reise an den La Plata und später ins Goldland Peru gelangen. In 84 Segeltagen quälte man sich auf der falschen Route über den Südatlantik, und

56 anon., Frauen und Kinder bei der Kannibalenmahlzeit, aus: Theodor de Bry, America, 3. Teil, 1592

die Einleitungskapitel seines Buches vermitteln einen anschaulichen Bericht von den dramatischen Erlebnissen und Abenteuern, denen die 250 Mann sowie 50 Frauen und Kinder ausgesetzt waren, die auf drei Schiffen über den Atlantik segelten, um am La Plata zu siedeln. 1552 waren noch 60 von ihnen übrig, und nur sehr wenige erreichten ihr ursprüngliches Ziel. Hans Staden gehört zu denen, die nach Schiffbruch vor der Küste zwei Jahre lang unter schwierigsten Umständen in der Wildnis um die Buchten von Jururimon und Inbiassape überlebten. Über mehrere Zwischenstationen gelangt er nach São Vicente, wo er aus spanischen Diensten ausscheidet und im Dezember 1552 einen Vertrag mit den Portugiesen unterzeichnet, für die er fortan als Kommandant der kleinen, aber strategisch wichtigen Inselbefestigung Santa Amaro bei Bertioga dient. Anlässlich eines Besuches des Marburgers Heliodorus Hesse, dessen Vater ein bekannter

Marburger Humanist war, geht Staden in einen Küstenwald, um von Sklaven erlegtes Wild für das Festessen zu holen.

Dabei wird er Anfang 1554 von Tupinamba-Indianern umzingelt, niedergeschlagen und gefangen genommen. Neuneinhalb Monate verbringt er in der Gefangenschaft dieses Stammes, wobei er ständig damit rechnen muss, das Schicksal anderer Kriegsgefangener zu teilen und verspeist zu werden. Mit List gelangt er im Oktober 1554 auf das französische Schiff Cathérine de Vatteville, das ihn im Februar 1555 nach Honfleur an der Seine-Mündung zurückbringt, am 3. März 1557 erscheint dann in Marburg seine *Wahrhaftig' Historia*.

Dieses Buch ist die älteste und für lange Zeit einzig zuverlässige Beschreibung der materiellen Kultur der brasilianischen Indianer. Die Berichte Lérys und Thevets mögen ergiebiger sein, was den mythischen und gesellschaftlich-politischen Bereich angeht, Staden aber idealisiert nicht wie Léry, sondern berichtet in seinem kraftvoll-nüchternen, an Luther erinnernden Neuhochdeutsch, was er beobachtet und erlebt hat. Er besaß – vergleichsweise – nur eine solide Volksschulbildung, aber mit der Gelehrsamkeit Lérys und Thevets gingen ihm auch deren Bildungsvorurteile ab, und er schildert, sich dabei wertender Urteile weitgehend enthaltend, Sitten und Gebräuche der Indianer mit einer Beobachtungsgabe, die Bewunderung abnötigt und ihn als einen der ersten empirischen Ethnologen ausweist. Karl Fouquet urteilt über ihn:

Die Wahrhaftig' Historia *ist eine der unmittelbarsten und verläßlichsten Urkunden aus der Zeit der Landnahme durch die Portugiesen und der sich verstärkenden Berührungen der Europäer mit den steinzeitlichen Indianern, insbesondere im Küstengebiet von Santos bis Rio de Janeiro; sie ist das Muster einer gedrängten, alles Wesentliche wiedergebenden Völkerschilderung und gehört als Reisebericht zu dem Ergreifendsten, das die deutsche Literatur bietet.*[21]

Das Buch gliedert sich in zwei Teile, den Bericht über die gesamte Reise und über »Handel und Sitten der Tuppin Inbas, deren Gefangener ich gewesen bin«. In fünf Kapiteln des ersten und in zwei Kapiteln des zweiten Teils geht Staden auf die kannibalischen Riten und Gebräuche der Tupinambas ein.[22] Der erste Teil stellt seine Bemühungen dar, die Tupinamba davon abzubringen, ihn selbst einer kannibalischen Mahlzeit zu überantworten, aber auch seine Beobachtungen bei kannibalischen Festen und seine Gespräche mit Gefangenen, bevor sie in den Kochtöpfen und auf den Bratrosten der India-

57 anon., Kannibalischer Bratrost in der Phantasie der Eroberer, aus: Theodor de Bry, America, 3. Teil, 1592

ner endeten. Im zweiten Teil wird dann detailliert der Ablauf kannibalischer Zeremonien geschildert. Das für Europäer Verblüffendste ist dabei wohl die Furchtlosigkeit, mit der kriegsgefangene Indianer ihrem Schicksal ins Auge sehen, polemisch und sarkastisch diejenigen, die sie erschlagen werden, auf den kannibalischen Kreislauf hinweisend, indem sie damit prahlen, dass die Schlächter äßen, was sich am Fleisch ihrer Verwandten genährt habe, und dass sie selbst beim nächsten Rachefeldzug der Gegenseite das gleiche Schicksal treffen könne.

Des abents / wie sie ime des andern tages seinen todt betrincken wolten / gieng ich hin bei inen und sagte zu im / Ja du bist all gerüst zum todt / Da lachte er und sagt / Ja ... Ja meynte er / er wer wol gerüst mit allen dingen / ... Und er führete solche rede als ob er solte zur kirmeß gehen. (Kap. 37)

58 Adriaen Collaert, America, Kupferstich, ca. 1595–1600

In Kapitel XXIX des zweiten Teils wird der Gesamtablauf des kannibalischen Zeremoniells vor Augen geführt, wie Staden es wiederholt erlebt hat. Es beschreibt die Vorbereitungen wie Herstellung der Gefäße und zeremonieller Gegenstände, die Einladung von Repräsentanten benachbarter Dörfer, die Zubereitung der Getränke, des Häuptlings Begrüßungsrede an die Gäste, das Herrichten der Gefangenen und der Zeremonialkeule, dann den Gesang der Frauen und das gemeinsame Trinken, an dem der Gefangene teilnimmt, die Verrichtung in der Nacht vor der Tötung, den Bau einer Hütte für den Gefangenen, seine letzten Vorbereitungen und die dessen, der ihn erschlagen wird, ihre gegenseitigen Anreden nach dem Erscheinen des Häuptlings und schließlich den Totschlag des Gefangenen sowie Verteilung, Zubereitung und Essen seines Fleisches.[23] Daraus geht der zeremonielle Charakter des Gesamtvorgangs hervor und, obwohl Staden geradezu den Eindruck von Selbstverständlichkeit des Geschehens vermittelt, auch dessen relative Seltenheit und festliche Hervorgehobenheit aus dem Alltagsleben.

Staden scheint nach eigenen Skizzen einem »Formenreißer« Anweisungen für die illustrierenden Holzschnitte der ersten Ausgabe gegeben zu haben.

Die simplen Illustrationen der ersten Staden-Ausgaben sind weit näher an der Realität als die aufwändig kolorierten der Ausgaben mit de Brys Illustrationen (1590 ff.), die von Bernadette Bucher mithilfe Lévi-Strauss'scher Kategorien eingehend analysiert wurden.[24] Ihr zufolge sagen diese Bilder weit mehr über die Bewusstseinslage jener europäischen Illustratoren und ihres Publikums aus als über die wirklichen Gebräuche der Indianer, mit denen sie nur noch entfernt zu tun haben.

Der europäische Mythos vom »kannibalischen Wilden« entsteht im 16. Jahrhundert. Schon Vespucci setzte entscheidende Akzente, als er die Indianer als *»piu bestial gente, la piu brutta«* und als *»bestiis similis«* charakterisierte.[25] Aus der Nacktheit oder spärlichen Bekleidung der Eingeborenen wurde im kühlen Europa schnell auf deren angeblich schrankenlose Promiskuität und von da auf eine allgemeine Nähe zum Kannibalismus geschlossen. Geringe Bevölkerungsdichte auf Inseln und Küstenlandstrichen wird exzessivem Kannibalismus zugeschrieben.[26] Kannibalismus aber wird mit Barbarei und Wildheit identifiziert, was wiederum ideologische Rechtfertigung zur Versklavung oder gar Ausrottung solcher Völker liefert. Man kann hier sehr genau verfolgen, wie die einzelnen Muster psychologischer und kultureller Vorurteilsstrukturen einrasten.

Die ersten Illustratoren hatten Indianer noch nach den Vorbildern der mittelalterlichen »wilden Männer« gezeichnet. Langsam kommt es zu einer Differenzierung mit typischen Charakteristika wie Lendenschurz und Federhaube nebst einem Kannibalismushinweis (Bratrost, abgehackte Körperteile, Tötungsinstrumente). Bei de Bry erhalten die Indianer antikisierende, recht inhaltsleere Posen. In den Erdteilallegorien des 16. und 17. Jahrhunderts wird »America« fast durchgängig als schöne und nackte Menschenfresserin dargestellt. In Trachtenbüchern und Theaterdekorationen dagegen taucht der idealisierte gute und edle Wilde auf.[27]

Auf den Illustrationen de Brys werden menschliche Körper von Indianern mit handwerklicher Selbstverständlichkeit wie von Metzgermeistern zerteilt.[28] Mit den Fakten hat dies wenig zu tun, aber die auf der Übertreibung und Vereinseitigung mangelhafter Informationen wie auf purer Sensationslust beruhenden Schriften aus der ersten Hälfte des 16. Jahrhunderts zeitigen fatale Folgen. F. W. Sixel hat gesammelt, was in jener Zeit im deutschen Sprachraum über Indianer veröffentlicht wurde, und es kommen allein 22 Reiseberichte und andere Schriften in 76 Auflagen zusammen, die sich ausschließlich der Anthropophagie zuwenden.[29]

59 Crispijn de Passe, America, Anf. 17. Jh.

Sixel fasst seine Ergebnisse folgendermaßen zusammen:

Aufs Ganze gesehen bestand also das damalige deutsche Bild vom Kannibalismus darin, daß auf Kriegszügen eingefangene Menschen dem Verzehr zugeführt wurden. Wie Schlachtvieh wurden sie eingesperrt, und ihre Fleischergiebigkeit wurde durch Kastration oder Züchtung erhöht. Das Fleisch noch nicht vertilgter geschlachteter Gefangener wurde konserviert aufbewahrt. Nicht selten war dann zu lesen, daß die Kannibalen ihre eigenen Familienangehörigen aufgegessen hätten.[30]

Solch »blutdürstig volck«, »menschenthier« und »wilde Löwen«[31] erregte verständlicherweise Abscheu und Entsetzen. Bernadette Bucher, die psychoanalytisch nachgräbt, unterscheidet zwei europäische Vorstellungskreise zum Kannibalismus:

a) Kannibalismus = Barbarei, Wildheit
Diese Identifikation schneidet die menschenfressenden Völkerschaften radikal von der

Gemeinschaft der Zivilisierten ab. Darüber hinaus tendiert sie dazu, auch diejenigen, die in anderer Hinsicht als Wilde gelten, in den abgeschnittenen und tabuisierten Raum des magischen Kreises potentieller Kannibalen einzuschließen.
b) Kannibalismus = Monstrosität, außernatürlicher Akt
Durch diese Gleichung werden jene Ausgeschlossenen, die die kannibalischen Völker sind, anderen Ausgeschlossenen oder anormalen Personen der Gesellschaft des 16. Jahrhunderts angenähert: den Hexen, die sich an ihrem Sabbat verruchten Taten hingeben, bei denen sich das Verbrechen (das meist in Form von Verstümmelungen oder Zerstückelungen des menschlichen Körpers imaginiert wird) mit einer diabolischen Erotik vermischt.[32]

Buchers Deutungen bergen neben aller analytischen Scharfsicht aber auch die Tendenz, den tatsächlichen Kulturschock hinwegzuargumentieren, den europäische Reisende erlitten, die mit Volksstämmen in Berührung kamen, welche Kannibalismus praktizierten. Literarisch-philosophische und dramatische Umsetzungen jener nur in Grenzen »wahrhaftigen Historia« der Reiseberichte des frühen 16. Jahrhunderts entwerfen in der zweiten Hälfte des Jahrhunderts und im frühen 17. Jahrhundert auch schon ganz andere und differenziertere Bilder als das von Sixel umrissene. Montaigne ist 1580 der erste, der im Rahmen seiner Essais in der Schrift »Von den Menschenfressern«[33] jene »kollektiven Phantasien der Eroberer« aufs Korn nimmt. Montaignes fiktiver Gewährsmann, »ein einfacher und ungeschlachter Mensch« (230), zeichnet ein idealistisch-positives und ebenfalls fiktives Bild von den Völkern Brasiliens, dem man die Einflüsse Lérys und Stadens deutlich anmerkt. Montaigne problematisiert den Begriff »Wilder«. Er hebt die Unbefangenheit, reine und einfache Natürlichkeit dieser Völker hervor und vergleicht sie kritisch mit europäischem Verhalten:

Nun finde ich, ... daß es nach dem, was man mir davon berichtet hat, an diesem Volk nichts Barbarisches oder Wildes gibt, es sei denn, das jedermann das Barbarei nennt, was nicht seiner Gewohnheit entspricht. (231)

Nun mag die meditative Atmosphäre im Turmzimmer von Schloss Montaigne, wo der Hausherr seine »Essais« schrieb, auch nicht gerade eine besonders realitätsnahe Einschätzung gefördert haben, aber worauf es ankommt, das ist Montaignes scharfe Geißelung europäischer Doppelmoral:

Wir mögen sie aber im Hinblick auf die Vorschriften der Vernunft Barbaren nennen, aber nicht im Hinblick auf uns selbst, die wir sie in jeder Art Barbarei übertreffen. (238)

In einem bravourösen Kunstgriff dreht Montaigne am Ende seines Essays den Spieß um und lässt einen brasilianischen »Menschenfresser« kritische Bemerkungen über seinen Besuch am Hofe König Karls IX. machen. Montaigne schließt mit dem bissigen Bonmot:

All das ist so übel nicht: aber einerlei, sie tragen keine Beinkleider. (243)

Montaignes Vorhaltungen mögen auf den Gang der aktuellen Geschichte so wenig Einfluss gehabt haben wie die leidenschaftlichen Proteste des Bischofs Las Casas, der sich mit Vehemenz für die Indianer einsetzte und doch zwischen den politischen Rivalitäten, Egoismen, Eifersüchteleien und indianischen Angriffen auf europäische Siedlungen zerrieben wurde, aber er war kein so einsamer Rufer in der Wüste, als dass ihn nicht mindestens einer gehört hätte, der in seinem Abschiedswerk von der dramatischen Bühne in einer unvergesslichen Figur die europäischen Vorstellungen vom Indianer als kannibalischem Wilden vielschichtig und poetisch bündelte und überhöhte: William Shakespeare 1610 in der Figur des »Caliban« aus dem *Sturm*.

Mit deutlicher Referenz auf Platons »Goldenes Zeitalter« und Montaignes »Des Cannibales« legt Shakespeare Gonzalo, dem guten Ratgeber des Herzogs, jene idyllische Utopie eines goldenen Zeitalters auf tropischen Inseln in den Mund, die in der Forschung lange Zeit hindurch überwiegend als ironisch gemeinter Kommentar zu Montaignes ganz ähnlich lautenden Erörterungen[34] interpretiert wurde:

GONZALO:
Ich wirkte im gemeinen Wesen alles
Durchs Gegenteil; denn keine Art von Handel
Erlaubt ich, keinen Namen eines Amts;
Gelehrtheit sollte man nicht kennen; Reichtum,
Dienst, Armut gäb's nicht; von Vertrag und Erbschaft,
Verzäunung, Landmark, Feld- und Weinbau nichts;
Auch kein Gebrauch von Korn, Wein, Öl, Metall,
Rein Handwerk; alle Männer müßig, alle;
Die Weiber auch, doch völlig rein und schuldlos;
Kein Regiment –
SEBASTIAN:
Und doch wollte er König sein!
ANTONIO:
Das Ende seines gemeinen Wesens vergißt den Anfang.

GONZALO:
> In der gemeinsamen Natur sollt' alles
> Frucht bringen ohne Müh' und Schweiß; Verrat, Betrug,
> Schwert, Speer, Geschütz, Notwendigkeit der Waffen
> Gäb's nicht bei mir; es schaffte die Natur
> Von freien Stücken alle Hüll' und Fülle,
> Mein schuldlos Volk zu nähren.

SEBASTIAN:
> Kein Heiraten zwischen seinen Untertan?

ANTONIO:
> Nichts dergleichen, Freund: Alle los und ledig,
> Huren und Taugenichtse.

GONZALO:
> So ungemein wollt' ich regieren, Herr,
> Daß es die goldne Zeit verdunkeln sollte.

(Der Sturm, II. i.)

Hier wird eindeutig das bereits zitierte »ohne König, ohne Glauben, ohne Gesetz« evoziert und variiert, doch im Gesamtzusammenhang des *Sturm* ist die Gonzalo-Utopie weit mehr als nur eine ironische Replik auf Montaigne. Da wird Utopie als »Prinzip Hoffnung« entworfen, so kunstvollnaiv-idyllisch wie auf den imaginären tropischen Bildern von Rousseau dem Zöllner. Diese poetische Sehnsucht nach Schönheit, Frieden und Freiheit wird jedoch sofort konterkariert durch die bösartig-verdorbene Bissigkeit der Hofleute, welche jene Europäer repräsentieren, die ihren kleinlichen Streit, ihre Witzeleien, ihre Habsucht und Gier in die indianische Inselwelt hineintragen und damit alle Unschuld zerstören. So weit die mögliche Replik auf Montaigne. Dadurch aber, dass Gonzalo sich von den Anwürfen seiner Gefährten überhaupt nicht irritieren lässt, bleibt die poetische Leuchtkraft seines »Prinzips Hoffnung« erhalten, und auf einer weiteren Ebene stellt dies natürlich einen Appell an Prospero dar, in der archetypischen Insel-Situation einmal archetypisch gut zu regieren. Dass Realität ein *»mixtum compositum«* ist, war Shakespeare dabei freilich bewusst. Und vor dieser Kontrastfolie lässt er Caliban agieren, in dessen Figur alle Züge der Reiseberichte von westindischen und brasilianischen Indianern wie unter einem Brennglas fokussiert sind.

Caliban ist Naturmensch und Sklave und Rebell und phantastisches Monstrum in einem. In großartiger poetischer Verdichtung hat Shakespeare in ihm die Geschichte der Eroberung und Unterwerfung des Indianers komprimiert. Und Shakespeare ist eben nicht einseitig, er zeigt die Sensibilität Calibans für die Natur wie seine kannibalische Wildheit, die sich durch Berührung mit den Europäern unversehens zu Bösartigkeit und Gemeinheit auswächst. Diese fällt als Reflex auf Prospero zurück, der ihn als Sklaven hält:

CALIBAN:
Ich muß zu Mittag essen. Dieses Eiland
Ist mein, von meiner Mutter Sycorax,
Das du mir wegnimmst. Wie du erstlich kamst,
Da streichelst du mich und hieltst mich auf,
Gabst Wasser mir mit Beeren drein und lehrtest
Das große Licht mich nennen und das kleine,
Die brennten tags und nachts; da liebt ich dich
Und wies dir jede Eigenschaft der Insel:
Salzbrunnen, Quellen, fruchtbar Land und dürres.
Fluch, daß ich's tat, mir! Alle Zauberei
Der Sycorax, Molch, Schröter, Feldmaus befall euch!
Denn ich bin, was ihr habt an Untertanen,
Mein eigner König sonst; und stellt mich hier
In diesen harten Fels, derweil ihr mir
Den Rest des Eilands wehrt.

(I. ii.)

Die von Bernadette Bucher diagnostizierte Ausgrenzung des »Wilden« aus der sozialen Gemeinschaft, seine unterstellte Nähe zu Hexen und Zauberern, hier ist sie vollzogen. Prophetisch, komisch und anrührend zugleich zeigt Shakespeare auch noch die Perversion des stolzen Wilden zum tapsigen Tanzbär unter dem Einfluss des Alkohols, der seine Identität zerbrechen, ihn ruinieren sollte, wie noch heute jeder sehen kann, der in die nordamerikanischen Reservate oder auf die Straßen fast jeder beliebigen kanadischen Stadt geht.

CALIBAN:
Ban, ban, Ca – Caliban
Hat zum Herrn einen andern Mann;
Schaff einen neuen Diener dir an.
Freiheit, heisa! heisa, Freiheit!
Freiheit, heisa! Freiheit!

(II. ii.)

An dieser Stelle wie bei Mirandas optimistischen Worten, die schon Aldous Huxley ironisch zum Titelzitat für seinen berühmtesten Roman genommen hat,

O Wunder!
Was gibt's für herrliche Geschöpfe hier!
Wie schön der Mensch ist! Wackre neue Welt,
Die solche Bürger trägt.

(V. i.)

fühlt man sich unwillkürlich an den Text der amerikanischen Unabhängigkeitserklärung erinnert und an das, was daraus geworden ist, der Warenkannibalismus, wie ihn Attali als Gegenwartstendenz und als Zukunftsvision menetekelhaft aufs Papier wirft.

Der Mythos von der »Neuen Welt« ist schon bei Shakespeare reichlich komplex geworden, vom 17. bis zum 20. Jahrhundert sollte er aber noch viele über den Atlantik locken, und überhaupt ist er nie völlig abgestorben, sondern gebiert stets neue Filiationen, zuletzt vielleicht die vom Vorstoß ins Weltall. Jahrhunderte schaffen sich jeweils ihre Mythen, bauen dabei aber durchaus auch auf Konstanten auf, zu denen der Mythos vom »Menschenfresser« zu gehören scheint. »Robinson« verkörpert einen Mythos des frühen 18. Jahrhunderts, archetypisch, puritanisch, der europäische Kolonisator auf der einsamen Insel, er gehört inzwischen zu unserem Kollektivbesitz und -bewusstsein wie andere literarische Mythen des Abendlandes: Ödipus, Faust, Don Quijote, Hamlet. Obwohl doch jedes Kind weiß, dass die Begegnungen mit den Menschenfressern zu den zentralen Episoden dieses Buches zählen, da *Robinson Crusoe* (1719) nach wie vor eines jener Bücher ist, die spätestens ab der Kindergartenmilch in irgendeiner Bearbeitung allen Kindern eingeflößt werden, nimmt die Defoe-Forschung in seltsamer Berührungsfurcht kaum Notiz vom Kannibalismusthema. Sie durchspürt alle Windungen von Robinson-Defoes puritanischem Bewusstsein. Sie zeichnet die Zusammenhänge von Religion, Kapitalismus, beginnender Industrialisierung en detail, en miniature wie in großzügigen Umrisslinien, sie weist dem Buch seinen ihm gebührenden Platz in der Reise- und frühen Romanliteratur zu, aber sie schreckt vor der Behandlung des Kannibalismusthemas zurück.[35] Dabei ist dessen Katalysatorfunktion für Robinsons psychischen und intellektuellen wie für seinen materiellen Haushalt unübersehbar. Sobald er des *»Faktum brutum«* gewahr wird, dass ab und zu Eingeborene auf »seiner« Insel kannibalische Feste feiern, ist es mit Robinsons Ruhe vorbei (230 ff.). »Gelassene

Ruhe und Ergebenheit des Herzens«, die sich in achtzehnjähriger Isoliertheit und konsequentem Sich-Fügen in sein Schicksal, aus dem er das meiste zu machen sich bemüht, eingestellt haben, kommen Robinson abhanden. Defoe motiviert Robinsons Reaktion psychologisch überaus geschickt. Wer könnte sich nicht mit ihm identifizieren? Seine Anfangsreaktionen sind von Horror und Verzweiflung geprägt: »diese wilden Scheusale«, »unmenschliches Mahl«, »die Vorstellung dieses Abgrundes unmenschlicher, teuflischer Brutalität und das Entsetzen vor der Entartung der menschlichen Natur«, Übelkeit, Erbrechen, eine Beinahe-Ohnmacht stellen sich ein. Zwei Jahre lang ist Robinson wie paralysiert: »Denn ich empfand von Natur aus einen solchen Widerwillen gegen diese Ausgeburten der Hölle, dass ich ebenso große Angst davor hatte, sie wie den Teufel selbst zu Gesicht zu bekommen.« (234) In der Folge reflektiert er, wie gut es ihm doch eigentlich trotzdem gehe, wie schlecht alles hätte kommen können. Er lässt größte Vorsicht walten und durchstreift die Insel nur noch schwer bewaffnet. Das nächste Stadium besteht im Pläneschmieden. Er möchte so viele Kannibalen wie möglich umbringen. Danach erweist seine tiefe Religiosität ihre therapeutische und humanisierende Funktion. Er nimmt von derartigen Plänen Abstand. Dabei fällt Robinson von einem Extrem ins andere. Die er gerade noch »Teufel« nannte, werden jetzt als »unschuldige Geschöpfe« apostrophiert (240). Den Kannibalismus erklärt er sich nun als von Gott über ein Volk verhängte Kollektivstrafe, mit der kollektive Verbrechen vergolten werden.

Es spricht für Defoe, dass er seinen Robinson mit einer so mystisch-aberwitzigen These sich nicht zufrieden geben lässt. Schließlich hat die Politik des 20. Jahrhunderts mindestens eben-

60 Grandville, Robinson findet die Skelette der geschlachteten Eingeborenen, 1840, Illustration zu Defoes Robinson Crusoe

61 F. A. L. Dumoulin, *Illustration aus: Voyages et Aventures surprenantes de Robinson Crusoe*, 18. Jh.

so schlimme Kollektivschuldthesen zurechtgezimmert und dafür Millionen von Menschen sterben lassen.

Jahrelang schwankt Robinson in seinen Gefühlen zwischen Extremen. Zeitweise steigert sich seine Angst vor den Kannibalen fast bis zur Psychose. Die vormals als paradiesisch empfundene Insel wird ihm zur »unseligen Insel« (243). Andererseits macht Not auch erfinderisch. Robinson entdeckt, wie er auch unter erschwerten Bedingungen überleben, ja in der Kolonisierung der Insel Fortschritte machen kann. Der »Homo-faber«-Mythos ist schließlich integraler Bestandteil der Robinsonade. Nach 23 Jahren Inseldasein entdeckt Robinson erneut Spuren einer genüsslichen Kannibalenmahlzeit, abermals schmiedet er Mordgedanken, bis er schließlich aufgrund seiner genuin christlichen Gefühlsprägung bei der entgegengesetzten Überzeugung anlangt, nämlich, dass Mord wieder Mord zeugen müsse, um vorangegangenen Mord zu vertuschen, »bis ich schließlich kein geringerer Mörder wäre, als sie, die Menschenfresser es waren, und vielleicht sogar noch ein schlimmerer«. (252)

Aus dieser Läuterung heraus reift der Entschluss zum Handeln. Er will sich eines zum Tod durch Kannibalismus bestimmten Eingeborenen bemächtigen, ihn als seinen Sklaven zum Werkzeug seiner Befreiung aus dem Inseldasein benutzen.

Die bekannten Episoden mit Freitag sind Folge dieses Entschlusses. Freitag wird nicht als Caliban, sondern als ausnehmend schöner Mensch vorgestellt, ein quasi griechischer Jüngling, was seinen anerzogenen Kannibalismus leichter entschuldigen lässt. Der »edle Wilde« lernt als erstes, »Master« zu sagen, und vor den Augen des Lesers wird ein neuer Mythos geboren, der von der christlichen Verantwortung des Europäers gegenüber den Eingeborenen, die zu eigenverantwortlicher Lebensgestaltung nicht fähig sind. Er hat in der Folgezeit dem britischen Imperialismus, aber auch dem deutschen, moralische Grundpfeiler eingezogen, während der französische auf einem anders gearteten kulturellen Sendungsbewusstsein basierte. Auf dem Höhepunkt des Imperialismus, im 19. Jahrhundert, hat Rudyard Kipling diesem Mythos von der »Bürde des weißen Mannes« so beredt Ausdruck verliehen, dass seine großen Worte auch in der Gegenwart noch nicht völlig verklungen sind. Was heute wie durchgehend falscher Zungenschlag anmuten könnte, war damals tief gefühlte sittliche Überzeugung: Die Besten müssen gehen und kolonisieren, schwer bewaffnet, Unterdrückung ist in Wahrheit Dienst an diesen Völkern, Menschen, halb Teufel halb Kinder, auch sie müssen zum Licht emporgeleitet werden.[36]

Die Lichtmetaphorik ist in der Tat verräterisch. Die hellen, weißhäutigen Europäer in ihren regenverhangenen Ländern besitzen dieses innere Licht der Erkenntnis, der Liebe und des Glaubens, die dunkelhäutigen Bewohner exotischer, sonnendurchfluteter Länder sind seiner noch nicht teilhaftig, man sieht es schon an der Hautfarbe, außerdem sind sie ja auch Menschenfresser. Mit Defoes Konzeption vom Kannibalen und wie er zu heilen ist wird ein vielschichtiges, aber nichtsdestoweniger falsches, auf dem alten Eurozentrismus aufbauendes Verständnis vom »wilden« Eingeborenen literarisch ausformuliert, das bis weit ins 20. Jahrhundert Gültigkeit behielt, zumindest in der Politik und bei breiten Bevölkerungsschichten. Adrian Mitchell hat in seinem Theaterstück *Man Friday* (1974), das mit Albert Finney in der Hauptrolle auch ein großer Filmerfolg wurde, die umgekehrte Perspektive aktiviert, Robinson aus der Sicht Freitags, Robinson, der schließlich demütig darum bittet, in den Indianerstamm aufgenommen zu werden, das ganze eine fröhliche Satire auf britisches Überlegensheitsbewusstsein und britischen Kolonialismus. Eine Schwäche hat das Stück, Kannibalismus wird darin überhaupt nicht thematisiert, und der Hauptgrund des Schreckens, den Europäer vor Eingeborenen empfanden, bleibt damit unerwähnt. In der zweiten Hälfte des 18. Jahrhunderts kommen ein anderer Blick und eine andere Tonart in die Reiseliteratur, die des Entdeckers und Forschers, der sich dann allmählich zum bewussten Ethnologen entwickelt. Auf seiner ersten Weltumseglung in den Jahren von 1769 bis 1771 machte James Cook auf einer Otaheite (Tahiti) benachbarten Insel die Entdeckung, dass Menschen sich auch von Menschen ernähren. Bereits 1776 erschien die deutsche Übersetzung der Beschreibung dieser Weltumseglung:

Die Familie … war dazumal gerade mit der Zubereitung ihrer Speisen beschäftigt. Ein geschlachteter Hund wurde eben in ihrem Ofen gebraten und verschiedene Speisekörbe standen umher. Von ungefähr sahen wir in einem derselben zwei ganz rein abgenagte Knochen, welche keineswegs das Ansehen hatten, von Hunden zu sein, und von welchen es sich bei näherer Untersuchung fand, daß es Menschengebeine waren. Bei diesem Anblick überfiel uns ein Schauder, ob er gleich nur eine Bestätigung dessen war, was wir seit unserer Ankunft bei dieser Küste schon oft gehört hatten. Ungeachtet nun diesen Knochen deutlich genug anzusehen war, daß man sie abgenagt hatte, so wollten wir doch in dieser Sache zu einer Gewißheit kommen, welche nicht den geringsten Zweifel übrig ließe und ließen daher durch den Tupia fragen, was denn dieses für Knochen wären? Die Indianer erwiderten ohne die mindeste Bedenklichkeit: Menschenknochen. Man fragte sie darauf: Wo denn das Fleisch geblieben sei? Und sie gaben zur Antwort, daß sie solches gegessen hätten. »*Aber*«, *fuhr Tupia fort,* »*warum habt ihr nicht auch das Fleisch von der Frau gegessen, welche wir auf dem Wasser schwimmen sahen?*« – »*Diese Frau*«, *gaben sie zur Antwort,* »*war an einer Krankheit gestorben; sie war überdies unsere Anverwandte, und wir essen bloß die Leiber unserer Feinde, die im Gefechte umgekommen sind.*«[37]

Das Entsetzen ist geblieben, aber es weicht schnell Fragen nach Ursachen und Zusammenhängen, die schließlich das Phänomen Kannibalismus rational erklären wollen. Im 19. Jahrhundert wächst die Zahl von Forschungsreisenden, die in Afrika und Ozeanien kannibalische Riten und Gebräuche beschreiben und auf ihre magischen, religiösen, ökonomischen Begründungen hin untersuchen. Veröffentlichungen hierzu sind Legion. Meist kommen die Forscher jedoch zu spät oder fast zu spät, um empirische Feldstudien betreiben zu können. Der Kannibalismus ist überall auf dem Rückzug. Die Kolonisatoren, Holländer, Engländer, Franzosen lösen diese »Unmenschlichkeit« auch meist auf ihre Weise, indem sie binnen weniger Jahre oder Jahrzehnte Volksstämme auf Inseln, auf denen Kannibalismus betrieben wird, bis auf unbedeutende Reste dezimieren oder ganz ausrotten, wobei Zivilisationskrankheiten kräftige Ernte halten. Dort wo sich Reste von Kannibalismus bis fast in die unmittelbare Gegenwart halten, bei einigen zentralafrikanischen Stämmen, in Indonesien und auf Papua-Neuguinea, wird auch mit besonderer Intensität geforscht. Dabei tritt immer wieder das Problem zutage, dass sich Völkerschaften, die bis vor kurzem oft noch auf frühsteinzeitlichen Kulturstufen standen, wie auch in Neuseeland und Australien, unter der Berührung mit westlicher Zivilisation und Technik schnell ändern, ihr in der Regel nicht gewachsen sind, in ihrer eigenen Identität zutiefst gestört werden. Mythen und Märchen dieser Völker geben oft noch am besten Auskunft über ihre Religionen, Sitten und Gebräuche, sie sind deshalb auch so wichtig für die Ethnologen.

Dennoch leisten diese seit dem späten 19. Jahrhundert hervorragende Arbeit. Namen wie Wirz, Landmann, Frobenius, van Beveren, Jensen wurden im Mythos-Kapitel bereits genannt, die Frobenius-Jensen-Schule kulminiert in der umfangreichen Studie *Kannibalismus* (1939) von Ewald Volhard, die vielerorts immer noch als wichtigstes Standardwerk über Verbreitung und Wesen des Kannibalismus gilt.[38] Volhard untersucht Kannibalismus in Afrika, Ozeanien, Asien und Amerika, beleuchtet profanen, gerichtlichen, magischen und rituellen Kannibalismus. Volhard bietet a) eine sehr umfangreiche Sammlung der zu seiner Zeit verfügbaren ethnographischen Daten, allerdings ohne sorgfältige Quellenkritik, die damals noch unüblich war und bei der Materialfülle auch nicht möglich gewesen wäre, b) eine sorgfältige Analyse unterschiedlicher Anthropophagie-Formen und -Motive nach differenzierten Gesichtspunkten, von wirtschaftlichen Grundlagen zentraler Ideen bis zu komplexen religiösen Symbolismen. Daran schließt Volhard Ansätze zu einer allgemeinen Kulturtheorie des Exo- und Endokannibalismus an. Im Wesentlichen verlaufen sie in Richtung der Frobenius-Jensen-Schule in der deutschen Ethnologie: Mythos der getöteten Gottheit, sog. »frühe« Pflanzen-Bau-Kulturen, symbolische Identität von pflanzlichem, tierischem und menschlichem Lebenszyklus in Sterben und Wiedergeburt/Fruchtbarkeit, Erneuerung der prometheischen Taten göttlicher Urzeit-»Kulturheroen«. Volhard erkennt aber auch die Aggressivitäts-Rache-Motivation an. Außerdem bringt er eine Fülle älteren Bildmaterials in Fotos und Stichen, leider nicht in guter Qualität.

Nach dem Zweiten Weltkrieg werden ethnologische Untersuchungsmethoden verfeinert, Quellenstudien betrieben, verschiedene Theorien und Schulen lösen einander ab. Der Glaube an eine Universalkultur der Menschheit weicht Detailstudien, die neben Parallelismen vor allem auch Unterschiede in den Mythen und den anthropophagischen Gewohnheiten einzelner Kulturen aufzeigen.

Garry Hoggs Studie *Cannibalism and Human Sacrifice* (1959)[39] bietet noch einmal eine umfangreiche Materialsammlung, ohne tiefgründig nach Ursachen zu forschen. In einer Reihe von eher populärwissenschaftlichen Büchern der 70-erJahre wird das Wissen Volhards und neuerer Untersuchungen meist unter einem besonderen Gesichtspunkt, einer psychologischen kultur- oder wirtschaftshistorischen These neu aufbereitet. Dabei kommt es zu Studien monomanischer Außenseiter wie Oscar Kiss Maerth, dessen 1967 im chinesisch-buddhistischen Kloster Tsin san geschriebenes Buch *Der Anfang war das Ende. Der Mensch entstand durch Kannibalismus – Intelligenz ist eßbar*[40] zwar viel buddhistische Lebensweisheit und kulturphilosophisch bedenkenswerte Überlegungen enthält, aber im Grundsatz von einer völlig überzogenen Attacke auf moderne Wissenschaften ausgeht und reichlich abstrus die Hauptthese verficht, die Menschen seien aus Affen entstanden, die vor mehr als einer Million Jahren entdeckt hätten, dass das Essen von frischem Gehirn ihrer Artgenossen die sexuelle Triebtätigkeit steigere. Dies habe sie zu notorischen Gehirnfressern werden lassen, was zu einem ungeheuren Ansteigen der Intelligenz geführt habe. Der Mensch leide inzwischen an einem durch diese Ursünde erworbenen Zuviel an Intelligenz, das ihn in

Verein mit der linear ausgerichteten modernen Wissenschaft seit der Erfindung des Alphabets und abendländischer Philosophie einem sicheren Untergang entgegentreibe, da zyklisches Denken abhanden gekommen sei. Christian Spiels Buch *Menschen essen Menschen. Die Welt der Kannibalen* (1974)[41] stellt eine kurz gefasste Kulturgeschichte des Kannibalismus unter Verwendung ethnologischen Materials dar, die von einem hohen Maß an einfühlender Sympathie mit kannibalischen Völkern und Riten gekennzeichnet ist. Das Buch leidet insgesamt aber unter einem frivol-schnoddrigen Ton, der, modernistisch sich anbiedernd, vielleicht doch nur existentielle Betroffenheit durch das gewählte Thema kompensieren soll. Eli Sagans *Cannibalism. Human Aggression and Cultural Form* (1974)[42] ist eine kulturpsychologisch-historische Studie, in der scharfsinnig und mit viel gutem Beweismaterial die These verfochten wird, dass Kannibalismus im Wesentlichen aus dem menschlichen Aggressionstrieb ableitbar sei.

Reay Tannahills *Flesh and Blood. A History of the Cannibal Complex* (1975)[43] stellt abermals eine Geschichte des Kannibalismus unter wechselnder thematischer Akzentuierung, wie prähistorische Religionen, Judentum und Christentum, Azteken, mittelalterliche Hungerperioden und alchemistische Pseudowissenschaften, Werwölfe und Vampire dar. Das Buch enthält viel wertvolles Material und ist gut geschrieben, manchmal etwas einseitig und sensationalistisch in der Akzentsetzung. Marvin Harris' *Kannibalen und Könige* (1977, deutsch 1978)[44] bringt eine Fülle neuen ethnologischen Materials, aber auch seine Studie leidet unter gewissen Einseitigkeiten, vornehmlich den Thesen, dass der Krieg der Vater wirklich nahezu aller Dinge sei und dass Kannibalismus zunächst fast ausschließlich aus wirtschaftlichen, ernährungswissenschaftlichen und bevölkerungspolitischen Gründen zu erklären sei. Mythische und religiöse Vorstellungswelten werden hier allzu flugs rationalen Gesichtspunkten untergeordnet.

Jacques Attalis schon häufig erwähntes Werk *Die kannibalische Ordnung. Von der Magie zur Computermedizin* (1979, deutsch 1981)[45] ist ein in manchen Thesen sehr anfechtbares, aber hinreißend geschriebenes Buch, das eine große Materialfülle verarbeitet. Seine zentrale These besteht darin, dass Kannibalismus stets im weiteren Sinne therapeutische Funktionen besessen habe und somit die Geschichte der Medizin, analog der allgemeinen Menschheitsentwicklung, immer abstrakter werdende materielle und geistige Verwertungszusammenhänge von Kannibalismus spiegele: »Gegenwärtig kündigt sich eine neue Ordnung des Lebens an, in der die Prothese den Arzt ersetzen wird und die Industrie im Begriff ist, den Menschen ganz aus dem Pro-

62 Théodore Géricault, Das Floß der Medusa, 1818, Paris, Louvre

zess der Heilung herauszuhalten ... Die gegenwärtige Entwicklung von der Medizin zur Prothese, von der Behandlung der Lebenden zur bewussten Produktion des Lebens, von der Heilung der Menschen zum Handel mit ihren Kopien wälzt die Ordnung der Dinge um.« (11-12) Attalis Schrift ist sicher die seit Volhard wichtigste und anregendste Studie zum Thema Kannibalismus, gerade auch weil sie mit französischem Esprit und scharfer Logik eine Fülle anfechtbarer Thesen vorstellt.

Doch kehren wir nun nach diesem kurzen Überblicksexkurs zu ethnologischen Fragestellungen, der durch James Cooks Reisebeschreibung ausgelöst wurde, zu literarischen Texten zurück.

Am 2. Juli 1816 ließ ein geradezu kriminell inkompetenter Kapitän die französische Regierungsfregatte »Meduse«, die mit über 400 Soldaten und Siedlern nach Senegal unterwegs war, vor der westafrikanischen Küste auf Grund laufen. Da es nur sechs ziemlich verrottete Rettungsboote gab, wurde ein Floß konstruiert, das 150 Personen aufnehmen konnte. Der Kapitän und die höheren Offiziere bemächtigten sich der besseren Boote und überließen alle anderen ihrem Schicksal. Die übrigen Boote, die erst das Floß zu ziehen versuchten, kappten bald die Leinen und ließen das Floß in Wind und Wellen ohne Navigationsmittel, ohne Nahrung, mit nur einigen Fass Wein treiben.

Es kam, wie es auf dem überfüllten Floß kommen musste. Die unter sengender afrikanischer Sonne vor Hunger und Durst fast wahnsinnigen Menschen begannen sich nach einigen Tagen grauenhafte Kämpfe zu liefern, es kam zuerst zu vereinzeltem, später zu organisiertem Hunger-Kannibalismus. Als das Floß nach 19 Tagen von der Brigg »Argus« gesichtet wurde, konnten noch 15 Überlebende an Bord genommen werden, von denen fünf weitere kurz darauf starben.

Der Schiffsarzt Savigny und der Ingenieur Corréard versuchten von der Regierung eine Abfindung zu erhalten, wurden aber stattdessen, weil sie einen politischen Skandal entfachten, ihrer Posten enthoben und mussten ein Bußgeld zahlen. Daraufhin schrieben beide ein Buch, das sofort nach seinem Erscheinen 1817 zum Bestseller wurde. Einer der Leser war der Maler Théodore Géricault, der darauf das Bild »Das Floß der Medusa« malte, eine der besten und ergreifendsten künstlerischen Gestaltungen des Kannibalismusthemas, das in romantischem Stilempfinden die Situation an Bord dieses Floßes der Verdammten darstellt.[46]

Edgar Allan Poes 1836–37 entstandene Novelle *The Narrative of Arthur Gordon Pym of Nantucket* nimmt das zeitgenössische Interesse an Literatur über Abenteuerreisen wie die der »Medusa« und über Expeditionen in Arktis und Antarktis auf[47] und steigert eine zunächst konventionelle Reiseerzählung allmählich ins Phantastische und Mythisch-Symbolische. Die Symbolik in »Arthur Gordon Pym« bereitet vor auf die in Melvilles Roman *Moby Dick,* wo der menschenfressende weiße Wal in ganz unterschiedlichen Interpretationsansätzen mit christlicher, pantheistischer, atheistischer Symbolik ausgedeutet werden kann. Meuterei, Schiffbruch, Kannibalismus, so realistisch dargestellt, dass viele Zeitgenossen die Geschichte für echt hielten, bilden im ersten Teil den Auftakt für die spätere phantastische Geschichte[48] an Bord der Grampus, wo Pym und Peters in den Mahlstrom hineingezogen werden. Die Kannibalismusepisode beginnt damit, dass die hungernde Besatzung von Pyms Schiff auf jene gespenstische Brigg trifft, an deren Bord 25–30 Leichen in allen Stadien der Verwesung herumliegen und von Seemöven angefressen werden:

Auf seinem Rücken, von dem ein Stück Haut heruntergerissen war, so daß er teilweise bloß lag, saß eine großmächtige Seemöve, eifrig damit beschäftigt, sich mit dem furchtbaren Fleisch vollzustopfen; Schnabel und Krallen waren tief hineinvergraben, und das weiße Gefieder über und über mit Blut besprüht.[49]

Dieses furchtbare Erlebnis gibt der Besatzung den Anstoß, ihre eigenen Hungerqualen durch Kannibalismus zu lindern, wobei die Opfer täglich im Losverfahren bestimmt werden. Worauf es Poe ankommt, ist, die psychologische Gestaltung der seelischen Folterqualen evident werden zu lassen, die Menschen in derartigen Situationen gezwungen sind zu durchleben. Gleichzeitig wird eine Atmosphäre von Schuld und lastendem Verhängnis geschaffen.

Der entscheidende Unterschied zu früheren Kannibalismusepisoden in der Reiseliteratur besteht darin, dass es nun keine wilden Eingeborenen mehr sind, die den rassisch, kulturell und bildungsmäßig überlegenen weißen Mann mit der Vernichtung durch Auffressen bedrohen, sondern die eigene Spezies. Die Einsicht, dass es kein Entrinnen mehr vor der Erkenntnis gibt, dass der Mensch ein fleischfressendes Tier ist, das vor der eigenen Art nicht Halt macht, wenn erst einmal die Sicherungen durchschlagen sind, die kulturelle und religiöse Tabus aufgebaut haben. Und bei manchen Menschen ist die Zivilisationskruste nur dünn, bei anderen so stark, dass sie sich in Extremsituationen lieber selbst aufgeben, als vom Fleisch anderer Menschen zu essen. Damit entwickelt die fiktionale Reiseliteratur ganz andere, individualpsychologische Interessen als jene Reisebeschreibungen, die als Vorläufer der modernen Ethnologie zu verstehen sind.

Die psychologische Spannungssteigerung, wie Poe sie anwendet, konnte aber gerade in der Reiseliteratur bereits durch leichtes Überdrehen in die Parodie gewendet werden. Es ist daher nicht verwunderlich, dass ein Humorist wie Mark Twain schon 1868 mit dem Entsetzen Spott trieb, indem er eine kannibalistische Geschichte von der inzwischen bekannten Seereise[50] in eine lange Eisenbahnfahrt verlagert. »Kannibalismus in der Eisenbahn«[51] ist eine jener literarisch nicht allzu anspruchsvollen aber spannenden Geschichten Mark Twains, deren Spannungssteigerung systematisch bis kurz vor einen Höhepunkt getrieben wird, wo dann die Geschichte abrupt abbricht bzw. der Leser mit einem überraschenden »*dénouement*« genarrt wird. Dem Ich-Erzähler begegnet auf einer Eisenbahnfahrt von St. Louis nach Indiana ein »freundlicher, gütig dreinblickender Gentleman von vielleicht fünfundvierzig oder auch fünfzig Jahren«, der sich als ehemaliger Kongressabgeordneter entpuppt. Unterwegs erzählt er ihm, wie er 1853 auf einer Nachtfahrt von St. Louis nach Chicago im Schneesturm in einer Schneewehe stecken blieb, aus der es tagelang kein Entrinnen gab. Die Geschichte verläuft zunächst realistisch nach schon gewohntem Muster:

Der vierte Tag kam und ging – der fünfte. Fünf Tage grauenhafter Gefangenschaft! In allen Augen glitzerte der rasende Hunger, stand die Drohung eines furchtbaren Gedankens – glommen die Vorzeichen von etwas, das unbestimmt in allen Herzen Gestalt anzunehmen begann, wenn auch noch keine Zunge es in Worte zu fassen wagte. (50)

Der besondere Kniff dieser Geschichte liegt nun darin, dass die zu kannibalisierenden Opfer unter den Reisenden streng demokratisch nach parlamentarischen Verfahrensordnungen ausgewählt werden und damit eine groteske Parlamentarismusparodie zustande kommt:

Der Antrag wurde angenommen; damit entfiel natürlich die weitere Debatte. Auch der Antrag, ein Präsidium zu wählen, ging durch. Die Wahl fiel auf Mr. Gaston als Vorsitzenden; Mr. Blake wurde Schriftführer; die Herren Holcomb, Dyer und Baldwin bildeten den Wahlausschuß, dem Mr. R. M. Howland als Sachverständiger für Nahrungsfragen beigegeben wurde. (52)

Dermaßen legalisiert gerät der Kannibalismus zum Vergnügen für Gentlemen:

Harris schmeckte mir. Er hätte vielleicht noch ein wenig am Feuer bleiben können; dennoch darf ich behaupten, daß mir nie ein Mensch besser zugesagt oder mich in höherem Grade zufriedengestellt hätte, als Harris. Messick war gewiß auch recht gut, wenn er auch einen leichten Beigeschmack hatte, aber was die Zartheit der Faser und den unverfälschlichen Nährwert betrifft, so gibt es nur einen Harris. (55)

Die Sensationsgeschichte fällt in sich zusammen, als der Schaffner dem Erzähler beim Aussteigen mitteilt, der arme ehemalige Abgeordnete habe seinerzeit durch den Hunger einen Dachschaden erlitten, seitdem verspeise er in seiner Phantasie die damalige Reisegesellschaft.

Die moderne Science-Fiction hat ihre Wurzeln in der Utopie, im populärwissenschaftlich-technischen Roman und in der Reiseliteratur. Sie ist heute zu einem weit gefächerten literarischen Genre geworden, das eine Fülle von Variations- und Qualitätsunterschieden kennt und keineswegs mehr nur Raumschiffsreisen in fremde Welten beschreibt.

Das Kannibalismusthema bietet sich hier geradezu an und wenn überhaupt, scheinen in diesem Genre Entwicklungsmöglichkeiten unseres Themas im Rahmen von Reiseliteratur, von Begegnungen mit fremden Wesen und Kulturen zu liegen. Dennoch muss festgestellt werden, dass in den ersten Jahrzehnten der Gattung seit dem späten 19. Jahrhundert zwar neue imaginäre Reisen unternommen, aber kaum neue thematische Muster gefunden werden. Entweder kommt es zu Kannibalismus bei der Begegnung von Weißen und Eingeborenen in dunklen, sprich schwarzen Erdteilen, wie schon bei den Vätern der Gattung in Jules Vernes *Mistress Branican* etwa, oder in Raymond Roussels *Unter den Schwarzen,* einer Vorstudie zu seinem Roman *Impressions d' Afrique* (1910), oder solche Begegnungen werden auf ferne Planeten verlegt, auf denen Irdische entweder fremdartigen und menschenfressenden Rassen in die Tentakel und Mägen fallen oder sie zum Hungerkannibalismus genötigt werden.[52]

Eine weitere beliebte Variante ist die Zeitreise, für die H. G. Wells mit seiner zu Recht noch immer berühmten Erzählung *Die Zeitmaschine* (1887–94) Maßstäbe gesetzt hat. Derlei Bücher handeln u. a. stets von Endzeiten und der Zeit als vierter Dimension. Wells' Zeitreisender trifft in einer fernen Zukunft des Jahres 802701 auf die degenerierten Menschenrassen der Morlock und Eloi, wo die heiteren, anmutigen, aber dummen überirdischen Eloi von den bestialischen unterirdischen Morlocks, Sklaven einer Maschinenzivilisation, geschlachtet und verzehrt werden. Das Kannibalismusthema wird originell und symbolisch eingebettet in eine Diskussion von Evolutions- und Klassentheorien. Die Morlocks als Nachkommen der Proletarier scheinen noch die Unterdrückten zu sein, aber schon deutet sich die endgültige Herrschaft dieser verrohten Klasse und Rasse an, wenn sie sich die ätherischen Eloi zum Fraß holen. Wolfgang Jeschkes Roman *Der letzte Tag der Schöpfung* (1981) trägt die Endzeitanspielung schon im Titel, und im Grunde wird auch hier mittels der Zeitreise ein altes Muster neu durchgespielt. Zeitreisende gelangen in die Zukunft, treffen aber dort auf regredierende, postindustrielle, postkatastrophale Gesellschaften, die sich zu steinzeitlicher Barbarei zurückentwickelt haben.

Intellektuell anspruchsvolle Sonderfälle unseres Themas trifft man in Romanen von jenem Typ, für den Fred Hoyles *Schwarze Wolke* (1957) oder Stanislaw Lems *Der Unbesiegbare* (1971) repräsentativ sind. Außerirdische Intelligenz in Form von riesigen gasförmigen Wolken oder fremder Materie saugen zu Lernprozessen den Menschen ihre Intelligenz aus der Hirnmatrix. Der Mensch trifft hier auf vollkommen fremde Organisationsformen von Intelligenz, denen keinerlei herkömmliche Körperlichkeit mehr anhaftet. Eine weitere, sehr bekannt gewordene, aber simplere Variante besteht in der Thematik jener Außerirdischen, die auf unseren Planeten kommen und sich hier menschlicher Körper bemächtigen. Jack Finneys Film *Die Invasion der*

Körperfresser, nach dem er den Roman *Die Körperfresser kommen* geschrieben hat, ist dafür ein ebenso gutes Beispiel aus den 50er-Jahren, in denen im Zeitalter des Kalten Krieges Invasionsthemen auf vielen Ebenen literarisch erprobt wurden, wie John Wyndams *The Midwich Cuckoos,* wo Außerirdische sich bei Frauen als Föten einnisten und zu superintelligenten Kindern heranwachsen, die die Herrschaft über die Menschen ergreifen wollen. Der angesehene amerikanische Science-Fiction-Autor Michael Bishop hat das in den 70er-Jahren wiedererwachte Interesse an der Ethnologie zum Anlass genommen, um auf fremden Planeten, an fremden Kulturen, z. B. in dem Roman *Flammenaugen* (deutsch 1981), eine Art mystisch-erotischen Kannibalismus vorzustellen, bei dem fremde Wesen in einer Art »kannibalistischer Kommunion« Menschen in sich aufnehmen, wobei das alte Thema in dem Kurzroman *Tod und Bestimmung unter den Asadi*[53] auftaucht, in dem der Ethnograph Bosk Veld und der Kultur-Xenologe Egan Chaney auf dem vierten Planeten des Systems Deneb ethnologische Feldstudien betreiben. Chaney erforscht dabei die halbmenschlich anmutende Primatenrasse der Asadi, deren Leben zunächst unendlich eintönig und langweilig anmutet. Dann jedoch stellt sich heraus, dass dieses Volk früher eine hohe Kultur besessen haben muss, denn im Dschungel gibt es Angkor-Vat ähnliche Tempelstädte, die noch zu religiösen Zwecken benutzt werden. Die Asadi betreiben rituellen Kannibalismus. Allmählich lässt sich der irdische Ethnologe von ihrem merkwürdigen, magisch-mystisch-animistischen Lebensstil immer mehr anstecken, lässt sich zum Anführer erwählen, und zum Schluss wird klar, dass er es als seine innere Bestimmung ansieht, ebenfalls als rituelles Opfer in den Mägen dieser seltsamen, in quasi-meditativer Statik fast erstarrenden Wesen zu enden. Oskar Kiss Maerth hätte seine helle Freude an diesem Roman, der im Grunde die Thesen seines Buches *Der Anfang war das Ende* aufnimmt. Eine Überlebenschance besteht danach nur in der Regression, der Ausdünnung aggressiver menschlicher Intelligenz, mystisch-zyklisches Denken anstelle von linearwissenschaftlichem Fortschrittsdenken mag die Spezies retten. Es ist schwer, in solchen Büchern Sinn und Unsinn voneinander zu trennen, da sie mit kulturpessimistisch warnendem Zeigefinger immer wieder auf verhängnisschwangere Gegenwartstendenzen zu deuten vermögen.

Es sei nicht verschwiegen, dass die Welle von Brutalität unJd Gewalt, die seit den 70er-Jahren die Kinos überschwemmt und an der die Kannibalismusfilme gehörigen Anteil tragen, auch vor der Science-Fiction nicht halt macht. Teilweise kommt es dabei zu unglaublicher Gefühlsverrohung, für die etwa die Erzählung »Des Menschen bester Freund« aus dem Band

Liebe 2002. erotic science fiction (1973) als Beispiel anzuführen wäre. Dabei ist dem Autor, Harlan Ellison, hohes stilistisches Können nicht abzusprechen. Sarkastisch wird dem Leser stets unter die Gürtellinie geschlagen, die Reizschwelle für erotische Brutalismen immer höher (oder tiefer, je nachdem) gehängt, bis des Menschen liebster Freund, der sprachfähige Kampfhund, in der postkatastrophal verelendeten Großstadtwelt die Geliebte des jungen Mannes auffressen darf:

Er fraß wieder. Es war noch viel vom gestrigen Abend übriggeblieben ... denn ich hatte nichts gegessen. Ich war auch jetzt nicht hungrig.
  Wir brachen am selben Morgen auf und zogen über das ausgebrannte verwüstete Land. Wir würden eine andere Stadt finden und wieder von vorne anfangen.
  Wir kamen nur langsam voran, weil Blood noch immer hinkte. Noch lange schien mich ihre Stimme zu verfolgen. Sie fragte mich immer wieder: Weißt du, was Liebe ist?
  Natürlich wußte ich es.
  Ein Junge liebt seinen Hund.[54]

Endzeit, Endspiel. Falls der Literatur immer noch seismographische Funktionen zukommen sollten, steht uns Schlimmes bevor. Doch vieles unterliegt auch dem Gesetz der totalen Vermarktung selbst noch der letzten Marktnischen, und es gibt daneben auch eine erhebliche Anzahl von Gegentendenzen. Deshalb soll dieses Kapitel nicht in Weltschmerz enden, sondern mit einer Geschichte des Meisters aller Menschenfressergeschichten, mit H. C. Artmanns *Aeronautischem Sindtbart* (1972), in dem Artmann alle Register seines parodistischen Könnens zieht und dabei die meisten der Themen aus Reiseliteratur und Ethnologie aufnimmt, die im Rahmen dieses Kapitels Revue passierten.
  Im *Aeronautischen Sindtbart oder Seltsame Luftreise von Niedercalifornien nach Crain*[55] unternimmt Artmann gemeinsam mit seinem Freund Rufus, einem polyglotten Bär, eine phantastische Reise im unberechenbarsten aller Reisevehikel über eine bislang noch nie dagewesene Distanz, auf der sie Kämpfe mit indianischen Hochzeitern, mit Sirenen und Undinen, Götzen und Menschenfressern, gerissenen Hosenträgern etc., etc. zu bestehen haben. Rabelaisisch-Fischartisches Deutsch und Anklänge an Arno Holz' *Des Schäfers Dafnis Freß-, Sauff- und Venuslieder* sind ebenso in diese Geschichte verwoben wie Mythen und Märchen, wie »Orient und Occident«, wie Urwald, Steppe und Wiener Prater, wie Azteken und Schamanen, wie Staden und Bernal Diaz.

Besonders menschenfresserisch geht es im »Zwölften Abenteuer aut Capitul« zu:

... Die cannibalenprintzessin hatte vor ihrem Seraglio lincks & rechts je drei wachen stehen, rechte schwartze dickhäuter, die aussahen, als seien sechs päpstliche Schweitzer vom Sirius landend durch einen rauchfang gefahren ... (81)

Im Grunde führt die Reise über den gesamten Erdball und bezieht sogar Extraterrestrisches mit ein.[56] Artmanns literarischer Kosmos ist ein Panoptikum von Versatzstücken, von Sprachen, Stilen, Bildern und Assoziationen:

Im fackellicht der duncklen nacht drohten uns die schaubuden und glückshäfen als ausgenommene, finster auf bambuspflöcken und Stangen gespannte, elephanten oder nashornmägen. Ein geruch von gebranntem fleisch und blauem moschus lag in allen nüstern, die hohen affenbrodbäum redeten einander in zerhackten Zaubersprüchen an, in höltzernen käfigen kratzten und quietschten die gefangenen mädchen, vögel legten hier und dort ihre eier in die großen hüte der Würdenträger, die glücksräderchen rollten, gewinn & verlust nach den ausgestreckten händen der Spieler werffend, musikanten & Sängerinnen trillerten wie ein wald voll wilder vögel, daß es eine wahrhaffte freud hätt können sein, wär nicht hinter aller lustbarkeit, ja in der erlustigung selbst, nur zu gut der jubel & trubel dieser trübseligen, bleichblickenden maschinerie des menschenfressertumbs zu erkennen gewesen.

Mein tapferer bär und ich waren nun in unsrer Verkleidung bis an die käfige der unglücklichen opfer herangekommen und konnten die metzgerischen Wächter und Wärter bereits mit ohnbewaffneter nase riechen ... Sie saßen müßig umher, wie eben sonst auch in edleren gegenden sauhirten oder selchergesellen umhersitzen, um die ferckel oder schinckenwürst vor dem Zugriff diebischer gewalten zu bewahren. Einer von diesen unseligen unterstunde sich sogar, vor unsren augen seelenruhig ein gekochtes menschenbein abzunagen, ja, es schien ihm so zu schmecken, daß er noch lang am leergenagten knochen mit seinem schändlichen maul umfuhre, als könnt er überhaupt nimmer aufhören mit seiner teuffelsvesper! Wir mußten, da uns kein anderer das zuwarten hätt abgenommen, ohntätig und mit umgedrehten mägen zusehen. (81/82)

Dennoch ist das Ganze kein heilloses Verwirrspiel, sondern gewinnt durch den typisch Artmann'schen Duktus die Einheit jenes deftigen Literar-Kasper-Theaters, wie es nur »Caspar Laertes Artmanno« zu inszenieren weiß, dem es zu guter Letzt wieder einmal gelingt, die Welt, vor allem aber die jungen und hübschen Frauen, aus den Klauen der Menschenfresser zu erretten, indem er mit einem prachtvollen Feuerwerk die ganze Menschenfressermischpoke krachend in die Lüfte jagt:

»*Ich will nicht gerne viel suchen, senor y gospod. Mir wird dieser elende wadenfresser, mit seinem vollgepropften wanst da, höchst personaliter dienlich sein, so wahr ich ein bär bin und siebzig täntze springe* ...« *Mit einem satz ist er bei einem der schaudervollen menschenfresser, hebt ihn hoch auf* ... *und wirfft, haut, schmeißt, schleudert ihn mit aller krafft, als nur ein wilder bär ist fähig, arschabwärts auf den pulverfang, der überfressene unhold, von diesem aufprall seiner musculatur nimmt bewußt, entlädt sich mit einem schrecklichen knall, es blitzt blau, der funcke zündet und das pulver läuft krachend und dröhnend sein scharffsinniges labyrinth durch die ansammlung, verderben austeilend, köpfend, entbeinend, entarmend, zerfetzend, unnachsichtlich, bis hin zum ertzschamanen, der verwirrt auf seine in der lufft herumfliegenden Schäfchen blickt, nicht ahnend, daß seine eigene destruction mit tausend füßen auf ihn zueilt* ... *und rrrrrrrrrrummmmmmmm!! (88/89)*

Anmerkungen zu Kapitel IV

1 *Sir John Mandevilles Reisebeschreibung,* in deutscher Übersetzung von Michel Velser, hrsg. von Eric John Morrall im Auftrag der Akademie der Wissenschaften der DDR, Deutsche Texte des Mittelalters, Bd. LXVI (Berlin, 1974). Nach dieser Ausgabe wird zitiert.

2 Vgl. hierzu Hugh Honour, »Wissenschaft und Exotismus. Die europäischen Künstler und die außereuropäische Welt«, in: *Mythen der Neuen Welt* – Zur Entdeckungsgeschichte Lateinamerikas, hrsg. von Karl-Heinz Kohl im Auftrag der Berliner Festspiele GmbH (Berlin, 1982), S. 22–47, vor allem S. 22–27.

3 Joseph-François Lafitau, *Mœurs de sauvages amériquains comparées aux mœurs de premiers temps* (Paris, 1724), zitiert bei Honour, a. a. O., S. 24.

4 Vgl. Honour, a. a. O., S. 24.

5 Sir Walter Raleigh in seinen Berichten über Erlebnisse in Guayana, Deutsche Ausgabe (Nürnberg, 1599) zitiert bei Honour, a. a. O., S. 24.

6 Vgl. hierzu die Angaben in Morralls Ausgabe der *Reisebeschreibung*, a. a. O., S. XIX–XXIV.

7 François Rabelais, *Gargantua und Pantagruel,* übersetzt von Gottlob Regis, hrsg. von Ludwig Schrader (München, 1964), Bd. I, Drittes Buch, *Gargantua,* Kap. 58, S. 99–101.

8   Vgl. Michail Bachtin, »Die groteske Gestalt des Leibes«, in: *Literatur und Karneval. Zur Romantheorie und Lachkultur* (München, 1969), S. 15–23, und Christian W. Thomsen, *Das Groteske und die englische Literatur* (Darmstadt, 1977), S. 167–171.

9   *Denkwürdigkeiten des Hauptmanns Bernal Diaz del Castillo oder Wahrhafte Geschichte der Entdeckung und Eroberung von Neuspanien (Mexiko)*, hrsg. und bearbeitet von Georg A. Narciß (Stuttgart, 1965), nach dieser Ausgabe wird zitiert.

10 Hans Staden, *Wahrhaftige Historia und Beschreibung einer Landschaft der wilden, nackten, grimmigen Menschenfresser, in der Neuen Welt Amerika gelegen (1557)*, originalgetreuer Faksimiledruck, hrsg. von Günter E. Th. Bezzenberger (Kassel, 1978). Zusätzlich wurde die 1964 in Marburg von Reinhard Maack und Karl Fouquet herausgegebene Ausgabe benutzt.

11 Vgl. Karl-Heinz Kohl, Einleitung zu: *Die Mythen der Neuen Welt*, a. a. O., S. 14.

12 Zitiert bei G. A. Narciß, »Eines der größten Abenteuer der Weltgeschichte«, Nachwort zur Ausgabe von Bernal Diaz' Chronik, a. a. O., S. 759 f.

13 Vgl. Marvin Harris, *Kannibalen und Könige* (Frankfurt, 1978), Kap. 9, S. 141–160.

14 Neben der Berliner Ausstellung *Mythen der Neuen Welt* gehören hierzu vor allem die von Hugh Honour 1976 aus Anlass der Zweihundertjahrfeier der Vereinigten Staaten organisierte Ausstellung *The European Vision of the New World*, der aus dem gleichen Anlass 1975 von der University of California/Los Angeles veranstaltete Kongress und der zugehörige, von F. Chiapelli edierte Sammelband *First Images of America: The Impact of the New World on the Old* (Berkeley, 1976), des weiteren die Ausstellungen *Deutsche Künstler in Lateinamerika* (Ibero-Amerikanisches Institut Berlin, 1978) und *Zo wijd de wereld strekt* (Mauritshuis, Den Haag, 1979).

15 Vgl. vor allem Harris' *Kannibalen und Könige*, a. a. O., S. 71–82, und Reay Tannahill, *Flesh and Blood* (London, 1975), S. 75–91.

16 Vgl. Karl-Heinz Kohl, a. a. O., S. 17.

17 Vgl. Bernadette Bucher, »Die Phantasien der Eroberer. Zur graphischen Repräsentation des Kannibalismus in de Brys America«, in: *Mythen der Neuen Welt*, a. a. O., S. 75–91.

18 Vgl. Hugh Honour, »Wissenschaft und Exotismus«, a. a. O., S. 32–33.

19 Hierzu detailliert Reinhard Maack in der Einleitung der Staden-Ausgabe von 1964.

20 Maack, a. a. O., S. 11–13.

21 Karl Fouquet, zitiert bei Maack, a. a. O., S. 19.

22 Es sind dies die Kapitel 37, 40, 43, 46, 49.

23 Vgl. Elisabeth Luchesi, »Von den Wilden/Nacketen/Grimmigen Menschenfresser Leuthen/in der Neuen Welt America gelegen. Hans Staden und die Popularität der Kannibalen im 16. Jahrhundert«, in: *Mythen der Neuen Welt*, a. a. O., S. 71–74, hier S. 71.

24 Vgl. Bucher, »Die Phantasien der Eroberer«, a. a. O., passim.

25 Zitiert bei Maack, a. a. O., S. 7.

26 Ausführliche Erörterungen bei Joachim Moebus, »Über die Bestimmung des Wilden und die Entwicklung des Verwertungsstandpunkts bei Kolumbus«, in: *Mythen der Neuen Welt*, a. a. O., S. 49–56.

27 Vgl. Kohl, a. a. O., S. 18.

28 Luchesi, a. a. O., S. 73.

29 Friedrich Wilhelm Sixel, »Die deutschen Vorstellungen vom Indianer in der ersten Hälfte des 16. Jahrhunderts«, in: *Annali Lateranensi* XXX (Città del Vaticano, 1966), S. 150–161.

30 Sixel, a. a. O., S. 158 f.

31 Sixel, a. a. O., S. 160.

32 Bucher, a. a. O., S. 75.

33 Michel de Montaigne, »Von den Menschenfressern«, in: *Essais,* Auswahl und Übersetzung von Herbert Lütho (Zürich, 1953), S. 229–243.

34 Vgl. *The Tempest,* hrsg. von Frank Kermode, Arden Edition (London, ^{5}1964), Introduction, S. XXXIV ff. und S. 50.

35 In den von Defoe zu *Robinson Crusoe* benutzten Hauptquellen, den Berichten von Woodes Rogers, *A Cruising Voyage Round the World* (London, 1712), u. William Dampier, *New Voyage Round the World* (1697–1709), gibt es keine Hinweise auf Kannibalismus. Umso mehr hätte dies Thema die Forschung reizen müssen, die es jedoch, wenn überhaupt, meist nur kurz erwähnt. Zitiert wird nach: Daniel Defoe, *Das Leben und die höchst merkwürdigen Abenteuer des Robinson Crusoe aus York ...,* mit 100 zeitgenössischen Kupferstichen, aus dem Englischen übertragen von Lore Krüger, Bibliothek des 18. Jahrhunderts (München, 1981).

36 Vgl. »The White Man's Burden«, in: Rudyard Kipling, *The Five Nations* (London, 1903).
Auszug:
Take up the white Man's burden –
Send forth the best ye breed –
Go bind your sons to exile
To serve the captives' need;
To wait in heavy harness,

On fluttered folk and wild –
Your new – caught, fallen peoples,
Half devil and half child ...

37 James Cook, zit. bei: H. Heckmann, Hrsg., *Die Freud' des Essens:* Ein kulturgeschichtliches Lesebuch (München, 1979).

38 Ewald Volhard, *Kannibalismus,* Studien zur Kulturkunde, Fünfter Band, hrsg. von Ad. E. Jensen (Stuttgart, 1939).

39 Garry Hogg, *Cannibalism and Human Sacrifice* (London, 1959).

40 Oscar Kiss Maerth, *Der Anfang war das Ende.* Der Mensch entstand durch Kannibalismus – Intelligenz ist eßbar (Düsseldorf/Wien, 1971).

41 Christian Spiel, *Menschen essen Menschen.* Die Welt der Kannibalen, überarbeitete Ausgabe (Frankfurt, 1974).

42 Eli Sagan, *Cannibalism.* Human Aggression and Cultural Form (London, 1974).

43 Reay Tannahill, *Flesh and Blood.* A History of the Cannibal Complex (London, 1975).

44 Marvin Harris, *Kannibalen und Könige.* Aufstieg und Untergang der Menschheitskulturen (Frankfurt, 1978).

45 Jacques Attali, *Die kannibalische Ordnung.* Von der Magie zur Computermedizin (Frankfurt, 1981).

46 Vgl. Tannahill, a. a. O., S. 139–142.

47 Zu den Vorbildern gehören: B. Morrell, *Narrative of Four Voyages to the South Seas and the Pacific* (1852); J. C. Symes jr., *Symzonia, A Voyage of Discovery* (1820).

48 Zur Phantastik in »Arthur Gordon Pym« vgl. Hans Holländer, »Das Bild in der Theorie des Phantastischen«, in: *Phantastik in Literatur und Kunst,* hrsg. von Christian W. Thomsen und Jens Malte Fischer (Darmstadt, 1980), S. 52–78, bes. S. 66–70.

49 Edgar Allan Poe, »Arthur Gordon Pym«, in: *Das Gesamte Werk in zehn Bänden,* hrsg. von Schuhmacher und Müller, Bd. III, übersetzt von Arno Schmidt und Hans Wollschläger (Herrsching, 1980), S. 112–400, hier S. 245.

50 Vgl. z. B. Jules Vernes Roman *Die Kinder des Kapitän Grant* (Frankfurt, 1968), der Seereisen um die Welt mit kannibalistischen Abenteuern nach Schiffbruch vor Neuseeland schildert.

51 Mark Twain, »Kannibalismus in der Eisenbahn«, in: *Die besten Geschichten,* ausgewählt und eingeleitet von Johannes Kleinstück und Barton E. Pike, übersetzt von Helmut und Christel Wienken (Bremen, 1980), S. 46–58.

52 Vgl. Robert Heinlein, *Ein Mann in einer fremden Welt;* A. B. Akers, *Die Menschenjäger von Antares.*

55 Michael Bishop, »Tod und Bestimmung unter den Asadi«, in: *Die seltsamen Bäume von Ektaban* (München, 1981), S. 65–164.

54 Harlan Ellison, »Des Menschen bester Freund«, in: *Liebe 2002. erotic science fiction,* hrsg. von Thomas Landfinder (Frankfurt, 1975), S. 178.

55 *Artmanns Aeronautischer Sindtbart* wird nach der Salzburger Ausgabe von 1972 zitiert. Urs Widmer variiert 1975 Artmanns Groteskerien in den Schweizer Abenteuern seines Ich-Erzählers, des ballonlenkenden Piloten und der dicken Frau ins spezifisch Eidgenössische unter Beibehaltung zahlreicher Menschenfresser-Anklänge. Vgl. die Episoden »Bern« und »Zug« in Urs Widmers *Schweizer Geschichten* (Bern, 1975).

56 Artmann kennt natürlich auch seinen Jules Verne gut, z. B. *Die Reise um die Welt in 80 Tagen.*

V. Psychologie, Philosophie

Vielen Dank für den Artikel über sexuelle Phantasien. Ich habe ihn gerade gelesen und danach den Artikel »Vergewaltigung«, und dann mußte ich ein bißchen weinen, weil mich das alles so erschüttert hat. Schon als Kind (mit 5 oder 6 Jahren) habe ich phantasiert, ich würde von meinen Eltern, die Menschenfresser sind, in kleine Stücke gehackt, die sie dann essen. Erst als nichts mehr von mir übrig ist, merken sie, daß ich ihre Tochter bin, und alles tut ihnen furchtbar leid. Von da ab haben sie mich sehr lieb und ich werde wieder ganz.[1]

Was U. R. aus Regensburg in ihrem Leserinnenbrief an die feministische Zeitschrift *Emma* als Ausfluss kindlicher Träume und Phantastereien formuliert, hat sich ihrem Gedächtnis so tief eingegraben, dass sie sich noch viele Jahre später detailliert und bildhaft daran erinnert. Es sind dies Zerstückelungs- und Verschlingungsphantasien, wie sie viele Kinder, vornehmlich Mädchen, erleben, während bei Jungen häufiger Kastrationsängste vor dem Vater, der als menschenfressender, grässlich strafender Riese auftritt, zu beobachten sind.

Die Muster von U. R.s Traum erinnern an Märchen, speziell an »Hänsel und Gretel«, und vermutlich hat das Kind diese Märchen im angegebenen Alter, als es noch nicht selbst lesen konnte, auch abends vor dem Einschlafen erzählt bekommen. Dennoch erklärt diese Vermutung nicht allzu viel, gibt doch der Traum deutlich von sehr ambivalenten Gefühlsstrukturen Auskunft: Angst – Strafe – Liebesbedürfnis – Inzesttabu – Zurückweisung – die Eltern verleiben sich gemeinsam ein, was sie gezeugt, hervorgebracht und aufgezogen haben. Sie haben ihr Kind »zum Fressen gern«, was die beiderseitige Ambivalenz von Einverleibungswunsch, von quasi-erotischer Anziehung und Strafe spiegelt, die Genuss- und Identitäts-, ja Existenzvernichtung zugleich beinhaltet. Erst nachdem das Kind wieder in den Eltern aufgegangen ist, merken diese, was sie getan haben, die kulturellen Tabuschranken werden erneut aufgerichtet, und es kommt, wie im Märchen, der unvermittelte Sprung: Alles wird wieder heil und gut. Dennoch bleibt der vielleicht für die Abnabelung und Emanzipation des Kindes von den Eltern notwendige Stachel der Angst, sonst hätte U. R. sich nicht über einen solch langen Zeitraum an diese Träume erinnert. Er löckt im Unterbewusstsein so heftig, dass er ins Bewusstsein durchzudringen vermag, vermutlich kommt ihm steuernde Funktion für das Verhalten des Mädchens nicht nur gegenüber den Eltern, sondern im Heranwachsenden- und Erwachsenenalter auch gegenüber fremden Männern zu.

Sigmund Freud liefert kurz nach der Jahrhundertwende die ersten psychologischen Erklärungsmodelle für ein Verhalten in Objektbeziehungen und Phantasien, das er in anthropologischer Sichtweise und Anspielung auf praktizierten Kannibalismus bei ozeanischen und anderen Volksstämmen »kannibalisch« nennt.[2] Es lassen sich damit medizinische Fälle ebenso deuten wie die anhaltende literarische Faszination des Menschenfresser-Themas.

In den *Drei Abhandlungen zur Sexualtheorie* (1905) weist Freud auf die Zusammenhänge von frühkindlicher Sexualität und Kannibalismus hin. Neurotische Störungen etwa, die darauf beruhen, dass ein Patient in Teilen seiner Psyche in einer bestimmten kindlichen Entwicklungsphase stehen geblieben ist, können durch psychoanalytische Behandlung gelöst werden:

... Eine erste solche prägenitale Sexualorganisation ist die orale, oder, wenn wir wollen, kannibalische. Die Sexualtätigkeit ist hier von der Nahrungsaufnahme noch nicht gesondert, Gegensätze innerhalb derselben nicht differenziert. Das Objekt der einen Tätigkeit ist auch das der anderen, das Sexualziel besteht in der Einverleibung des Objektes, dem Vorbild dessen, was späterhin als Identifizierung eine so bedeutsame psychische Rolle spielen wird. Als Rest dieser fiktiven, uns durch die Pathologie aufgenötigten Organisationsphase kann das Lutschen angesehen werden, in dem die Sexualtätigkeit, von der Ernährungstätigkeit abgelöst, das fremde Objekt gegen eines am eigenen Körper aufgegeben hat.[3]

Für Mutter und Kind resultiert hieraus die vor allem in der Lorenzer-Schule viel diskutierte Mutter-Kind-Dyade, ein ambivalentes Verhaltensmuster, auf das wir bereits bei der Erörterung von »Hänsel und Gretel« hingewiesen haben. Die Mutter nährt das Kind zuerst mit ihrem eigenen Leibe, später gibt sie ihm die eigene Milch. Dabei entstehen Hingabe und Liebe an das aus ihr selbst hervorgegangene Wesen, ebenso wie Macht und Verfügungsgewalt über das Kind, das ihr in diesem Stadium ausgeliefert ist wie später nie wieder. Befriedigung der Hingabe wechselt aber auch mit dem Gefühl, sich vor der totalen Vereinnahmung, Einverleibung durch das Kind wehren zu müssen. Das Kind seinerseits muss erst lernen, dass die anfängliche Symbiose mit der Mutter aufhört und diese nicht ständig seinen Wünschen und Begierden willfahren kann. Aus diesem Lernprozess können beiderseitig Schuldkomplexe, Abhängigkeitsgefühle oder Abneigungen erwachsen, die kompensiert werden müssen. Das kann man am Beispiel von »Hänsel und

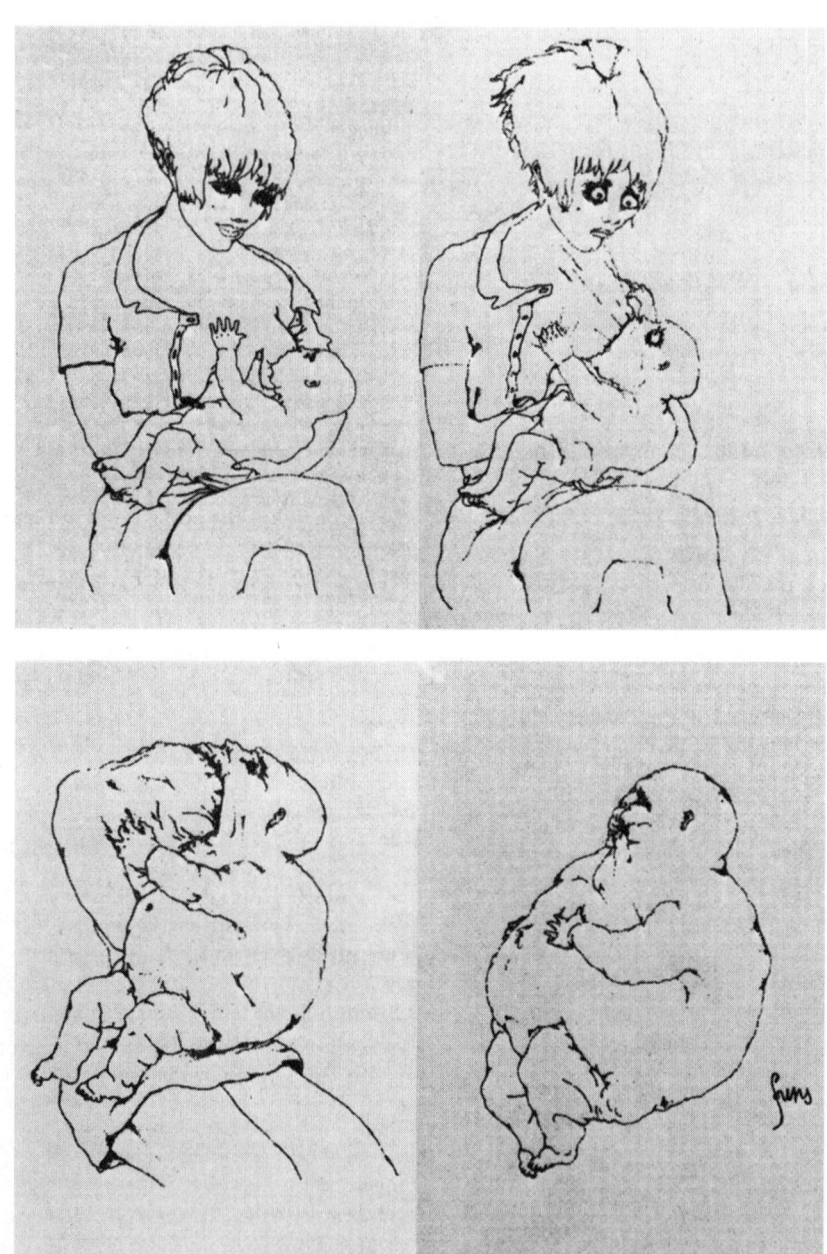

63–66 Fons van Woerkom, 2 p. m. Feeding, vier von acht Illustrationen

Gretel« ebenso sehen wie an dem oben zitierten Leserinnenbrief. Neben dem Genuss des Essens ist der erotische Genuss oder seine Verweigerung dabei stets mit impliziert. Zu dem sexualpsychologischen Erklärungszusammenhang tritt der magisch-religiös-animistisch-totemistische, den Freud, nun mit Blickrichtung auf die Bedeutung des Vaters, in *Totem und Tabu* (1912–1913) überaus plastisch am Beispiel des kleinen Arpad schildert:

Als der kleine Arpad zweieinhalb Jahre alt war, versuchte er einmal in einem Sommeraufenthalte ins Geflügelhaus zu urinieren, wobei ihn ein Huhn ins Glied biß oder nach seinem Glied schnappte. Als er ein Jahr später an denselben Ort zurückkehrte, wurde er selbst zum Huhn, er interessierte sich nur mehr für das Geflügelhaus und alles was darin vorging, und gab seine menschliche Sprache gegen Gackern und Krähen auf. Zur Zeit der Beobachtung (fünf Jahre) sprach er wieder, aber beschäftigte sich auch in der Rede ausschließlich nur mit Hühnern und anderem Geflügel. Er spielte mit keinem anderen Spielzeug, sang nur Lieder, in denen etwas vom Federvieh vorkam. Sein Benehmen gegen sein Totemtier war exquisit ambivalent, übermäßiges Hassen und Lieben. Am liebsten spielte er Hühnerschlachten. »*Das Schlachten des Federviehs ist ihm überhaupt ein Fest. Er ist imstande, stundenlang um die Tierleichen erregt herumzutanzen.*« *Aber dann küßte und streichelte er das geschlachtete Tier, reinigte und liebkoste die von ihm selbst mißhandelten Ebenbilder von Hühnern.*[4]

Arpads Neurose erweist sich als Kastrationsfurcht. Er selbst bezeichnet sein Totemtier, den Hahn, als seinen Vater. Freud leitet von diesem Beispiel seine Theorie des Totemismus ab und sucht sie an noch bestehenden totemistischen Gesellschaften zu verifizieren. Von diesen Theorien her wird schlagartig die psychologische Bedeutung des rituellen Kannibalismus in vielen früheren Gesellschaften klar. Freud verknüpft sie mit der Darwin'schen Theorie von der Urhorde und gelangt so zu einer Theorie von der Bedeutung der Totemmahlzeit als Initiationspunkt von Hochkultur:

Die Berufung auf die Feier der Totemmahlzeit gestattet uns eine Antwort zu geben: Eines Tages taten sich die ausgetriebenen Brüder zusammen, erschlugen und verzehrten den Vater und machten so der Vaterhorde ein Ende.

Vereint wagten sie und brachten zustande, was dem einzelnen unmöglich geblieben wäre (Vielleicht hatte ein Kulturfortschritt, die Handhabung einer neuen Waffe, ihnen das Gefühl der Überlegenheit gegeben). Daß sie den Getöteten auch verzehrten, ist für den kannibalen Wilden selbstverständlich. Der gewalttätige Urvater war gewiß das beneidete und gefürchtete Vorbild eines jeden aus der Brüderschar gewesen. Nun setzten sie im Akte des Verzehrens die Identifizierung mit ihm durch, eigneten sich ein jeder ein Stück seiner Stärke an. Die Totemmahlzeit, vielleicht das erste Fest der Menschheit, wäre die Wiederholung und die Gedenkfeier dieser denkwürdigen, verbrecherischen Tat, mit welcher so vieles seinen Anfang nahm, die sozialen Organisationen, die sittlichen Einschränkungen und die Religion.[5]

Die Zusammenhänge von Kannibalismus, Kastrationsangst und zahlreichen Märchen deutet Freud überzeugend im berühmten Kapitel über den »Traum und die Urszene« am Beispiel des »Wolfsmannes«, bei dem eine Wolfsphobie an die Stelle seiner Angst vor dem Vater getreten war.

Die Sexualpsychologie mag in ihrem Fortschreiten manches an den Freud'schen Theorien falsifiziert haben und heute belächeln. Manches mag zeit- und ortsbedingt mit der Situation des Wiener Bürgertums um die Jahrhundertwende zu tun haben; unzweifelhaft aber kommt den Arbeiten Freuds bahnbrechende Bedeutung zu. Dies vor allem auch insofern, als Freud schlüssige Modelle zur Erklärung der menschlichen Entwicklungsgeschichte liefert, deren Stadien sich dann im Einzelnen Individuum wiederholen. Dem Kannibalismus wird somit eine frühe Entwicklungsstufe der menschlichen Spezies zugewiesen, es wird aber auch festgehalten, dass er latent noch immer in jedem Einzelnen wie in der Gesellschaft existiert. Wenn man auch noch Jungs Theorien einbezieht, könnte man behaupten, dass dem Kannibalismus gewisse archetypische Qualitäten zukommen, was dann auch erklärt, warum er als Phänomen nicht räumlich und historisch fixiert werden kann, und zusätzlich, woher seine anhaltende Faszination auf Literaten und Künstler rührt. Das kann ja keineswegs allein mit der zweifellos vorhandenen Freude an der Bürgerschreckattitüde gedeutet werden.

67 Hochnotpeinliches Nasengericht, Verf. unbekannt

Unter den berühmten Literaten Österreichs im frühen 20. Jahrhundert ist einer, der geradezu lehrbuchmäßig Freuds Theorien bestätigt: Franz Kafka. Zeitlebens stand er unter dem Eindruck eines gefürchteten Vaters. Kafka gehört zu den Künstlern, die sich stets auf einer schmalen Gratwanderung befinden, ein Grat, auf dessen einer Seite Umnachtung und Verzweiflung drohen und auf dessen anderer Seite eine auch nicht allzu erstrebenswerte und akzeptable Normalität winkt. Ohne sein Schreiben hätte er gar nicht leben können. Das Schreiben hielt ihn am Leben, und aus seinen Tagebüchern und Briefen geht hervor, dass er seine Kehlkopftuberkulose, die ihn gleichsam von innen her auffraß, als eine Form von Auto-Kannibalismus erfuhr. Andererseits verlangt es seine Protagonisten oft nach einer Nahrung, die das Leben ihnen verwehrt: »Nur vorwärts, hungriges Tier, führt der Weg zur essbaren Nahrung ... sei es auch hinter dem Leben.« (*Tagebuch*, 10. 2. 1922) Georg Bendemann in *Das Urteil* greift das Brückengeländer, über das er sich zum Sprung in den Selbstmord schwingt, »wie ein Hungriger die Nahrung«, Gregor Samsa wird von Musikklängen angespornt, »den Weg nach der ersehnten, unbekannten Nahrung zu suchen«, die das Leben ihm verweigert. Das Verlangen nach solcher Nahrung ist gekoppelt mit der Zurückweisung normaler Nahrung: »Ich habe ja Appetit ... aber nicht auf diese Dinge« *(Die Verwandlung)*, »ich konnte nicht die Speise finden, die mir schmeckt« *(Ein Hungerkünstler)*. Häufig geht die Zurückweisung normaler Nahrung einher mit Angezogensein durch Verdorbenes und dahinter dann das Vordringen zur Reinheit der Knochen: »Ungestört soll es [das Getier] von uns [den Schakalen] leer getrunken und bis auf die Reinheit der Knochen gereinigt werden. Reinheit, nichts als Reinheit wollen wir.« *(Schakale und Araber)* Die Maschine von *In der Strafkolonie* muss erst den kan-

68 Günter Stiller, Koofmich, befeilte Laubsägearbeit, 1963

nibalischen Impuls des Menschen reduzieren – »Wirf die Peitsche weg, oder ich fresse dich« –, bevor sie endlich sein »Vergnügen am Essen« austilgen kann.

Kafkas Vater gab ganz nach Freud'schem Muster das Modell für die fleischhungrigen Tiere in *Ein Hungerkünstler* ab: »Du (hast) entsprechend Deinem kräftigen Hunger und Deiner besonderen Vorliebe alles schnell, heiß und in großen Bissen gegessen ... Knochen durfte man nicht zerbeißen, Du ja.« *(Brief an den Vater)* In seiner Extremform erscheint solch aggressive Gier als Kannibalismus, der das Lebensprinzip, den Lebensnerv des Opfers zerstört. »Kronos, der seine Söhne auffraß«, schreibt Kafka 1921, »der ehrlichste Vater.«

Dem englischen Germanisten J. M. S. Pasley ist es zu verdanken, diese Zusammenhänge 1966 zum ersten Mal aufgedeckt zu haben, und er war es auch, der ein bis dato unbekanntes Fragment entdeckte und an der richtigen Stelle in Kafkas berühmte späte Geschichte *Ein Hungerkünstler* einfügte.[6] Kafka hatte diese Erzählung ursprünglich 1922 in der *Neuen Rundschau* veröffentlicht, sie dann überarbeitet und sie 1924 dem Verlag »Die Schmiede« mit anderen Geschichten zur Veröffentlichung in Buchform angeboten. Auf einem Papierstückchen notierte er: »Ein Drittel in der Mitte gestrichen.« Die dann neu veröffentlichte Version wies jedoch keine Unterschiede zu der von 1922 auf.

Pasley fand nun dieses Drittel und veröffentlichte es 1966 in den *Oxford German Studies,* und siehe da, es passt haargenau in unseren Kontext: Die logische Gegenfigur des Hungerkünstlers ist der Menschenfresser, der hier kommt, dem Hungerkünstler einen Besuch abzustatten. Der Menschenfresser bahnt sich in dem Saal, in dem der Hungerkünstler seiner fast übermenschlich schweren Kunst obliegt, einen Weg bis zum Käfig des Hungerkünstlers. Wir zitieren das letzte Drittel dieses von Kafkas gestrichenen Textes:

»Nun«, sagte er, »willst Du nicht ein wenig aufwachen, wenn Besuch da ist?« Das war ein rohes Benehmen, wenn man auch dem Mann die freilich vergeblich bleibende Anstrengung ansah, den Hungerkünstler zart, gewissermaßen väterlich oder freundschaftlich zu behandeln. Besonders deutlich war dies, als er jetzt dem nun völlig erwachten und ihn mit seinen grossen schwarzen Augen ängstlich ansehenden Hungerkünstler lächelnd zunickte. »Ja«, sagte er, »Ich bin es, der alte, Dir und vielleicht nur Dir, allein wohlgesinnte Menschenfresser. Einen kleinen Besuch will ich Dir machen, mich erholen an deinem Anblick, die Nerven ein wenig ausruhen lassen von dem läs-

tigen ‚und doch ewig verlockenden' (gestrichen) Volk.« »Du bist ein Menschenfresser?« fragte der Hungerkünstler und drückte die Hand an die Stirn, als suchte er sich an etwas zu erinnern. »Du hast mich vergessen?« sagte der Menschenfresser, ein wenig gekränkt und noch mehr verwundert als gekränkt, »ist es denn möglich? Du weisst nicht mehr, wie wir miteinander spielten? Wie Dich meine roten Haare freuten? Wie Du sie zu Zöpfchen geflochten und gebunden hast? Ähnlich wie diese?« Und er nahm den Hut ab und das Haar quoll wie lebendig, wie in einer tropischen Fülle, zum Teil geflochten, zum Teil in seiner wilden Ursprünglichkeit hervor. Sein Kopf war mächtig, aber die Haarmasse war so gross, als gehörte sie einem noch viel mächtigeren Kopf an, der Kopf erschien klein unter ihr. Dabei aber hatte der Anblick nichts Lächerliches, sondern war erschreckend, es war, als zeige dieses übermenschliche Haar auch übermenschliche Gelüste an und die Kräfte, sie zu verwirklichen.[7]

Der Hungerkünstler ist also gleichsam die Inversion des Menschenfressers, in dem noch der rothaarige Kain und die wilden Männer der mittelalterlichen Tradition mancher Märchen nachklingen, und vice versa. Beide verkörpern die zwei Seiten einer Medaille grundsätzlich voneinander verschiedener Alternativen, Macht über sich selbst und andere zu erlangen. So makaber es klingt, trifft doch zu, dass noch die in nordirischen Gefängnissen sich freiwillig zu Tode hungernden IRA-Häftlinge ganz real den Beweis für diese These liefern. Hungern, bis man vom Hunger aufgefressen ist, als radikales Mittel im politischen Machtkampf. Und die mystisch-philosophische Komponente ist ebenfalls evident: Hungern, um spirituelle Erkenntnis und Wahrheit rein in sich aufnehmen zu können, versus Menschenfressen als materieller Vereinnahmung von Welt. Am Ende stehen beidesmal Vereinigung mit mystisch-ero-

69 Gerhard Lahr, Illustration aus: Das schöne Grauen, 1968

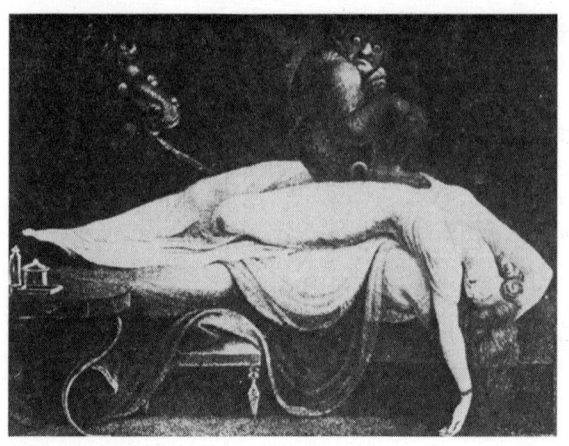

70 Heinrich Füssli, Der Nachtmahr, 1781, Institute of Arts, Detroit

tischen Aspekten: die mystische Erkenntnis des Lichtes einer göttlichen Wahrheit, Auslöschen der Identität, Auflösen des Ich in der Kommunion mit der geistigen Nahrung, dem spirituellen Prinzip, gegen das hand-, mund- und bissfeste Sich-Einverleiben, Auflösen des anderen und seiner Eigenschaften in sich und dem Prinzip einer dynamischen Lebenskraft. Wenn man es will, Metaphysik gegen Physik; doch letztlich birgt ja auch gerade die erotische Seite des Menschenfressens ihre metaphysischen Aspekte, wie im Folgenden noch detailliert nachzuweisen sein wird.

Nimmt man die Kategorien C. G. Jungs hinzu, so wird vielschichtiger sichtbar, was Freuds kausal-reduktive Deutung simplifiziert. Ohne psychologische Fachkompetenz beanspruchen zu wollen, sei doch konstatiert, dass die beiderseitige Ergänzung zu überzeugenderen Interpretationen führt, mit Wendung auf Kafkas Geschichte etwa neben der Betonung von archetypischen Zügen die Jung'sche Auffassung der Psyche als eines sich selbst regulierenden energetischen Systems, in dem Bewusstsein und Unbewusstes kompensatorisch aufeinander bezogen werden, oder die Unterscheidung in einen extrovertierten (Menschenfresser) und einen introvertierten (Hungerkünstler) Menschentyp. Im Verständnis des Zerstückelungstraums vermag Jungs Traum- und Symboldeutung die Freud'sche hilfreich zu unterstützen. Bei Jung werden die Traumelemente als Repräsentat innerpsychischer Gegebenheiten verstanden, wodurch eine Einsicht in die eigenen Projektionen und ihre Zurücknahme erreicht wird. Dennoch muss ein Weiterdenken, wie gesagt, sich wohl an einer Kombination Freud'scher und Jung'scher Elemente orientieren. Der ihnen von Freud u. a. angekreidete Nachteil Jung'scher Theorien liegt in deren Monismus, dem Freuds dualistisches System entgegengesetzt ist. Während Freud über ein dualistisches Triebkonzept verfügt (Eros – Thanatos, Lebens- und Todestrieb sind im Menschen angelegt,

71 Pieter Brueghel, d. Ä., *Christus in der Vorhölle*, 1561, Zeichnung, Wien, Albertina

wobei der Begriff Tod nicht wörtlich genommen werden muss, sondern den Destruktionstrieb bezeichnet), geht Jung von der Lebens- und Liebeskraft aus, so wie Eros ja schon in Platons *Gastmahl* in körperlicher und geistiger Hinsicht als Verkörperung männlicher Zeugungskraft begriffen wird, Antrieb des Strebens nach Selbstvollendung und Unsterblichkeit (in leiblichen und geistigen Kindern), nach dem Wertvollen und Unbedingten. Im Kannibalismus, zumindest in seinen literarischen Ausfaltungen, wie der noch zu besprechende Text Eli Sagans bestätigt, aber wohl auch in seinen tatsächlichen Manifestationen, ist eher das Freud'sche Triebkonzept wiederzufinden, dass nämlich Destruktion und Verschlingen mit Liebe gekoppelt sein können und dass dieser Destruktionstrieb psychologisch gesehen wohl auch notwendig ist, um eine individuelle, von der Mutter abgenabelte Persönlichkeit zu konstituieren.

Beider Einfluss auf modernes Denken ist unübersehbar und in seinen Verästelungen unabschätzbar. Neben Psychologie und Psychotherapie sind es

72 Pieter Brueghel, d. Ä., Das jüngste Gericht, 1558, Zeichnung, Wien, Albertina

Kunst und Literatur, Anthropologie, Ethnologie, auf die beide befruchtend gewirkt haben, Jung auch noch auf Pädagogik, vergleichende Religionsgeschichte und Religionspsychologie. Von daher wird verständlich, dass die Thematik dieses Buches immer wieder auf psychologische Zusammenhänge Bezug nehmen muss. Heutige psychologische Veröffentlichungen mögen exakter, »naturwissenschaftlicher« sein; was ihnen weithin abgeht, sind die schriftstellerischen Eigenqualitäten, welche die Werke Freuds und vor allem Jungs auszeichnen. Nirgends auch wird die Interdependenz thematischer Aspekte des Kannibalismusthemas so handgreiflich fassbar wie in der Rückbindung an die Psychologie, die in unserem Zusammenhang untrennbar mit philosophischen Gedanken gekoppelt ist und immer wieder sichtbar macht, wie eng miteinander verwoben etwa Mythos, Religion, Märchen sind, wie sie als Erklärungsmodelle von Welt psychologisch verankert sind. Die in Zusammenarbeit von Paul Radin, Karl Kerényi und C. G. Jung entstandene Schrift *Der göttliche Schelm. Ein indianischer Mythenzyklus* ist hierfür innerhalb unseres Themas ein besonders illustratives Beispiel.[8]

Der Mythos des Schelmen genießt weltweite Verbreitung, nur wenige Mythen haben die Grundzüge ihres gemeinsamen Inhalts über so lange Zeit bewahrt. Die drei Autoren legen ihren Untersuchungen jene Form des Mythos zugrunde, wie sie sich bei den nordamerikanischen Winnebago-Indianern erhalten hat, da sie diese Fassung für seine früheste und archaischste Erscheinung halten. Der Schelm ist darin gleichzeitig Schöpfer und Zerstörer, spendend und verweigernd ist er der Betrüger, der selbst immer betrogen wird. Er kennt weder Gut noch Böse, weder moralische noch soziale Werte, ist seinen Lüsten und Leidenschaften ausgeliefert. Er vermag sich mit Tieren, wie Rabe, Steppenwolf und Hase, zu identifizieren, sodass er in seinen Konturen als ein Wesen erscheint, dessen Figur menschliche Gestalt voraussahnen lässt, aber noch keinesfalls als bewusstes menschliches Wesen moderner Prägung aufzufassen ist.[9]

Paul Radin berichtet, wie bei den Indianern die zahlreichen Geschichten um den Schelm mit einer Mischung von Gelächter und ehrfürchtiger Scheu rezipiert werden. All diese Geschichten seien als Versuche des Menschen zu werten, seine inneren und äußeren Probleme zu lösen.[10] Dabei entstehen vielfältige Berührungen mit unserem Themenkreis, etwa wenn es mehrmals zu Formen von Autokannibalismus kommt, wenn z. B. der Schelm Teile seines Körpers bestrafen will, sich seinen After versengt und seine eigenen Eingeweide isst oder besonders leckere Fettstücke sich als Teile seiner Eingeweide herausstellen. Bösartigkeit, Aggressivität, Brutalität, Übertölpelung gehen stets mit einem Gefühl für Situationskomik einher. Es kommt zu einer tiefen mythologischen Verbindung von Sexualität, Kannibalismus und Fruchtbarkeitskult. Der Schelm, der die erstaunlichsten Dinge mit seinem Penis ausführt, der anfangs so lang ist, dass er ihn zunächst zusammengerollt um seinen Hals oder in einem Kasten verpackt auf dem Rücken tragen muss (man denke an *Gargantua* von Rabelais), wirft schließlich Stücke seines Zeugungsorgans in die Welt, und es entstehen daraus wichtige Pflanzen wie Reis, Rübe, Seelilie, Artischocken, Kartoffeln, Buschbohnen.[11]

Wie schon am zitierten Indianermärchen vom Pfeilemacher ersichtlich, wird die Kannibalismusthematik hier ebenfalls in ein zyklisches Weltverständnis von Werden, Wachsen und Vergehen eingebunden.

Der Schelm im Winnebago-Zyklus repräsentiert ein archaisches, frühzivilisatorisches Menschenbild, dessen archetypische Qualitäten sich ungeachtet dessen auch in der Gegenwart noch wiederfinden lassen, was die Thesen von der ständigen historischen Veränderbarkeit des Menschen in ein Licht taucht, in dem offenbar wird, dass die Evolution sich einerseits sehr langsam vollzieht, andererseits neben veränderlichen Faktoren Konstanten der menschlichen Persönlichkeit über lange Zeiträume hinweg erhalten bleiben, bzw. längst überwunden geglaubte archaische Seelenzustände latent vorhanden sind und unter besonderen Umständen reaktiviert werden können. Antonin Artaud war nach herkömmlichem Verständnis zweifellos ein kranker Mann; ebenso zweifellos gehört er zu den wirkungsmächtigsten kulturphilosophischen und literaturtheoretischen Schriftstellern unserer Zeit. Er ist einer der Väter des Surrealismus, dessen Beziehungen zur Psychoanalyse allseits bekannt sind. Seine Theorie eines »Theaters der Grausamkeit« hat sich neben der Brecht'schen Theatertheorie seit den späten 50er-, vor allem aber in den 60er- und 70er-Jahren als eines der fruchtbarsten und entwicklungsfähigsten Theaterkonzepte erwiesen, gerade weil sie eine revolutionäre Theorie ist, Bühne und Schauspielstil entrümpelt und im diametralen Gegensatz zu Brecht ein offenes Bekenntnis zur ekstatischen Emotion ablegt.[12] Während Artauds Theatertheorien in den späten 60er- und 70er-Jahren viel diskutiert und Synthesen aus Brecht und Artaud auf ihre Spielbarkeit hin erprobt wurden, ist jene Schrift, die Artaud selbst für sein Hauptwerk hielt, der historische Roman *Heliogabal* oder *Der Anarchist auf dem Thron,* noch weithin unbekannt.[13]

Der *Heliogabal,* unter sich verstärkenden Schüben seelischer Krankheit geschrieben, vereint das zugängliche historische Material über den perversesten und manieristischsten von allen spätrömischen Kaisern (Heliogabal wurde 222 n. Chr., nach nur fünfjähriger Regierungszeit, während einer Palastrevolte auf der Flucht in den Latrinengräben von seiner Prätorianergarde niedergemetzelt, enthäutet und in den Tiber geworfen) mit fiktiven Zutaten und kulturphilosophischen Erörterungen. Artaud liebt den Gestus des expressionistischen Sehers und Kulturkritikers.

Sein *Heliogabal* ist das Buch einer transzivilisatorischen Sehnsucht, gespeist aus den Quellen einer ursprünglichen, einer chaotischen, anarchischen Lebenskraft, die sich reißend Bahn bricht, der das Anarchische Ausdruck tiefer Sehnsucht nach Tabudurchbrechung und Grenzüberschreitung der Moral, der Geschlechter, der technisierten, wissenschaftsbestimmten Zivilisation ist. Es lebt aus der Erfahrung brodelnder Emotionen, die nichts so sehr verabscheuen wie die Regelsysteme von »*law and order*«. Der historische Heliogabal, wie Artaud ihn zeichnet, stellt die Verkörperung seiner philosophischen Prinzipien dar, und wenn man genauer hinsieht, weist er eine erstaunliche Fülle von Parallelzügen mit dem Winnebago-Schelm auf. Da ist der Hang zum Verbrechen, zur Anarchie, zur Gesetzlosigkeit, zu phantastischen Bildern und grotesker Komik, aber auch der Betrüger, der ständig selbst betrogen wird. Da ist vor allem die Dominanz einer überbordenden Fertilität, eines aggressiven, rauschhaften Sexualkultes.

Der Syrer Heliogabal wird 217 n. Chr. nach einer von seinen Tanten angezettelten Verschwörung zum König ausgerufen. Nach einer Serie sich über den ganzen Balkan erstreckender Feste, an deren Höhepunkten er selbst mit goldüberzogenem Glied erscheint, zieht er 218 in Rom ein. Dabei ziehen 300 Mädchen mit entblößten Brüsten vor 300 schläfrig gemachten Stieren einen zehn Tonnen schweren Phallus in einem riesigen Käfig. Heliogabal verteilt politische Ämter nach der Länge des Penis, er verkleidet sich als Lustknabe und verkauft sich für geringes Entgelt vor den christlichen Kirchen und vor den Tempeln der römischen Götter (zur Herabwürdigung des höchsten Symbols des Staates, das er selbst ist, und der Symbole der anderen Religionen). Er macht Gefangene und Mörder zu Nobiles und schickt Aristokraten auf die Galeeren. Er will Präfekten zur Verderbung der Jugend einsetzen. Er geht von Frau zu Frau, von Mann zu Mann und schreckt auch vor dem Inzesttabu nicht zurück. Er steigert die Umkehrung der Normen und Ordnungen zur Kunst und zum philosophischen Prinzip und erwirbt sich durch die Konsequenz, mit der er dies betreibt, Artauds Bewunderung.

Bei Heliogabals Grausamkeit kommt ein seltsamer Rhythmus zum Ausdruck; dieser handelt stets geschickt und zwiespältig. Ich meine, stets auf zwei Ebenen. Jede seiner Gesten ist zweischneidig.
  Ordnung, Unordnung
  Einheit, Anarchie
  Poesie, Dissonanz
  Rhythmus, Disharmonie
  Größe, Kinderei
  Freigebigkeit, Grausamkeit.[14]

Man gewinnt den Eindruck, dass Artauds Heliogabal Kultur sprengen, auf die unbegrenzten Möglichkeiten des präkulturellen Schelmen zurückführen möchte. Er will zuletzt alle Öffnungen und Grenzen des Körpers überwinden, um eins zu werden mit der übrigen Schöpfung. Auf grausam ironische Weise wird ihm dies schließlich zuteil, wenn die vom Latrinenkot besudelten und verstümmelten Leichen Heliogabals und seiner Mutter, deren innerste Organe nach außen gekehrt worden sind, zu allem Überfluss noch gehäutet werden. Wie der Schelm geht Heliogabal bis zum Extrem des Autokannibalismus, der auch ein philosophisches Prinzip der Radikalität ist, und dort ist er ebenfalls verwandt mit Kafkas Hungerkünstler und dessen Alter ego, dem Menschenfresser. Denn natürlich ist Heliogabal in letzter Konsequenz Moloch, Menschen- und Weltfresser:

Trägt man wieder Poesie und Ordnung in die Welt hinein, deren bloßes Dasein eine Herausforderung der Ordnung ist, so trägt man damit auch wieder Krieg, ununterbrochenen Krieg in sie hinein, schafft man einen Zustand tätiger Grausamkeit und entfacht namenlose Anarchie, die Anarchie der Dinge und Aspekte, die nochmals wach werden, bevor sie aufs neue scheitern und sich in der Einheit auflösen. Doch wer diese gefährliche Anarchie weckt, ist immer ihr erstes Opfer. Und Heliogabal ist tätiger Anarchist, der zuerst sich selbst verzehrt und schließlich seine eigenen Exkremente verzehrt.[15]

Zwei Aspekte des Kannibalismus haben sich in den bisherigen Erörterungen als von vordringlicher Bedeutung für die psychologische und philosophische Analyse erwiesen, die der Sexualität und der Aggressivität. Ludwig Klages, der eine biozentrische Metaphysik vertritt und der unter Leib-Seele-Zusammenhängen nicht nur Seins-, sondern vor allem auch Sinnzusammenhänge versteht, diskutiert in einem seiner schönsten Bücher, *Vom kosmogonischen Eros,* (1921, [5]1959), intensiv Fragen des Opfers, des Gott-Essens, der Philosophie orgiastischer Mythen, die wie ein Vor-Kommentar zu Artauds *Heliogabal* und seinen Schriften zur Grausamkeit anmuten.

Klages geht davon aus, dass das Opfermahl eine Opferung des Gottes selbst mit darauffolgender Einverleibung durch die Teilnehmer beinhaltet habe, so wie wir dies im Mythos-Kapitel bereits besprochen haben. Erinnerungen an derartige Mahlzeiten würden heute noch dort wachgehalten, wo man Kuchenteigfiguren von Heiligen oder anderen Personen esse, die vielerorts auch »der Gott, den man isst« hießen: »Noch heutigen Tages werden sie in katholischen Landen bei Gelegenheit von dergleichen Festen verspeist, die ehedem mit Opfermahlzeiten verbunden waren, und man bringt sie den Fremden zu Essen mit, damit auch sie einen Anteil an der Gnadenwirkung der Wallfahrt erlangen.«

Diese Art von religiös-symbolischem Stellvertreter-Kannibalismus bringt Klages in Verbindung mit Erotik und orgiastischen Kulten und Mythen. Er subsumiert den Verschlingungstrieb unter den Liebestrieb und kommt nun schon den philosophischen Abstrakten sehr nahe, die Kafkas ungekürztem *Hungerkünstler* wie Artauds *Heliogabal* zugrunde liegen; Freuds dualistisches Triebkonzept wird hier abermals bestätigt.

73 Pieter Brueghel, d. Ä., Der Zorn-Ira, 1557, Zeichnung, Florenz, Uffizien

Auf der Seite der Mysten besagt die Verschlingung Aufnahme des Gottes oder Empfängnis, auf der Seite des Dämons dessen Ausgießung in die Seelen der Mysten.[17]

Klages geht dann auf Phänomene ein, die uns nicht nur bei Artaud, sondern auch in ekstatisch-mystischen Kulten des Mittelalters, des Islam, vieler anderer Religionen und Kulturen immer wieder begegnen:

Die vielfältigen Beispiele für Selbstgeißelungen, Selbstverwundungen, ja Selbstzerstörungen in orgiastischen Kulten geben uns den Schlüssel zum letzten Sinn ekstatischen Zerreißens überhaupt als der nach außen brechenden Erscheinung heftigster innerer Spannungen.[18]

Klages gelangt schließlich zu einer Philosophie des orgiastischen Mythos, wie sie Artaud vermutlich auch hätte unterschreiben können, von der sich die *Bakchen* des Euripides allerdings dadurch wesentlich unterscheiden, dass dort der Anagnorismus eintritt, in dem Agave mit Entsetzen die durch gött-

74 Pieter Brueghel, d. Ä., Der Triumph der Zeit, Radierung, 1574, Wien, Albertina

liche Verblendung herbeigeführte eigene Tat reflektiert. Am Anfang abendländischer Kultur also die bewusste Abwendung vom orgiastischen Mythos, zweieinhalb Jahrtausende später Sehnsucht nach dem Zurück aus dem Zivilisationsschutt in die Strudel ungebändigter Natur:

Der Geist der Mysten, statt gleichwie im Traum dahinzuschmelzen, wird in der Brandung des Blutes gleichsam zerschlagen, und davon der unmittelbare Ausdruck ist die tatsächliche Zerreißung eines lebendigen Leibes.[19]

Klages unterscheidet sich allerdings auch insofern von Artaud, als er die Ansicht vertritt, dass das Leben in der ekstatischen Wallung auf eine Befreiung vom Geiste abziele. Vieles bei Artaud scheint genau in diese Richtung zu deuten, er selbst wurde jedoch nicht müde, seine Form der Grausamkeit als abstraktes, rein philosophisches Prinzip zu postulieren. Offensichtlich liegen hier die großen Fragezeichen innerhalb der Artaud'schen Kulturphilosophie, die sich ja auch immer Regisseuren entgegenstemmten, die versuchten, ein Artaudgemäßes Theater in die Praxis umzusetzen.

Eros wird von Klages als eine Kraft verstanden, die in der Seele des Menschen bilderstiftend die Verbindung zwischen menschlicher Frühzeit und Gegenwart aufrecht erhält, eine Brücke der Kreativität, die unverbrauchte, natürliche Bilder in der zur Abstraktion neigenden Moderne wieder wirksam machen kann.

Es dauerte lange, bis eine Geschichte des Kannibalismus unter kulturpsychologischer Akzentsetzung geschrieben wurde, die obendrein den menschlichen Aggressionstrieb als Hauptauslöser des Kannibalismus in den Mittelpunkt rückt. Robert N. Bellah macht im Vorwort zu Eli Sagans Studie *Cannibalism. Human Aggression and Cultural Form* (1974) die Tabuierung der Menschenfresserthematik unter Wissenschaftlern für diese lange Abstinenz verantwortlich.[20] Angesichts des in Sagans Buch ausgebreiteten umfangreichen Materials ist diese These für angelsächsische Länder höchstens eingeschränkt haltbar. Es bedurfte vielmehr wohl umfassender anthropologischer, ethnologischer und psychologischer Arbeiten, wie sie bereits vorgestellt wurden, deren Ergebnisse Sagan sich zunutze gemacht hat, um eine derartige Spezialstudie hervorbringen zu können.

Ausgestattet mit umfangreichem Material, macht Sagan sich auf, zu beweisen, dass Kannibalismus erstens ein direkter Ausdruck menschlichen Aggressionstriebes sei, den er zu den stärksten Trieben rechnet, dass zweitens die Haltung von Menschen, die ihresgleichen äßen, psychologisch ambivalent sei, und dass drittens Kannibalismus in aller Regel unter dem sanktionierenden Schutzschirm des Rituals ausgeübt worden sei oder noch werde.[21]

Sagan argumentiert u. a., dass es gesellschaftlich höchst wertvoll sei, institutionalisierten Kannibalismus zu studieren, da diese Extremform menschlichen Verhaltens tiefe Einblicke in die Natur aller gesellschaftlich institutionalisierten Aggression gestatte. Auch Sagan schlägt die Brücke zwischen Sexualität und Kannibalismus und bestimmt letzteren, psychologisch betrachtet, als originäre und äußerste Form des Sadismus. Nichts vermöge letztlich den Aggressionstrieb so zu befriedigen wie die Einverleibung des anderen, zumal wenn dieser ein Feind sei:

Was ist die schlimmste Bestrafung, die jemand einem anderen auferlegen könnte, einem den er in radikalster Weise zu verletzen wünscht? Ihn aufessen, natürlich.[22]

Sagan arbeitet aber auch sehr dezidiert die affektive Haltung des Kannibalen bzw. Menschenfressers zu seinem Opfer heraus, die er auf eine basale Ambivalenz aller Aggressionsakte zurückführt.

Wenn wir mit Freud der Ansicht sind, daß eine Begierde, ein Wunsch leicht in sein Gegenteil umschlagen kann, wenn wir uns vor Augen halten, daß einige primitive Volksstämme ihre Toten essen, während andere ihre eigenen Körper zum Verzehr anbieten – wenn wir ernsthaft versuchen, diese Phänomene zu analysieren, dann gelangen wir näher an ein Verständnis einer allem Kannibalismus inhärenten Qualität: der Ambivalenz. Die Begierde, jemanden zu essen, und die Begierde, von jemandem gegessen zu werden, liegen so dicht beieinander, daß wir die eine nicht ausdrücken können, ohne uns gleichzeitig mit der anderen auseinanderzusetzen. Es gibt eine grundsätzliche Polarisierung in der Anthropophagie zwischen affektiver Beziehung und Aggression.[23]

Solchermaßen mit psychologischen und philosophischen Ansätzen ausgerüstet, ist es an der Zeit, wieder einen literarischen Text zu betrachten, und ausgewählt wird abermals ein Wiener Schriftsteller, Heimito von Doderer, mit seiner Kurzgeschichte »Eine Person von Porzellan.«[24] Die Wiener Vorliebe für das Makabre, für die schwarz-humorige Pointe, wird von Doderer ins Dämonisch-Groteske gesteigert. In seiner Geschichte beobachtet der an Edgar Allan Poes Erzählfiguren erinnernde Berichterstatter in einem vornehmen Wiener Kaffeehaus eine merkwürdige schöne Dame:

Eine Person von Porzellan seh ich neulich im Café. Sie war so hell und rein und zart und weiß, daß man, sie anschauend, sich selbst wie mit Schmutz bedeckt vorkam ...

Alles an diesem Persönchen erinnert an Meißner Porzellan. Der Erzähler schließt aus ihrem Verhalten, dass sie Besitzerin eines Modesalons sein müsse, »einer Sorte Werkstatt also, in welcher eine Reihe von wohlhabenden Damen ihre Außenhaut herstellen lässt«. Er ist fasziniert von ihr und schleicht ihr in eine große, verfallende Altbauwohnung nach, wo er durch eine grausige Entdeckung geschockt wird. Das zerbrechliche Persönchen gebärdet sich dort als Menschenmetzgerin und schlachtet auf bestialische Weise ermordete Menschen mit einem Zimmermannswerkzeug aus:

Mit diesem Ding nun riß und ruckte, hackte und zerrte sie in der oberen Leibeshöhle der vor ihr am Boden liegenden Leiche herum, nickend und wippend, ruhend und wieder zupackend, wie ein Aasgeier bei einem gefallenen Tier.

Eine Wahnsinnige offenbar, bei der Sexualität, Erotik und Aggression in eine durch und durch perverse Lust umgeschlagen sind. Im Grunde wäre die gewählte Technik des kontrastierenden Schocks ziemlich plump, würde ihr Doderer nicht am Schluss doch noch durch variiertes Wiederholen des oben

Zitierten eine Überhöhung ins Symbolische verleihen. Der Erzähler gibt sich erleichtert, nun über »die eigentliche Natur dieser Person von Porzellan« Bescheid zu wissen:

daß sie nämlich derlei trieb; in Leuten herumwühlte; zupfend, hackend, nickend, hingebungsvoll, grunzend, quiekend.

Der verfeinerten äußeren Kultur korrespondiert ein inneres vormenschliches Raubtierverhalten. Der Leser kann nicht umhin, den Schluss zu ziehen, dass möglicherweise, wenn auch nur metaphorisch gesprochen, in derlei menschlichen Nippesfigürchen des öfteren Bestien lauern, die sich daran ergötzen, ihre Männer auszuweiden. Männlichem Selbstmitleid stünde nun ein weites Betätigungsfeld offen, würde es nicht durch eine ironische Tonlage konterkariert und durch die Groteske in eine doppeldeutige Dimension mit einem gewissen psychologischen Wahrheitsgehalt gehoben.

Neben Erotik und Aggression tritt noch ein dritter Aspekt, der untergründig wie selbstverständlich stets in unseren Erörterungen eine Rolle spielte und nun in den folgenden Kapiteln stärker in den Vordergrund gehoben werden soll, der des eigentlichen Essens. Ludwig Klages hatte im *Kosmogonischen Eros* bereits eine Philosophie und Erotik des Essens formuliert, auf die noch zurückzukommen sein wird.[25] Elias Canetti aber war es, der in *Masse und Macht* (1960) zum erstenmal systematisch psychologisch-philosophische Gedanken zum Ergreifen und Sich-Einverleiben zusammenstellte:

Die Psychologie des Ergreifens und Einverleibens – wie die des Essens im allgemeinen – ist noch völlig ununtersucht; es ist uns da alles extrem selbstverständlich. Viele Vorgänge rätselhafter Art spielen sich da ab, über die wir nie nachdenken.[26]

Canetti analysiert und systematisiert die tierischen, weitgehend aber auch noch menschlichen Verhaltensweisen vom Belauern der Beute bis zu ihrem Verschlingen und schließlichen Verdauen.[27] Dabei wird überdeutlich, wie sehr der Mensch sich von fleischfressenden Raubtieren herleitet, selbst wenn die Zivilisation einige der folgenden Beobachtungsstufen erheblich verändert, abstrahiert hat. Zunächst ist da als erste Stufe das *Anschleichen, das Belauern der Beute,* die gleich darauf unter Jägerinstinkt rein sachlich *als Fleisch gesehen* wird. Es folgt die *erste Berührung,* die bereits einen Machtanspruch kundgibt (die Hexe lässt Hänsel seinen Finger aus dem Käfig hervorstrecken, um zu prüfen, ob er schon fett genug ist). Zwischen *Berührendem* und *Berührtem* kommt ein *Machtverhältnis* zustande, das ersterer durch das *Ergreifen* zu seinen Gunsten entscheidet. Dabei ist der *Druck* das eigentlich Wichtige, ein

Druck, der bis zum *Zerquetschen* gehen kann, während in der Regel weder Tiere noch Mensch zur völligen *Zermalmung* fähig sind, sie auch nicht beabsichtigen. Der Berührte habe sich vor allem vor dem *Griff* in Acht zu nehmen, nicht umsonst spreche man metaphorisch von *Ergriffenheit*. Tiger und Löwen seien die großen Ergreifer im Tierreich, alle Könige wären gerne Löwen, viele tragen den Löwen als Wappentier. Bei diesen Tieren sei Lauern, Sprung, Einschlagen der Tatzen, Zerfleischen noch ein integrierter harmonischer Vorgang.

Im Mund beginne sodann die eigentliche *Einverleibung* der Beute, wobei den *Zähnen* besondere Bedeutung zukomme. Dabei trete Glätte und Ordnung der Zähne hervor, durch die Canetti sich an die Funktionalität moderner Maschinen erinnert fühlt. Die *Zähne* seien die bewaffneten Hüter des Mundes, der das Urbild aller Gefängnisse abgebe. Im *Maul* werde dann das Beutetier getötet und trete durch den engen *Schlund* den langen Weg durch den Körper an, an dessen Ende nur *Abfall* und *Gestank* übrig blieben. *Sich-Einverleiben* und *Aussaugen* sei immer letztes Ziel aller Tiere. *Verdauen, Auflösen, Verschwinden von Form* und *Funktion* das Ende alles Gegessenen. All diese Phasen zeichnen sich beim Menschen auch im Seelischen ab.

Es kann nicht geleugnet werden, dass Canettis Beobachtungen für die Extremform des menschlichen Essens, das Menschen-Essen, von besonderer Bedeutung sind und bei der Interpretation literarischer Texte gute Dienste leisten können. Sie könnten ergänzt werden durch die von Claude Lévi-Strauss in seinen *Mythologica* (1971–1975) entwickelten anthropologischen, ethnologischen, kulturpsychologischen und psycho-analytischen Methoden, wie er sie vor allem in *Das Rohe und das Gekochte* entfaltet hat.[28] Dies soll jedoch bewusst nicht geschehen, da man sich dann des speziellen Vokabulars von Lévi-Strauss und seinen Schülern bedienen muss und diese Methoden zu einer Rigidität neigen, die keine anderen Ansätze neben sich duldet. Sie sind durch einen hohen Abstraktionsgrad gekennzeichnet, der geeignet ist, über die Köpfe der Leser hinwegzuargumentieren. Unterwirft man sich den Bedingungen solcher Systeme, mögen sie in sich völlig stringent sein. Sie werden von Lévi-Strauss selbst vorsichtig, von seinen Schülern bisweilen mit sophistischer Raffinesse gehandhabt, auf deren Abstraktionsniveau sich nahezu alles und jedes beweisen lässt.

Neue Forschungsansätze entstehen zur Zeit u. a. auch in Deutschland, wo die Berliner Tagung *Die Wiederkehr des Körpers* (1981) und der von Dietmar Ramper und Christoph Wulf herausgegebene Sammelband gleichen Titels wichtige Wegemarken kennzeichnen.[29] Für unseren Themenbereich können dabei insbesondere die Aufsätze von Dietmar Ramper *Das Phantasma vom ganzen und vom zerstückelten Körper*, von Gert Mattenklott *Das gefräßige Auge* und von Ulrich Raulff *Chemie des Ekels und des Genusses* nutzbar gemacht werden. Sie bauen ebenfalls teilweise auf französischen Forschungen auf, für die neben Lévi-Strauss die Namen Roland Barthes,[30] Georges Bataille[31] und Jacques Lacan[32] von Bedeutung sind.

Mit einem Lacan-Zitat wollen wir uns denn auch der dieses Kapitel abschließenden Interpretation der Kannibalismusthematik in Maria Erlenbergers Roman *Singende Erde* (1980) zuwenden.[33] Beide gestatten zugleich die Rückbindung an das Eingangszitat und dessen nunmehr vertiefte Deutung:

75 Francisco de Goya, Versuche, Radierung, Aquatinta, Los Caprichos No. 60, 1799

Dieser zerstückelte Körper ... zeigt sich regelmäßig in den Träumen, wenn die fortschreitende Analyse auf eine bestimmte Ebene aggressiver Desintegration des Individuums stößt. Er erscheint dann in der Form losgelöster Glieder und exoskopisch dargestellter, geflügelter und bewaffneter Organe, die jene innere Verfolgung aufnehmen, die der Visionär Hieronymus Bosch in seiner Malerei für immer festgehalten hat, als sie im fünfzehnten Jahrhundert zum imaginären Zenith des modernen Menschen heraufstiegen. Aber diese Form erweist sich greifbar im Organischen selbst, an den Bruchlinien nämlich, welche die phantasmatische Anatomie umreißen und die offenbar werden in Spaltungs- und Krampfsymptomen, in hysterischen Symptomen.

Entsprechend symbolisiert sich die Ich-Bildung in Träumen als ein befestigtes Lager ..., das – quer durch die innere Arena bis zur äußeren Umgrenzung, einem

Gürtel aus Schutt und Sumpfland – geteilt ist in zwei einander gegenüber liegende Kampffelder, wo das Subjekt verstrickt ist in die Suche nach dem erhabenen und inneren Schloß, dessen Form ... in ergreifender Weise das Es symbolisiert. Wir finden diese Strukturen einer Befestigungsanlage, deren Metaphorik spontan auftaucht, als würde sie unmittelbar aus den Symptomen des Subjekts hervorgehen –, in ähnlicher Weise auf mentaler Ebene realisiert; sie markieren dort Mechanismen der Inversion, Isolation, Verdoppelung, Annullierung, Verschiebung, die der Zwangsneurose zugeschrieben werden.[34]

Es ist erstaunlich, mit welcher Präzision Lacans Beobachtungen auf den Roman Erlenbergers zutreffen. Maria Erlenberger war zunächst eine zwangsneurotisch veranlagte »Hungerkünstlerin«, die sich selbst durch Verhungern umbringen wollte. In der Psychiatrie begann sie dann zu schreiben,[35] und nach dem Bericht über ihre unmittelbaren Hunger-Erfahrungen und den dadurch hervorgerufenen Erfahrungshunger entstand der Roman *Die Singende Erde*, der sich eigentlich 600 Seiten lang unaufhörlich ums Essen dreht. Ob die Ich-Erzählerin nun von einer Landkommune in ein Sterbesanatorium, von einer hochtechnologisierten Wolkenkratzer-Gesellschaft in eine asketische Mönchsgruppe gelangt, das erste Thema lautet: Wie und was wird gegessen. Alle anderen Ereignisse gruppieren sich um dieses Thema herum, im Wesentlichen ebenfalls die so genannten Grundbedürfnisse, betreffend Wohnen, Schlafen, Sexualität, Kleidung, Gesundheit. Einen Höhepunkt finden die Essensphantasien während ihres Aufenthaltes in einer wilden Kindergesellschaft, die sich auf den Ausschluss der Erwachsenen gründet.[36] Wer von diesen in den Kinderbereich eindringt, wird getötet und gefressen.

Diese völlig irreale Welt wird mit drastischer Realistik dargestellt und gleicht bis in die Details der Beschreibung Lacans. Die Kinder haben eine spartanisch-atavistische Kriegergesellschaft gebildet. Sie haben sich in einem befestigten Lager von der Außenwelt abgeriegelt. Es wird in sich durch die einander gegenüberliegenden Lager der größeren und der kleineren Kinder getrennt, die sich gegen Bedrohung von außen zusammenschließen, sich aber bei kleinsten Regelverstößen gegenseitig bitterlich und völlig erbarmungslos befehden. Folter, Tod und primitive Sexualität sind an der Tagesordnung, die Kinder sind aber ansonsten gut und zweckmäßig organisiert und huldigen einer archaischen Gesellschaftsordnung, die auf festen Befehlshierarchien aufgebaut ist, ebenso wie quasi-religiösen Ritualen. Sie fühlen sich in dieser Welt völlig zu Hause. Nahrungsversorgung, Kleidungsbeschaffung, sexuelle Bedürfnisse sind streng geregelt, es gibt aber auch viel Frohsinn, Tanz, Musik, ja so etwas wie primitive Kunst und Kultur.

Der literarisch sensible Leser wird immer wieder durch offensichtliche stilistische Schwächen des Buches verletzt. Diese werden jedoch aufgewogen durch eine vitalsprudelnde sprachliche Naturbegabung Erlenbergers.

Die Ich-Erzählerin wird nach einem mit äußerster Intensität geschilderten grausamen Initiationsritus, in dem sie nackt und mit verbundenen Augen Spießruten laufen muss, wobei die Krieger-Kinder mit geschliffenen Messern jederzeit beliebig auf sie einstechen und -schneiden dürfen, in die Stammesgemeinschaft aufgenommen. Nach kannibalistischen Vorspielen kommt es zur Höhepunktszene einer kannibalischen Festmahlzeit aus Anlass des Sieges über eine mit mittelalterlichen Waffen ausgerüstete, berittene erwachsene Räuberbande, die das Kinderlager plündern wollte und wähnte, hier leichtes Spiel zu haben:

Die Fleischteile sind schon schön angeröstet. Es sieht eigentlich recht appetitlich aus. Ein Junge probiert, ob das Fleisch schon durch ist. Viel ist es. Sie haben es auch mit Kräuterwürze eingerieben. Einige Stücke sind schon fertig. Pfeil bringt einen gespießten Bissen. Wir nagen daran herum. Ich glaube, es muß ein Stück Menschenschinken sein. Unsere Gesichter kommen einander ganz nahe über dem Fleischstück. Wir lachen einander in die Augen. Pfeil strahlt hell aus seinem bunten Teufelsgesicht heraus. Eine Welle von Frohsinn springt auf mich über. Seine weißen Zähne beißen zu, meine tun dasselbe. Es schmeckt außen angebrannt, innen ziemlich fade, aber saftig und absolut nicht ungenießbar.

»Das letzte war besser!« stellt Pfeil unterm Kauen sachlich fest und fügt schluckend hinzu: »Vielleicht weil es eine Frau war.« Ich drücke meinen Bissen hinunter, und noch einmal kommen sich unsere Gesichter so nahe beim Abbeißen. Pfeil stupst mich mit seiner Nase an. Er rückt ganz nahe an meinen Körper und faßt mich an den Händen. Sie sind warm und fettig, es sind diese lieben, kleinen, starken Hände, die ich so oft auf meinem Körper gespürt habe. Ich zweifle nicht einen Augenblick daran, daß Pfeil mich essen könnte. Auch ich würde mich essen.[37]

Offensichtlich hat die Erzählerin in der kannibalischen Gemeinschaft ihr neues Ich gefunden. Ein Ich, das essen will, Welt in sich aufnehmen und wieder ausscheiden will. Ein Ich, das nach dem Chaos der Neurose und pikaresker Wanderschaft seine Heimat in einer infantilen Gesellschaft klar abgegrenzter Tabus und Freiräume gefunden hat, in welcher seine im Freud'schen Sinne dualistische Triebexistenz harmonisch zur Einheit gebracht werden kann. Nach Lacan ist der Mensch grundsätzlich ein Mangel-Wesen, das sich von der Tierwelt dadurch unterscheidet, dass es unvollständig und zu früh auf die Welt kommt. Über alle seine Aktivitäten sucht es immer wieder eine phantasmatische-symbolische-reale Einheit herzustellen. Die Illusion einer zu erlangenden Ganzheit motiviert ihn, treibt ihn an. Dabei geht auch Lacan von einem dualistischen Prinzip aus: Durch Liebe will der Mensch sich mit dem anderen verbinden, durch Aggression ihn von sich abtrennen. In der Kindergesellschaft ist beides in klaren Strukturen gewährleistet. Der Roman Maria Erlenbergers endet übrigens mit dem Satz: »Wir könnten eigentlich noch etwas essen.«

Anmerkungen zu Kapitel V

1 Leserbrief in *Emma*, Nr. 10 (Oktober, 1977).
2 Vgl. Jacques Laplanche und Maurice Pontali, *Das Vokabular der Psychoanalyse* (Frankfurt, 1973), S. 241 f.
3 Sigmund Freud, »Drei Abhandlungen zur Sexualtheorie«, *Gesammelte Werke*, Bd. V, Werke aus den Jahren 1904–1905 (London, 1942), S. 27–145, hier S. 98.
4 Sigmund Freud, *Totem und Tabu*, Gesammelte Werke, Bd. IX (London, 1940), S. 158.
5 Freud, *Totem und Tabu*, a. a. O., S. 171 f.
6 J. M. S. Pasley, »Asceticism and Cannibalism: Notes on an Unpublished Kafka Text«, *Oxford German Studies I* (Oxford, 1966), S. 102–114.
7 Pasley, a. a. O., S. 106.
8 Paul Radin/Karl Kerényi/C. G. Jung, *Der göttliche Schelm*. Ein indianischer Mythenzyklus (Hildesheim, 1979).
9 Radin, a. a. O., S. 7–9.
10 ebda.
11 Vgl. die Textfassung des Mythenzyklus *Der göttliche Schelm*, S. 33–69.
12 Vgl. Antonin Artaud, *Das Theater und sein Double*, Deutsch von Gerd Henniger (Frankfurt, 1969), Christian W. Thomsen, Das englische Theater der Gegenwart (Düsseldorf, 1980), S. 244–275; Martin Esslin, Artaud (Glasgow, 1976).
13 Antonin Artaud, *Heliogabal oder Der Anarchist auf dem Thron* (München, ^{2}1978).
14 Artaud, *Heliogabal*, S. 144.
15 Artaud, *Heliogabal*, S. 115 f.

16 Ludwig Klages, »Vom kosmogonischen Eros«, in: *Sämtliche Werke*, Bd. III, Philosophische Schriften (Bonn, 1974), S. 303–497, hier S. 460.
17 Klages, a. a. O., S. 464.
18 Klages, a. a. O., S. 465.
19 Klages, ebda.
20 Eli Sagan, *Cannibalism*. Human Aggression and Cultural Form (London, 1974), S. IX.
21 Vgl. Sagan, a. a. O., Kap. I., S. 1–21.
22 Vgl. Sagan, a. a. O., S. 9, Übersetzung C. W. Thomsen.
23 Sagan, a. a. O., S. 33.
24 Heimito von Doderer, »Eine Person von Porzellan«, in: *Die Erzählungen*, hrsg. von Wendelin Schmidt-Dengler (München, 1972), S. 302–306, nach dieser Ausgabe wird zitiert.
25 Klages, a. a. O., S. 460. Vgl. Kap. VII, Motto.
26 Elias Canetti, *Masse und Macht* (Hamburg, 1960), S. 251.
27 Canetti, a. a. O., S. 231–240.
28 Claude Lévi-Strauss, *Mythologica IV, Der nackte Mensch* (Frankfurt, 1975).
29 *Die Wiederkehr des Körpers*, hrsg. von Dietmar Kamper und Christoph Wulf (Frankfurt, 1982). Siehe auch die in diesem Umkreis erscheinende Zeitschrift *Tumult*. Und neuerdings: Gert Mattenklott, *Der übersinnliche Leib*. Beiträge zur Metaphysik des Körpers (Reinbek, 1982).
30 Roland Barthes, *Leçon/Lektion* (Frankfurt, 1980).
31 Georges Bataille, *Die Tränen des Eros*, hrsg. von Gerd Bergfleth (München, 1981).
32 Jacques Lacan, *Schriften* I–III (Olten, 1973–1980).
35 Maria Erlenberger, *Die Singende Erde*. Ein utopischer Roman (Reinbek, 1980).
34 Erlenberger, a. a. O., S. 574.
35 Maria Erlenberger hat ihre diesbezüglichen Erfahrungen unter dem Titel *Der Hunger nach Wahnsinn* veröffentlicht (Reinbek, 1979).
36 Vgl. Erlenberger, *Die Singende Erde*, S. 479 ff.
37 Erlenberger, a. a. O., S. 574.

VI. Erotik

Und nur weil wir Menschen sind und weil über unserem ganzen Leben der Schatten des Todes liegt, kennen wir die wilde und verzweifelte Gewalt der Erotik.
Georges Bataille[1]

Die Erotik des Kannibalismus ist eine Erotik zum Tode. Auch wenn Karikaturisten, vielleicht im überkompensierenden Auslösen von Abwehrmechanismen, oft meinen, dieses Thema mit zynischen Witzen aufs Papier werfen zu müssen, bleibt bei jedem ernsthaften Nachdenken jene tiefe Betroffenheit, die Extremformen menschlicher Existenz zu würdigen sucht und erschauert vor den Möglichkeiten dieser Existenz. In unserer Zeit hat dies kaum einer poetischer, visionärer und zugleich philosophischer begriffen und formuliert als Georges Bataille in den *Tränen des Eros*:

Übersehen wird heutzutage gern die Tatsache, daß die Erotik eine wahnsinnige Welt ist und daß ihre ätherischen Formen nur eine dünne Schicht über infernalischen Abgründen bilden. Ich habe meiner Skizze über die Beziehung zwischen Tod und Erotik eine lyrische Form gegeben:
  Aber ich betone es noch einmal: solange die Erotik uns nicht in ihrer Bodenlosigkeit bewußt wird, entgeht uns ihre Wahrheit. Die Erotik ist zunächst die erregendste Wirklichkeit, sie ist aber gleichzeitig auch, und dies nicht weniger, die schändlichste. Auch nach der Psychoanalyse bleibt die Erotik eine Welt voller Widersprüche: ihre Tiefe ist religiös, sie ist schrecklich, sie ist tragisch, sie ist noch immer uneingestehbar. Und dies um so mehr, als sie göttlich ist.
  Gegenüber jener simplifizierten Wirklichkeit, die dem menschlichen Leben im allgemeinen seine Grenzen setzt, ist die Erotik ein fürchterliches Labyrinth,, in dem der, der sich darin verliert, erschaudern muß. Der einzige Weg zur Wirklichkeit der Erotik: das Schaudern.[2]

Batailles Worte klingen wie ein Kommentar zu jenem Werk, das im deutschen Sprachraum kannibalistische Aspekte der Erotik am erschütterndsten und hintergründigsten aufnimmt, zu Heinrich von Kleists *Penthesilea*. *Penthesilea* ist ohne die *Bakchen* schwer vorstellbar. Es ist ein dionysisches Stück, und wenn wir anlässlich der Interpretation der *Bakchen* innerhalb unseres thematischen Zusammenhangs die Ansicht vertraten, dass sich in den *Bakchen* des Euripides der Durchbruch zur Individualität vollziehe, wenn vielleicht auch noch nicht ganz im heutigen Sinne, so kann darüber kein Zweifel bestehen, dass Kleists Stück zwar archaisiert, andererseits aber in seiner individualistischen und emanzipatorischen Tendenz ein wegweisend modernes Stück ist.

Abermals sei Bataille zitiert, um, in die Vergangenheit gewandt, Euripides und den Dionysoskult zu beleuchten und um in Kleists historischer Gegenwart umso schärfer die Bruchstelle zu markieren, die dieses Stück aufreißt:

Im Gegenteil scheint der Sinn der Bacchanalien ursprünglich in einer Überwindung der sinnlichen Erotik gelegen zu haben. Der Dionysoskult war zunächst Ausdruck einer rein religiösen Inbrunst, er war ursprünglich eine flammende Bewegung, eine verzweifelte Bewegung. Obwohl wir über diese Bewegung im großen und ganzen nur sehr wenig wissen und die Querverbindungen zwischen dem griechischen Theater und dem Dionysoskult schwer zu präzisieren sind, spricht einiges dafür, daß die Tragödie, teilweise zumindest, aus diesem leidenschaftlichen Kult hervorgegangen ist. Der Dionysoskult war im wesentlichen tragisch. Er war zugleich erotisch, von maßloser Ausschweifung geprägt, und wir wissen, daß er in eben dem Maß erotisch war, in dem er tragisch war. In erster Linie aber war er tragisch, und die Erotik vollendete nur die Atmosphäre tragischen Schreckens, die zu ihm gehörte.[3]

Goethe, der deutsche Olympier, fühlte sich unangenehm berührt von der *Penthesilea*. Das Stück war ihm peinlich, ekelhaft vermutlich. Drum mokierte er sich auch so darüber und zog es ins Lächerliche, was selbst Olympier gerne tun, wenn Gefahr besteht, dass das Equilibrium ihres olympischen Nervenkostüms aus der Balance zu geraten droht. Kleists Gegenstück, das andere Ende des Pendelschlags, das *Käthchen von Heilbronn*, warf er sogar ins Feuer. Zu abgeschmackt kam ihm, dem Frauenkenner, das darin entworfene Frauenbild vor. Ein »Frauenkenner« im landläufigen Sinne war Kleist nun in der Tat ganz und gar nicht, aber er schuf Frauengestalten, deren Radikalität die Verkrustungen des steril gewordenen deutschen Idealismus ebenso aufbrach, wie sie die bürgerliche »Heimchen-am-Herd«-Ideologie oder »Blaue-Blumen«-Such-Seligkeit banalisierter Romantik untergrub in der Unbedingtheit absolut gesetzter Gefühle. Kleist und Artaud hätten sich sicher viel zu sagen gehabt, und Kleist war sich der Bedrohung, die von seiner Figur ausging, sehr wohl bewusst. Wenn Artaud von seinem Theater der Grausamkeit meinte, die Metaphysik solle darin gleichsam »durch die Haut« in die Gemüter einziehen, so formuliert sein Programm theoretisch die praktischen Intentionen Kleists.

76 Roland Topor, Der Kuss, 1970, aus: Les Passions moyennes

Der beendet im Herbst 1807 *Penthesilea* und schreibt an Marie von Kleist, sein »innerstes Wesen« liege in diesem Gedicht, der »ganze Schmutz und Glanz meiner Seele«.[4] Artaud litt an ähnlichen Abschnürungen und gesellschaftlich bedingten Erstickungsanfällen. Der schale Atem eines selbstzufrieden Kunst konsumierenden Bürgertums legte sich ihm wie ein Pesthauch auf die Seele, und so heißt es im ersten »Manifest zum Theater der Grausamkeit« (1932):

Das Theater wird erst dann wieder es selbst werden, d. h. ein echtes Illusionsmittel darstellen können, wenn es dem Zuschauer der Wahrheit entsprechende Traumniederschläge liefert, in denen sich sein Hang zum Verbrechen, seine erotische Besessenheit, seine Wildheit, seine Chimären, sein utopischer Sinn für das Leben und die Dinge, ja sogar sein Kannibalismus auf einer nicht bloß angenommenen und trügerischen, sondern inneren Ebene Luft macht.[5]

Beide wussten, was sie fühlten und wovon sie redeten, aber beide litten auch daran, ihrer Zeit voraus zu sein. Das bedeutete, jene öffentliche Aufmerksamkeit und den Applaus fast ganz zu verlieren, der doch das Seelenmanna des Künstlers ist. Kleists Verleger Cotta z. B. wollte die *Penthesilea* am liebsten unterdrücken:

Wir sprachen von Heinrich von Kleists ›Penthesilea‹, die er [Cotta] verlegt hat, er war unzufrieden mit dem Erzeugnis, und wollte das Buch gar nicht anzeigen, damit es nicht gefordert würde.[6]

Doch inzwischen hat dieses »seltsame Ungeheuer«, so Ludwig Tieck, als eine der wenigen echten Tragödien der deutschen Literatur und sicher als ihre leidenschaftlichste allgemeine Anerkennung gefunden. Zu den wegweisenden modernen Elementen der *Penthesilea* gehört die Verzahnung von gesprochener Sprache, Körpersprache und emotionalen Bewegungsketten,[7] wie Blöcker dies genannt hat, die dann wieder in fragmentarischer, lyrischer Rede artikuliert werden. Das Kannibalische darin reicht bis in den Rhythmus einer mit »sententiae minutissimae« gespickten Sprache. »Gestaut, gespalten, zergliedert, zerhackt, dann geballt und blitzartig entspannt, wird

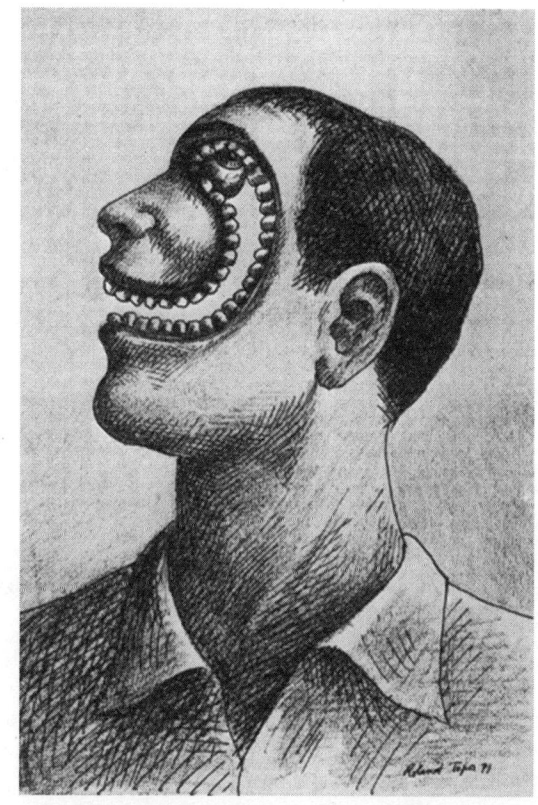

77 Roland Topor, Zeichnung ohne Titel, 1971

die dichterische Sprache Kleists Ausdruck für einen seelenzerstörerischen Verlauf des Geschehens.«[8] Und auch in der Körpersprache kündet es sich ab der ersten Begegnung der Amazonenkönigin mit Achill an:

Bis jetzt ihr Aug auf den Peliden trifft:
Und Glut ihr plötzlich, bis zum Hals hinab,
Das Antlitz färbt, als schlüge ringsum ihr
Die Welt in helle Flammenlohe auf.[9]

Penthesileas Liebe ist unbedingt und dennoch mit einem großen Aber versehen, das ja auch durchaus richtig als Affront gegen die herrschende Auffassung geschlechtsspezifischer Rollenverteilung verstanden wurde. Vor der eigenen körperlichen Hingabe hat die Unterwerfung des Mannes zu stehen. Das ist revolutionär, damals und heute. Wenn auch weibliche Domestizierungsmethoden gerade im 19. Jahrhundert mehr oder weniger subtil zumindest im häuslichen Bereich genau darauf abzielten, so bleibt doch mindestens bis zum Zweiten Weltkrieg das Bild des »Hausvaters«, »Hausherren«, ja »Haustyrannen« als Ausdruck familiärer Machtverhältnisse im deutschen Sprachbereich vorherrschend.

Bei Kleist ist es Geschlechterkampf vor aller Partnerschaft. Die Vorstellung von Achill als »Hausmann« beginnt erst in der unmittelbaren Gegenwart an Absurdität zu verlieren. Einmal zum Schein getäuscht, verwandelt sich Penthesilea zur Furie. Und da man das unmittelbare Geschehen denn doch auf der Bühne kaum darstellen kann, greift Kleist wie Euripides zum Mittel der Teichoskopie:

DIE PRIESTERIN:
  Was siehst du? Rede! Sprich!
DIE AMAZONE:
  Penthesilea, Sie liegt, den grimm'gen Hunden beigesellt,
  Sie, die ein Menschenschoß gebar, und reißt –
  Die Glieder des Achills reißt sie in Stücken! (336)

Die Reaktion der Gefährtinnen und Priesterinnen ist verständlich, weil »normal«. So extrem, so außerhalb menschlichen Regelverhaltens ist Penthesileas Tat, dass ihr Agaves Schicksal zugedacht wird, noch bevor sie in irgendeiner Form reagieren kann: »Sie die fortan kein Name nennt.« (336) Namen- und damit identitätslos soll sie aus der menschlichen Gemeinschaft ausgestoßen werden:

DIE OBERPRIESTERIN:
  Hinweg, du Scheußliche!
  Du Hades-Bürgerin! Hinweg sag' ich!
  Nehmt diesen Schleier und deckt sie zu. (339)

Zu grässlich sind denn auch die Details, die Meroe berichtet, und die Erfahrungen der Scheußlichkeiten von Napoleons Russlandfeldzug, gegen den Preußens militärischer Zusammenbruch (1806) ein Kinderspiel ist, liegen noch vor den Zeitgenossen:

MEROE:
> *Jetzt gleichwohl lebt der Ärmste noch der Menschen,*
> *Den Pfeil, den weit vorragenden, im Nacken,*
> *Hebt er sich röchelnd auf und überschlägt sich*
> *Und hebt sich wiederum und will entfliehn;*
> *Doch »Hetz!« schon ruft sie: »Tigris! Hetz, Leäne!*
> *Hetz, Sphinx! Melampas, Dirke, Hetz, Hyrkaon!«*
> *Und stürzt – stürzt mit der ganzen Meut', o Diana!*
> *Sich über ihn und reißt – reißt ihn beim Helmbusch*
> *Gleich einer Hündin, Hunden beigesellt,*
> *Der greift die Brust ihm, dieser greift den Nacken,*
> *Daß von dem Fall der Boden bebt, ihn nieder!*
> *Er, in dem Purpur seines Bluts sich wälzend,*
> *Rührt ihre sanfte Wange an und ruft:*
> *»Penthesilea! Meine Braut! Was tust du?*
> *Ist dies das Rosenfest, das du versprachst?«*
> *Doch sie – die Löwin hätte ihn gehört,*
> *Die hungrige, die wild nach Raub umher*
> *Auf öden Schneegefilden heulend treibt:*
> *Sie schlägt die Rüstung ihm vom Leibe reißend,*
> *Den Zahn schlägt sie in seine weiße Brust,*
> *Sie und die Hunde, die wetteifernden,*
> *Oxus und Sphinx den Zahn in seine rechte,*
> *In seine Linke sie; als ich erschien,*
> *Troff Blut von Mund und Händen ihr herab. (337–338)*
>   *(Pause; alles schweigt voll Entsetzen.)*

Die Bildersprache der Ästhetik des Schreckens, der Schönheit des Grauens in dieser Szene ist surreal. Dennoch ist sie in offensichtlicher Parallelführung zur oben zitierten Szene aus den *Bakchen* entstanden. Erst in Penthesileas eigenen Reaktionen wird die psychologische Differenz und damit die Modernität sichtbar. Dionysos, ein Gott, schlug Agave mit Umnachtung, bei Penthesilea sind es die Furien, die Exaltationen der eigenen Psyche, die alle Tabus und Dämme moralischer und gesellschaftlicher Konventionen niederreißen und zur kannibalischen Erotik führen. Nach dem Paroxysmus der Tat folgt die entkrampfende Entspannung, bei ihr gepaart mit verzückter Todessehnsucht:

PENTHESILEA *(nach einer Pause mit einer Art von Verzückung)*:
   Ich bin so selig Schwester! Überselig!
   Ganz reif zum Tode, o Diana, fühl ich mich. (343)

Erneut drängen sich Gedanken und Formulierungen Batailles geradezu auf:

Die Gewalt der konvulsivischen Lust lebt tief in meinem Herzen. Diese Gewalt ist zugleich – ich sage es voll Angst – das Herz des Todes: es öffnet sich in mir.[10]

Die Spannweite der Tragik des Stückes kommt ans Licht. Die kannibalische Erotik vereint im Menschen die animalische und die göttliche Existenz, nur muss er zwangsläufig daran zerbrechen, lässt sich dies wohl im Sinnenrausch kurz erleben, aber nie auf Dauer aushalten:

PENTHESILEA:
   Was! Ich? Ich hätt' ihn –? Unter meinen Händen –?
   Mit diesen kleinen Händen hätt' ich ihn –?
   Und dieser Mund hier, den die Liebe schwellt –?
   Auch zu ganz anderem Dienst gemacht, als ihn –!
   Die hatten, lustig stets einander helfend,
   Und jetzt und Hand, und Hand und wieder Mund –? (346)

Dies alles sind noch die Fragen, welche zur Selbsterkenntnis, dem Selbsteinverständnis, der Selbstannahme führen, Abwehrreaktionen bei den Umstehenden auslösen, die sich von tieferer Einsicht in die Radikalität der Erotik schützen möchten. Sie rufen zwar die Götter um Beistand an, aber letztlich bitten sie sie, ihnen die Binde vor den Augen zu belassen. Sehend werden hieße ja die Tragik ausmessen können. Oder abermals mit den Worten Batailles:

Wer den religiösen Sinn der Erotik nicht sieht, dem entgeht ihr ganzes Wesen.
   Wer umgekehrt den Bund nicht sieht, den die Religion mit der Erotik verknüpft, dem wird auch das Wesen der Religion entgehen.[11]

Octavio Paz formuliert sehr prägnant, worauf es dabei ankommt: »Die Brücke zwischen der Erfahrung des Heiligen und der Erotik ist die Imagination.«[12] Penthesilea wird diese Einsicht zuteil. Sie wagt auszusprechen, was alle anderen bis zuletzt bemänteln möchten. Sie lebt in dieser Einsicht, und sie stirbt an ihr:

PENTHESILEA:
  – So war es ein Versehen. Küsse, Bisse,
  Das reimt sich, und wer recht von Herzen liebt,
  Kann schon das eine für das andere greifen.
MEROE:
  Helft ihr, ihr Ew'gen, dort!
PROTHOE (ergreift sie):
  Hinweg!
PENTHESILEA:
  Laßt, laßt!
  (Sie wickelt sich los und läßt sich auf Knien vor der Leiche nieder.)
  Du Ärmster aller Menschen, du vergibst mir!
  Ich habe mich, bei Diana, bloß versprochen,
  Weil ich der raschen Lippe Herr nicht bin;
  Doch jetzt sag' ich dir deutlich, wie ich's meinte:
  Dies, du Geliebter, war's und weiter nichts.
  (Sie küßt ihn)
DIE OBERPRIESTERIN:
  Schafft sie hinweg!
MEROE:
  Was soll sie länger hier?
PENTHESILEA:
  Wie manche, die am Hals des Freundes hängt,
  Sagt wohl das Wort: sie lieb' ihn, oh, so sehr,
  Daß sie vor Liebe gleich ihn essen könnte;
  Und hinterher, das Wort begreift, die Närrin!
  Gesättigt sein zum Ekel ist sie schon.
  Nun, du Geliebter, so verfuhr ich nicht.
  Sieh hier: als ich an deinem Halse hing,
  Hab' ich's wahrhaftig Wort für Wort getan;
  Ich war nicht so verrückt als ich wohl schien. (347)

»Ich war nicht so verrückt als ich wohl schien«, dieser letzte Satz bezeugt Einsicht und Einverständnis, und er bedeutet zugleich das Todesurteil für Penthesilea. Von mehreren Seiten, die selbst nicht ermessen konnten, was Kleist durchlitten hatte, ist die Anekdote bezeugt, mit welcher Erschütterung der Autor auf den fiktiven Tod seiner eigenen literarischen Figur reagierte. Mit allen Zeichen der Verstörung stürzt er eines Abends im August 1807 in

Dresden zu Pfuel ins Zimmer und ruft: »Sie ist tot, ach, sie ist tot«, und wie die Gesellschaft entsetzt fragt, wer tot sei: »Penthesilea, meine Penthesilea ist tot.«[13]

Von eifersüchtigen und zornigen Mänaden zerrissen, weil er sich nach dem Tod Eurydikes aus der Liebe und den Frauen nichts mehr macht, wird auch Orpheus. Sein Haupt mit der Leier wird vom Fluss fortgespült und in Lesbos angeschwemmt, wo die äolische Lyrik aus ihm entsteht.

Der »göttliche Marquis« ist da aus ganz anderem Holz geschnitzt. Noch vor Kleist markiert er den Kleist entgegengesetzten Pol der kannibalistischen Erotik. In seiner Imagination springt er von Frau zu Frau, von Perversion zu Perversion, von Lust zu Lust, von Qual zu Qual. Und die Abwechslung der Lust entspringt immer wieder nur aus der Abwechslung der Qual, und beide werden monoton und schal, und drum muss man die Reizschwelle der Qualen und Perversionen immer höher setzen, um noch ein Quäntchen Lust aus ihnen herauspressen zu können. Und am Ende der vielen Qual und der wenigen herausdestillierten Lust steht stets der Tod der Mädchen und Frauen, bisweilen auch der Männer, deren Kadaver, nichts als ausgequetschte Lustobjekte, achtlos weggeworfen werden.

Auch wenn sich inzwischen die Wissenschaftler, Psychologen, Soziologen, Philosophen, Philologen wie die Ameisen über ihn hergemacht haben, bleibt de Sade in der unmittelbaren Leseerfahrung ein Skandalon. Ein Skandalon, weil er monomanisch besessen ins Extrem ausformuliert, was bruchstückhaft schon jeder Mann geträumt. Seine Grausamkeit ist nicht die der Tat, sondern die des Gehirns, des Denkens, und das ist im Grunde ja noch anstößiger als die des Tuns. Sade interessiert nicht so sehr der wirkliche Lustmord als vielmehr die Vorstellung von Mord. Seine Leser werden nicht aufgefordert, das Böse zu tun, sondern das Böse zu denken. Er will ihr Denken infiltrieren, sich in ihren Gehirnen einnisten, überdies macht de Sade erfahrbar, dass menschliches Denken durchaus nicht irgendwie purer Geist ist, sondern durchaus körperlich sein kann, was mit einer der Gründe dafür ist, dass man beim Lesen von dergleichen Texten nicht loskommt, obwohl man darauf mit intellektuellem wie körperlichem Widerwillen reagiert.[14]

Dennoch musste de Sade wohl kommen. Zu lange währte schon die sexualfeindliche, Sexualität denunzierende und menschliches Triebleben unterdrückende Denkherrschaft des Christentums. De Sade ist nicht zuletzt ein Ergebnis dieser intellektuellen und moralischen Herrschaftsstrukturen, und wie sich im Sturm auf die Bastille ein langer Rückstau gesellschaftspolitischer

Unterdrückung Bahn bricht, so in de Sades Schriften ein Rückstau sexueller Einschränkungen. Auf dem Gebiet seiner Obsession ist de Sade ein ebenso kompromissloser Umstürzler wie auf politischem Gebiet die Anführer der Revolution. Es ist eine Ironie des historischen Datums, dass de Sade zehn Tage vor diesem Sturm von der Bastille nach Charenton überführt wurde, weil er ständig Anlass für Verdruss bereitete. Das Manuskript des radikalsten seiner Werke, der *120 Tage von Sodom,* blieb, allen sorgfältigen Vorkehrungen zum Trotz, in der Bastille zurück. De Sade hatte es auf eine 12 m lange, nur 11 cm breite Papierrolle in seiner gestochen feinen, nur mit der Lupe lesbaren Schrift geschrieben. Er hielt es sein Leben lang für verloren und hat »blutige Tränen« darüber vergossen: »Man kann Betten, Tische und Kommoden ersetzen, nicht aber Ideen ...«[15] In Wahrheit hatte ein gewisser Armoux de Saint Maximin die Rolle wenige Tage nach dem Sturm auf die Bastille geborgen und sie dem Marquis de Villeneuve-Trans übergeben. Erst der deutsche Nervenarzt und Sexualforscher Ivan Bloch (Dühren) gab 1904 in Berlin dieses Buch heraus und Maurice Heine in Paris dann 1931–1935 eine kritische Ausgabe.

Liest man die imaginierten Greuel in den Schriften de Sades, könnte man geneigt sein zu glauben, nur ein krankes Gehirn könne sich derartige Phantasien ausdenken, ethnologische Berichte aber bestätigen, dass es nur wenige der Quälereien de Sades gibt, die nicht in Afrika, auf den Fidschi oder anderen Inseln tatsächlich in Vorbereitung kannibalischer Mahlzeiten ausgeführt wurden. Dabei kommt echter »Totalkannibalismus«, wenn man es einmal so nennen will, in den *120 Tagen von Sodom,* und auch sonst bei de Sade, gar nicht vor, sondern höchstens partieller Kannibalismus im Rahmen extremster Quälereien. Dies ist nur konsequent, da de Sade jegliches Interesse am Opfer verliert, sobald dieses einmal tot ist. Zwei kurze Textauszüge gegen Ende des Buches, als die Perversionen sich ebenfalls dem Ende zuneigen, mögen ausreichen, die kannibalistischen Implikationen im Werk de Sades zu demonstrieren:

Der 16. Februar
85. Ein Sodomit zerhackt mit einer dafür bestimmten Maschine das Mädchen in kleine Stückchen; es handelt sich um eine chinesische Folter.
88. Ein Mann, dessen erste Passion darin bestand, einen Finger abzuschneiden, hat als zweite Liebhaberei, ein Stück Fleisch mit glühenden Zangen zu packen; mit einer Schere schneidet er das Stück Fleisch heraus, dann sengt er die Wunde. Er nimmt sich vier oder fünf Tage, um auf diese Weise nach und nach den ganzen

> Körper zu entfleischen: das Mädchen stirbt unter den Qualen dieser grausamen Behandlungen.[16]
>
> Der 17. Februar
> 89. Der, von dem die Martaine am 30. Januar und die Desgranges am 5. Februar berichtet haben, schneidet einem jungen Mädchen Brüste und Hinterbacken ab, ißt sie und legt dem Mädchen Reizpflaster auf die Wunden; diese ätzen das Fleisch mit einer solchen Heftigkeit, daß das Mädchen daran stirbt. Er zwingt sie, auch vom eigenen Fleisch zu essen, das er gerade abgeschnitten und geröstet hat.
> 90. Ein Sodomit läßt ein kleines Mädchen in einem Kessel schmoren.
> 91. Ein Sodomit: er läßt sie bei lebendigem Leibe am Spieß braten, nachdem er sie sodomiert hat.[17]

Wem bei diesen Textstellen übel wird, der reagiert normal, obgleich derlei Foltern auf vielen Südseeinseln und bei manchen nordamerikanischen Indianerstämmen durchaus üblich waren. Die chinesische Folter wurde unter der Mandschu-Dynastie noch bis 1911 praktiziert, 1905 heimlich aufgenommene Fotos der zugleich schier unerträglichen und ekstatischen Schmerzen der Delinquenten sind von Dumas und Cerpeaux veröffentlicht und über die Welt verbreitet worden.[18] De Sade denkt auf seinem Gebiet weiter, was die Philosophie La Mettries begründet hatte und was bis heute immer allgemeinerer Bestandteil des Denkens und der industriellen Produktion geworden ist, die Vorstellung vom Menschen als Maschine. Dazu gehört die absolute Humorlosigkeit in den Ausschweifungen seiner Libertins, deren Ernst an die Freudlosigkeit mechanistischer religiöser Handlungen erinnert.[19]

Die Tötungsmaschine in Kafkas *Strafkolonie* ist ebenso eine Fortsetzung de Sade'schen Denkens wie der sinistre Humor in den Zeichnungen der Sexualmaschinen in Tomi Ungerers *Fornicon*.[20] Und was die Grausamkeit angeht, so brauchen wir nicht ins 19. Jahrhundert oder bis in die Südsee zu gehen. Wir können getrost an der eigenen Haustür anklopfen. Während de Sades Foltern imaginiert waren, finden wir hier den realen Briefwechsel der »Geschäftskorrespondenz« der Firma IG-Farben mit Auschwitz aus dem Jahre 1943:

> »Um ein neues Schlafmittel zu erproben, möchten wir Sie um eine Lieferung einer bestimmten Anzahl Frauen ersuchen ...«

»Wir haben Ihr Angebot dankend erhalten, halten jedoch 200 Mark pro Frau für einen überhöhten Preis. Wir gedenken nicht, mehr als 170 Mark pro Kopf zu zahlen. Im Falle Ihrer Zustimmung sind wir bereit, diese Frauen in unser Eigentum übergehen zu lassen. Wir benötigen ungefähr einhundertfünfzig Stück ...«
»Wir nehmen Ihr Einverständnis zur Kenntnis und bitten Sie um die Bereitstellung von einhundertfünfzig Frauen in bestmöglichem Gesundheitszustand. Wir werden sie in Empfang nehmen, sobald es Ihnen möglich ist ...«
»Wir haben die Sendung von einhundertfünfzig Frauen erhalten. Trotz ihrer Magerkeit fanden wir ihren Gesundheitszustand befriedigend. Wir halten Sie über den Fortgang des Experiments auf dem laufenden ...«
»Die Experimente sind abgeschlossen. Alle Versuchspersonen sind tot. Wir setzen uns mit Ihnen in Kürze wegen einer neuen Lieferung in Verbindung.«[21]

Was innerhalb der abendländischen Kulturnationen das 18. Jahrhundert erst bei Swift und dann bei de Sade gedacht worden war, blieb im realen Vollzug den Nazis des 20. Jahrhunderts vorbehalten: die totale Verdinglichung des Menschen, der zur Ware wird und an dem »Warenkannibalismus«, wie Attali dies nennt, vollzogen wird. Im bürgerlichen 19. Jahrhundert gebärdete man sich prüder und humaner. Ob es wirklich humaner war, daran bestehen berechtigte Zweifel. Unser Thema spielt literarisch keine Rolle, wenn man von charakteristischen Abwandlungen in Abenteuerromanen wie Henry Rider Haggards *Sie* absieht,[22] wo die kannibalische Erotik in Kannibalismus + Erotik und Erotik transformiert wird, die den heldenhaften Weißen, der den sprechenden Namen »Leo« und zugleich im besten Kipling'schen Sinne *»the white man's burden«* trägt und dabei kräftig die Köpfe wilder Eingeborener zerschmettert, vor dem Kannibalismus rettet.

Im 20. Jahrhundert, vor allem nach dem Zweiten Weltkrieg, gewinnt das Thema an Relevanz, die Texte häufen sich wie nie zuvor. Die Dramen Tennessee Williams' gehören Ende der 50er- und in den frühen 60er-Jahren zu den meistgespielten und einflussreichsten literarischen Werken der westlichen Welt. *Plötzlich letzten Sommer* (1978) ist eines der substantiellsten und psychologisch tiefsten von Williams' Dramen, unvergessen in der Filmversion mit Elizabeth Taylor als Catherine in der Hauptrolle.

Symbolbeladen bringt es ein Stück psychiatrischer Praxis in exotischer Umgebung auf die Bühne. In manischem Egoismus haben die Charaktere menschliche Bindungen verkümmern lassen. Despotisch wacht Mrs. Venable über das Andenken ihres Sohnes, des Dichters Sebastian, der sein Leben wie Wildes Dorian Gray als Kunstwerk gestalten wollte und sich jedes Jahr in polierter Decadence genau ein Gedicht abrang. »Plötzlich letzten Sommer« kam er in Cabeza de Lobo, einer südlichen Hafenstadt ums Leben. Nur seine Kusine Catherine war Zeugin des Vorfalls, und sie lässt gesellschaftlich derart kompromittierende Zusammenhänge durchblicken, dass Mrs. Venable Reichtum und Ansehen einsetzt, um einen Skandal zu vereiteln. Sie versucht, das Mädchen in einem feudalen Nervensanatorium auszuschalten, von der Öffentlichkeit zu isolieren. Sebastian war ein alternder homosexueller Beau, der auf weiten Reisen, unter der Begleitung seiner eifersüchtigen Mutter, seiner Kunst und seinen sexuellen Neigungen frönte. Als die Mutter zu unattraktiv geworden ist, muss die hübsche Catherine ihre Rolle als Lockvogel einnehmen. In Cabeza de Lobo fällt Sebastian dem Blutrausch einer von ihm ursprünglich provozierten, sich durch Musik in einen Trancezustand steigernden Schar abgerissener, hungriger Straßenjungen zum Opfer. Dabei sind orphische und dionysische Motive stets impliziert. Ein einfühlender Psychiater entringt Catherine das Geständnis. Aber dennoch bleibt das Ende offen, da trotz eines hohen Wahrscheinlichkeitsgehaltes nicht auszuschließen ist, dass es den Phantasien einer Kranken entsprungen sein könnte. In der entscheidenden Textpassage kurz vor Schluss wird Thematik und Symbolik des Stückes verdichtet und beschleunigt.

DOKTOR:
  Was wurde lauter?
CATHERINE:
  Die Musik.
DOKTOR:
  Die Musik war wieder da?
CATHERINE:
  Das »Umpa-umpa« der – Bande, die uns – folgte. – Irgendwie waren sie durch den Stacheldraht hinaus auf die Straße gekommen, und sie folgten uns – folgten! – uns! – die flammendweiße Straße hinauf. Die Bande der nackten Kinder verfolgte uns die steile weiße Straße hinauf in die Sonne, die wie der große weiße Knochen eines riesigen Tieres war, das am Himmel Feuer gefangen hatte! – Sebastian begann zu laufen, und sofort fingen alle zu schreien an und schienen in die Luft zu fliegen, so schnell rannten sie hinter ihm her. Ich schrie. Ich hörte Sebastian schreien, er schrie nur einmal, gerade bevor das Rudel schwarzer, gerupfter kleiner Vögel, das ihn verfolgte, über ihn herfiel auf halber Höhe des weißen Berges.
DOKTOR:
  Und Sie, Miss Catherine, was taten Sie darauf?

CATHERINE:
Ich rannte davon!
DOKTOR:
Wohin rannten Sie?
CATHERINE:
Hinunter! Oh, ich rannte hinunter, in die Richtung, in die am leichtesten zu laufen war, hinunter, hinunter, hinunter, hinunter! – Die weiße, heiße, flammende Straße hinunter, um Hilfe schreiend den ganzen Weg, bis –
DOKTOR:
Was?
CATHERINE:
Kellner, Polizei und andere – aus Häusern gerannt kamen und mit mir den Berg hinaufstürzten. Als wir zu der Stelle zurückkamen, wo mein Vetter Sebastian in dem Rudel kleiner, federloser, schwarzer Spatzen verschwunden war, lag – lag er ebenso nackt, wie sie gewesen waren, an eine weiße Mauer gelehnt, und Sie werden es mir nicht glauben, niemand hat es geglaubt, niemand konnte es glauben, niemand, niemand auf Erden wird es glauben, und ich kann es ihnen nicht einmal verdenken! – Sie hatten Teile von ihm verschlungen.
(Mrs. Venable schreit leise auf.)
Herausgerissen oder herausgeschnitten Teile von ihm mit ihren Händen oder Messern oder vielleicht mit jenen gezackten Konservenbüchsen, mit denen sie Musik gemacht hatten, sie hatten Stückchen von ihm herausgerissen und sich in ihre schmatzenden, wilden, kleinen, leeren, schwarzen Mäuler gestopft. Es war kein Laut mehr zu hören, es war nichts mehr zu sehen außer Sebastian oder dem, was von ihm übriggeblieben war und das aussah wie ein großer, in weißes Papier eingewickelter Strauß roter Rosen, zerrissen, hingeworfen, zerschmettert! – an jener flammendweißen Mauer ...[23]

Sebastian wird in einer Serie von Erinnerungen lebendig, Rückblenden, die ihn aus verschiedenen Perspektiven schildern, wodurch ein verschobenes und brüchiges Mosaik einer Persönlichkeit entsteht, dessen Leerstellen der Zuschauer oder Leser mit eigenen Vermutungen auffüllen muss. Williams thematisiert die in der Literatur der 70er-Jahre so wichtig werdenden Fragen nach dem Fiktionsgehalt von Wirklichkeit und Biographie. Die Schwierigkeit, Gewissheit und Eindeutigkeit zu erlangen, überlagert das Stück, das atmosphärisch dicht und in den Details zugleich symbolisch und realistisch gebaut ist. Denn Williams weiß, wovon er spricht, und das Stück mutet aus heutiger Sicht geradezu selbstquälerisch-prophetisch an. Die Tragik des

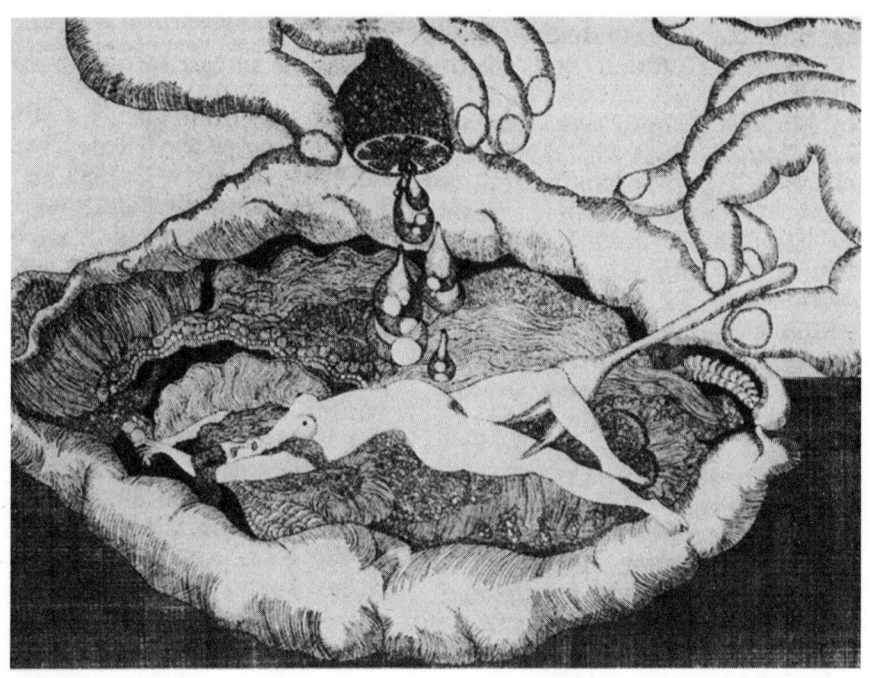

78 Ali Schindehütte, Illustration zu Duca di Centigloria, Ich fraß die weiße Chinesin, 1966

alternden Homosexuellen, des dekadenten Künstlers und seiner Sehnsucht nach immerwährender Schönheit, seine Einsamkeit und Isolation, die Symbolik des tropischen Gartens, seiner Tierstimmen und Verschlingungen, die dominierende Farbsymbolik der Nicht-Farbe Weiß, die Persönlichkeit auslöscht, ihre ästhetische Makellosigkeit und Vorliebe bei Homosexuellen, das alles ist mit beklemmender Stimmigkeit gestaltet. Als Williams *Plötzlich letzten Sommer* schrieb, stand er im Zenith seiner Schaffenskraft. Wer je seine Misserfolge in den 70er-Jahren verfolgt hat, wer das künstlerisch ausgebrannte Wrack Williams in den späten 70er- oder frühen 80er-Jahren erlebt hat, ist tief betroffen von der Prophetie des Stückes, was seinen autobiographischen Gehalt angeht.

Doch soll dieser nicht überzogen werden. *Plötzlich letzten Sommer* ist auch eine quälerisch-psychoanalytische Variante des Orpheus- und Dionysos-Mythos; der dekadente, morbide Dichter und Sänger, der im Schmutz unrühmlich zerrissen wird, ohne dass dabei noch die geringste Lust aufkommen könnte. Mit der ausweglosen Tragik zum Tode verdammter, in zweifachem Sinne unfruchtbarer Homoerotik hat Williams dem Thema neue Valenzen abgerungen, die psychologisch auch ein Licht auf andere im gegenwärtigen Zusammenhang erörterte Autoren und ihre problematischen Lebens- und Liebesbeziehungen wirft; auf Kleist, de Sade, Artaud.

Auch in Peter Roseis Roman *Die Milchstrasse* (1981) wird die Einsamkeit des Homosexuellen thematisiert, aber hier in einer verhaltenen, tragisch-melancholischen Szene. Der Fremde, von Ellis »der Seltsame« genannt, irrt ziellos durch die Welt und erzählt mit unendlicher Trauer vom Tod seines geliebten Freundes:

Sein Freund, von dem er immer erzählt, sagte der Kellner, ist vor Jahren gestorben. Es gab dann einen großen Skandal. Der Mann hatte nämlich von der Leiche des Freundes einige Stücke abgeschnitten und verspeist. Ich hatte ihn so lieb, sagte er vor Gericht.[24]

Hans Carl Artmann dagegen wird von derlei existentiellen Problemen nicht geplagt, wenn er unter den 90 Träumen seiner *Grünverschlossenen Botschaft* (1973) auch Menschenfresserträumen das Wort gibt. Das Thema der kannibalistischen Erotik wird dabei im poetischen Traum Nr. 50 ganz und gar in die unverbindlich heitere Spielwelt eines k. u. k. Plüschbordells verlegt, und der Traum gaukelt dem Erzähler eine Fülle kulinarischer Delikatessen aus der Kannibalenküche vor. Doch am Schluss werden selbst im Traum die Damen wieder ihrer Primärbestimmung zugeführt:

Träumst du dich als bordellbesucher in cape und zylinderhut, das blitzende einglas im aug, den spazierstock unter die achsel geklemmt, und es empfangen dich wunderhübsche Skelette in seide und tüll, unbezahlbare mädchen ein jedes, und man serviert dir ihr einstiges fleisch auf silbernen platten, hier gebratene brüste, da einen zartrosa Schenkel und dralle arme und gesottene Stückchen vom bauch mit spargel garniert, verschiedenste arten gegrillter popos, kandierter lippen oder leicht überbackene finger, und unter speiseglocken die leckere fülle verbotenster delikatessen – dann rühre die sachen nicht an, so sehr dich madame auch drängt, nimm deine pistole und schieße nach den gasflammen der 50 ampeln im salon, und misse keine von ihnen – so werden sich alle Skelette wieder befleischen und die nacht ist für diesmal gerettet.[25]

Wunschtraum, Alptraum, Traum und Wirklichkeit; es liegt auf der Hand, dass gerade ein Thema wie die kannibalische Erotik weitgehend in den Gefilden des Traums angesiedelt wird.

In Norman Mailers Roman *Der Alptraum* (*An American Dream,* 1964) wird das Thema im Bereich von Traumvorstellungen der Hassliebe mit überindividueller, gesellschaftlicher Signifikanz angesiedelt. Norman Mailer, dessen literarischer Rang in der amerikanischen Literatur anerkannt, aber umstritten ist, kehrt immer von neuem zu Darstellungen der Kluft zwischen sozialer Realität und dem »American Dream«, dem Traum vom unschuldigen, in seiner Perfektibilität unbegrenzten Amerika zurück.[26] Die Gestaltung, Akzeptierung, Veränderung, ironische Beleuchtung typisch amerikanischer Mythen nimmt dabei viel Raum ein. Mailer sieht sich als einer der Vermittler zwischen gesellschaftlicher Utopie und Realität, was er mit den Stilmitteln des von Tom Wolfe, ihm selbst und anderen in den 60er-Jahren propagierten »Neuen Journalismus« zu bewerkstelligen sucht,[27] zu denen der phantasievolle, bilderreiche, nach Originalität strebende, subjektive Erzählgestus anstelle nüchternen Berichtens gehört.

Im *Alptraum* gehört der Held Stephen Rojack zu jenen angefochtenen Individuen, die in einer Welt gesellschaftlicher Amoralität und Korruption ihre Integrität zu wahren suchen und daher fast zwangsläufig in die Rolle von Aussteigern gedrängt werden, die ein neues Leben nur an den Rändern oder außerhalb der etablierten Gesellschaft finden können. Dieses typische Thema der 60er-Jahre hat sich inzwischen zwar in einer Fülle von Facetten verändert, grundsätzlich aber nichts von seiner Aktualität verloren. Nachdem Rojack seine Frau Deborah erwürgt hat, geht er zu seiner Geliebten, dem Dienstmädchen Ruta, und von ihr wieder zurück zur Leiche seiner Frau:

Jetzt kommt das Fürchterlichste. In diesem Augenblick begann ich zu phantasieren: Es überstieg alle Grenzen. Ich spürte die Lust, Deborah ins Badezimmer zu tragen und in die Wanne zu legen. Dann würden Ruta und ich uns hinsetzen und essen. Wir beide würden uns an Deborahs Fleisch gütlich tun, tagelang würden wir essen. Die tiefsten Gifte in uns würden aus den Zellen sickern. Ich würde den Fluch meiner Frau verdauen, bevor er Gestalt annehmen konnte. Ich fand den Gedanken hinreißend.[28]

Lange vor Attalis *Kannibalischer Ordnung* werden hier seine Thesen von der magisch-animistisch-therapeutischen Funktion des Kannibalismus bestätigt; die Ermordete, die in den Augen des Helden gegen wichtige gesellschaftliche Codices verstoßen hat, durch Verzehren unschädlich machen, vom gesellschaftlichen Körper absondern, ihr durch Kannibalismus die Möglichkeit nehmen, noch nach dem Tode schädlich zu wirken. Im Tagtraum wird gemeinsam mit der neuen Geliebten die alte Frau verzehrt, Therapie und Erotik durchdringen sich, atavistisch taucht der Erzähler in die kannibalischen Urgründe hinab.

In die Enge getrieben, gesteht Rojack 150 Seiten später seinem Schwiegervater Kelly, dass er dessen Tochter umgebracht hat. In der Konfrontation mit Kelly kommen ihm erneut kannibalisch-erotische Alptraumvisionen:

Kelly verkörperte diese Gewalttätigkeit, die von Deborah auszugehen pflegte, jenes Wirbelsturmgefühl, das aus einem Sumpf hervorsteigt, eine Drohung von Kannibale, von Blutgemetzel und Eingeweiden des Todes strömte mir nun entgegen und drohte mich zu ersticken ... Sein Körper strahlte diese Hitze aus, eine Hitze, wie ich sie zwischen Ruta und mir in Deborahs Diele gespürt hatte; und plötzlich wußte ich, daß es zwischen ihm und Cherry genauso gewesen war, fast so wie zwischen Ruta und mir, nein, ganz so war es nicht gewesen, und ich wußte auch, was sich zwischen Deborah und ihm abgespielt hatte, dieser hitzigen, kochenden, unersättlichen Bestie. Ich spürte, daß Kelly Ruta herbeiwünschte, ich spürte es wie einen Geruch, er wollte, daß wir uns zu dritt auf dem Lucchese-Bett wälzten, spuckend, hockend, reißend, schlabbernd, kriechend und tobend, einander zerfleischend in sexueller Ekstase, den Geist Deborahs begrabend, indem wir ihren Leib verschlangen, denn auf diesem Bett war Kelly mit seiner Tochter zu den Pechgruben des Mondes gewandert.[29]

Hier wird die sexuelle Schrankenlosigkeit beschworen, das Chaos gegenseitiger Verschlingungen, die Durchbrechung aller Tabus einschließlich des Inzests. In einem engen Symbolgeflecht wird Individuelles und Gesellschaftliches eingebunden, werden Vater und Tochter für die amerikanische Depravation verantwortlich gemacht, als ob das Bewusstsein des Erzählers sich selbst davon freisprechen könnte. Olaf Hansen hat sehr schön herausgearbeitet, wie Mailer häufig Mythen akzeptiert, wo Analyse angebracht wäre, und damit in den Grenzbereichen zwischen Kitsch und Kunst laviert, somit auch stilistisch den rollenunsicheren Intellektuellen in der amerikanischen Gesellschaft spiegelnd.[30]

Ein weiterer von den Schreibweisen des »Neuen Journalismus« beeinflusster Erzähler, der auch hierzulande hohe Popularität erlangt hat, ist Charles Bukowski. Seine Geschichte *Maja Thurup* entstand genau ein Jahrzehnt nach Mailers *Alptraum*, und an ihr lassen sich, abgesehen davon, dass es sich um verschiedene schriftstellerische Individuen handelt, zwischenzeitlich eingetretene Veränderungen gut orten.

Maja Thurup ist die von einem Journalisten erzählte Story der alternden Nymphomanin Hester Adams, die ihren Sexualappetit in den Vereinigten Staaten nicht mehr stillen kann, wo ihr alle Männer zu schlapp sind:

Sie war in den Dschungel gegangen mit ihrer Kamera, ihrer Reiseschreibmaschine, ihren dicker werdenden Waden und ihrer weißen Haut und hatte sich einen Kannibalen geangelt, einen schwarzen Kannibalen: Maja Thurup. (59)[31]

Wieso ausgerechnet ein schwarzer Kannibale in einen nicht näher lokalisierten südamerikanischen Dschungel gerät, wird nicht weiter erklärt, vermutlich, weil es zu den Klischeebildern weißer Arroganz gehört, dass Kannibalen schwarz sind und im Dschungel um einen Kochtopf herumtanzen oder -sitzen. Maja Thurup ist ein von individuellen Tragödien gezeichneter Charakter:

... doch die Tragödien hatten alle dieselbe Ursache: Maja Thurup hatte einen zu großen Hammer dahängen, einen viel zu großen. Kein Mädchen seines Stammes wollte ihn ranlassen. Er hatte zwei Mädchen mit seinem Apparat zu Tode gestoßen. Die eine von vorn, die andere von hinten. Jacke wie Hose. (59)

Er kommt Hester gerade recht, denn er kann es ihr lang und ausdauernd besorgen. Sie heiratet den Kannibalen und nimmt ihn mit nach USA, wo sie Maja Thurup nicht nur zur Befriedigung ihrer Sexualbedürfnisse einspannt, sondern die Geschichte der Liebe zwischen der weißen Intellektuellen und dem Kannibalen auch gewinnbringend in den Medien ausschlachten kann; Hester schreibt zudem für einen großen Verlag am Buch ihrer Liebe zu Maja.

Maja saß nicht nur vor dem Fernseher, er trat auch selbst an der Seite von Hester im Fernsehen auf, wo sie öffentlich ihre Liebe bekundeten. (60)

Mit an Hemingway geschulter Reduktionstechnik und groteskem Humor beschränkt Bukowski sich auf die »Essentials«. Dabei gelingen ihm treffsichere Charakter-Vignetten, wobei er sich auf ein Einverständnis mit seiner mitdenkenden Leserschaft verlassen kann:

»Ich verliebte mich sofort in Maja«, sagte Hester, »es waren seine Augen, sein Gesicht ... so tragisch. Und die Art, wie er sich bewegte. Er bewegte sich, naja, er hat so was von einem Tiger in seinen Bewegungen.«

»Ficken«, sagte Maja, »das ist alles, was wir machen. Ficken, ficken, ficken, ficken. Steht mir schon bis hier oben.« Maja nahm noch einen Schluck. Er sah mich an. »Fick du sie. Ich hab's satt. Großes hungriges Tunnel ist sie.« »Maja hat einen echten Sinn für Humor«, sagte Hester. »Das ist auch so etwas, was mich gleich für ihn eingenommen hat.« (62–63)

Das ist satirisch entlarvend und so offensichtlich, dass es jeder merkt. Es kommt denn auch, wie es kommen muss. Hester ist selbst für den Kannibalen eine Nummer zu groß, drum kehrt er in seiner Ausweglosigkeit zu seiner ursprünglichen Profession zurück, lässt sich und ihre gemeinsame Geschichte nicht weiter von ihr ausschlachten, sondern schlachtet Hester ab und aus. Die kannibalische Erotik wird von Bukowski auf den kleinsten gemeinsamen Nenner, d. h. auf den längsten und gröbsten Hammer gebracht. Wo es bei Mailer noch Symbole und Ideale gab, da ist dies einem illusionslosen, aber auch reichlich reduzierten Realitätsbewusstsein gewichen. Alkohol, Sex, Zigaretten, das sind Drogen zur Ich-Stimulierung und -Betäubung in einer tristen, apolitischen Alltagswelt ohne jegliche Perspektiven. Gefühle sind nur Abziehbilder, Klischees, es wird ja doch alles vermarktet. Wo Mailer noch glaubt, sich mit der Kultur- und Bewusstseinsindustrie auseinanderzusetzen, ihr seine Bedingungen aufprägen zu können, da hat Bukowski auch dies längst als Illusion durchschaut.

Es ist ein weiter Weg von Kleist bis zu Bukowski. Doch bevor man in ein kulturpolitisches Lamento verfällt, das selbst Gebetsmühlencharakter trägt, sei daran erinnert, dass Gefühlsverrohung auch schon in der Antike zu konstatieren war. Bukowski spielt eine Rolle, zieht eine Show ab, die er der Gesellschaft anbietet, die beide durchschauen, von der er profitiert. Die Erkenntnis weitgehender Fiktionalisierung der Wirklichkeit und das stillschweigende Einverständnis damit, das Vergnügen daran oder das Dessen-nicht-mehr-Gewahrwerden scheinen mir wichtiger als das Beklagen verloren gegangener tragischer Gefühlsskalen. Was sich bei de Sade etabliert, die Mechanisierung, Maschinisierung, Automatisierung des Menschen, ist bei Bukowski zeitgenössisch konsequent weiter getrieben. Aber er weiß in all seiner Wurschtigkeit natürlich auch, dass er ein Spiel spielt. Die Frau als reine Sexualmaschine ist selbst dem Kannibalen mit dem großen Hammer, der immerhin glänzend Bongotrommel spielt, nicht genug. Das mag ein Wink sein.

Ein Roman der 60er-Jahre, der erst durch seine Taschenbuchausgabe von 1979 einer breiteren Öffentlichkeit bekannt wurde, stellt die kannibalische

79–80 Hans Arnold, Striptease, Illustrationen aus: Monsterland, 1974

Erotik ganz unverhohlen ins Zentrum, ja gebärdet sich als Weihefest kannibalischer Erotik, und zwar Duca di Centiglorias *Ich fraß die weiße Chinesin* (1967) mit dem ansprechenden Untertitel: »Ein Menschenfresser-Roman«. Wer sich hinter dem Autoren-Pseudonym verbirgt, ist bis heute nicht durchgedrungen, nur dass es sich um ein Mitglied der so genannten »allerbesten Gesellschaft« handeln soll.

Der Roman verknüpft das Material eines ethnologischen Sachbuches mit einer fiktiven Liebesgeschichte, der aber gerade durch das umfangreiche ethnologische Wissen, das immer wieder auf die amouröse Rahmenhandlung bezogen wird, erhöhte »vraisemblance« zukommt.

Es handelt sich um die Geschichte der schönen Ysabel, genannt Ysa, Tochter eines schwedischen Diplomaten, die in Peking geboren und aufgewachsen ist und von daher sich gefühlsmäßig in ostasiatischer Kunst, Kultur und Lebensweise verwurzelt fühlt. Ysa hat Pech mit ihren ebenfalls exquisiten Männern aus bester Gesellschaft. Der erste, ein Chinophiler, wird durch zu starkes Opiumrauchen impotent und bevorzugt Transvestiten. Der zweite, Sir George, aus hohem englischem Adel, hat sie hauptsächlich ihrer knabenhaften Figur wegen geehelicht, und das war schon eher ein Missverständnis oder Versehen, denn Sir George ist allzumal auf Knaben aus. Nur zu begreiflich, dass Ysa in Depressionen verfällt, mehrere Selbstmordversuche begeht und sich dann in Liebe dem Ich-Erzähler verbindet, dessen Blut infolge einer Bluttransfusion, die zu ihrer Rettung nach einem der Selbstmordversuche unternommen wurde, in ihren Adern fließt.

Wie jedermann zugeben wird, ist eine Bluttransfusion ohnehin ein quasikannibalischer Akt, der so recht einstimmen kann auf die Harmonie der Körper, Seelen und absonderlichen Geschmäcker, die in diesem Buch zelebriert wird. Ysa und ihr hochadliger Erzählerfreund feiern auf einem Jagdschloss ihres Mannes im schottischen Hochland kultivierte Freudenfeste der

Liebe, bei denen alles vom Feinsten, Luxuriösesten, Seltensten, Ausgesuchtesten ist. Ihre körperlichen Vereinigungen werden immer inniger, zumal sie im Gleichklang der Seelen Vorlieben für die erotischen und kulturgeschichtlichen Extreme teilen. Von Kapitel zu Kapitel wird Ysa von ihrem Geliebten tiefer in die Geheimnisse des Kannibalismus als kulinarischer Kunst eingeführt. Was Wunder, dass sie, die so oft vom eigenen Tod träumt, dem Geliebten, der mit ihr die Kannibalen so schätzt, das Versprechen abnimmt, sollte sie je sterben, sich mit ihm in seinem Magen und seinem Blut vereinigen zu dürfen, indem er ihr Hirn, Herz, Leber und ihre Augen verspeise. Rien ne va plus! Und so kommt es denn auch. Ysa betäubt sich, begeht vorgeblich Selbstmord mit Gift, trägt in einem Abschiedsbrief aber Sorge, dass ihr Geliebter sich auf dem Totenbett noch einmal mit ihr vereinigt und sie noch toter tötet, indem er sie erschießt, mit einer wunderschönen, fein ziselierten Damenpistole, versteht sich. Und dann bereitet der Erzähler, dem der in Ysa hoffnungslos verliebte Hausarzt die edlen Teile der Geliebten sorgfältig tranchiert hat, das sakrale Mahl, die kannibalische Kommunionsfeier:

Ein Fest nicht nur für mich, ein Fest auch für Ysabel. Für Ysabel, die eine jener Frauen gewesen war, die ihr ganzes Leben darauf warten, daß sich das Tor ihrer Träume öffnet, das sie im Tode erst durchschreiten dürfen.

Ich trug ihr Herz, ihre Leber und ihr kluges Hirn hinüber in die Küche, zündete ein Feuer im Herd und gab die Dreisamkeit ihres Inneren in drei gläserne Pfannen, ich öffnete alle Türen und ließ den Duft im ganzen Haus sich verbreiten – ein alter Brauch in einem Totenhaus, wenn man die Rückkehr des Toten nicht fürchtet, sondern wünscht. Ich kleidete mich feierlich in meinen Tartan der Stuarts und legte drei meiner Bruststerne an sowie das blaue Band meines eigenen Ordens, der »Arche mit dem südlichen Kreuz«, als ginge ich zu einem Fest.[32]

Das klingt alles verdächtig nach Kitsch, nach perversem Kitsch sogar. Ist es aber nicht. *Die weiße Chinesin* ist in der Tat ein extremes Buch. Hier geht es mit hohem psychologischem und stilistischem Einsatz und Raffinement um ein Spiel. Um das Spiel, der fiktiven Geliebten und dem Leser zu suggerieren, Kannibalen seien die besseren Menschen und Kannibalismus sei letztlich die reinste, höchste, tiefste, einzig wahre Lust und Form der Liebe. Dafür wird ein ganz außergewöhnliches kulturgeschichtliches, anthropologisches, ethnologisches, religionswissenschaftliches und sexualpsychologisches Wissen aufgeboten. Und nur der Kundige und Eingeweihte, der die Quellen kennt und identifizieren kann, vermag in dieser Fülle an einschlägigem Wissen die seriösen von den weniger seriösen Quellen zu unterscheiden. Sie alle werden obendrein auf das Hauptziel des Buches ausgerichtet. Der Einsatz ist hoch, und er muss sein, denn die Geschichte hat einen entscheidenden Pferdefuß, sie ist einseitig. Letztlich hat der Mann den Genuss, den höchsten vielleicht denkbaren Genuss und Triumph der Erotik überhaupt. Er darf sich die schöne Geliebte in der Blüte ihrer Jahre einverleiben. Sie muss bezahlen, er darf genießen. Ihr muss insinuiert werden, dass die Wollust für sie im mystischen Vorausgefühl zu bestehen hat, in den Geliebten eingehen zu dürfen. Denn im Endeffekt gibt es keine Gegenseitigkeit mehr, nur noch einen Genießer. Und damit stellt sich Duca di Centigloria, der sich zwischendurch offen zu Gilles de Rais als dem aufgeklärtesten, gebildetsten, fortschrittlichsten Geist seiner Zeit bekennt, in jene eigentümlich französisch-rationale Tradition, die von Gilles de Rais über de Sade bis in die Gegenwart reicht und mit wechselnden Mitteln von Charme und aufgeklärter Rationalität letztlich nur ein Ziel zu bewahren sucht, die Frau als totales und unbedingtes Lustobjekt des Mannes. Alle kostbaren Essenzen und kandierten Früchte an raffiniert aufbereiteter Wissenschaft, die in der *Weißen Chinesin* verabreicht werden, können darüber nicht hinwegtäuschen. Und von daher ist *Ich fraß die weiße Chinesin* eine exquisite, extreme Sumpfblüte der erotischen Literatur und ein äußerst perfides Buch.

Wir haben die zugängliche literarische Spannweite des Themas Kannibalismus und Erotik abgeschritten. Sie öffnet den Blick in absonderliche Seitentäler, aber auch in Unterströme menschlichen Trieblebens und menschlicher Existenz. Und sie sollte den Blick dafür öffnen, dass das Thema nicht einfach achselzuckend oder sensationalistisch abgetan werden kann, sondern schon an die Urgründe der Erotik rührt. Was aber heißt das?

Wenn man einräumt, daß Freud recht hat und Sublimierung und Repression der Preis sind, den wir bezahlen müssen, um in der Gesellschaft zu leben, werden wir nicht

81 Hansjörg und Evi Langenfass, Titelbild zu Margot Schroeders Roman ›Der Schlachter empfiehlt noch immer Herz‹, 1976

umhin können, zuzugeben, daß Bataille dann auch recht hat: *das Wesen der Erotik ist die Überschreitung.*[33]

Paz reicht dies nicht hin, er stößt sich an Batailles Pessimismus und sucht optimistisch-positive Definitionen. Deshalb meint er, Bataille urteile zwar nicht falsch, aber einseitig. Neben das Moment der Überschreitung gehöre zur Erotik unmittelbar das der Darstellung, der Zeremonie.

Sobald wir die sexuelle Vereinigung als Zeremonie begreifen, entdecken wir ihre enge Beziehung zum religiösen Ritus und zur poetischen und künstlerischen Darstellung.[34]

Dabei komme der Phantasie, der Imaginationskraft eine bedeutende Rolle zu. Durch sie transzendiere das erotische Verlangen die animalische Sexualität. Erotik sei wesentlich Suche, Suche nach dem anderen und nach uns selbst. Ihr eröffnen sich daher zwei Pole: Vernichtung dieses anderen, der ich selbst bin (Sadismus und Masochismus), und Liebe, d. h. gleichberechtigte Anerkennung des anderen als eines Subjekts mit freiem Willen.

Unser Thema gilt radikalen Formen der Erotik, die stets Leidenschaft und Tod implizieren. Wir sprechen von »verzehrenden Leidenschaften«, aber auch davon, dass sich einer vor Leidenschaft »selbst verzehrt«. Erotik ist Leidenschaft, Verlangen, Suche nach dem anderen und sich selbst. Verzehrt man ihn, hat man ihn ganz bei sich selbst.

Theorien ohne Beispiele neigen zu Abstraktionen und vorschneller Stimmigkeit. Da »kannibalische Erotik« per definitionem Erotik zum Tode ist, könnte man meinen, es gebe hier nur einen Pol, den sadistisch/masochistischen; de Sade als Zerstörer, Kafkas Hungerkünstler als Autokannibale. Unsere Beispiele haben gezeigt, dass dem nicht so ist. Am anderen Ende der Skala steht Penthesilea, die die kannibalische Erotik zur kannibalischen Liebe hin transzendiert und von da zwangsläufig in ein tödliches Dilemma gerät. Von hier wird verständlich, dass sich Penthesilea, die Achill aggressiv zu Tode geliebt, sich ihn partiell einverleibt hat, sich nicht nur töten muss, sondern dazu ganz konsequent keiner Waffe bedarf:

82 anon., Monstrum aus dem Garten von Bomarzo

Denn jetzt steig ich in meinen Busen nieder,
Gleich einem Schacht, und grabe, kalt wie Erz,
Mir ein vernichtendes Gefühl hervor. (348)

Zwischen den beiden Polen gibt es vielgestaltige Mischformen. Paz wie Bataille neigen dazu, hier nicht zu differenzieren. Jene kannibalische Erotik, die verschiedene Leidenschaften mischt: Hass, Liebe, magisch-animistisch-totemistische Vorstellungen bei Norman Mailer, rein kulinarische Gelüste bei Artmann, ins Mystische transzendierende, kulinarische Raffinesse bei Duca di Centigloria, eine Mischung von Hunger-Kannibalismus, dekadenter Erotik, Sexualität, Orphik und Dionysischem bei Tennessee Williams. Bei Bukowski ist die kannibalische Erotik zur puren Sexualität verkommen, folgerichtig auch auf den Schlächter gekommen. Die Sexmaschine landet zerstückelt im Kühlschrank. Echte Liebe aber »vermischt nicht nur Materie und Geist, Fleisch und Seele, sondern auch die beiden Formen der Zeit: die Ewigkeit und das Jetzt«.[35] Und so besehen wird man wohl akzeptieren müssen, dass kannibalische Liebe tatsächlich die tiefste, intensivste Form der Erotik ist.

Anmerkungen zu Kapitel VI

1 Georges Bataille, *Die Tränen des Eros,* hrsg. von Gerd Bergfleth (München, 1981), S. 36.
2 Bataille, a. a. O., S. 73.
3 Bataille, a. a. O., S. 68.
4 Zitiert bei Günter Blöcker, *Heinrich von Kleist* (Berlin, 1960), S. 180 f. Unter Germanisten hält noch immer der Streit um die richtige Lesart dieser Stelle an, die meist als »der ganze *Schmerz* zugleich und Glanz meiner Seele« zitiert wird. Helmut Sembdner will dies als Retusche Tiecks nachgewiesen haben. Vgl. Blöcker, a. a. O., S. 181, Anm. 1.
5 Antonin Artaud, »Das Theater der Grausamkeit, Erstes Manifest«, in: *Das Theater und sein Double,* Deutsch von Gerd Henniger (Frankfurt, 1969), S. 98.
6 So Varnhagen von Ense in seinen *Denkwürdigkeiten,* zitiert bei Blöcker, a. a. O., S. 304. Diese Haltung Cottas ist charakteristisch. Auch die spätere Germanistik scheut die Auseinandersetzung mit dem Kannibalismusthema in der *Penthesilea.* Als repräsentatives Beispiel mag der umfangreiche, von Walter Müller-Seidel herausgegebene Sammelband *Heinrich von Kleist.* Aufsätze und Essays, Wege der Forschung, Bd. CXLVII (Darmstadt, 1980) gelten. Keiner der 27 Beiträge geht näher auf das Thema ein. Von den speziell der *Penthesilea* gewidmeten Beiträgen wird es in dem von Paul Kluckhohn (1914) kurz gestreift, in dem von Gerhard Fricke (1929) verschwiegen, in dem von Benno von Wiese (1949), der dem Tragiker Kleist gewidmet ist, wohltönend umgangen.
7 Vgl. Blöcker, a. a. O., S. 249 ff.

8 Curt Hohoff, *Heinrich von Kleist in Selbstzeugnissen und Bilddokumenten,* rowohlts monographien, Bd. 1 (Hamburg, 1958), S. 76.

9 Heinrich von Kleist, »Penthesilea«, in: *Sämtliche Werke* (München/Zürich, 1965), S. 265–349, hier 1. Auftritt, S. 268. Nach dieser Ausgabe wird zitiert.

10 Bataille, a. a. O., S. 22.

11 Bataille, a. a. O., S. 74.

12 Octavio Paz, *Der menschenfreundliche Menschenfresser.* Geschichte und Politik 1971–1980, edition suhrkamp, N. F. Bd. 64 (Frankfurt, 1981), S. 161.

13 Zitiert bei Hohoff, a. a. O., S. 71.

14 Vgl. de Sade, *Ausgewählte Werke,* Bd. I, hrsg. von Marion Luckow, »Kommentar zu *Die 120 Tage von Sodom*« (Frankfurt, 1972), S. 210–214 und auch Helga Gallas, *Das Textbegehren des Michael Kohlhaas* (Reinbek, 1982) und Athanasios Lipowatz, *Diskurs und Macht* (Marburg, 1982).

15 De Sade, *Ausgewählte Werke,* Bd. VI, Dokumente II. 8, (Frankfurt, 1973).

16 De Sade, »Die 120 Tage von Sodom«, in: *Ausgewählte Werke,* Bd. I, S. 191.

17 De Sade, a. a. O., S. 191–192.

18 Vgl. Bataille, a. a. O., S. 247, dort ist auch die Fotoserie abgedruckt, von der Bataille sagt, sie habe in seinem Leben eine ausschlaggebende Rolle gespielt.

19 Vgl. Luckow, »Kommentar zu *Die 120 Tage von Sodom*«, a. a. O., S. 212.

20 Vgl. Tomi Ungerer, *Fornicon,* Vorwort von Walther Killy (Frankfurt, 1971), passim.

21 Zitiert in: Jacques Attali, *Die kannibalische Ordnung* (Frankfurt, 1981), S. 205.

22 Vgl. Henry Rider Haggard, *Sie.* Ein Abenteuerroman, aus dem Englischen von Helmut Degner (Zürich, 1976), die englische Originalausgabe *She.* A History of Adventure (London, 1887).

23 Tennessee Williams, »Plötzlich letzten Sommer«, in: *Tennessee Williams Meisterdramen* (Frankfurt, 1978), S. 395–446, hier S. 444–446.

24 Peter Rosei, *Die Milchstrasse* (Salzburg, 1981), S. 259.

25 Hans Carl Artmann, *Grünverschlossene Botschaft* (Frankfurt, [2]1975), No. 50.

26 Vgl. Olaf Hansen, »Norman Mailer«, in: *Amerikanische Literatur der Gegenwart in Einzeldarstellungen,* hrsg. von Martin Christadler (Stuttgart, 1973), S. 326–351, hier S. 326.

27 Vgl. Tom Wolfe, *The New Journalism,* With an Anthology edited by Tom Wolfe and E. W. Johnson (London, 1975).

28 Norman Mailer, *Der Alptraum* (München/Zürich, 1969), S. 49.

29 Mailer, a. a. O., S. 236.
30 Vgl. Hansen, a. a. O., S. 328–329.
31 Charles Bukowski, »Maja Thurup«, in: *Die Stripperinnen vom Burbank und 16 andere Stories* (Frankfurt, 1979), S. 59–65.
32 Duca di Centigloria, *Ich fraß die weiße Chinesin*. Ein Menschenfresserroman (Reinbek, 1979), S. 120–121.
33 Paz, a. a. O., S. 160.
34 Paz, a. a. O., S. 161.
35 Paz, a. a. O., S. 165.

VII. Gastrosophie

Man ersetze den Zweckgedanken der Nahrungsaufnahme durch das Erlebnis der ›Wollust des Schmeckens‹, und man befindet sich auf dem Wege zur Auffassung des Speisens als einer Erscheinungsseite des Eros. Wer ihn zu Ende schreitet, wird um ein Speisen wissen, das als Polverbindung des Speisenden mit der Speise erlebt wird und unter verzückungsartigen Schauern geschieht! In solchem Falle aber würde nicht sowohl ein eßbarer Stoff verschlungen als vielmehr mit Hilfe des Stoffes sein Bild, seine Seele, seine Essenz mit der eigenen Leibesseele vereinigt, und der Akt des Essens begleitete bloß eine rauschhafte Hingebung des Speisenden an die Speise.

Ludwig Klages[1]

Die inneren Zusammenhänge von Mythos, Religion, Psychologie und Erotik in der philosophischen Ausdeutung zur Kunst gesteigerten Essens werden in dem Zitat von Ludwig Klages einmal mehr offensichtlich. Klages freilich hat seine Überlegungen nicht auf die Anthropophagie bezogen, und es bedarf einer gewissen schockierenden Grenzüberschreitung, dies zu tun. Schockierend deshalb, weil die stärksten kulturellen Tabus, die unsere Kultur errichtet hat, die des Inzest und des Kannibalismus, rigoros geahndet werden und uns dergestalt verinnerlicht anerzogen sind, dass der so genannte »Normale« davor weit heftiger zurückschreckt als vor dem Tötungsverbot, das ohnehin zahllose Ausnahmen kennt.

Die zugrunde liegende, kulturhistorisch justierte Doppelmoral ist offensichtlich. Das Tötungsverbot wird stündlich in aller Welt überschritten, Raketen werden weiter gesegnet, gigantische Summen selbst bei den ärmsten Völkern für Tötungsinstrumente ausgegeben, und was die literarischen Fiktionen angeht, so kann, wer es darauf anlegt, im Fernsehprogramm amerikanischer Großstädte durch Hin- und Herschalten zwischen verschiedenen Kanälen ohne viel Mühe sich rund um die Uhr an Mord und Totschlag delektieren. Europa steht kurz vor der Einführung dieser Segnungen der Medienkultur.

Und erst jetzt, da wirklich die Gefahr droht, dass die Menschheit sich aus der Evolution hinauskatapultieren könnte, wächst bei einer immer größeren Anzahl Menschen weltweit die Überzeugung und das Bestreben, Rüstung als den wahren potentiellen »Menschenfresser« anzuprangern, und die Bereitschaft, sie zu ächten.

Die Ächtung der Anthropophagie dagegen ist ein Phänomen des bürgerlichen 19. Jahrhunderts. Attali hat klar nachgezeichnet, wie der Begriff zum Synonym für Unmenschlichkeit wird:

Der Europäer tritt als der »Heilige Missionar« auf, dem die menschenfressende »schreckliche Boa« und die als »unmenschliche« Ungeheuer bezeichneten »grausamen und blutrünstigen« Kannibalen weichen müssen. So werden die Völker definiert, die kolonisiert werden sollen. Während des zwanzigsten Jahrhunderts bis hinein in unsere Gegenwart blieb das Phänomen des Kannibalismus verschwommen: Es wird abgelehnt, vergessen, banalisiert und verharmlost.[2]

Dass dabei oft kultische, rituelle, therapeutische Beweggründe vorliegen, wurde aus kulturellen Vorurteilsstrukturen heraus – und weil es politisch in den Kram passte – meist übersehen. Wer sich um Ehrlichkeit bemüht und sich auf den Kontext dieses Buches einlässt, der wird zugeben müssen, dass ebenso wie es real und fiktiv Kampf und Krieg als Ausdruck menschlichen Triebpotentials gibt, es realen und fiktiven Kannibalismus gibt. Der »Kriegskunst« entspräche die »kannibalische Gastrosophie«; dass es sie ebenso real wie fiktiv gibt, wird niemanden mehr verwundern.

Da dieses Buch sich nur am Rande mit realem Kannibalismus beschäftigt und als Hauptgegenstand literarisches Menschenfressertum vorzustellen und zu analysieren bemüht ist, seien für die erste Form lediglich zwei Belegstellen zitiert:

Wie die Feinschmecker überall auf der Welt, so hatten auch die Gourmets unter den Menschenfressern ihre Vorlieben für ganz bestimmte Spezialitäten und Delikatessen. In manchen Gegenden schätzte man das Innere der Hände als besonderen kulinarischen Genuß, anderswo die Augen, die als beste Speise den Häuptlingen oder den Stammesältesten reserviert waren, die sie geschmäcklerisch zwischen ihren zahnlosen Kiefern zerknackten. Aber auch dahinein mischte sich zweifellos Mystisches; denn Augen, Nieren und Herz galten dort als Sitz der Seele, die in der griechischen Antike in der Leber beheimatet war. Wieder anderswo bevorzugte man Brüste und Hirn. Man genoß das Hirn gern mit Hundehirn vermischt; als Würze für dieses Hirnragout schätzte man fein gestoßenen Tabak.[3]

Wer leben will, muss essen. Für den, der Menschenfleisch isst, zeichnet sich ein Anstieg von Kultur eben auch in der Verfeinerung und phantasievollen, geschmäcklerisch ausprobierenden Zubereitung dieser Speise aus:

83 Pieter Brueghel, d. Ä., Drei Köpfe, Holztafel, ca. 1560, Königliches Museum der Schönen Künste, Kopenhagen

Andere Länder, andere Sitten: In Nicaragua und Costa Rica wurden die Menschenfleischstücke in großen Töpfen mit Pfeffer und Salz gekocht und mit einer Beilage von Mais und Kakao gegessen. Das Fett wurde in gesonderten Kalebassen aufbewahrt; es fand bei anderen zeremoniellen Gelegenheiten als schmackhafte Würze Verwendung. Gern benützte man es auch zu feinen Ragouts.

In Guadeloupe schätzte man eine Art von Gulasch aus Enten-, Gänse- und Menschenfleisch als besondere Köstlichkeit. Anderen Küchenvorschriften zufolge wurde die Leiche auch in handtellergroße Stücke zerschnitten und beim Kochen mit Ziegenfleisch, Salz und Palmöl vermischt; dazu gab man Gemüse und Bier.[4]

Die literarischen Menschenfresser kennen auf der untersten Stufe nur rohes Verschlingen und bloßes, kulturloses Essen. Die mythischen Zerreißer wie jene Titanen, die den Dionysos zerfleischten, verspüren noch keinerlei kulinarische Regung, und auch die erotische Ekstase ist der Gastrosophie abhold. Rasend, von Sinnen, »außer sich« werden da die Zähne ins hassgeliebte Opfer geschlagen, wird gebissen, gezerrt, gerissen, roh und bluttriefend verschlungen. Die *Bakchen, Penthesilea, Plötzlich letzten Sommer* bezeugen die mänadische Unkultur des tragisch verblendeten Eros. Immerhin wurden dionysische Mysterien, bei denen lebendige Zicklein zerrissen wurden, deren jammervolles Meckern so an das Geschrei kleiner Kinder erinnert, noch bis ins vierte, fünfte nachchristliche Jahrhundert als Geheimkulte gefeiert.

Gastrosophie und Kulinarik erfordern Distanz, Abschmecken, Würzen, prüfendes, wägendes, genießendes Auge wie Zunge und die Duft einatmende Nase. Da bedarf es der zubereitenden Hand, des phantasievoll planenden und experimentierenden Verstandes, des synästhetischen Genusses aller Sinne: Die Liebe geht durch den Magen.

Noch Homers Polyphem ist einer von den rohen Fressern. Die Gefährten des Odysseus gepackt, zerstückt, verschlungen, höchstens am Spieß leicht angebraten, mit Wasser oder Wein hinuntergespült, das ist alles. Und so halten es nach ihm viele Riesen des Märchens, was erheblich zu ihrem Nimbus, ungehobelte Naturburschen zu sein, beiträgt.

Das Volksmärchen seit dem 18. Jahrhundert kennt höchstens Ansätze zu feinerer Lebensart: Der Riese in »John und der Bohnenstängel« verlangt, seine Frau solle John toasten – ein typisch englischer Riese –, die Hexe will den Hänsel mästen, die Menschenfresserin im Eskimomärchen »Giviok« grämt sich, Givioks schmackhafter Wangen und Handteller verlustig zu gehen. Die meisten Riesen aber: ex und hopp mit den Knochen! Es sei denn, die Riesen entstammen den besseren Kreisen. Mittelalter

84 Peter Weiss, Die Kannibalenküche, 1942

und Renaissance müssen sich dabei erst wieder auf jene kulinarischen Höhen hinaufarbeiten, über die die griechische und römische Antike lange Zeit geboten. Wir haben gezeigt, wie schon der Kyklop des Euripides sich vom Fresser zum Esser entwickelt hat und wie er in der Folgezeit parodistisch zum Feinschmecker umstrukturiert wird.[5] Atreus tischt ein Mahl auf: königlicher Chefkoch kannibalischer Rache. Gargantua verspeist als Vorspeise die Pilger mit Lauch und Salat, angemacht mit den Zutaten, die auch heute noch als »French Dressing« gelten, Essig, Öl und Salz, einfach und klar, keine verfälschenden Kräuter.

Perrault treibt's da schon aristokratisch-sadistisch, er goutiert die Vorfreude, wohl wissend, dass kein Genuss die phantasieerhitzte Erwartung übertreffen kann:

... aber sie hatten es mit einem der grausamsten menschenfressenden Riesen in der Welt zu tun. Weit davon entfernt, irgendwelches Mitleid mit ihnen zu verspüren, hatte er sie bereits mit seinen Augen verschlungen und seiner Frau gesagt, sie würden ein delikates Mahl abgeben, wenn man sie mit Sardellen und Kapernsauce auftischte. Dann nahm er ein großes Messer und indem er sich den armen Kindern näherte, schliff er es an einem großen Wetzstein, den er in seiner linken Hand trug.[6]

Bei Jonathan Swift im 18. Jahrhundert aber, in seinem *Modest Proposal* (Bescheidener Vorschlag), einer der schärfsten und bedeutendsten Satiren der Weltliteratur, da wird nicht mehr nur gegessen, es wird gespeist, großbürgerlich, landadelig:

Mir ist von einem sehr unterrichteten Amerikaner aus meiner Bekanntschaft in London versichert worden, daß ein junges, gesundes, gutgenährtes Kind eine sehr wohlschmeckende, nahrhafte und bekömmliche Speise ist, einerlei, ob man es dämpft, brät, bäckt oder kocht, und ich zweifle nicht, daß es auch in einem Frikassee oder einem Ragout in gleicher Weise seinen Dienst tun wird ...

Ein Kind wird bei einem Essen für Freunde zwei Gänge ergeben, und wenn die Familie allein speist, so wird das Vorder- oder Hinterviertel ganz ausreichen: mit ein wenig Pfeffer oder Salz gewürzt, wird es gekocht noch am vierten Tage ganz ausgezeichnet schmecken, besonders im Winter.[7]

Swift ist der Erfinder der kannibalischen Gastrosophie im Dienst der politischen Satire, die sozialkritischen Implikationen dieses Textes werden uns noch beschäftigen.[8] Der Pfeffer Swifts weicht im bürgerlichen 19. Jahrhundert, zumal im deutsch-österreichischen Raum, milderen Gewürzen, sahnig-pikanten Soßen. Die beißende Sozialkritik wird zur ironisch-humoristischen der feinen Wiener Küche von Johann Nestroys Posse *Häuptling Abendwind oder Das gräuliche Festmahl* umgewandelt oder zur betulich-gutbürgerlichen Küche der »Modernen Gastrosophie« in der deutschen satirischen Zeitschrift *Kladderadatsch*.

Die Zubereitung – das verstehst du – richtet sich immer nach der Verschiedenheit des Naturells. Is einer zäh, muß er gebeizt werd'n; wennst ein' Aufgeblasenen erwischst, die sind nur zu vertragen, wenn s'in a rechte Soß kommen; und spicken, ordentlich spicken is bei allen Naturen gut, weil es alle feiner und milder macht. Mit einem Wort: Sapienti pauca! [9]

Wer so spricht, ist der Südseehäuptling Abendwind zu seinem Koch mit dem bezeichnenden Namen »Ho-Gu«. Die Tradition des Wiener Volkstheaters aus dem 18. Jahrhundert, des Hanswurst und der Kaspar Larifari, wird liebenswert, verspielt, witzig, albern, komisch fortgeführt, sozusagen bourgeois gemacht. Außerdem treten in Nestroys Posse in Charme und Blödsinn verpackte politische und kulturkritische Scharfsicht und Ironie hinzu. Von Anfang an wird mit doppelbödigen Anachronismen gearbeitet. Atala, die Tochter von Häuptling Abendwind, dem Sanften, vom Stamme der Groß-Lulu, verliebt sich in den Fremdling Artur, der Biberhahn, dem

85 anon., Illustration, Frankreich, 19. Jh.

86 anon., Karikatur auf politische Zustände in Frankreich, aus: Punch, Mitte 19. Jh.

Häuptling vom Stamme der Papatutu, als Gastmahl vorgesetzt werden soll. Artur entpuppt sich – vermeintlich posthum und schon in den Häuptlingsbäuchen in wienerischer Abwandlung des Thyestesmahls – als Biberhahns Sohn. Er war aber schlauer und hat statt seiner den Zauberbären schlachten lassen. Makabres und Bürgerschreckattitüden werden mit biedermeierlicher Bürgerbehaglichkeit vereint. Der hohe Rang, den Kultur und Zivilisation beim Bürgertum einnehmen, wird persifliert. Es mangelt nicht an Anspielungen auf Zeitläufte, Wissenschaft, Kolonialismus, Handel und Gewerbe. Die Berichte der ersten Ethnologen in Jahrbüchern und Zeitschriften werden natürlich voll integriert. Die Psyche des Häuptlings und seiner Stammesgenossen ist, das versteht sich von selbst, vollkommen wienerisch, vor welchem Hintergrund »die Wilden«, um die es vordergründig stets geht, vollends ambivalent werden. Die Festtagsküche kommt ebenfalls zu ihrem Recht. Ein Ausschnitt aus der sechsten Szene:

ATALA *(noch immer über ihres Vaters Freundlichkeit staunend):*
  Sonderbar!
ARTUR:
  Nun, Atala, siehst du? Wer hatte recht?
ATALA:
  Das hätt' ich nie gedacht.
ABENDWIND *(leise zu Ho-Gu):*
  Kopf mit Frikassee, Brust g'füllt.
HO-GU *(leise zu Abendwind):*
Die Koteletts mit Seetrüffeln.
ABENDWIND *(wie oben):*
  Und hauptsächlich Beefsteaks! (Entzückt.) Schau' dir'n an, den Jüngling, ob er nicht prächtige Beefsteaks verspricht!
HO-GU *(wie oben).*
  Ganz gewiß.
ABENDWIND *(wie oben):*
  A bisserl ein' Bananenschmarrn dazu und südpolische Amurken. Wenn wir nur auch das Geheimnis wüßten, wie man in jenen Ländern den Sardellenbutter macht.
HO-GU *(wie oben):*
  Wir haben wohl auch Sardellen –
ABENDWIND *(wie oben):*
  Aber bei uns geben's keine Milch, wie also von die Viecher ein' Butter kriegen!?[10]

Was sich dann kurz nach der Jahrhundertmitte in versuchter deutscher Nachfolge Swifts mit zynisch-sozialkritischem Touch als »Moderne Gastrosophie« geriert, ist nichts als die Übertragung gutbürgerlicher Küchenrezepte in eine satirische Kannibalenküche, was zwar nicht ohne witziges Zeitkolorit, aber doch mit erheblicher literarischer Oberflächlichkeit geschieht. Hier lässt sich besonders gut die Banalisierung und Verharmlosung des Kannibalismus beobachten, die Attali im erwähnten Zitat für das 19. Jahrhundert diagnostiziert hat. Was so oberflächlich-spaßig daherkommt, das mündet alsbald in die Missionars- und Herrenwitze ein, die man reihum erzählen kann, wobei man sich angeheitert, munter lachend und prustend, fröhlich auf die Schenkel schlägt:

Gedämpfter Proletarier mit Kartoffeln

Man wäscht den Proletarier mit warmem Wasser rein ab, nehme jedoch hierzu keine grüne Seife, um den Nachgeschmack zu vermeiden. Man lese dem Gereinigten den Entwurf eines neuen Steuergesetzes vor, wonach er sofort zu Grunde geht. Hierauf lasse man ihm eiligst zur Ader, was jedoch erfolglos bleiben wird, weil diese armen Teufel bei ihren Lebzeiten schon zu viel Blut schwitzen müssen. Man hoffe nicht, daß die Kartoffeln im Fette des Proletariers braten können. Denn Fett war dem Armen von jeher etwas unbekanntes, daher er sich nur zum Gedämpftwerden eignet. Ohne Kartoffeln würde diesem Gerichte aber der Hauptbestandteil verloren gehen, da schon im Leben der Proletarier mit jener Frucht so innig verwachsen war, daß eben sein Leben nur aus Arbeit und Kartoffeln bestand. Dieses Gericht wird für Leute ängstlicher Konstitution etwas schwer zu verdauen sein.

Gesottener Bankier

Ein völlig ausgewachsener Bankier wird genommen und mit dem Vorhalten eines 1848er Märzcourszettels zum Tode gebracht. Doch muß man rasch hindern, daß die Galle in's Blut tritt, weil der Geldmann sonst ungenießbar. Hat man den Bankier ausgenommen und abgebrüht, so schuppt man ihn, da er mit einer dichten Lage Schuppen versehen ist, woher auch Schuppen bei Andern von ihm vermuthet zu werden pflegen, und er sich stets fleißig im Leben aufs »Beschuppen« legt.

Hat man ihn nun nach vieler Mühe rein gewaschen und geschuppt, so läßt man ihn in Essig und unverdienten Lorbeerblättern so lange sieden, bis er blau anläuft, wozu er es aber nicht so leicht kommen läßt.

Gefüllter Landesgerichtsassessor

Man bringt ihm die Nachricht bei, daß er Rath geworden, worauf man ihn sofort ausnehmen kann. Nach der Füllung mit geschabter, sauer gewordener Bankiertochter, lege man ihn auf den Rost und begieße ihn von Zeit zu Zeit mit Thransauce. Auf die Schüssel gelegt, servirt man deren Ränder mit Eichenlaub.

Eingesalzener Theaterrecensent

Man steckt eine Lokalposse am Tage der ersten Aufführung in seine Rocktasche und wartet ruhig die Blutung ab. Dann pökelt man ihn für den ganzen Winter.

Das Gericht bleibt jedoch immer gefährlich, da es eines Theils zu schwer im Magen liegt, andern Theils eine schädliche Bitterkeit ihm nicht ganz zu entziehn sein wird.

Geräucherter Weinhändler
   Sehr schmackhaft und besonders schätzenswerth, wegen seiner mannigfachen Verwendung.
   Man kann ihn theils kalt aufschneiden lassen, theils seine Speckseiten zur Zubereitung anderer Gerichte verwenden.
   Seine Eigentümlichkeit im Leben, auf den Durst anderer Leute hinzuarbeiten, legt er auch geräuchert nicht ab. Seine Leber ist groß und vortrefflich!

Gespickter Theaterdirektor mit Senfsauce
   Man schneidet denselben in nicht zu große Stücke, nachdem man ihm das Fell über die Ohren gezogen; ein Verfahren, das der Theaterdirektor an Schriftstellern auszuführen im Leben vortrefflich verstand. Man wird bei dieser Operation finden, daß er ein sieben- bis achtfaches Fell hat, das als wasserdichtes Leder gut zu benutzen, zumal es in der Gegend des Herzens undurchdringlich ist. Hat man ihm das Fell ausgeklopft, so bricht man ihm die Knochen, und legt ein gelindes Feuer von fünfzig Nummern Kladderadatsch an, die ihn schon gehörig warm machen werden. Es bleibt jedoch immer noch ein zähes Essen, das trotz der Senfsauce nur mit guten, ächten Zähnen zu genießen ist.

Marinierter Blaustrumpf
   Höchste Vorsicht bei der Auswahl nöthig, da die meisten giftig sind und leicht Erbrechen und Uebelkeit erregen.

Schulmeisterbouillon
   Man ist leider nicht im Stande, von dem Körper eines Schulmeisters etwas Anderes als die Knochen zu benutzen. Man steckt daher den Schulmeister, da er meist kahlköpfig ist, ganz und gar, (das heißt ohne Stiefel) in den Kochtopf, läßt ihn zwei Stunden am Feuer, und hat eine leidlich dünne Gasthausbouillon.
   N. B. Aus den durch Schlagübungen vorzüglich ausgebildeten Sehnen des rechten Armes läßt sich ein guter Leim bereiten.

Mit diesem Gerichte schließen wir die Gastrosophie des Kalenders für 1852. Wir wollen den Lesern nicht länger den Mund wässrig machen, obgleich wir versichern können, daß das Leben kurz, die Kochkunst aber lang ist, und daß es noch sehr viel Verschlingbares giebt worunter
   Gebackene Hofoperntänzerinnen –
   Frikassirte Professoren der Geschichte,
   Jerusalemer Comtessenragout,

Hofräthe à la merluche und
Geschmorte Zeitungsschreiber
nicht die letzte Stelle einnehmen.[11]

Unter den Literaten der Gegenwart ist es abermals vor allem H. C. Artmann, der bruchlos an die Wiener Theatertradition des 19. Jahrhunderts anzuknüpfen vermag und den eben zitierten Rezepten durch stilistische Aufhöhung und Integration in seinen Spielkosmos literarischen Rang verleiht. Seine Kasperlestücke aus den 50er- und frühen 60er-Jahren vereinen zusätzlich Filmisches, die englische Tradition der »Punch and Judy Plays«, Freud'sche Elemente und wie im Falle der *hochzeit caspars mit gelsomina* auch noch eine Hamlet-Parodie in einem einzigen Stück, das obendrein Fragment geblieben ist. Darin benutzt der Menschenfresser, Herr Sapristi di Mangiatutti, seine schöne Tochter Gelsomina, um immer wieder leckere Bräutigams einzufangen, die nach der turbulenten Hochzeitsfeier verspeist werden.

Den Prolog spricht eine »schwarze Köchin«, die dem »sehr zu verzehrenden Publikum« einige Rezepte aus ihrer Kannibalenküche anvertraut:

Was ich kochen werde, brauch ich ihnen nicht geheim zu halten und es wird die anwesenden damen nicht uninteressiert lassen, wenn ich ihnen einige rezepte verrate, die ich heute noch kulinarisch verwirkliche:

allora: unter anderen leckerbissen gibt es auch einen frischgefangenen installateur mit bratwurstfülle ...

ein nicht zu fetter, mittelgroßer installateur wird ausgenommen, auf einer seite abgezogen und gespickt, dann streift man etwa zwölf kilo gute bratwurst aus, dünstet das ausgestreifte mit abgelaufener petersilie ein wenig ab und gibt 15 in wasser erweichte semmeln und zwanzig eier dazu, füllt den installateur mit dieser fasch und näht ihn zu, hierauf läßt man in der bratpfanne butter heiß werden, gibt dreißig schnitten semmeln hinein, legt den installateur darauf und bratet ihn, ohne ihn umzukehren, einenhalb stunden, wobei man ihn anfangs einige male mit butter begießt, mit salz und bröseln bestreut und dann den saft, zu welchem man öfters etwas wasser gibt, fleißig darüber schöpft, dieses, meine damen, gehört zu einer der sieben capitalleibspeisen meines lieben herrn sapristi di mangiatutti ...

ihr herr gemahl wird sie umarmen, wenn sie ihm diese delikate wie leichtverdauliche speise auf den mittagstisch bringen sollten ...

allora: ein ähnlich delikates, wenn auch nicht so leichtverdauliches gericht, ist ein gefüllter handelsvertreter auf fein bürgerliche art ... ein mittelgroßer handelsvertreter wird sauber enthaart und ausgenommen, dann salzt man ihn ein, füllt ihm den bauch

87 Karikatur aus Punch, Mitte 19. Jh.

mit fischfasch (dieses muß aber mit parmesan statt rahm angemacht sein) und näht ihn zu, legt ihn in eine passende casserolle, gibt limonensaft, wein, öl, petersilie und Schalotten darauf, deckt mit butter bestrichenes papier darüber und bratet ihn ungefähr eine stunde, wobei man ihn fleißig mit dem safte begießt, dann zieht man den faden, mit dem er zusammengenäht wurde, aus, legt den handelsvertreter auf die vorgewärmte schüssel, überstreicht ihn mit krebsbutter, der man gelee oder liebigs fleischextrakt beigemischt hat, garniert ihn mit faschnocken und serviert dazu in kleinen schüsseln kräuter- oder austernsauce ...[12]

Da wäre denn doch kein Grauen grausig genug, das sich nicht bei Artmann in spielerische Heiterkeit umsetzen ließe. Einen fröhlichen Esser liebt der Herr. Wer heiter im Entsetzen spielt, den möchte vielleicht doch der Tod verschonen, der unbefleischte Knochenmann, vor dem Artmann trotz allen Spotts so viel kreatürliche Angst empfindet. Dralle Maiden dagegen, anschauliche Caspars, die mag man schon mit den Augen verspeisen, bei deren bloßem Anblick läuft einem schon das Wasser im Munde zusammen. Gert Mattenklott hat in seinem Aufsatz *Das gefräßige Auge* auf jenen optischen Kannibalismus hingewiesen, der in unserer immer mehr visualisierten Welt so erheblich zugenommen hat. Jener Blick, der Beute machen will, jene optische Energie, mit der das Auge sein Opfer anfällt, defloriert, Bücher,

88 James Gillray, The Monster, 1970

Geliebte, Mahlzeiten, das Fernsehen in sich hineinfrisst, wahllos, gierig, visuell sich einverleibend. Mattenklott spricht sehr schön die literarische und philosophische Tradition an, zeigt, wie allmählich in der Renaissance die »hungrigen Augen« mit Geringschätzung und Tabu belegt werden:

Der Panerotismus des Verlangens nach Vereinigung, der in der archaischen Vorstellungswelt die gesamte Schöpfung einbezog und deshalb am angemessensten durch Götzenbilder befriedigt wurde, wird nun spezialistisch eingegrenzt und auf die Erotik im Geschlechtsverhältnis beschränkt. Doch auch dort setzt sich das Ideal des milden Schauens durch, und das Verschlingen mit den Augen legt den Verdacht auf einen Wüstling nahe, auf Perversion, Hexerei oder Schlimmeres: auf die acedia, die Todsünde der Melancholie.[13]

Jean Baudrillard formuliert es noch einmal radikal und provozierend, das Verlangen nämlich, die Tabus zu beseitigen, seinen Hunger am Mitmenschen zu stillen:

Ein Beispiel: der primitive Kannibalismus. Jenseits der Ernährungsfrage ist dieser ein Problem eines »oralen Triebes«, der Verzehrung, auf dem unser grundlegendes, vielleicht das grundlegendste Verbot lastet, während gewisse Wilde es naiv überschreiten und ihren »Wunsch« ohne weiteres erfüllen. Postulat: jeder Mensch hat das Verlangen, seinen Mitmenschen zu verzehren; und als eine katholische Religionsgemeinschaft es gezwungenermaßen bei einem Flugzeugunglück in den Kordilleren der Anden tat, war alle Welt verwundert über die göttliche Wiederkehr einer Natur, die man verschwunden glaubte. Der Papst selber hat sie gesegnet und gerechtfertigt, und zwar nicht, um ein Beispiel zu setzen; aber dennoch: es ist ›kein absolutes‹ Verbrechen mehr – und wenn nicht, so vielleicht in Bezug auf eine Natur, deren (unbewußtes und psycho-analytisches) Heiliges, ein ›libidinöses‹ Heiliges, heute siegreich mit dem göttlichen und religiösen Heiligen konkurriert?[14]

Trotz dieser schrillen Stimme eines *»agent provocateur anthropophagique«* sind wir über das bloße Verschlingen des Nächsten aus Hunger längst hinaus. Wir nähern uns unaufhaltsam der *»haute cuisine anthropophagique«*. »Ekel ist ein Zustand, der in der Kochkunst aufgehoben wird«, so konstatiert – Alfred Kolleritschs Roman *Der Pfirsichbaum* zitierend – Ulrich Raulff in seiner »Chemie des Ekels und des Genusses«. Er besinnt sich auf den eigentlichen Gegenstand der Gastrosophie. Wovon spricht sie?

Von den eßbaren Dingen. Von den Essern. Und von

89 Salvador Dalí, Illustration aus: Diners mit Gala, 1974, Eine Hommage Dalís an Rabelais

jenem deutschen Land, in dem sich beide begegnen und dessen umgebende Gebirge Ekel und Genuß heißen. Das Land selber aber heißt Der Geschmack, und seine Bebauung soll uns interessieren.[15]

Darin sind es die Gewürze, die für das Raffinement sorgen, die Sinne reizen, Nervenkitzel herbeiführen, »Würzen und Schmerzen, das ist dasselbe ... fast alle Kulturtechniken sind Schmerztechniken.«[16]

Die erfahrenen, die gastrosophischen Kannibalen der westindischen Inseln und Ozeaniens wussten dies und peitschten ihre Opfer, zumal vor kulinarischen Festen an Feiertagen, nicht aus Grausamkeit, sondern so wie man bei uns Spanferkel peitschte, um durch bessere Durchblutung dem Fleisch ein Äußerstes an Zartheit und Schmackhaftigkeit zu verleihen.

Und Leopold Bloom, der moderne Odysseus, weiß es. Er ist ein Mann von Kultur, ein Genießer, Essen ist Leben und Leben ist Essen, und Genießen und Lieben. Die kannibalischen Assoziationen stellen sich dabei wie von selbst ein:

Er betrat das Davy Byrne's. Anständiges Lokal. Kein Schwätzer der Wirt ... Was nehm ich denn gleich?... Warten Sie. Ich nehme ein Glas Burgunder und ... Moment noch.

Sardinen auf den Regalen. Schmeckt sie fast schon, wenn man hinsieht. Sandwich vielleicht? Schinken mit Zubehör dort, besenft auf Brot. Fleischkonserven. Was ist Ihr Heim ohne Plumtrees? Eine Last für die Nerven. So etwas Stumpfsinniges von Annonce! Unter die Todesanzeigen haben sies gesetzt. Plump trivial. Dignams Konservenfleisch. Kannibalen würdens mit Zitronen und Reis. Weißer Missionar zu salzig. Wie gepökeltes Schweinefleisch. Der Häuptling verputzt wahrscheinlich die Ehrenstücke. Dürften ziemlich zäh sein, vom vielen Gebrauch. Seine Weiber im Kreis um ihn herum, die Wirkung beobachten. ›Es war mal ein braver alter Nigger. Der fraß oder so ähnlich die weiß nicht die Dingsbums von Hochwürden Mr. MacTrigger‹. Mit ihnen das Paradies auf Erden. Mag der Himmel wissen, wo das draus zusammengebraut ist. Netz, kahmige Kutteln, Luftröhren, alles bloß kleingehackter Schwindel. Kunststück direkt, das Fleisch drin zu finden. Koscher. Nie Fleisch und Milch zusammen. Hygiene war das, wie sies heute nennen. Yom-Kippur-Fasten, der Frühjahrshausputz des Inneren. Friede und Krieg hängen davon ab, ob ein hohes Tier gute Verdauung hat. Religionen. Weihnachtsputer und -gänse. Schlachtung der unschuldigen Kindlein. Essen, trinken und fröhlich sein. Nachher sind dann die Unfallstationen voll. Bandagierte Köpfe. Käse verdaut alles außer sich selbst. Mächtiger Käse.

90 Hans Arnold, Illustration aus: Monsterland, 1974

– *Haben Sie ein Käse-Sandwich?*
– *Jawohl, Sir.*
Paar Oliven möchte ich wohl auch ganz gern, wenn sie die dahaben. Italienische sind mir am liebsten. Ein Gläschen guter Burgunder: räumt sie weg, diese ganze. Rutscht dann wie geschmiert. Dann noch einen schönen Salat, dann bin ich wieder die Ruhe selbst. Tom Kernan, der versteht was vom Anmachen. Bringt Pfiff in die Sache. Reines Olivenöl. Milly hat mir das Kotelett damals mit einem Zweiglein Petersilie serviert. Man nehme eine spanische Zwiebel. Das Essen schuf Gott, die Köche der Teufel. Krabben in Teufelssauce.
– *Und der Frau geht's?*
– *Ganz gut, danke ... Ein Käse-Sandwich also. Gorgonzola, haben Sie?*[17]

Leopold Bloom macht sich bewusst den Gärungsprozess des Käses zunutze, zieht Genuss aus Fäulnis, Zersetzung und Verwesung, die dem Käse wie dem Leben inhärent sind, er anerkennt den zyklischen Kreislauf des Lebens von Ergreifen, Essen und Verdauen, der auch ein kannibalischer ist.

Der Hohepriester und Rôtisseur der »*haute cuisine anthropophagique*« aber ist Duca di Centigloria, der das Verspeisen der Geliebten als ein weihevolles Festmahl quasireligiöser Kommunion zelebriert, höchster, durch nichts zu überbietender Genuss. Wir nehmen den Faden dort wieder auf, wo wir ihn im Erotik-Kapitel liegen gelassen haben. Der Erzähler hat sich selbst, die Tafel und das Haus auf das Fest seiner kulinarischen Vereinigung mit Ysa würdig vorbereitet:

Ich gab Herz, Leber und Gehirn in anmutiger Anordnung auf eine Zinnplatte; ihre lieben Augen ebenfalls gebacken, zartgelb paniert und auf Selleriescheiben angerichtet, legte ich separat auf einen kleinen, viereckigen Holzteller, der den kleinen, viereckigen, goldenen Hostientellern der griechisch-orientalischen Kirche ähnelte. All das stellte ich auf den Platz, an dem sie als Hausfrau gesessen wäre, rechts und links davon setzte ich zwei große siamesische Vögel aus buntem Holz, deren lang aufgerichtete Schwänze über und über mit kleinen Spiegeln belegt waren. An meinen Platz aber legte ich – aus meinem Gepäck – das sakrale Eßgerät aus dem Menschenopfertempel der Insel meines Ahns Prospero Gloria, die dreizinkige Meteoreisengabel aus Estrellacruz ... Heute wie vor Urzeiten war dies ein Festmahl der Liebe, und andächtig und dankbar spürte ich – schöner als Grouse, Hummer und Austern – auf meinem Gaumen ihr warmes, weiches Herz, die Leber, durch die dieses Herz sein heißes Blut gepulst hatte, ihr zartes Hirn, dem so viele bunte und phantastische Bilder, Träume und Gesichte entsprungen waren, und die Augen – mit Curry und Paprika gewürzt –, die so gern so viele Bilder der Leidenschaft geschaut hatten.[18]

Solch exquisite Genüsse dürften nur den Allerwenigsten vergönnt sein, und auch literarisch stellt Duca di Centiglorias Roman *Ich fraß die weiße Chinesin* einen Sonderfall dar. Die kannibalische Gastrosophie erreicht hier einen Höhepunkt, vergleichbar den gastrosophischen Bekenntnissen der großen Küchenmeister.

Wem Centiglorias Geschmack jedoch zu aufwändig, zu kostbar sein sollte – derartige Festmähler feiert man schließlich auch nicht jeden Tag, zumal in Zeiten der »*nouvelle cuisine*« –, der versuche es vielleicht einmal mit dem Rezept eines Dichters, bei dem man dergleichen wohl kaum vermuten würde.

Max Bense hat einem seiner schönsten experimentellen Gedichte »Ruhelose Begierden«, das zu den Textmodellen »Der Fuß« gehört, einen kannibalischen »Nachtrag« mit auf den Weg gegeben:

New Cannibalism: 4 Füße, 2 kleingeschnittene Zwiebeln, 1 würfelig geschnittene Mohrrübe, ½ kleine ebenso würfelig geschnittene Sellerieknolle, 3 Pfefferkörner, 1 Lorbeerblatt, etwas Majoran, ½ l Weißwein, 60 gr. Butter, 2 abgezogene Tomaten, 1 Eßlöffel Madeira.

Die Füße werden der Länge nach halbiert, gewässert, gebeizt mit Gewürzen und Gemüsen drei Tage im Weißwein. Später im heißen Fett angebraten, die abgetropften Gemüse, die Tomaten und Salz hinzugefügt, mit der Marinade aufgegossen und im Ofen 4 Stunden lang geschmort, die Soße durch ein Sieb gegeben, mit Madeira abgeschmeckt und über das Gericht gegossen. Keine Tafelmusik, besonders kein Telemann. Denn nur wenn ein Vogel die Flügel spreizt, beginnen sich die Füße vom Zweig zu lösen wie Ideen.[19]

Vielleicht versuchen Sie's einmal!

Anmerkungen zu Kapitel VII

1 Ludwig Klages, *Vom kosmogonischen Eros*, S. 353.
2 Jacques Attali, *Die kannibalische Ordnung*, S. 25.
3 Duca die Centigloria, *Ich fraß die weiße Chinesin*, S. 65. Das ethnologische Material des Buches entstammt großenteils den französischen Enzyklopädien des 19. Jahrhunderts und Volhards Standardwerk über den Kannibalismus, aber auch zahlreichen ethnologischen und anthropologischen Detailstudien verschiedener Schriftsteller und Wissenschafter.
4 Centigloria, a. a. O., S. 63.
5 S. o. Kap. II.
6 Charles Perrault, *Contes de Fées. Die Märchen.* (München, 1975), S. 125.
7 Jonathan Swift, *Ein bescheidener Vorschlag und andere Satiren*, übersetzt von Felix Paul Greve, Insel Verlag (Frankfurt, 1975), S. 55 f.
8 S. u. Kap. IX.
9 Johann Nepomuk Nestroy, »Häuptling Abendwind oder Das greuliche Festmahl«, in: *Die Possen*, Sechster Teil (Wien, 1924), S. 567–618, hier S. 574.
10 Nestroy, a. a. O., S. 590.
11 »Moderne Gastrosophie«, in: Kladderadatsch-Kalender, Jg. 1852, S. 86–89.
12 H. C. Artmann, »die hochzeit caspars mit gelsomina«, in: *The Best of H. C. Artmann*, hrsg. von Klaus Reichert (Frankfurt, 1970), S. 114–130, hier S. 115–117.

13 Gerd Mattenklott, »Das gefräßige Auge«, in: *Die Wiederkehr des Körpers,* S. 237.
14 Jean Baudrillard, *Der Tod tanzt aus der Reihe* (Berlin, 1979), S. 35 f.
15 Ulrich Raulff, »Chemie des Ekels und des Genusses«, in: *Die Wiederkehr des Körpers,* S. 248.
16 Raulff, a. a. O., S. 249.
17 James Joyce, *Ulysses,* a. a. O., Übersetzung Hans Wollschläger, »Lästrygonen-Episode«, S. 240 f.
18 Duca di Centigloria, *Ich fraß die weiße Chinesin,* S. 121 f.
19 Max Bense, *edition et* (Stuttgart, 1966), Der Fuß Textmodelle, o. S.

VIII. Kuriosa, Songs, Gedichte

Wer unter menschenfressern erzogen, dem schmeckt keine zuspeis, es sei denn, sie hat hand oder fuß.

H. C. Artmann[1]

Gedanken an meine Kindheit in der unmittelbaren Nachkriegszeit sind mit einigen Erinnerungen verbunden, die mit stereotyper Regelmäßigkeit vor dem inneren Auge auftauchen: zerbombte Städte, Menschen in ärmlichen Kleidern, Warnschilder vor dem Kohlenklau, meine Eltern mit Taschen voller Kartoffeln und wenigen Stücken Speck, die sie gegen letzte Wertgegenstände bei Bauern eingetauscht hatten, der Gartenbesitzer, der uns fuchsteufelswild hinterherrannte, weil wir einige Äpfel geklaut hatten, völlig überfüllte Züge, auf deren Dächern noch Leute saßen und andere, die wie Gepäckstücke durch die Fenster geschoben wurden. Und dann ist da noch eine Melodie jener Jahre, die mir in plastischer Frische im Gedächtnis geblieben ist und die die erwachenden Lebensgeister, die Stimmung des Sich-nicht-unterkriegen-Lassens, den neuen Aufwind repräsentierte:

Wir sind die Eingeborenen von Trizonesien
Hei tschiwela, tschiwela, tschiwela, tschiwela bum.
Wir sind zwar keine Menschenfresser,
Doch wir küssen um so besser,
Wir sind die Eingeborenen von Trizonesien,
Hei tschiwela, tschiwela, tschiwela, tschiwela bum.

Dreißig Jahre später aber erklang als »background-muzak« in übervollen Supermärkten der Konsumgesellschaft der Song:

Mr. Kannibal
Friß mich noch einmal ...

Ein weibliches Pendant gesellte sich dann »Mr. Kannibal« im Zeichen der Emanzipation und mit gewisser Phasenverschiebung 1982/83 zu, als aus den Lautsprechern der internationale Tophit klang:

Oh, oh, here she comes,
Watch out boy
She'll chew you up
She's a man-eater ...

Dazwischen sangen wir bei den christlichen Pfadfindern jenes Lied, das zu den Lieblingsliedern ungezählter Jugendlicher gehörte und in dem eine Strophe folgendermaßen lautet:

Auf den Straßen liegen Leichen
Mit ganz aufgeschlitzten Bäuchen
In den Bäuchen stecken Messer
Die vergaßen Menschenfresser.
Umba, umbarassa, umba umbarassa,
hei o hei o hei o he ...

Rückblickend mag das etwas deplaziert wirken, zumal im Kontext christlicher Pfadfinder, aber offensichtlich gibt es für Kinder, Heranwachsende, aber auch für Erwachsene den Kitzel jenes literarischen Untergrunds, wo man gegen den Stachel gesellschaftlicher Konventionen löcken, ungestraft Tabus verletzen darf, ja muss.

Als Anglistikstudenten in den frühen 60er-Jahren sangen wir die Songs von Tom Lehrer und sogen begierig die Botschaften Timothy Learys ein. Leary, gefeuerter Hochschuldozent, einer der ersten Propheten der neuen Gegenkulturbewegung: Hasch und politische Aufmüpfigkeit gegen das bürgerliche fade Amerika der 50er-Jahre mit seinen unrühmlichen Höhepunkten der McCarthy-Ära; Lehrer dagegen ein eher konservativer, skeptischer Spötter. Wieder konnte man den Kitzel empfinden, etwas Anrüchiges, Frivoles, nicht Gelittenes zu tun. Tom-Lehrer-Songs eigneten sich so schön für Studentenpartys im Schummerlicht:

I hold your hand in mine dear
I press it to my lips
I take a healthy bite
From your dainty finger tips ...[2]

Anscheinend gehört so etwas zur Hygiene des inneren Haushaltes, Ventil für Emotionen in Gesellschaften voller Verbotstafeln, wo das Abenteuer meist in die Imagination verbannt wird. Denn schaue ich zurück in Kindheit und Jugend der Generation meiner Eltern, so sangen sie als Kinder das schöne Lied:

In Chinesien, in Chinesien
Wohnte einst ein holdes Wesien
Und in dieses war verliebet
Gar der Großmogul von Tibet
Dieser war ein reicher Fürste
Fraß die Menschen wie die Würste
Fraß sie auf mit einem Schwahapp
Gleich als wär's Kartoffelpahapp
Als ihm ward ein Sohn geboren
Nahm er ihn gleich bei den Ohren
Fraß ihn auf mit einem Schwahapp
Gleich als wär's Kartoffelpahapp
Dieses hat sie sehr verdrossen
Seinen Tod hat sie beschlossen
Stach die Scher ihm durch die Nahas
Daß krepierte dieses Ahaas.

Man sieht, die in der Einleitung apostrophierte Kinderfresserthematik des 18. und 19. Jahrhunderts hat sich hier doch beträchtlich ins Humoristische gewandelt und Obertöne poetischer Gerechtigkeit bekommen.

Als Jugendliche sangen sie dann Wedekinds »Tantenmörder«, voll Inbrunst vor allem die letzte Strophe:

Ich hab meine Tante geschlachtet,
Meine Tante war alt und schwach, ...
Ihr aber, o Richter, ihr trachtet
Meiner blühenden Jugend-Jugend nach.[3]

Vor allem aber sangen sie das Lied vom Massenmörder Haarmann, gegen den unser Tom Lehrer doch ein Waisenknabe war:

In Hannover an der Leine
Strippenstraße Nummer acht
Wohnt der Massenmörder Haarmann
Der aus Kindern Blutwurst macht

Warte, warte nur ein Weilchen
Bald kommt Haarmann auch zu dir
Mit dem kleinen Hackebeilchen
Klopft er leis an deine Tür

Aus dem Bauch da macht er Würste
Aus dem Rücken macht er Speck
Aus dem Kopf da macht er Sülze
Alles andre wirft er weg

Wer nun gar diese Generation für gefühlsverroht hält, der möge doch innehaltend überlegen, ob der Hang, die Welt als deformiert, den Menschen als denaturiert aufzufassen, erst mit der modernen Literatur und Kunst unter die Zeitgenossen gekommen ist.[4] Er wird schnell merken, dass das Anormale, das Monströse, die Faszination des Verbrechens von jeher zu den größten literarischen Attraktionen zählen. Nicht Philemon und Baucis im milden Alters-Abendlicht, sondern Jago, Richard III. und Atreus beschäftigen die Phantasie des Publikums. Schauen wir vor die Generation der Väter zurück ins 19. Jahrhundert, so finden wir auch dort das gleiche Interesse und diabolische Vergnügen. Analog Belegen aus der Prosaliteratur, die bereits zitiert wurden, konstatieren wir aber auch die Abschwächung ins Betulich-Humoristische und Verharmlosend-Anekdotenhafte. So findet sich im großen deutschen *Anekdoten-Lexikon* und anderswo die folgende hübsche Anekdote:

Auf dem Schilde einer Gauklertruppe zu Bordeaux las man neulich folgende Aufforderung: Der hier eingesperrte Menschenfresser Master Michael frißt jeden Menschen binnen einer Stunde auf, wovon man sich persönlich überzeugen kann.[5]

Daneben findet sich aber auch die sensationalistische oder nur mit Anstrengung komische Anekdote, wie in den beiden folgenden Texten:

Gegen Ende des vorigen Jahrhunderts gab es in Frankreich einen berüchtigten Menschenfresser. Dieser Mann hieß Blaise Ferraye, genannt Sayé, und war aus Cominges. Er wurde am 13. Dezember 1782 zu Toulouse hingerichtet; nachdem er eingestandenermaßen einundachtzig Personen aufgefressen hatte. Sein letztes Opfer war ein spanischer Kaufmann.

Einige Engländer suchten den Bischof von Quebeck, der auf der Reise von ihnen abgekommen war. Sie trafen einen Wilden an und fragten ihn: »Kennst Du den

91–92 Karikatur aus: Uns ist ganz kannibalisch wohl, hrsg. von J. Jupiter, 1981

Bischof von Quebeck?« – »Wie sollt' ich nicht«, antwortete er, »ich habe ihn gegessen.«[6]

Oder gar jene banale Menschenfresser-Speisekarte, an der man vornehmlich simple Feindbilder und ein spezifisches Verhältnis gegenüber Minderheiten beobachten kann:

Speisekarte
 des glänzenden Diners, welche die Wu-hu-hu-hu-wu's, der civilisierteste Stamm der karaibischen Menschenfresser, kürzlich zu Ehren ihres Häuptlings Hau-du-ju-du veranstalteten.

Suppe von europäischen Gensd'armen.
Mucker-Bouillon mit Lippen-Klößen.
Kaviar von Kreuzrittern.
Ragout fin von Diplomaten mit Krebsschwänzen.
Maccaroni à la Reine d'Espagne.

Gezwiebelter französischer Preßkopf.
Geschmorte Banquiers mit Kapern.
Fricassée von gemästeten Pfaffen in Rothwein.
Tartuffe's mit Trüffeln.
Gedämpfte deutsche Deputiertenzunge mit süßer Brühe.
Junge Hofräthe mit Bücklingen.
Geräucherten Primadonnenkopf mit Lorbeeren.
Treubündler-Brägen in Kümmel.
Bœuf à la mode von Ord-Do-D-ochsen.
Gespickter Pariser Correspondent in Blätterteig.
Pastete von Glückspilzen.
Eine aristokratische Schriftstellerin en papilloté.
Deutsches National-Beefsteak mit Hindernissen.
Lieder ohne Worte (à la Wilkens) von deutschen Poetenherzen.
Frischgebackene Adlige mit Schnecken.
Gestobte Märzminister mit Hummersauce.
Schwarzsauce von Spionen.
Organisirte Demokraten mit Cayennepfeffer.
Gänseklein von Tänzerinnen.
Abgebrühte Putenjunker mit Stockfisch-Salat.
Geklopfte Umkehrer mit Knallschoten und Mohrrüben.
Arme Ritter in Spiritus.
Kopf-Salat von Literaten, Polen und Juden.
Kommunistische Gelbschnäbel und Rothbärte.
Eis von Nabobsherzen.[7]

Die intendierte Komik dieses Textes heute noch nachzuvollziehen, fällt äußerst schwer; das meiste an dieser Speisekarte ist abgeschmackt.

Mit Detlev von Liliencrons Gänsehautballade »Der Hunger und die Liebe« bleiben wir zwar im Bereich der literarischen Kuriositäten, gewinnen aber allmählich eine höhere Stilebene. Wenn der wilde Kannibale im biederen Bürger sich schließlich Bahn bricht, ihn von innen heraus überwältigt, sobald der Hunger alle Konventionen sprengt, dann ist dies nicht ohne dämonische Komponente. Tunkomar mutiert zum Urbild des Teutonen, und aus ist es mit Teutelinde. Der Kleinbürger wird wieder zum rasenden Menschenfresser; historisch weckt das bei aller Schauerballadenkomik höchst unangenehme Assoziationen:

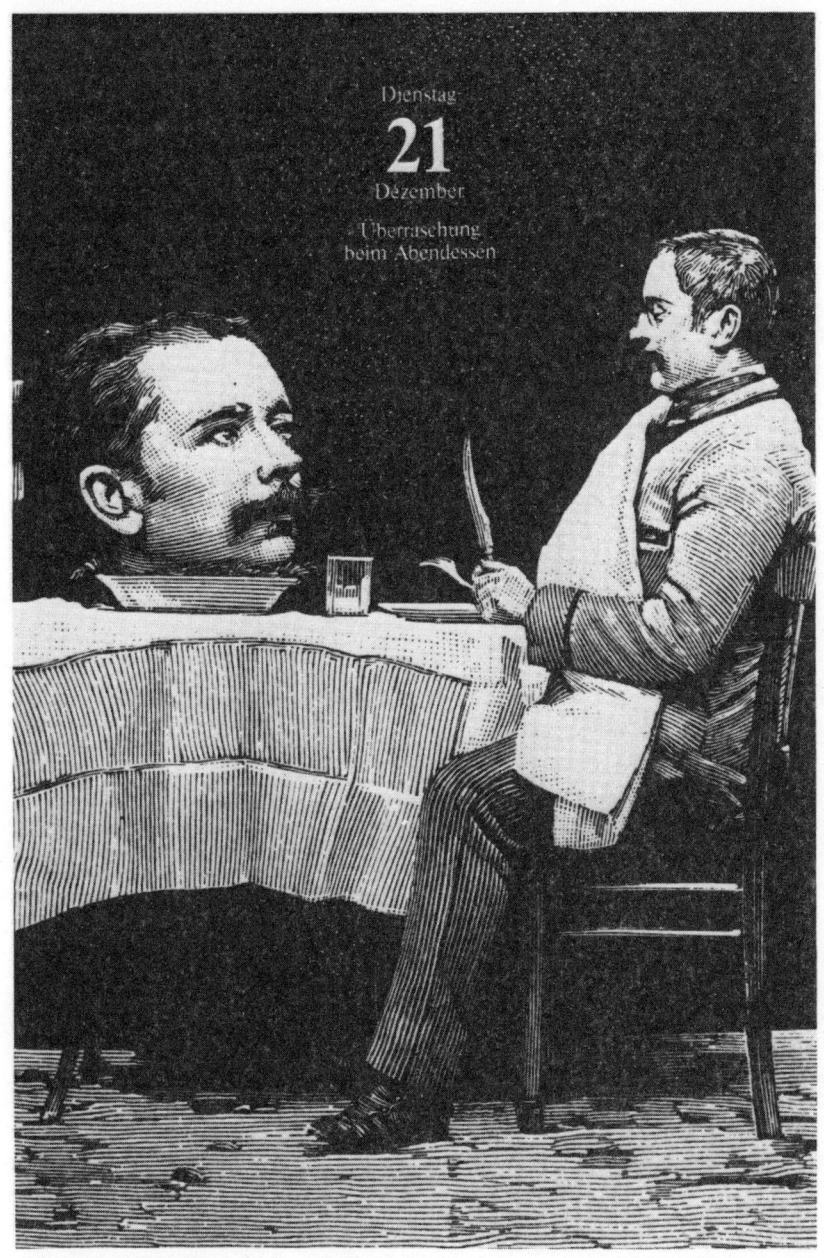

93 anon., Der Kannibale, 19. Jh.

Tunkomar und Teutelinde,
Welch ein zärtlich junges Paar.
Er gemächlich, sie geschwinde;
Furie sie, er Dromedar.
   Er phlegmatisch und platonisch:
   »Süßes Lindchen, Mündchen her.«
   Sie dämonisch, denkt lakonisch:
   »Er ermannt sich nimmermehr.«

Sonntags: Ausflug. Treubeflissen
Jedes Mal ein leckres Fest.
Er häuft ihr die besten Bissen,
Sich bescheidend mit dem Rest.
   Dann nach Hause. Vor der Klause
   Küßt er ihr galant die Hand.
   Sitzt die arme, kleine Mause
   Stets allein vor ihrer Wand.

Hindernisse aller Sorten
Türmen sich der schönen Braut,
Hier die Eltern, Geldschwund dorten,
Und der Bräutigam steht benaut.
   Mais la femme: Teutelinden
   Wird es glücken klipp und klar,
   Sich mit Tunkomarn zu binden,
   Wos auch sei, am Traualtar.

Sie beschließen, zu entfliehen,
Nicht zu warten, nein, sogleich!
Und Poseidon sieht sie ziehen
Durch sein großes Wasserreich.
   Ihrer Sehnsucht höchste Höhe
   Heißt das Land Amerika.
   Schicksalswanzen, Fehlschlagsflöhe
   Weichen dort, Halleluja!

Glatter als des Spiegels Glätte
Breitet sich der Ozean.

Plötzlich fuchtelt durch die Stätte
Ein entsetzlicher Orkan.
    Wale wimmern, Aale toben;
    Wogenberg und Wogental.
    Mast nach unten, Kiel nach oben;
    Munter hält der Hai sein Mahl.

Tunkomar und Teutelinde,
Ach, erklettern mühsam nur
Eines Eilands Felsenrinde,
Triefend von der nassen Spur.
    Unter einer Sykomoren
    Ruhen sie die erste Nacht.
    Und sie sehen sich verloren,
    Als sie morgens aufgewacht.

Nur Korallen, nur Gerölle;
Selbst der alte Feigenbaum
Zeitigt auf der Inselhölle
Keine Frucht im Blätterraum.
    Kaffee wünscht sich Teutelinde,
    Und ein Brötchen Tunkomar.
    Nirgends wächst ein Obstgebinde,
    Gräßlich, auf dem Steinaltar.

Strandschildkröten, Vögel, Eier,
Nichts von Allem kommt hier vor,
Und der Hunger zieht als Freier
Frech ins kahle Siegestor.
    Wer wird wohl den Ausgang finden?
    Wo macht Stopp des Schicksals Lauf?
    Tunkomar küßt Teutelinden,
    Aber diese pfeift darauf.

Eilends wird der Hunger stärker,
Immer stärker, ganz enorm;
Endlich wird er Feuerwerker
Und zersprengt die Anstandsform.

Tunkomar springt aus der Tute,
Wird Berserker! Goliath!
Teutelindchen schwimmt im Blute,
Tunkomarchen frißt sich satt.[8]

Gehen wir in unserem Überblick kannibalischer Gedichte zum Anfang des 19. Jahrhunderts zurück, so treffen wir auf ein literarisches Beispiel, in dem Volksmärchentradition auf hohe Literatur einwirkt und plötzlich eine tragisch-poetische Dimension entfaltet, wie sie diesem Thema, ungeachtet seiner ständigen Todesgestimmtheit, sonst selten zu eigen ist. Gemeint ist das Lied aus dem Märchen vom »Machandelbaum«, das hier in der Grimm'schen und in der Goethe'schen Fassung zitiert wird:

»*Mein Mutter, der mich schlacht,*
mein Vater, der mich aß,
mein Schwester, der Marlenichen,
sucht alle meine Benichen,
bind't sie in ein seiden Tuch,
legt's unter den Machandelbaum
Kywitt, kywitt,
wat vörn schöön Vagel bün ik!«[9]

»*Meine Mutter, die Hur',*
die mich umgebracht hat,
Mein Vater, der Schelm,
Der mich gegessen hat!
Mein Schwesterlein klein
Hub' auf die Bein',
An einem kühlen Ort;
Da ward ich ein schön Waldvögelein;
Fliege fort, fliege fort!«[10]

Goethe hat seine Quelle in einer Weise verändert, wie das auch von Shakespeares Umgang mit Quellen bekannt ist, dabei vermögen Akzentverschiebungen ganz neue Verständnisdimensionen aufzureißen.

Springen wir von Goethe zurück ins 20. Jahrhundert, so werden wir gewahr, dass unser Thema meist in sozialkritischer Weise poetisch verarbeitet wird. Da ist zunächst Kurt Schwitters' Gedicht »Nennen Sie es Ausschlachtung« von 1919:

Nennen Sie es Ausschlachtung
    Anna Blume ist die Stimmung, direkt vor und direkt nach dem Zubettgehen.
  Anna Blume ist die Dame neben Dir
  Anna Blume ist das einzige Gefühl für Liebe, dessen Du überhaupt fähig bist
  Anna Blume bist Du
  Anna Blume ausschlachten heißt Dich schlachten
  Bist Du schon einmal geschlachtet worden?
  Anna Blume schlachten heißt Dich ausschlachten
  Du läßt Dich gern ausschlachten?
  Schlachte Anna Blume, die Stimmung vor dem Zubettgehen
  Schlachte Anna Blume, die Dame neben Dir
  Anna Blume schlachten, ist die einzige Ausschlachtung,
  deren Du überhaupt fähig bist,
    Wenn Du nicht zufällig, Merz wolle Dich bewahren, ein ganz unfähiger Mensch
sein solltest.[11]

Bei aller scheinbaren Einfachheit und für die Zeit anscheinend rüden Provokation ist dies doch ein raffiniert hintergründiges Gedicht. Wir bewegen uns in dieser Zeit in eine zunehmend technisierte, mechanisierte Zivilisation hinein. Der Erste Weltkrieg ist gerade überstanden. Anna Blume ist eine Kunstfigur, keine Frau von Fleisch und Blut, sondern eine künstliche, austauschbare Jederfrau. Das Verb »ausschlachten«, im Englischen übrigens »to cannibalize«, wurde bislang – und wird auch heute noch – sonst nur für defekte technische Geräte benutzt, von denen Teile weiterverwendet werden sollen. Untergründig wird also die Assoziationsbrücke vom Menschen zum Automaten geschlagen, ein Thema, dessen Bedeutung seither ständig zugenommen hat. Das Verb wird dann aber auch wörtlich, kannibalisch ernst genommen, kein Wunder nach einem massenmordenden Krieg, der Menschen als »Menschenmaterial« betrachtete und keine Gefühlsrücksichten nahm. Und wen sonst soll der Sprechende in einer armen Zeit, in der es nichts zu beißen gibt, ausschlachten, als die »Stimmung vor dem Zubettgehen«, die Dame neben sich? Das Verb »ausschlachten« gewinnt eine noch weiter ambivalent-metaphorische Bedeutung, denn was der Dichter für seine Gedichte »ausschlachtet«, sind von jeher Stimmungen, menschliche Beziehungen, nur dass dies selten so direkt ausgedrückt wurde. Neben all dem bleibt eine durchgängig komische Bedeutungsebene erhalten, die aus der ungewohnten Zusammenstellung der einzelnen Wörter resultiert. Damit aber wird ein sozialkritischer

Tenor angeschlagen, der in der Folge im 20. Jahrhundert unser Thema immer mehr dominiert.

Dies setzt sich fort in George Grosz' »Gesang an die Welt«:

Ach knallige Welt, du Lunapark,
Du seliges Abnormitätenkabinett,
Pass auf! Hier kommt Grosz,
Der traurigste Mensch in Europa,
»Ein Phänomen an Trauer.«
Steifen Hut im Genick,
Kein schlapper Hund!!!!
Niggersongs im Schädel,
Bunt wie Hyazinthenfelder,
Oder turbulente D-Züge,
Über rasselnde Brücken knatternd –
Ragtimetänzer,
Am Staketenzaun wartend mit der Menge
Auf Rob. E. Lee.

Horido!
Beim Bart des Oberlehrers Wotan –
Nachmittags verbrämte Kloaken,
Überpinselte Fäulnis,
Parfürmierter Gestank –
Grosz witterts.
Parbleu! Hier riecht's nach gebratenen Kindern.[12]

Dies ist ein Gedicht, das die Erfahrungen der 20er-Jahre komprimiert. Ein Jazzgedicht, ein jazzig grelles Gedicht, geprägt von der Dynamik, der lauten Werbung, der Betriebsamkeit der Zeit. Und sie ist brüchig, diese Betriebsamkeit, ihr Optimismus. Unter der Oberfläche ist sie nicht nur hohl, sondern faul. Braune Kloaken sind es, deren parfümierten Gestank noch nur der Dichter wittert. Das Gedicht endet mit einem kakophonischen Trompetenstoß: »Parbleu! Hier riecht's nach gebratenen Kindern.« Die Zeit, in der das große Morden erneut einsetzen sollte, war wesentlich näher, als die meisten Zeitgenossen ahnten.

In der Nachkriegszeit setzt sich in den 60er-Jahren die Ausschlachtungsthematik, nun aber individualisiert, in Hubert Gerschs Gedicht »Sachlich« fort:

Oft schoß mein Vater mir
Das linke Auge aus
Mit sichrer Hand und
Ohne groß Erbarmen
Schnitt er mir die Gurgel durch
Und balgte mich sachlich aus.
War die dicke Haut das träge Fell
Mir erst genommen
Geviertelt ich und
Hing im Rauch

Fing ein garstig Fressen an
Mein Leichenschmaus und Ende.[13]

Hier wird die Vater-Sohn-Generationenproblematik, vom Sohn als Mord an der eigenen Persönlichkeit empfunden, wie wir dies bereits bei Kafka kennen gelernt haben, weitergeführt. Für einen Roman zum gleichen Thema – *L'Ogre (Der Kinderfresser)* – erhielt der Schweizer Autor Jacques Chessex 1973 den Prix Goncourt. Auffällig ist, dass, im Gegensatz etwa zu Kafka, keinerlei Verständigungsbrücken zwischen den Generationen mehr existieren, Brutalität und Selbstmitleid sind die dominanten Töne. Die Vorliebe H. C. Artmanns für die Menschenfresserthematik zieht sich als blutroter Faden durch dieses Buch. Neben den bereits in der Einleitung zitierten »blauboad«-Gedichten aus *med ana schwoazzn dintn* und dem Haarmann-Gedicht aus *allerleirausch* könnte man z. B. noch den »kindafazara« aus der erstgenannten Sammlung oder das Gedicht »der frauenzerstückler« aus den *absteigenden Liedern* von 1955 erwähnen. Doch soll dies Buch kein Artmann-Reader oder -Interpretationsband werden, sondern thematische Querschnitte anbieten, für die allerdings Artmann fast in jedem Themenbereich wichtig ist. Aus dem Kreis um Artmann während der Wiener Jahre sei noch ein Dialektgedicht Gerhard Rühms herausgegriffen, das besonders gut die Bürgerschreckattitüde des Unter-die-Gürtellinie-Schlagens demonstriert:

a frisches fleisch is do
soggd da söcha
und loggd die leudde ins geschäfd
a frisches fleisch is do
so rosik wia r a rosn

a rechde freid
a duli schnabuliara
So rosik wia r a rosn
me oede soggd da söcha
di is a dabei
a guade subbm gibd s
mei oede soggd da söcha.[14]

Rühms Gedicht steht natürlich in einer Spieltradition der Menschenmetzgerthematik, die, zumal in Wien, immer wieder neue Blüten treibt. Deren Konventionen nehmen dem schwarzen Humor etwas von seiner Bösartigkeit. Dennoch bleibt das Bewusstsein, dass da unter konzilianter, freundlicher Oberfläche kannibalisches Triebpotential lauert, eine latente Bereitschaft zum Schlachten und Fressen, die anderwärts sicher genauso vorhanden, aber tiefer verdrängt ist und durch die Tradition der Wiener Boheme stets am Leben gehalten wird. Dass die These von der weiten Verbreitung dieses Motivs nicht aus der Luft gegriffen ist, dafür zeugt z. B. schon die Passage in einem der ersten spanischen Schelmenromane, in Francisco de Quevedos *Das Leben des Buscón* (ca. 1605), in der der Held Nachricht über den Tod seiner Eltern bekommt, und zwar von

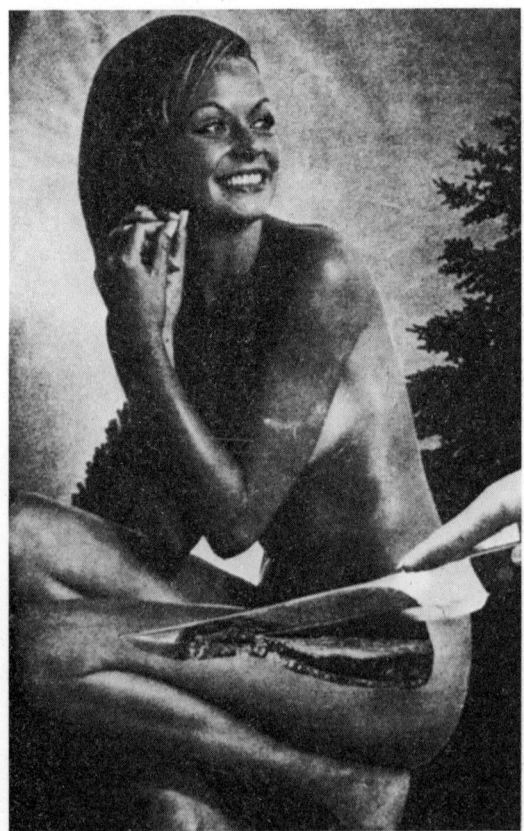

94 Jochen Harro Bierzunski, *Bon appetit auf das Fleisch junger Frauen*, Collage, 1968

95 Richter/Schwartzkopff/Pranjko, Karikatur aus: Titanic, Das endgültige Satiremagazin, 1982

einem rechtschaffenen Mann, der in Segovia 40 Jahre lang in engster Verbindung mit den Gerichten stand: »Er war, die Wahrheit zu sagen, Scharfrichter, aber ein wahres Genie in seinem Beruf. Wenn man ihn bei der Arbeit sah, bekam man Lust, sich von ihm hängen zu lassen.«[15] Von ihm also erfährt Buscón zunächst über das Ableben seines Vaters:

Euer Vater ist gestorben, acht Tage sind es her, und er zeigte dabei den größten Heldenmut, den je ein Mensch beim Sterben gezeigt hat. Ich darf dies getrost behaupten, da ich ihn ja selbst gehenkt habe. Er bestieg den Esel, ohne einen Fuß in den Steigbügel zu setzen. Der Armesünderrock paßte so gut, als wäre er für ihn geschneidert; und da er so eine schöne Erscheinung war, mußte jeder, der ihn hinter den Kruzifixen reiten sah, meinen, er sei geradezu für den Galgen geboren.[16]

So weit, so gut, aber erst das weitere Schicksal des Vaters fällt in unser engeres Metier:

Ich viertelte ihn, und die Landstraße wurde sein Begräbnisort. Gott weiß genau, wie sehr mich das schmerzt, daß ich ihn dort den Krähen zur offenen Tafel dienen sehen muß. Ich glaube aber, die Bäcker dieser Gegend halten uns dafür schadlos; denn sie werden ihn zu Viertelgroschenpastetchen verarbeiten.[17]

Buscóns Mutter jedoch, artverwandt mit Gilles de Rais und der Gräfin Báthory, ging einer Beschäftigung nach, die sie für unseren Textzusammenhang geradezu prädestiniert:

Eure Mutter ist zwar noch am Leben, doch ich kann Euch von ihr fast dasselbe berichten: sie sitzt im Inquisitionsgefängnis in Toledo, weil sie sich über die Toten hergemacht hat, ohne daß man sie deshalb eine Verleumderin nennen könnte. Sie soll jede Nacht einen Bock mit dem Auge befriedigt haben, das keine Pupille hat. In ihrem Haus fand man mehr Beine, Arme und Schädel als in einer Wunderkapelle, und das mindeste, was sie tat, war, daß sie Jungfrauen wiederherstellte und Mädchen auffrischte.[18]

So weit die Vorgeschichte, und nun mit einem gewaltigen Sprung über fast vier Jahrhunderte von Toledo nach New York auf die Bretter des Broadway. Dort feierte in den frühen 80er-Jahren das Musical *Sweeney Todd. The Demon Barber of Fleet Street* mit der Musik von Stephen Sondheim und dem Buch von Hugh Wheeler Triumphe,[19] während der Erfolg im Londoner Westend nicht ganz so glänzend ausfiel, wohl weil hier das Lokalkolorit noch immer gleich um die Ecke zu finden ist. *Sweeney Todd* ist eine jener düsteren Skandalgeschichten aus der sensationsumwitterten viktorianischen Unter- und Halbwelt, aus einer Zeit, in der so vieles vertuscht wurde, was die blankgeputzte Fassade viktorianischen Anstands und Erfolgs zu beschmutzen drohte. Der ungeheure Erfolg der Bearbeitung von Dickens *Nicholas Nickleby* (1981) durch die Royal Shakespeare Company schlägt in eine ähnliche Kerbe.

96 anon., Titelbild zur Plattenhülle des Stephen Sondheim Musicals Sweeney Todd, The Demon Barber of Fleet Street, 1979

Sweeney Todd ist ein Barbier, dessen Geschäfte schlecht gehen, schmuddelig, aggressiv, schieläugig. Er liiert sich mit Mrs. Lovett, einer Pastetenbäckerin, die ihren Laden im gleichen Haus hat und kaum je eine Pastete verkauft. Die beiden verbinden sich, und plötzlich gehen die Geschäfte gut. So heißt es schon im Prolog:

A MAN:
  Attend the tale of Sweeny Todd.
  His skin was pale and his eye was odd.
  He shaved the faces of gentlemen
  Who never thereafter were heard of again.
  He trod a path that few have trod,
  Did Sweeney Todd,
  The Demon Barber of Fleet Street.[20]

Sweeney massakriert Kunden, und Mrs. Lovett produziert nun schmackhafte Pasteten, in denen die Fleischfüllung nicht mehr mit der Lupe gesucht werden muss. Zu aller Zufriedenheit expandiert das beiderseitige Geschäft prächtig. Nur noch ein kleiner Textausschnitt aus einem Duett, am Broadway gesungen von Angela Lansbury und Len Cariou, mag den Geschäftsaufschwung demonstrieren:

MRS. LOVETT *(placing an imaginary pie in front of him)*:
  Here we are now, hot out of the oven
TODD:
  What is that?
MRS. LOVETT:
  It's priest.
  Have a little priest.
TODD:
  Is it really good?
MRS. LOVETT:
  Sir, it's too good,
  At least.
  Then again, they don't commit sins of the flesh,
  So it's pretty fresh.
TODD *(looking at it)*:
  Awful lot of fat.
MRS. LOVETT:
  Only were it sat.
TODD:
  Haven't you got poet
  Or something like that?
MRS. LOVETT:
  No, you see the trouble with poet
  Is how do you know it's
  Deceased?
  Try the priest.
TODD *(tasting it)*:
  Heavenly. Not as hearty as bishop, perhaps, but then not as bland as curate either.[21]

Einen größeren Bühnenerfolg hatte ein Menschenfresserstück wohl noch nie zu verzeichnen, und natürlich kann man tiefsinnige Betrachtungen über eine Zeit anstellen, in der solches möglich ist. Sie bleiben jedoch einseitig, verspritzt man lediglich Moralin und beklagt das Los der Zeitläufte; das hat auch schon Sokrates getan. Es kann in all diesen Werken durchaus zu wesentlichen künstlerischen Aussagen kommen, und dass Gestaltungen des Kannibalismusthemas profundere Einsichten in das Wesen des Menschen zu vermitteln vermögen als viele andere, dürfte wohl unbestritten sein.

Dennoch liegt das Thema – vermutlich aus dem Zeitklima heraus – im Trend. Dies lässt sich beispielsweise daran ablesen, dass eine satirische Zeitschrift wie *Titanic* in fast jeder Nummer kannibalische Kuriosa wie den folgenden, fingierten Lexikonartikel abdruckt:

97 F. K. Waechter, Karikatur aus: Wahrscheinlich guckt wieder kein Schwein, 1978

Aus »Ionson's Lexikon der Babypflege«

B
Baden: Man darf das Baby baden. Das Wasser sollte heiß sein, darf aber kaum kochen.

E
Ernährung: Manche Leute essen vom Baby nur das Eigelb.

Diese Beiträge liegen jedoch meist noch unter dem Niveau derartiger Stichworte in den Kuriositätenlexika des 19. Jahrhunderts. Der Trend lässt sich auch an Buchtiteln ablesen, die häufig mit dem »eye-catcher« »Kannibale« oder »Menschenfresser« werben, ohne im Inhalt irgend etwas damit zu tun zu haben. Zusätzlich zu den schon in der Einleitung erwähnten Titeln, die alle direkten oder zumindest metaphorischen Bezug zum Thema haben, seien hier noch eine Reihe weiterer Titel genannt, die den gerade erwähnten Sachverhalt illustrieren:

John Fuller, »Cannibals and Missionaries« (London, 1972) – hierbei handelt es sich um eine Gedichtsammlung, in deren Beiträgen der Bezug zum Titel nur höchst verkrampft herzustellen ist;

Norman Mailer, »Cannibals and Christians« (St. Albans, 1979) – politische Essays;

André Glucksmann, »Die Köchin und der Menschenfresser« (Berlin, 1979) – philosophischer Essay;

Volker Erhardt, »Auch der Kannibale schätzt den Menschen am höchsten« (Köln, 1979) – satirische Aphorismen.

Bekanntlich rollt im Film seit Jahren eine Kannibalenwelle, auf der eine Fülle sensationalistisch und billig gemachter B-Filme schwimmt, mit Titeln wie: *Mondo Cannibale; Cannibalo Bruto; Nackt und Zerfleischt (Cannibal Massacre); Asphaltkannibalen; Nackt unter Kannibalen; Jungfrau unter Kannibalen;* oder auch schlicht: *Der Menschenfresser (Man-Eater).*

Daneben gibt es höchst diskutierenswerte, künstlerisch anspruchsvolle Filme wie D. Siegels *Invasion der Körperfresser* (1953) und jüngere Erzeugnisse wie Godards *Weekend;* R. Fleischers *Soylent Green;* Pasolinis *Saló oder Die 120 Tage;* C. Feraldos *Themroc;* J. J. Arnauds *Im Anfang war das Feuer* oder R. W. Fassbinders *Die Zärtlichkeit der Wölfe.*

In unsicheren Zeiten mit noch unsicherer Zukunft rühren derartige Filme an psychologische Ängste, werden von den Kennern aber auch goutiert, bergen Entlastungsfunktionen und tragen daneben den Spielcharakter schwarzen Humors, ebenso wie es im deutschen und englischen Sprachraum eine alte Kabarett-Tradition kurios-schwarzhumoriger Texte gibt, die an die noch viel weiter zurückreichende Tradition schaurig-schöner Bänkelsang-Balladen anknüpft. Nicht umsonst adaptierte Tom Lehrer besonders gern Wiener-Walzer-Melodien für seine in dieser Tradition zu verstehenden makabren Songs. So endet das eingangs zitierte Lied denn auch im Dreivierteltakt mit den Zeilen:

I'm sorry now I killed you
For our love was something fine
Until they come to get me
I shall hold your hand in mine.[22]

Anmerkungen zu Kapitel VIII

1   H. C. Artmann, »Von denen Husaren und anderen Seil-Tänzern«, in: *Grammatik der Rosen,* Bd. I, hrsg. von Klaus Reichert (Salzburg, 1979), S. 139.
2   Auf der Platte *Newly Recorded Songs by Tom Lehrer.* reprise 6216. Die drei Platten Lehrers sind heute begehrte Sammlerobjekte. Nach seinen großen Erfolgen und Tourneen zog Lehrer sich Mitte der 60er-Jahre wieder auf die Wissenschaft zurück und lehrte bis Anfang der 80er-Jahre am berühmten MIT als Professor für Statistik im Fach Soziologie und Politische Wissenschaften.
3   Frank Wedekind, »Der Tantenmörder«, in: *Gesammelte Werke,* Bd. 1, hrsg. von Joachim Fredenthal und Arthur Kutscher (München, 1924), S. 107 f.
4   Vgl. Peter Rühmkorf, *Über das Volksvermögen.* Exkurse in den literarischen Untergrund, rororo 1180 (Reinbek, 1969), Kap. VI, S. 78–202.
5   In: *Das Große Deutsche Anekdoten-Lexikon* (München, 1981), S. 194 und *Conversations-Lexikon für Geist, Witz und Humor,* hrsg. von Adolf Glaßbrenner und M. Saphir, Bd. I–V (Dresden, ^{2}1859–60), S 22.
6   ebda.
7   *Conversations-Lexikon …,* S. 23 f.
8   Detlev von Liliencron, »Der Hunger und die Liebe«, in: *Werke,* Bd. 1, hrsg. von Benno von Wiese (Frankfurt, 1977), S. 300 ff.
9   »Von dem Machandelboom«, *Grimms Märchen,* S. 275.
10 J. W. v. Goethe, *Faust I,* Gretchens Lied im Kerker.
11 Kurt Schwitters, »Nennen Sie es Ausschlachtung«, in: *Das literarische Werk in 5 Bdn.* (Köln, 1973), Bd. I, S. 64.

12 George Grosz, »Gesang an die Welt«, in: *1918. Neue Blätter für Kunst und Dichtung I* (Berlin, 1918), S. 154 f.

13 Hubert Gersch, »Sachlich«, in: Gersch, *Gerippe in Poesie* (Stierstadt im Taunus, 1960), S. 12.

14 Gerhard Rühm, »a frisches fleisch is do«, in: *Gesammelte Gedichte und visuelle Texte* (Reinbek, 1970), S. 101.

15 Francisco de Quevedo, »Das Leben des Buscón«, übertragen von Herbert Koch, in: *Spanische Schelmenromane*, Bd. II, hrsg. von Horst Baader (München, 1965), S. 54 f.

16 Buscón, a. a. O., S. 55.

17 Buscón, a. a. O., S. 56.

18 ebda.

19 *Sweeney Todd. The Demon Barber of Fleet Street.* A Musical Thriller, Music and Lyrics by Stephen Sondheim, Book by Hugh Wheeler, based on a Version of Sweeney Todd by Christopher Bond, RCA 2-3379 Red Seal, Libretto enclosed (New York, 1979).

20 *Sweeney Todd,* a. a. O., Prologue.

21 *Sweeney Todd,* a. a. O., side 3.

22 Tom Lehrer, a. a. O., side 2.

IX. Satire, Karikatur, Parodie

L'anthropophagie et la fraternité sont les deux extrêmes de l'evolution economique.
Pierre J. Proudhon[1]

Jonathan Swifts *Bescheidener Vorschlag (A Modest Proposal)* von 1729 weitet das Kannibalismus-Thema zum erstenmal auf die politische Satire aus. Äußerlich im Stil der zeitgenössischen Pamphletliteratur gehalten, die mit zahllosen Eingaben und Weltverbesserungsvorschlägen sich um das Wohl der Menschheit bekümmerte, ohne im Geringsten irgendwelche Missstände ändern zu können, ist es von seinem Inhalt her *der* »bescheidene Vorschlag«, der allen »bescheidenen« Vorschlägen ein Ende setzt. Ging es anderswo schlecht, so ging es in Irland noch viel schlechter, wo die Bevölkerung unter der englischen Ausbeutung litt, hungerte und darbte. Die jahrhundertelange englische Unterdrückung Irlands, die ja heute noch nachwirkt, ist der wohl dunkelste Fleck auf der historischen Weste Englands, verursacht vor allem dadurch, dass die englische Regierung keinerlei irischen Exportwettbewerb gegen englische Waren duldete und die in England lebenden Großgrundbesitzer (»absentee landlords«) ihre irischen Besitzungen verkommen ließen, nichtsdestoweniger aber ihre Pächter gnadenlos ausbeuteten.

Seit der Antike ist die Satire ein beliebtes literarisches und politisches Kampfmittel. Komik und Ironie gehören ihr per definitionem an, stilistisch zumeist auch Inversionstechniken der Umkehrung von Gemeintem und Gesagtem. In Swifts Schrift ist nur für gefühllose Gemüter noch etwas von Komik zu spüren, dafür aber schwarzgalliger Humor, schneidende Ironie. In dieser Satire weht der eiskalte Wind der Logik von Auschwitz. Das logische Denken scheinbar ökonomischer Vernunft wird in ein Extrem vorgetrieben, in dem es in bestialische Inhumanität umschlägt.

Leser und Forschung haben sich oft gefragt, was das wohl für ein Mensch war, der solches schreiben konnte. Jedoch ein allgemein akzeptiertes Swift-Bild gibt es noch immer nicht, wird es vielleicht auch nie geben. Swift, der Dean of St. Patrick, Irlands höchster anglikanischer Kirchenmann, der politische Kämpfer für die Rechte der unterdrückten Iren auf der einen Seite; Swift, der Londoner Salonlöwe, der witzige Charmeur, der brillante Rhetoriker auf der anderen Seite; Swift, der Hypochonder, der überaus neurotische Fall für den Psychoanalytiker auf der dritten Seite und Swift, der Misanthrop auf der vierten; diese Palette etwa umschreibt die verschiedenen Variationen der Persönlichkeitsdeutung des Autors. Die Psychologie ist sich jedenfalls darüber einig, dass bei dem vaterlos aufgewachsenen Swift eine schwere Verzerrung der Ödipus-Situation vorliegt, zudem die problematische Ausbildung eines auf das Anale fixierten, nicht ordentlich durchlebten Kastrationskomplexes, und sie interpretiert seinen Entschluss, in das Gewand des Priesters zu schlüpfen, als eine Art Transvestismus. In *Gullivers Reisen* werde sein aktiver und passiver Voyeurismus ebenso paradigmatisch verarbeitet wie seine Masturbationsphantasien und sein Narzissmus.[2] Diese Interpretation lässt freilich außer Acht, dass es in jener Zeit für einen Mann seines Standes überhaupt keine andere Möglichkeit gab, eine Karriere zu machen, zu Ansehen zu kommen, als über die Kirche. Man wird sich ein einigermaßen zutreffendes Swift-Bild wohl aus all den erwähnten Komponenten zusammensetzen müssen. Dann gewinnt man zwar auch kein widerspruchsfreies, ausbalanciertes Persönlichkeitsbild, aber dieser Mann war eben ein Charakter mit Brüchen.

Ein Text wie der *Bescheidene Vorschlag* wird vor dem skizzierten sozialpolitischen Hintergrund und im Lichte einer solchen Persönlichkeit allerdings verständlicher. Swift setzt darin den Leser Schocktechniken aus, die ihn zwingen, die Welt aus verändertem Blickwinkel zu sehen. Sein Erzähler, der sich als pragmatischer, aber auch wirtschaftstheoretisch beschlagener Kopf geriert, zwingt den Leser mit den Mitteln der Logik, plastischer und einfacher Sprache, die dem ökonomischen und agrarischen Sprachschatz der Zeit entlehnt ist, Schritt für Schritt einzugestehen, dass ein Vorschlag, der vorsieht, die Kinder der Armen im Alter von ein bis zwei Jahren zu schlachten, ihr Fleisch zu einem wesentlichen Anteil der Ernährung gehobener Stände werden zu lassen, geeignet ist, schwere wirtschaftliche und bevölkerungspolitische Probleme des Landes zu lösen. Der suggerierte Schluss, der sich dem Leser geradezu aufdrängen soll, besteht darin, gutzuheißen, dass ein Großteil der Bevölkerung in Irland nur durch Sterben, Abgeschlachtet-, Verzehrt- und handwerklich Verwertetwerden zum Wohlergehen des Landes beitragen kann.

Der Erzähler setzt mit einer Zustandsbeschreibung des öffentlichen und privaten Elends in Irland ein. Bettler, Diebe, kinderreiches Lumpenproletariat bilden den zahlungsmäßig größten Anteil der Bevölkerung. Wer solcher Armut abzuhelfen vermöchte, dem müsse als Nationalhelden ein Denkmal gesetzt werden. Er selber ist einer, der viele Jahre darüber nachgedacht hat, wie man diesem Übel steuern könne. In gleitenden Übergängen wird von Menschen immer mehr als von Sachen gesprochen, und sobald der Sprecher bei der Statistik angelangt ist, sind Menschen vollends zu Waren verdinglicht worden: »Unsere Kaufleute versichern mir, dass ein Knabe oder ein Mädchen unter dem zwölften Jahr keine marktfähige Ware ist ...«[3]

Waren aber müssen vermarktet werden, das verlangt jede ökonomische Vernunft. Zitieren wir deshalb in einiger Länge den Kernteil dieser Abhandlung, da von ihr wie von kaum einer anderen Satire der Weltliteratur bis heute internationale Breitenwirkung ausstrahlt:

Ich werde also jetzt demütigst meine eigenen Gedanken darlegen, die, wie ich hoffe, nicht dem geringsten Einwand begegnen können.

Mir ist von einem sehr unterrichteten Amerikaner aus meiner Bekanntschaft in London versichert worden, daß ein junges, gesundes, gutgenährtes einjähriges Kind eine sehr wohlschmeckende, nahrhafte und bekömmliche Speise ist, einerlei, ob man es dämpft, brät, bäckt oder kocht, und ich zweifle nicht, daß es auch in einem Frikassee oder einem Ragout in gleicher Weise seinen Dienst tun wird.

Ich unterbreite also der öffentlichen Erwägung demütigst den Vorschlag, daß von den hundertzwanzigtausend bereits berechneten Kindern zwanzigtausend für die Zucht zurückbehalten werden; von ihnen soll nur ein Viertel aus Knaben bestehen, was immerhin schon mehr ist, als wir bei Schafen, Hornvieh oder Schweinen erlauben; mein Grund ist der, daß diese Kinder selten die Frucht der Ehe sind, auf die unsre Wilden nicht viel Gewicht legen; und deshalb wird ein männliches Wesen für vier weibliche genügen. Die übrigen hunderttausend mögen, wenn sie ein Jahr alt sind, im ganzen Königreich vornehmen und reichen Leuten zum Kauf angeboten werden; dabei mag man der Mutter raten, die Kinder im letzten Monat reichlich zu säugen, damit sie für eine gute Tafel rund und fett werden. Ein Kind wird bei einem Essen für Freunde zwei Gänge ergeben, und wenn die Familie allein speist, so wird das Vorder- oder Hinterviertel ganz ausreichen: mit ein wenig Pfeffer oder Salz gewürzt, wird es gekocht noch am vierten Tage ganz ausgezeichnet schmecken, besonders im Winter.

Ich habe im Durchschnitt berechnet, daß ein neugeborenes Kind zwölf Pfund wiegt: bei erträglicher Ernährung wird es in einem Sonnenjahr auf achtundzwanzig Pfund steigen.

Ich gebe zu, daß diese Speise etwas teuer kommen wird; aber eben deshalb wird sie sich sehr für den Großgrundbesitzer eignen; da die Gutsherrn bereits die meisten Eltern verschlungen haben, so haben sie offenbar auch den nächsten Anspruch auf die Kinder.

Kinderfleisch wird während des ganzen Jahres auf dem Markt sein, am reichlichsten aber im März oder kurz vorher und nachher, denn ein ernster Autor, ein hervorragender französischer Arzt, versicherte uns, daß in römisch-katholischen Ländern, da Fische eine zeugungskräftige Nahrung sind, neun Monate nach dem Fasten mehr Kinder geboren werden als zu irgendeiner anderen Jahreszeit; deshalb werden ein Jahr nach dem Fasten die Märkte noch mehr überfüllt sein als gewöhnlich, denn die Zahl der papistischen Kinder beträgt in diesem Königreich mindestens das Dreifache der andern. So wird mein Vorschlag noch einen Nebenvorteil mit sich bringen, indem er die Zahl der papistischen Kinder verringert.

Ich habe die Säugekosten eines Bettlerkindes (unter deren Zahl ich alle Kätner und Tagelöhner und vier Fünftel der Pächter begreife) einschließlich ihrer Lumpen bereits auf etwa zwei Shilling im Jahr veranschlagt, und ich glaube, es würde keinem Edelmann leid tun, wenn er für den geschlachteten Körper eines guten fetten Kindes zehn Shilling gäbe, denn, wie ich bereits gesagt habe, wird er vier Gänge einer ausgezeichneten nahrhaften Speise ergeben, wenn er nur einen besonderen Freund oder die eigene Familie zu Tisch hat. So wird der Gutsherr lernen, ein guter Landwirt zu werden; er wird beliebt sein unter seinen Pächtern, die Mutter wird acht Shilling Reinverdienst haben und arbeitsträchtig bleiben, bis sie ein neues Kind zur Welt bringt.

Wer wirtschaftlicher ist (und ich muß gestehn, die Zeiten verlangen es), kann den Körper häuten; die Haut wird, kunstvoll gegerbt, wundervolle Damenhandschuhe und Sommerstiefel für elegante Herren ergeben.

In unsrer Stadt Dublin kann man zu diesem Zweck in den passendsten Gegenden Schlachthäuser einrichten; wir können versichert sein, daß es an Schlächtern nicht fehlen wird. Ich persönlich freilich empfehle eher, die Kinder lebend zu kaufen und gleich nach dem Schlachten herzurichten, wie wir es mit Spanferkeln machen.

Ein sehr würdiger Mann, der diesem Land mit echter Liebe ergeben ist und dessen Tugenden ich sehr hochschätze, hatte kürzlich die Liebenswürdigkeit, als wir über diesen Gegenstand sprachen, noch einen Verbesserungsvorschlag zu meinem Plan zu machen. Er sagte, daß mancher Edelmann dieses Königreichs in letzter Zeit sein Hochwild völlig abgeschossen habe; und also meinte er, daß man dem Mangel an Wild recht wohl durch junge Burschen und Mädchen nicht über vierzehn und nicht unter zwölf Jahren abhelfen könnte, zumal eine so große Zahl von jungen Leuten beiderlei Geschlechts in allen Ländern aus Mangel an Arbeit und Dienst vor dem Hungertode stände; die sollten ihre Eltern, wenn sie noch leben, und sonst ihre nächsten Verwandten vergeben. Doch bei aller Achtung vor einem so ausgezeichneten Freund und einem so verdienstvollen Patrioten kann ich seinen Gedanken nicht ganz zustimmen; denn was die Knaben angeht, so versicherte mein amerikanischer Bekannter auf Grund vielfacher Erfahrung, daß ihr Fleisch wie das unserer Schulknaben durch fortwährende Leibesübung im allgemeinen zäh und mager, ihr Geschmack aber unangenehm sei; und sie zu mästen, würde die Kosten nicht lohnen. Was ferner die Mädchen angeht, so glaube ich, in demütiger Ergebenheit, daß dieser Plan einen Verlust für die

Öffentlichkeit bedeuten würde, weil sie bald selbst Mütter werden könnten. Außerdem ist es nicht unwahrscheinlich, daß ein paar überbedenkliche Leute (wenn auch sehr zu Unrecht) einem solchen Brauch den Vorwurf machen würden, er grenze ein wenig an Grausamkeit, was für mich, wie ich gestehe, stets der stärkste Einwand gegen jeden Plan gewesen ist, so gut er auch gemeint sein mochte.[4]

Martin Walser weist zu Recht darauf hin, dass Swift ein einsamer Vorläufer der Kritik an den Grausamkeiten und Gewaltmaßnahmen des Kapitalismus sei.[5] Diese These wird von den Schlusspassagen des *Bescheidenen Vorschlags* noch unterstrichen: Hier werde ein wertvoller, pfändbarer Besitz der mittellosen Landpächter aktiviert, das Nationalvermögen würde gemehrt, eine wohlschmeckende Ware gezüchtet, aus der sich nicht nur eine Menschenfresser-Küche mit eigenen Spezialitäten entwickeln ließe, es ließe sich auch an industrielle Verwertung denken. Als philanthropische Dreingabe käme sogar noch eine humanere Behandlung schwangerer Frauen durch ihre Ehemänner hinzu. Obendrein gewönne man eine weitaus bessere Speckproduktion von Schweinen, wenn man sie länger leben ließe und statt ihrer Kinder als Spanferkel auf den Tisch der Wohlhabenden zurichtete. Wir werden sehen, in welcher Weise gerade dieses Thema später wieder aufgegriffen wird.

Die von Swift beabsichtigte Wirkung tiefer Betroffenheit stellt sich nach der Lektüre des *Bescheidenen Vorschlags* auch heute noch ein, ungeachtet all des Grauens und Einholens der Fiktion durch die Wirklichkeit, das zwischenzeitlich geschehen ist. Im Gegensatz zu anderen seiner Satiren, wie z. B. den *Drapier's Letters* und der Kampagne gegen den Münzhändler Wood, zeigte diese aber keine unmittelbare politische Wirkung, was mit der Schärfe und Universalität der Attacke ebenso zusammenhängen mag wie damit, dass hier die gesamte herrschende englische Klasse angegriffen wird, die als Kollektiv die Erhaltung ihrer Macht und ihres Nutzens über jede Gefühlsrücksicht stellte und in der sich außerdem im Gemeinschaftsverband der »landlords« und »ruling classes« einzelne durchaus nicht angesprochen fühlten.

Dreißig Jahre nach Swifts Streitschrift erscheint Voltaires *Candide oder Der Optimismus*, ebenfalls eine der berühmtesten Satiren der Weltliteratur, voll von haarsträubend grausamen Geschichten und Angriffen auf philosophische Scharlatane, unmenschlichen Adel, intoleranten, herrschsüchtigen Klerus und dennoch auch voller Komik und nicht von jenem abgründigen, distanzierten Zynismus geprägt wie Swifts *Bescheidener Vorschlag*.

Bekanntlich befand sich Voltaire 1759 in äußerst pessimistischer Stimmung, in einer Krise, die sich bei ihm durch das Studium der Universalgeschichte einstellte. Er zweifelte daran, dass irgendein vernünftiges Prinzip die Menschheit regiere und zog voller Zorn und Sarkasmus gegen jenen metaphysischen Optimismus zu Felde, der die Welt als System rechtfertigte, ohne sich um das Elend individueller Schicksale zu kümmern. Die Hauptstoßrichtung seines Angriffs galt dabei Leibniz und dessen These von der prästabilierten Harmonie, von der besten aller möglichen Welten, die Voltaire im *Candide* durch eine Vielzahl von Gegenbeweisen systematisch ad absurdum zu führen trachtete.

In diesem Kontext steht auch die erste Stelle des Buches, in der das Kannibalismus-Thema vorkommt. Im zwölften Kapitel setzt »die Alte« die Erzählung ihrer Leidensgeschichte fort, die sie bereits in ihrer Jugend über den halben Erdball und von Unglück zu Unglück geführt hat:

Stellen Sie sich meine Lage vor! Eine Papsttochter, die mit fünfzehn Jahren innerhalb von drei Monaten Armut und Sklaverei kennengelernt hatte, fast jeden Tag geschändet worden war, mit angesehen hatte, wie ihre Mutter geviertelt wurde, Hunger und Krieg erlebt hatte und die nun in Algier an der Pest sterben sollte![6]

Noch mehr an einer Biographie des Schreckens lässt sich kaum auf so wenigen Zeilen komprimieren. Voltaire aber gelingt bereits auf der nächsten Seite eine weitere Steigerung. Die Prinzessin wird als Sklavin an einen Janitscharen-Aga verkauft, der in einem kleinen Fort am Asowschen Meer zusammen mit seinem Harem, beschützt von 20 Janitscharen, einer russischen Belagerung ausgesetzt ist:

Die zwanzig Janitscharen aber schwuren, sich nicht zu ergeben. Als die Hungersnot aufs höchste gestiegen war, sahen sie sich gezwungen, unsere beiden Eunuchen aufzuessen, aus Furcht, ihren Eid brechen zu müssen. Einige Tage später beschlossen sie, auch die Frauen zu verspeisen. Der Iman, den wir hatten, war ein frommer, mitfühlender Mann. Er versuchte durch eine schöne Predigt die Janitscharen zu überreden, uns nicht gleich umzubringen. »Schneidet doch jeder der Damen nur eine Hinterbacke ab«, riet er, »dann seid Ihr fürs erste gut versorgt. Und wenn ihr einige Tage später vor der gleichen Notwendigkeit steht, so bleibt Euch noch einmal eine solche Portion. Der Himmel wird Euch diese barmherzige Tat lohnen und Euch retten.«[7]

Natürlich lohnt der Himmel in dieser Art Geschichten keine Wohltat. Gleich nach der kannibalischen Mahlzeit stürmen die Russen das Fort, metzeln alle Janitscharen nieder und nehmen bei ihren Vergewaltigungen keinerlei Rücksicht auf den Zustand der malträtierten Frauen.

Die »beste aller möglichen Welten« erscheint als Kette von Bestialitäten, und das Ganze wirkt wie eine vorweggenommene Parodie auf de Sades *Justine*. Swifts Parodie der »bescheidenen Vorschläge« ist in eine Parodie des unbescheidenen Optimismus umgeschlagen, wobei als Optimismus bereits der kleinste Hoffnungsfunke, der kleinste Lichtstrahl einer vorübergehend humanen Existenz ausgelegt wird. Dennoch klammern sich die Menschen an dieses Leben: »In Not und Schande bin ich alt geworden, nur mit einem halben Hinterteil, aber ich habe nie vergessen, daß ich die Tochter eines Papstes bin.«[8] Sogar dieser Strohhalm der Ehre und Selbstachtung ist von höchst zweifelhaftem Wert.

Im 16. Kapitel ist Candide mit seinem Diener Cacambo auf der Suche nach seiner geliebten Kunigunde in Südamerika dabei, sich in ein gefährliches Abenteuer nach dem anderen zu verstricken. Sie töten zwei Affen, die zwei junge nackte Mädchen verfolgen und dabei ständig in die Hinterbacken beißen. Es stellt sich heraus, dass die Affen die Liebhaber der beiden Schönen sind, die auf Rache sinnen. Sie benachrichtigen die Eingeborenen des Landes, die »Ohrlappen«, die Candide und seinen Diener während des Schlafs fesseln:

Sie sahen sich von etwa fünfzig völlig nackten Ohrlappen umringt, die mit Bogen, Keulen und Steinbeilen bewaffnet waren: die einen brachten Wasser in einem großen Kessel zum Sieden, die anderen machten den Bratspieß zurecht, und alle schrien: »Er ist ein Jesuit, er ist ein Jesuit! Wir wollen uns rächen und uns den Braten gutschmecken lassen. Hurra Jesuitenbraten! Jesuitenbraten!«

»Ich habe Ihnen ja gesagt, mein lieber gnädiger Herr, daß diese beiden Mädchen uns einen üblen Streich spielen werden«, meinte Cacambo trübsinnig, und Candide schrie angesichts des Kessels und des Bratspießes: »Wir sollen entweder gekocht oder gebraten werden! Ach! Was würde Meister Pangloß sagen, wenn er sähe, wie es um die unverfälschte Natur steht. Alles ist wohl bestellt auf Erden – gut, aber ich muß gestehen, es ist reichlich grausam, nachdem man Fräulein Kunigunde verloren hat, auch noch von den Ohrlappen am Bratspieß geröstet zu werden.« Doch Cacambo verlor auch diesmal den Kopf nicht. »Verzweifeln Sie nicht«, sagte er zu dem untröstlichen Candide, »ich verstehe die Sprache dieser Leute ein wenig und will mit ihnen reden.« – »Ja – und vergessen Sie nicht, ihnen vorzuhalten«, sagte Candide, »wie unmenschlich und abscheulich es ist, Menschen zu braten, und wie wenig christlich es überdies ist.«

»Meine Herren«, begann Cacambo. »Sie haben also die Absicht, heute einen Jesuiten zu verspeisen. Schön! Es ist nur recht und billig, seine Feinde so zu behandeln. In der Tat: das Naturrecht lehrt uns, daß wir unseren Nächsten töten sollen, und demgemäß verfährt man in der ganzen Welt. Wenn wir von dem Recht, unsere Mitmenschen zu essen, keinen Gebrauch machen, so nur deshalb, weil wir andere Leckerbissen haben. Sie hingegen verfügen nicht über die gleichen Möglichkeiten, wie wir sie haben. Sicherlich ist es besser, seine Feinde zu verspeisen, als die Früchte seines Sieges den Raben und Krähen zu überlassen. Aber, meine Herren, Sie würden doch nicht Ihre Freunde verzehren! Sie sind der Meinung, einen Jesuiten zu rösten – und dabei ist er Ihr Beschützer, der Feind Ihrer Feinde! Ich selber bin in Ihrem Lande geboren. Der Herr, den Sie vor sich sehen, ist mein Gebieter und bei weitem kein Jesuit, denn er hat gerade einen Jesuiten getötet.« [9]

Die satirische Stoßrichtung gilt den Jesuiten und denen, die sie verfolgen, gleichermaßen. Nur die Missetat verspricht Rettung. Die Parodie knüpft an Montaignes Essay »Des Cannibales« und an die im Kapitel über Reiseliteratur ausführlich erörterte Tradition der literarischen und bildnerischen Vorstellungen von der »Neuen Welt« an. Die Ohrlappen entspringen direkt jener Monstertradition, die sich von der Antike über Mandeville bis zu Sir Walter Raleigh fortpflanzt und auch bildnerisch bis ins 18. Jahrhundert gepflegt wird.

Während dieses Jahrhunderts hält unser Thema auch immer mehr Einzug in die Karikatur. Die Karikatur ist die zeichnerische Schwester der Satire, von literarischen Karikaturen sollte man höchstens in der Gestaltung einzelner Charaktere sprechen, nicht als Gattung.[10]

Mit neuen Drucktechniken, dem Aufkommen der Zeitungen, Flugblätter und massenhaft verbreiteten Pamphlete schafft sich die Karikatur Märkte, auf denen sie vor allem politisch wirken kann.

Die Menschenfresser-Thematik wird insbesondere fruchtbar, wenn es darum geht, Herrschende als Vernichter ihrer Untertanen oder Bürger darzustellen oder den Krieg als menschenfressendes Monstrum zu geißeln. Die Karikatur ist jedoch ein willfähriges Instrument, das von jeder Seite eingesetzt werden kann. In den englisch-französischen Kriegen des 18. Jahrhunderts oder in den Napoleonischen Kriegen denunzieren sich gerne beide Parteien gegenseitig als Menschenfresser. Ein frühes Beispiel aus dem 16. Jahrhundert, vermutlich kurz nach 1568 entstanden,[11] zeigt Herzog Alba in den spanisch-niederländischen Kämpfen als Bürgerfresser.

Am Boden liegt enthauptet Egmont, Bürger und Arbeiter werden, ihres Beschützers beraubt, in der Auseinandersetzung zwischen Guisen und Alba gefressen. Das außerordentlich künstlerische Blatt eines unbekannten Zeichners verdichtet das Geschehen in ein »*tableau vivant*«.
Der Teufel als Menschenfresser ist ein beliebtes mittelalterliches Thema, das auf unserem Bild einer antiklerikalen Karikatur im Landsknecht-Kontext des Dreißigjährigen Krieges politisch abgewandelt worden ist. Die Pfaffen, die vorne gefressen werden, kommen dem Teufel hinten wieder als Landsknechte heraus, eindrucksvolle Symbolik

98 anon., Karikatur auf Herzog Alba, ca. 1569

für einen Krieg, der alle metaphysischen Bedürfnisse des Menschen vernichtet, auffrisst, obwohl er doch vorgeblich um religiöse Ziele geführt wird.

Beide, Herzog Alba wie der Teufel, setzen in ihrer Darstellung von weit übermenschlicher Körpergröße abgewandelt die Tradition des menschenfressenden Riesen aus Antike, Mittelalter und Renaissance fort. Auf einem weiteren anonymen Blatt aus der ersten Hälfte des 17. Jahrhunderts erscheint der Teufel sogar als bocksfüßiger Kardinal, der Fürsten frisst und Landsknechte produziert.

Seit den Zeiten Luthers war die graphische Satire in Deutschland populär geworden, jedoch wurde sie mehr von Handwerkern als von echten Künstlern betrieben; sie zeigte sich oft symbolisch schwer befrachtet und nicht besonders komisch.

99 anon., Karikatur, Teufel friss Pfaffen, scheiss Landsknechte, 16. Jh.

Annibale Carracci aus Bologna und seine Schule gelten gegen Ende des 16. Jahrhunderts als Begründer der Karikatur im modernen Sinne als einer stilisierten und übertriebenen Porträtkunst, die Abnormitäten, das Deformierte, hervorstechende Einzelzüge einer Person aufspießt und in der pointierten Herausarbeitung solcher Charakteristika das innerste Wesen einer Persönlichkeit enthüllt.[12] Den Weg, dies insbesondere mit den Ausdrucksmitteln aggressiver Komik zu betreiben, geht vor allem die englische Karikatur des 18. und frühen 19. Jahrhunderts. In den Werken von William Hogarth, James Gillray, Thomas Rowlandson und George Cruikshank steigert sich die Karikatur von reiner Gebrauchskunst zu künstlerischen Zeitdokumenten von höchster Ausdruckskraft, die in scharfer Opposition zur anerkannten Kunst der königlichen Akademie stehen und in vielfältiger Thematik Gesellschaftskritik üben. Dennoch erlangen die Karikaturisten ungeheure Popularität. Was schon für Hogarth galt, gilt seit den 80er-Jahren des 18. Jahrhunderts auch für seinen Nachfolger Gillray. Ihre Werke werden von Anfang an zu Sammlerobjekten, und unter den Sammlern befinden sich die Spitzen von Aristokratie und Politik. In zeitgenössischen Berichten heißt es, jeder neu in Gillrays Laden ausgehängte Druck habe auf der Straße Menschenaufläufe verursacht, man habe sich den Weg in den Laden nur mit Brachialgewalt bahnen können.[13] Die, im Zeitmaßstab gesehen, ungewöhnlich große politische Meinungsfreiheit, die England im 18. Jahrhundert genoss, führte zum Aufblühen von Satire und Karikatur, die kein Blatt vor den Mund nahmen. Gillray ist der unter den bedeutenden Karikaturisten, der auf zahlreichen Stichen die Menschenfresser-Thematik direkt oder indirekt in Anspielungen immer wieder neu variiert.

Er ist einer der Pioniere des späteren Bildjournalismus und gewinnt schon früh eine schier atemberaubende technische Virtuosität.[14] Seine Stiche und Radierungen zeichnen sich durch plakativen Witz, fast überschäumende Aggressivität, Durchbrechung vieler gesellschaftlicher Tabus, dynamische Farbigkeit aus.

100 anon., deutsche Karikatur auf Religionskriege und Pfaffentum, 17. Jh.

Dabei werden in greller Drastik häufig die Grenzen dessen überschritten, was gesellschaftliche Normen als »guten Geschmack« definieren. Gillray ist aber auch ein Beispiel dafür, dass Satire und Karikatur in ihrer politischen Ausrichtung – in heutiger Terminologie gesprochen – links und rechts dienstbar gemacht werden können und satirische Temperamente nicht mit Naturnotwendigkeit nach links neigen. Begabte Spötter gibt es oft auch unter Konservativen. Zunächst ein erbarmungsloser Kritiker der Regierung, wandelt sich Gillray unter dem Eindruck der französischen Revolution und ihrer Greuel zum Nationalisten, ja Chauvinisten, der »the Roast Beef of Old England« und damit den Status quo verteidigt und zum Befürworter der Pitt'schen Regierungspolitik wird, wozu auch eine Jahrespension von £ 200 beigetragen haben dürfte.[15]

101 James Gillray, Monstrous Craws at a New Coalition Feast, 29. Mai 1787

In prüder viktorianischer Zeit fällt sein Werk in Ungnade. Noch dem frühen 20. Jahrhundert erscheint seine Genialität »obszön«, »monströs«, »von Fäulnis durchsetzt«, »bösartig«, ja »infernalisch«.[16] In der Tat arbeitet Gillray mit Schocktechniken, die zu goutieren noch heute mitunter starke Nerven vonnöten sind. Seine Bilder lassen ihre Thematik blitzartig deutlich werden, es ist aber auch angebracht, mit den Augen in ihnen spazieren zu gehen, Details zu interpretieren. Gerade in den Details wird man immer wieder Gillrays Genialität, Vitalität und seiner schonungslosen Aggressivität gewahr.

Einige seiner Radierungen und Stiche seien im Folgenden im Zusammenhang mit dem Generalthema dieses Buches vorgestellt. Unser erstes Bild »Monsterköpfe beim neuen Koalitionsfest« vom 29. Mai 1787 stammt noch aus der Zeit polemischer Regierungsfeindlichkeit.

Am Tisch sitzt das königliche Trio, bestehend aus König Georg III., seiner Gemahlin und ihrer beider Sohn, dem Prince of Wales, der eine Narrenkappe trägt. Sie löffeln aus einer Schüssel mit der Aufschrift »John Bull's

102 James Gillray, *Das Abendessen einer Sansculotten-Familie*, Radierung, 1792

Blood« das Lebenselexier der Bevölkerung in sich hinein, wobei sich die Blutstropfen schon zu Geldstücken verwandeln, was deutlich zeigt, wie sehr im späten 18. Jahrhundert das Geld die Blutbahnen kapitalistischer Gesellschaft füllt. Die Kröpfe der königlichen Eltern sind vollgefressen, der dekadente Thronfolger hat einen fast leeren Kropf.

Der historische Hintergrund dieses Bildes besteht im Konflikt zwischen dem König und seinem hoch verschuldeten Sohn, der aus Steuergeldern mit £ 161.000 von seinen Gläubigern losgekauft werden sollte, obendrein wünschte er £ 20.000 für die Komplettierung seiner Londoner Residenz, Carlton House, und £ 10.000 zusätzlich zu seiner jährlichen Apanage.[17] Für damalige Verhältnisse, in denen etwa ein Landpfarrer noch immer mit £ 10–20 im Jahr haushalten musste, waren dies ungeheure Summen.

Die Gesichter des königlichen Trios legen jene Lasterhaftigkeit und Verkommenheit an den Tag, wie wir sie von mittelalterlichen Bildern kennen, auf denen Christus von einer rohen Soldateska zur Kreuzigung geführt wird, auch der Kreuzigungsgang des Hieronymus Bosch könnte Pate gestanden haben. Findet auf den »Monsterkröpfen« nur indirekte Menschenfresserei

103 James Gillray, John Bull Taking a Luncheon ..., 24. Oktober 1798

statt, so begegnet sie uns auf der Radierung »Das Abendessen einer Sansculotten-Familie« (1792) in kaum zu überbietender Direktheit. Gillray ist schockiert über die Untaten der Französischen Revolution, und er gibt sein Erschrecken weiter. Schon bei Hogarth war die Karikatur zum Gewissen der Nation geworden, hier wird sie zur »Waffe des nationalen Gewissens«.[18] Die Drastik von Swifts *Bescheidenem Vorschlag* ist ins Bild übertragen worden. Am erschreckendsten sind wohl Gier, Brutalität und Obszönität dieser habituellen Menschenfresser, für die keinerlei moralische Normen mehr Geltung besitzen.

Zwei weitere Bilder mögen Gillrays vielfältige karikaturistische Kommentare zu den Kriegen mit Napoleon illustrieren. Beide gehören zu den berühmtesten in der Geschichte der englischen Karikatur. Das erste, »John Bull nimmt einen Lunch ein« (24. 10. 1798), ist Gillrays Huldigung an die Royal Navy nach Nelsons Triumph über die französische Flotte an der Nilmündung bei Abukir. John Bull verspeist die ihm von den britischen Admirälen gereichten Fregatten mit den Aufschriften verschiedener Siege als Frikassee, sozusagen mit Mann und Maus und Schiff. Draußen vor dem

104 James Gillray, The Plumb Pudding in Danger; – or – State Epicures Taking un Petit Souper, 26. Februar 1805

Fenster stürzen voller Entsetzen die Oppositionspolitiker davon, die der englischen Flotte diese Erfolge nicht zugetraut hatten.

Das zweite Bild, »Der Plumpudding in Gefahr« vom 26. Februar 1805, gehört zu den meistimitierten Karikaturen überhaupt. Auf Vorschlag Napoleons verteilen die Großmächte den Plumpudding des Erdballs mit Ländern und Völkern unter sich. Der britische Premierminister Pitt und Napoleon säbeln mit aller Macht durch den Erdball, Pitt hochmütig, Napoleon mit ungezügelter Gier, um sich einzuverleiben, was so verlockend vor ihnen duftet. Pitt sitzt auf einem Stuhl, der mit dem Union Jack dekoriert ist, Napoleon stellt einen kaiserlichen Adler zur Schau, der über der roten Revolutionsmütze sitzt. Das Zitat im Bild, *»the great Globe itself and all which it inherit', is too small to satisfy such insatiable appetits«*, stellt die Gillray'sche Verballhornung eines der bekanntesten Shakespeare-Zitate aus dem *Sturm* dar:

... *the great globe itself,*
yea, all which it inherit', shall dissolve,

And, like this insubstantial pageant faded,
Leave not a rack behind. We are such stuff
As dreams are made on ...

(The Tempest, IV. i)

Der politische Vorgang, der diesem Bild zugrunde liegt, ist ein Brief Napoleons an König Georg III. vom 2. Januar des Jahres, in dem der Kaiser schrieb:

Mein oberster Wunsch ist der Wunsch nach Frieden ... Eure Nation ist auf dem Gipfelpunkt des Wohlstands angelangt; was kann sie sich vom Krieg erhoffen? ... Die Welt ist groß genug, daß unser beider Nationen darin leben können ...[19]

Pitt hielt dies für Heuchelei, was auch zutraf. Denn am gleichen Tage schrieb Napoleon einen zweiten Brief an den König von Spanien, in dem er ihn aufforderte, machtvoll gegen England vorzugehen. Geradezu prototypisch zeigt dieses Bild die »Essentials« der großen Karikatur in seiner Konzentration auf ein ungemein augenfälliges Bild, der Mischung von Komik und Grauen, die das Groteske konstituiert, und dem politischen Hintersinn, der dem Bild unterlegt ist. Gillray verwendet Napoleon noch häufig als Sujet seiner Karikaturen, etwa als Königsbäcker, der sich Fürsten und Potentaten nach eigenem Gutdünken backt, als heimtückisches Krokodil, das die harmlosen Frösche der Volksversammlung einschüchtert, indem es einige von ihnen zu fressen droht, oder als feigen Flüchtling, der von reißenden Tieren, dem britischen Löwen, dem russischen Bären, dem habsburgischen Adler und dem preußischen Eber umstellt ist, die sich nun daranmachen, den Menschenfresser selber zu vertilgen. Das berühmteste Bild, welches Napoleon allegorisch als Menschenfresser darstellt, stammt freilich von einem Deutschen:

Johann Michael Voltz' »Wahre Abbildung des Eroberers« (1813). Dieses als Neujahrsgabe 1814 an die Deutschen apostrophierte satirische Porträt Napoleons zeigt dessen Gesicht mit nackten Körpern aufgefüllt, Opfer seiner Eroberungslust. Seine Mütze verwandelt sich in den Preußischen Adler, sein Uniformrock ist eine Landkarte, auf der die Schlachten der Kampagne von Leipzig eingezeichnet sind, sein Kragen ist ein Meer von Blut, der Ordensstern auf der Brust eine Spinnwebe, die den Rheinischen Bund symbolisiert, während die Epaulette Gottes mächtige Hand ist, die das feingesponnene Machtgewebe dieses Menschenfressers zerreißen wird.[20]

105 James Gillray, Tiddy-Doll, the Great French Gingerbread-Baker, Drawing out a new Batch of Kings ..., 25. Januar 1806

Hogarth, Rowlandson, Gillray und Cruikshank gaben, wie Werner Hofmann ausführt, der Karikatur sittenbildliche Breite:

... somit den Charakter eines Zeitdokumentes, und zugleich die Schlagkraft eines entstellenden Angriffs, der den Getroffenen sichtlich verletzt. Die englische Karikatur, in den napoleonischen Kriegen zu greller Aggressivität erhitzt, hat mit oft erschreckender Deutlichkeit dargetan, daß der Akt des Karikierens ... auf eine physische Verletzung des Angegriffenen zurückgeht. Das Vorbild dieses Angriffs, den die Karikatur auf die ästhetische Sphäre beschränkt, sind die Schand- und Spottbilder der Renaissance. Der Verurteilte, der sich dem Spruch zu entziehen wußte, wurde in effigie hingerichtet, das Urteil an einem Bildwerk, etwa einer Puppe, vollzogen.[21]

Ein letztes Bild Gillrays sei vorgestellt, weil es ganz überzeitlich mit expressiver Dynamik eine Sonderform des Kannibalismus vor Augen führt; seine Radierung »Die Gicht« vom 14. Mai 1799. Aus dem deformierten Fuß heraus wächst der Gichtteufel, der den eigenen Körper mit unersättlicher Gier und Bösartigkeit auffrißt. Damals wie heute waren Gicht und Rheuma die britischen Nationalkrankheiten und der Mensch ihnen ziemlich hilflos ausgeliefert, Autokannibalismus durch Krankheit!

Die künstlerische Führungsrolle der englischen Karikatur wird im Verlauf des 19. Jahrhunderts von der französischen übernommen. Gustave Doré gilt es im Schlusskapitel gesondert zu betrachten; ein erstes Blatt, dem hier unsere Aufmerksamkeit gewidmet werden soll, stammt von dem Romantiker Tony Johannot. »Die Reise wohin es Euch gefällt« ist eine Reise der Torheit in den Schlund des Menschenfressers. Die Tradition der mittelalterlichen Höllenrachen wird hier mit der der menschenfressenden Riesen verschmolzen. Johannot rettet auch etwas von der sexuellen Ambiguität der mittelalterlichen Darstellungen, bei deren alles verschlingenden Schlünden ja meist auch die Vorstellung der männerverschlingenden Vagina mitspielt. Noch die Monstren von Bomarzo sind nicht eindeutig männlich. Hier sitzt betörende Weiblichkeit auf der Stirn des stierenden männlichen Fressers.

Auch Grandville, mit bürgerlichem Namen Jean Ignace Isidore Gérard, hat, wie auf den zwei vorgestellten Blättern aus den Jahren 1831/32 zu sehen ist, die Menschenfresser-Thematik abgewandelt.

Der Bürgerkönig Louis Philippe springt darauf nicht zimperlich mit seinen politischen Gegnern um. Er kehrt sie auf die Abfallschaufel, damit sie von der Müllabfuhr abtransportiert werden, lässt sie in die Backstube des »Luxembourg« tragen, wo er sie als bürgerlicher Bäcker fein knusprig bäckt, lässt ihre Köpfe am Blumenstand zu hübschen Bouquets herrichten. Wir wollen nur eines der Bilder zur näheren Erläuterung heranziehen. Es trägt den Titel »Une fournée de galottes« – »Eine Ofenladung Fladen«. Grandville hat dieses Blatt gemeinsam mit Forest geschaffen, es bezieht sich auf die Abschaffung der erblichen Pairswürde, die es Louis Philippe ermöglichte, jederzeit neue Pairs in beliebiger Anzahl zu ernennen. Er backt sich also seine Pairs wie Brot oder Kuchen. Auf dem Bild ist der König gerade dabei, einen Backofen mit einer Ladung Menschenbackwerk zu beschicken. Durch die architektonische Gliederung und durch seine Aufschrift ist der Backofen als Palais du Luxembourg – der Sitz der Pairskammer – gekennzeichnet. Links neben dem König liegt ein weiteres Blech bereit; von rechts nähert sich der Unterrichtsminister Montivalet, der das nächste Backblech heranschleppt. Hinter ihm kann man den Regierungschef, Casimir Périer, beim Teigkneten und den Kriegsminister, Marschall Soult, erkennen.[22] Louis Philippe konnte mit der Ernennung neuer Pairs die Mehrheitsverhältnisse in der Kammer ganz nach seinem Gutdünken regeln und auch das gehobene, zahlungskräftige Bürgertum dieser Würden teilhaftig werden lassen.

Die Meisterschaft Grandvilles ist subtiler, verhaltener als die ungebärdige, den Betrachter gleichsam anspringende Aggressivität Gillrays, aber sie ist ebenfalls im besten Sinne karikaturistisch: Das blitzschnelle Erfassen einer politischen Situation wird mit komischer Symbolik, die politische Invektive in virtuoser Technik vorgetragen; was hier an Unmenschlichkeit dargestellt wird, geschieht beiläufig und mit handwerklicher Selbstverständlichkeit.

Der Menschenfresser-Moloch wird über die Jahre im *Punch*, der karikaturistischen Zeitschrift mit der längsten Tradition (ununterbrochen seit 1840), und auch in deutschen Karikaturen immer wieder aufgenommen, sei es als raffgieriger Grundstücksspekulant, sei es im Ersten und Zweiten Weltkrieg in Allegorien des Krieges.

106 Tony Johannot, Illustration zu Mussets Reise Wohin es Euch Gefällt, 1845

Daneben sind es die Steuergesetzgebung, ein die Bürger erbarmungslos auspressender Fiskus, die sich geradezu für Menschenfresser-Karikaturen anbieten.

Diese Bilder erklären sich selbst, die Karikatur wird einfacher, benutzt weniger symbolische Emblematik, verliert aber in guten Beispielen nichts von ihrer Eindrücklichkeit. Zuletzt verdichtet sich das menschenfressende Grauen des Krieges in der Physiognomie des menschlichen Satans, Frans Masereels »Moloch hat Hunger« (1914/18), die im Ersten Weltkrieg geradezu wie eine Vorausahnung Hitlers anmutet.

Nach diesem Streifzug in das noch immer weitgehend unerforschte Reich der Karikatur, in dessen Territorium hier freilich nur ein kleiner

Einblick getan werden konnte, nun zurück zur Literatur, die auch im 19. Jahrhundert noch einige überraschende Aspekte unseres Themas bereithält.

Wer würde vermuten, dass der Schweizer Gottfried Keller, der Autor des *Grünen Heinrich*, eine politische Satire in Form einer Menschenfresserballade geschrieben hat?

Ballade vom dürren König
  Es war ein dürrer König, der hatt' ein Land am Meer;
  Er fuhr an seinen Küsten brandschatzend hin und her.
  So oft im Maienscheine erglüht' sein Felsenhaus,
  Zog er mit Schiff und Knechten und leeren Säckeln aus.

  Wo helle Fenster blinkten entlang dem Meeresstrand,
  Da klopft' er an die Türen mit seiner Knochenhand;

107 Grandville, Ein Ofen voll Brot, 1831

Und wo ein Speicher lachte, da tat er einen Griff
Und füllte unersättlich sein weitgebauchtes Schiff.

Er konnte alles brauchen und allem war er hold,
Der Wolle wie der Seide, dem Silber wie dem Gold;
Im Topf nahm er den Honig, die Gerste wie das Korn,
Den Weizen mit der Spreuer, die Kuh mit Klau' und Horn.

Die Sau mit ihren Ferkeln, das Huhn mit seinem Ei –
Bis jedesmal das Fahrzeug glich einer Meierei.
Daheim hat er zwölf Junge und eine Königin
Und eine Königin-Mutter, die harrten all' auf ihn.

Die fraßen, was er brachte, und klagten sich noch sehr
Und jagten stets aufs neue den Dürren auf das Meer,
Und gaben ihm dann schmählich auf seinen Wellenritt
Und allen seinen Männern ein Fäßlein Zwieback mit.

So fuhr er einst bedächtig am klaren Morgen aus;
Doch noch an selbem Tage, da kam ein Wettergraus,
Ein Saus und Braus am Himmel und auf den Wassern her.
Bald hinter Schaum und Regen sah man kein Ufer mehr.

Er trieb das Schiff ins Weite und auf die hohe See,
Und als der Sturm verflogen, ward es den Schiffern weh;
Sie kannten keine Gegend, 's war nur ein blaues Rund;
Wo sie den Anker warfen, da faßt' er keinen Grund.

Und weiter, immer weiter verirrte sich die Fahrt,
Und länger, immer länger der Zwieback wird gespart.
O weh, da half kein Sparen, am Ende ging er aus,
Und grinsend saß der Hunger im engen Bretterhaus.

Drei Tage lang zu fasten ein jeder Mann vermag;
Doch wird das Ding verdrießlich schon mit dem vierten Tag.
Was sagt ihr zu sechs Tagen? Vermaledeiter Brauch!
Das fand der dürre König mit seinen Knechten auch.

Drum nehmen sie drei Würfel und würfeln um den Tod;
Sein Blut muß einer lassen, sein Fleisch und Blut so rot.
Kaum hat ein armer Teufel den kleinsten Wurf getan,
Hebt man ihn gleich zu braten und zu verspeisen an.

Und als man solchen Braten mit Grauen hatt' verdaut
Und wieder ein paar Tage die Finger sich zerkaut,
Da ging es an den zweiten, den dritten und so fort,
Bis endlich nur der König und noch ein Mann an Bord.

Man hatte ihm das Knöchlein erlassen aus Respekt,
Doch hatt' ihm drum die Mahlzeit nicht minder wohl geschmeckt,
Ja, er fand ganz in Ordnung und trefflich diesen Schmaus
Und gafft', ein Liedlein pfeifend dumm auf das Meer hinaus.

Und windstill ruhte weitum des Meeres klare Brust
Und öffnet' ihre Tiefen dem Sonnenschein mit Lust;
Der König pfiff noch immer, indes der andre Mann,
Verdächtig nach ihm schielend, kühn auf Verschwörung sann.

Dann fing er an: »Herr König, wollt gnädigst Ihr geruhn
Mit Eurem letzten Knechte auch einen Wurf zu tun?«
Doch jener maß ihn starrend vom Haupte bis zum Fuß,
Denn das war ihm ein fremder und ungewohnter Gruß.

Drauf schwang er zähnefletschend den Kolben auf den Knecht;
Der aber praktizierte ein nagelneues Recht.
Schlug ihm die Kron' vom Kopfe, riß ihm den Purpur ab
Und schrie: »Pass' auf! mein Magen wird nun ein Königsgrab.«

Zog schnell ihm durch die Kehle sein Messer scharf und krumm,
Und wütender vom Hunger wandt' er ihn um und um –
Er mußte liegen lassen den Leib mit Haut und Haar,
Weil der auch gar zu zähe und ungenießbar war.[23]

Die Überraschung löst sich, sobald man weiß, dass der ehemalige Armenschüler Gottfried Keller in jungen Jahren an der Freischärlerbewegung gegen Luzern teilnahm, viele radikal liberale politische Gedichte verfasst hat und Umgang mit Freiligrath, Herwegh und anderen deutschen politischen Flüchtlingen der 48er-Revolution pflog. In der »Ballade vom dürren König« erhält der bekannte Hunger-Kannibalismus vieler Schiffbruchepisoden eine plötzliche

108 Harry Juveniss, Karikatur aus Punch, ca. 1880

Wendung zu revolutionärer Programmatik. Der Schiffsmann, ein Proletarier, praktiziert als »nagelneues Recht« den Tyrannenmord. Im Bereich der sozialkritischen Karikatur wäre es erstaunlich, wenn Honoré Daumier, der zweite große Meister der französischen Karikatur, sich nicht auch unseres Themas angenommen hätte. Doch er hat, und seine im *Charivari* veröffentlichte »Madame Gargantua« von 1866 stellt eine brillante, ironische Abwandlung des klassischen Gargantua-Themas dar. Darin ist die gargantueske Menschenfresserin eine angetrunkene Halbweltdame, die in der einen Hand ein Sektglas hält und sich mit der anderen einen in Aktienscheine eingerollten Mann wie eine gefüllte Teigrolle zum Munde führt. Auf dem Teller vor ihr liegt ein Gericht weiterer Männer, andere stehen, ebenfalls in Aktien gehüllt, bereit. Daumier nimmt damit Bezug auf die Gebrüder Periere und ihre Bank Credité Mobilier, die an Börsenspekulationen großen Stils beteiligt war. Viele Leute, gerade aus der »haute bourgeoisie«, investierten in Aktien, deren Kurse künstlich hochgetrieben wurden und dann ins Bodenlose fielen. Die Brüder Periere, die Emile Zola mit als Vorbild für die Figur des Bankiers und Spekulanten Aristide Rougon-Saccard in seinem Roman *Das Geld* (1891)

109 Honoré Daumier, Madame Gargantua, 1866

gedient haben und die beide frühere Angestellte von James de Rothschild waren, konnten die Konkurrenz zum Bankhaus Rothschild nicht durchhalten und fallierten im Frühjahr 1866. Daumiers Menschenfresser-Karikatur macht das Großbürgerlich-Anrüchige der Spekulation in einer zugleich zeitverhafteten, koketten Halbwelt wie in einer überzeitlichen, satirisch-komischen Weise sichtbar.

Unterdessen geht es in München und Wien harmloser, weniger liberal-aufmüpfig zu, obwohl im wiederbelebten Wiener Volkstheater Sozialkritik und Selbstpersiflage des Bürgertums allemal eine Heimstatt genießen. Der »Kasperlegraf« Franz von Pocci, Zeremonienmeister, später Oberstkämmerer des Königs von Bayern, bezeugt in seinen Stücken Geistesverwandtschaft und gemeinsames kulturelles Erbgut von Bayern und Österreichern.

In Poccis *Kasperl unter den Wilden* hat der Kasper des Wiener Vorstadttheaters exotische Abenteuer zu bestehen, als er vor einer Südseeinsel Schiffbruch erleidet, dort den Naturforscher Professor Gerstlmaier trifft, der ihn für einen Papagei hält:

GERSTLMAIER:
Dank dem Zufall, daß mich die Wilden für ein höheres Wesen ansehen und als solches verehren, sonst hätten sie mich längst gefressen. Allein das ist ja der Vorteil der Männer der Wissenschaft, daß sie stets von einem verklärenden Nebeldunst umhüllt sind und von Laien im allgemeinen, im vorliegenden Fall von den Menschenfressern, als Halbgötter angesehen werden müssen.[24]

Nicht nur die deutsch-österreichische Ehrfurcht vor akademischen Titeln wird hier veralbert, sondern auch viele andere Klischees der Biedermeierzeit. Das Stück ist trotz Südsee-Szenario mit dem typischen Kasper-Larifari-Inventar ausgestattet:

Die beiden Wilden schleichen herbei.
ERSTER WILDER:
  Kro, kro, kro!
ZWEITER WILDER:
  Pu, pu!
ERSTER WILDER:
  Witzliwuzi.
ZWEITER WILDER:
  Wuziwitzli.
ERSTER WILDER:
  Stritzliwixi.
ZWEITER WILDER:
  Karamalomilapitschipatschiwatschi.
ERSTER WILDER:
  Witschiwatschi.
Die Wilden fallen mit Geschrei über Kasperl her.
Kasperl:
  Auweh, auweh, die Menschenfresser! Herr Professor, kommen S' mir zu Hilf! Auweh! Auweh!
ERSTER WILDER:
  Fressi frassi!
ZWEITER WILDER:
  Guti Bissi!
ERSTER WILDER:
  Spißibrati!

110 Karikatur aus Punch, ca. 1880

ZWEITER WILDER:
   Kro, kro, kro!

Die Wilden schleppen Kasperl hinter die Szene, mittlerweile kommt das Krokodil wieder und singt folgende Arie.

KROKODIL:
   Ich bin ein altes Krokodil
   Und leb' dahin ganz ruhig und still,
   Bald in dem Wasser, bald zu Land
   Am Ufer hier im warmen Sand.
   Gemütlich ist mein Lebenslauf,
   Was mir in Weg kommt, freß ich auf,
   Und mir ist es ganz einerlei,
   In meinem Magen wird's zu Brei.
   Schon hundert Jahre leb' ich jetzt,
   Und wenn ich sterben muß zuletzt,
   Leg' ich mich ruhig ins Schilf hinein
   Und sterb' im Abendsonnenschein.
Marschiert ab.

Die Wilden schieben eine Feuerstelle heraus mit flackender Flamme, ein Bratspieß liegt darüber. Es kommen noch andere Wilde dazu; unter schleppender Musik tanzen sie und singen folgenden Chor.

   Spißi, spaßi, Kasperladi,
   Hicki, hacki Karbonadi.
   Trenschi, transchi, Appetiti,
   Fressi, frassi, fetti, fitti.
   Schlicki, schlucki, Kasperluki,
   Dricki drucki Mameluki,
   Michi, machi, Kasperlores,
   spißi, spaßi tscha kapores.

Kasperl wird gebunden an Händen und Füßen herausgeschleppt.[25]

Kasperls Haupt-Lebenszweck ist auch hier Essen und Trinken. Zufriedenheit und Hedonismus des Kleinbürgertums, unter denen dann doch wiederholt die spezifischen Sadismen der Stadtgesellschaft zum Vorschein kommen, werden hier glorifiziert. Norbert Miller und Karl Riha haben unlängst in einer Neuausgabe viele dieser Stücke wieder zugänglich gemacht, zum Leben erweckt und darauf verwiesen, dass zeitgenössisches Interesse an solchen Festivals des blühenden Blödsinns mit darauf zurückzuführen ist, dass der

111 B. Partidge, The Pan German Moloch, 1918

Kasper wider den Stachel der etablierten Ordnung in Gesellschaft und Theater löckt, dass er viel Ähnlichkeit mit Zirkusclowns und komischen Figuren des Stummfilms besitzt und sein Wortwitz sich durch absurde Qualität auszeichnet. »Kasperl wird da zum Gegenhelden, das von ihm beherrschte Theater zum verwirklichten Traum einer anderen, einer Bühne der Phantasie.«[26] Unter den Literaten der Gegenwart ist es vor allem H. C. Artmann, der bruchlos an die Wiener Theatertradition des 19. Jahrhunderts anzuknüpfen vermag. Wir verweisen bereits auf das Menschenfresser-Stück *die Hochzeit caspars mit gelsomina,* das unter dem sinnreichen Motto steht: »hier sehen sie, was sie noch nie gesehen haben und auch nie sehen werden«. Dazu gehören noch Stücke wie *die liebe fee pocahontas* oder *kasper als schildwache* (1961) und *Erlaubent, Schas, sehr heiß bitte* (1963), in welchem die Kasperliade in die Zeit von »Adolphus Hitler« verlegt wird, in der die

112 Franz Masereel, Moloch hat Hunger – »Heute morgen begann der Angriff auf sehr breiter Front« (Frz. Heeresbericht), ca. 1914/18

Komik nur grotesk, von Grauen erfüllt sein kann.

Unter den sozialkritischen Satiren des 20. Jahrhunderts sei das Interesse zunächt mit Roald Dahl auf einen Erzähler gelenkt, der sich mit seinen Kurzgeschichten und deren Fernsehversionen international großer Beliebtheit erfeut. Dahl vereint in seinen Geschichten häufig Spannung, groteske Komik und Schocks von irritierender Grausamkeit, in denen gewohnter Alltagsrealität der Boden unter den Füßen weggezogen, Realität verfremdet und plötzlich phantastisch wird. So verhält es sich auch in der Geschichte »Schwein«, die allerdings bereits mit einem Paukenschlag einsetzt, als der Held der Geschichte, Lexington, schon als Baby zur Waise wird, weil Polizisten irrtümlich seine Eltern erschießen. Lexington wächst, sorgfältig von den Fährnissen und Ungerechtigkeiten der Welt fern gehalten, bei seiner Tante Glosspan, einer Vegetarierin, auf, unter deren Obhut er sich zu einem äußerst kreativen vegetarischen Koch entwickelt. Er beginnt, ein monumentales Werk der vegetarischen Kochkunst zu schreiben. Im »hortus seclusus« der Tante bleibt Lexington im Zustand märchenhafter Arglosigkeit, und in der Tat erweist sich dem literaturbewanderten Leser die Geschichte Dahls immer mehr als Kombination von Märchenelementen, von Swifts *Bescheidenem Vorschlag* und Voltaires *Candide*. Die Idylle unseres modernen Candide ist beendet, als seine Tante hochbetagt an einer von Lexingtons kulinarischen Pilzkreationen stirbt. Einem ebenfalls uralten literarischen Topos folgend, macht er sich mit einem Brief seiner Tante vom unverdorbenen Land in die verdorbene Stadt New York auf, um dort ihr Erbe anzutreten, denn die Tante war reich. Lexington hat bisher, wie man so sagt, »Schwein gehabt«. Jetzt aber wendet sich das Blatt, denn alle Menschen, denen er begegnet, verhalten sich, wie man das unter Menschen so nennt, wie Schweine. Der Anwalt, der ihn schamlos betrügt, der Kellner im billigen Restaurant, der den Jungen mit den hochsensiblen Geschmacksnerven zum erstenmal mit einem Schweineschnitzel bekannt macht, der Koch, der ihm für viel Geld dessen Zubereitung erklärt und die Adresse des Schlachthauses gibt, und schließlich der Schlächter selbst. Sie alle nehmen Lexington aus, so wie man Schweine ausnimmt, und vom Beginn seiner Kontakte mit anderen Menschen wird Lexington langsam »aufgefressen«. Als er hört, dass das Schnitzel angeblich eventuell aus Menschenfleisch sei, nimmt er auch dieses kritik- und widerspruchslos hin.

So wird der Leser allmählich auf das logische Ende der Geschichte vorbereitet, das ihn aber in seiner erbarmungslosen Brutalität doch emotional trifft, getreu der Artaud'schen These von der Metaphysik, die per Schock durch die Haut ins Innere des abgestumpften modernen Menschen einziehen müsse. Der Leser ist abgebrüht, Lexington wird abgebrüht. Er besichtigt einen Schlachthof, der genau das ist, was Swift einst prophezeite: ein Menschenschlachthaus: »In unserer Stadt Dublin kann man zu diesem Zweck in den passendsten Gegenden Schlachthäuser einrichten; wir können versichert sein, dass es an Schlächtern nicht fehlen wird.«[27]

Candide-Lexington wird zum Schwein gemacht, der unschuldige Mensch total verdinglicht, sodass die schließliche endgültige Schlachtung nur das logische Ende dessen ist, was Menschen tagtäglich aneinander vollziehen:

Lexington, der mit dem Kopf nach unten hing, sah ihn verkehrt herum – und auch das nur kurz –, doch er bemerkte sofort den Ausdruck friedlichen Wohlwollens, das freundliche Blinzeln der Augen, das leichte nachdenkliche Lächeln, die Grübchen in den Wangen – und das alles erfüllte ihn mit Hoffnung.

»Hallo«, grüßte der Schlächter freundlich.

»Schnell! Retten Sie mich!« schrie unser Held.

»Mit Vergnügen«, antwortete der Schlächter, nahm Lexington mit der linken Hand sanft am Ohr, hob die Rechte und schnitt ihm mit einem Messer die Halsschlagader durch.

Das Kabel lief mit Lexington weiter. Für den Jüngling stand alles kopf, und das Blut, das aus seiner Kehle drang, floß ihm in die Augen, aber er konnte trotzdem so einigermaßen sehen. Er hatte den verschwommenen Eindruck, in einem sehr langen Raum zu sein, an dessen anderem Ende sich ein riesiger, dampfender Wasserkessel befand. Dunkle, halb vom Dampf verhüllte Gestalten tanzten um den Behälter herum und schwenkten lange Stangen. Das Förderband führte offenbar über den Kessel hinweg, und wenn Lexington sich nicht täuschte, wurden die Schweine eines nach dem anderen in das kochende Wasser getaucht. Eines der Tiere schien an den Vorderbeinen lange weiße Handschuhe zu tragen.

Unser Held fühlte sich plötzlich sehr schläfrig, aber erst als sein gutes, kräftiges Herz den letzten Blutstropfen aus seinem Körper gepumpt hatte, ging er aus dieser, der besten aller möglichen Welten, in die nächste über.[28]

Rückschlüsse auf jedermann sind erlaubt, ja erwünscht. Das Kannibalismustabu der Gesellschaft beruht auf dem Horror vor dem Essen toten Menschenfleisches. Was aber ist das für eine Gesellschaft – so die Thesen der modernen Sozialkritik –, die im Grunde ihre Glieder dazu anhält, sich bei lebendigem Leibe gegenseitig zu verdinglichen, wie Waren zu behandeln, sich emotional ab- und auszuschlachten? Den realen Erfahrungshintergrund der KZs in Nazideutschland und Kambodscha braucht es gar nicht, um von derartigen Argumentationen auf den Schluss zu kommen, dass Kannibalen bessere Menschen sind. Natürlich ist dies einseitig gedacht, aber die Satire will und muss einseitig sein.

Edward Bonds satirisches Stück *Early Morning* (1967) ist ein umfassendes Werk der modernen literarischen Sozialkritik, und es steht ganz unter einer zentralen Kannibalismusmetapher. *Early Morning* war das letzte Stück, das der Lord Chamberlain, der britische Zensor, in toto verboten hat, bevor diese Institution selbst abgeschafft wurde. Die Gründe für dieses Verbot liegen in der unsanften und polemischen Art, in der hier mit historischen Figuren umgesprungen wird, die Ehrenplätze im offiziellen britischen Geschichtsverständnis einnehmen: Disraeli, Gladstone, Florence Nightingale und vor allem Königin Viktoria selbst.

Wer die bis 1967 gültigen britischen Zensurgesetze kennt, weiß, dass der Zensor völlig legal gehandelt hat. Dem Wortlaut nach verstößt fast jeder Satz dieses ganz im Zeichen einer Ästhetik der Provokation stehenden Stückes gegen die alten Zensurgesetze. Was so bedenklich stimmt, ist, dass der Zensor nicht sehen konnte oder wollte, dass es sich hier um die Satire eines an der Gesellschaft leidenden Moralisten handelt. Königin Viktoria und die Hauptrepräsentanten ihres Staates werden attackiert, weil unter ihrer Herrschaft britischer Kapitalismus und Imperialismus ihren Höhepunkt erlebten und weil damals geprägte Normen das Zusammenleben der Menschen noch heute entscheidend prägen.

Early Morning ist eines der wesentlichsten Stücke des grotesksatirischen Theaters. Ein strenges Gliederungsprinzip bändigt das Chaos, das im Innern der Szenen brodelt. Denn dort tobt das anarchische Prinzip der Umkehrung aller Normen, das die Groteske seit dem Mittelalter auszeichnet, Übertreibungs- und Verzerrungstechniken werden bis an die Grenze des Darstellbaren getrieben.[29] Auf alle Aspekte auch nur der zentralen Kannibalismusmetaphorik einzugehen, erforderte eine eigene Arbeit. Denn der Kannibalismus, der in der Handlung herrscht, dominiert auch die Sprache. Die Handlung schlägt jähe Volten und Kapriolen. Der Leser/Zuschauer muss ständig darauf gefasst sein, dass das absolut Unerwartete eintritt. Inkongruität, Ausschlachtung gesellschaftlicher Normvorstellungen und Denkklischees erweisen sich als ebenso umfassende Stilprinzipien wie die ständig durcheinander gemischten Anachronismen in Figuren, historischen Situationen, Zeiten, szenischen Accessoires. Sprachnormen werden gleichermaßen unbarmherzig, witzig und komisch ausgeweidet wie moralische Normen. Mord geschieht beiläufig, und die sexuelle Perversion

113 *Early Morning, Arthur, gespielt von David Hayman, Glasgow, 1974, Foto: Henderson*

114 Hans Arnold, Mona Lisa, Illustration aus: Monsterland, 1974

ist an der Tagesordnung. Kannibalismus ist systemimmanent und von oben verordnet. Die Herrschenden in ihrer Machtbesessenheit und die inhumanen Produktionsverhältnisse fressen die Menschen auf.

Die Charaktere von *Early Morning* sind seelenlose Marionetten wie die Grand-Guignol-Typen von Jarrys *König Ubu*, farcenhafte Zerrbilder einer kannibalistischen Gesellschaft.

Nur Arthur, der eine Teil des prinzlichen siamesischen Zwillingspaares Arthur und George, bemüht sich um humane Erkenntnisprozesse. Allmählich verändern sich die beiden, bis der ermordete George über alle Zwischenstadien eines Skeletts nur noch als Schulterstück-Knochen mit Arthur verbunden bleibt. Die Ästhetik der Artaud'schen Elemente des Stückes führt zu Bildern und Metaphern von großartiger Eindringlichkeit. Auf Erden bringen sich alle gegenseitig um, um dann in den Viktorianischen Himmel zu kommen, der in Wahrheit die Hölle des ewigen »Consumismo« ist. Dort müssen sie zwanghaft essen; essen heißt konsumieren, sich selbst und die anderen ständig auffressen; während der Nacht befleischen sich dann die Körper wieder. Das totale Konkurrenzdenken ist hier als permanente gegenseitige Zerfleischung in die Ewigkeit eingegangen. Dass die Hölle in uns ist, dass wir die Hölle sind, ist nicht erst ein Gedanke Jean Paul Sartres, das wusste schon Marlowe im *Doktor Faustus*. Nur Arthur gelingt es, aus dem höllischen Kreislauf des Kannibalismus auszusteigen, und es ist Liebe, eine in dieser Gesellschaft sonst unbekannte Qualität, die ihm dies ermöglicht. In der 17. Szene, kurz vor dem Ende des Stückes, kommt es zu einer surrealistischen Liebesszene, in der Florence Nightingale den Kopf Arthurs liebt, ihn beziehungsreich symbolisch zwischen ihren Schenkeln versteckt, wo er schließlich doch noch vom Bruder entdeckt wird:

ARTHUR:
Küss mich! Ich kann es nicht. Hebe meinen Kopf in deinen Händen empor und halte ihn gegen deinen Mund. Dann wird alles in Ordnung sein. Wir werden miteinander alleine und glücklich sein.[30]

115 Klaus Staeck, Juso beißt wehrloses Kind, 1972

Der Bruder entreißt ihr den Kopf, rennt mit ihm davon und beißt im Laufen von ihm ab. Arthurs Kopf lacht verzweifelt. Hier sind Bond, bei allen Längen und Plattheiten, die *Early Morning* auch besitzt, einige Szenen gelungen, die sich mit den größten Beispielen surrealistischer Malerei und mit den emotional dichtesten Partien Artaud'scher Visionen vergleichen lassen.

Der 1981 erschienene Gedicht- und Dokumentationsband der deutschen protestantischen Theologin Dorothee Sölle *Im Hause des Menschenfressers*[31] bringt uns an das vorläufige Ende unserer historischen Untersuchung zur

Sozialsatire. Das Buch beschäftigt sich aus engagiert christlicher Sicht mit dem derzeitigen Hauptproblem der Menschheit, der Aufrüstung und Friedenssicherung. Das Haus des Menschenfressers ist unser Haus, und wer darin wohnt, das sind wir. Die wahren Menschenfresser sind Rüstung und Krieg, so wie ihn die Karikaturisten seit Jahrhunderten geschildert haben. Und wenn wir, jeder Einzelne von uns, uns nicht für den Frieden einsetzen, wird der Menschenfresser uns einholen, sind wir seine Komplizen:

Im Hause des Menschenfressers
    Geboren in der Zeit des Gases
    geriet ich später ins Haus des Menschenfressers.
    Seine Frau die schöne rundliche
    nahm mich fürsorglich auf
    und gab mir reichlich zu essen
    versteckte mich vor ihm
    wenn er nach Hause kam

    Jetzt lebe ich nicht so schlecht
    im Hause des Menschenfressers
    Tags geht er unter im Land
    Raketen zu stationieren
    die Landstraßen zu verwüsten
    und die jungen Männer zu trainieren
    im Doppeleinsatz draußen und drinnen.

    Für den entfernten Feind
    zeigt ihnen der Menschenfresser
    den berühmten Erstschlag
    für die Bürger im eigenen Land
    die kräftig bestrahlt immer noch nicht still sind
    hat er Hunde vorgesehen und Gas versteht sich.
    Ich persönlich laufe tagsüber frei herum
    im Hause des Menschenfressers
    scherze mit seiner Frau und denk mir nichts weiter.

    Nur am Abend wenn er nach Hause kommt
    herumschnüffelt und mich sucht
    zittere ich vor Angst

in meinem bombensicheren Kistchen
dann träumt es mir
von abgerissenen Gliedern
und von verhungerten gelblichen Kindern
dann hasse ich Vater und Mutter
die mich hierhergeboren

Eines Tages
das war noch nie anders
frißt uns der Menschenfresser
das war immer so
bisher.[32]

Sölles Buch ist ein flammender Appell für Nachdenken, Toleranz, Menschlichkeit, ein Aufruf, den Widerstand, den öffentlichen Ungehorsam gegen eine Politik zu organisieren, deren Risiken immer weniger kalkulierbar werden. Diese Welt ist voll von dringenden und schwierigen Problemen. Sie alle verblassen jedoch gegenüber dem Problem der Friedenssicherung, denn erstmals kann ein Krieg auch daran unbeteiligte Nationen verschlingen. Mit politischen Floskeln, wie sie von der Propaganda beider Seiten in Gebetsmühlenmanier ständig repetiert werden, ist es nicht getan. Das Gerede von der »Sicherheitsunfrienzpolitik der Bundesrepublikdeutschland« – so der Titel eines weiteren Gedichtes – reicht nicht aus. Derlei Phrasen halten eher vom Nachdenken und Suchen nach neuen alternativen Lösungen ab.

Im Hause des Menschenfressers ist ein Aufruf, umzudenken, auf dass es uns nicht so gehe wie einst den Dinosauriern.

Natürlich erscheinen in jüngster Zeit auch lustige Parodien, in der Karikatur wie in der Literatur, vor allem bei H. C. Artmann, wie in der *Apotheose in Kammgarn*,[33] einer Geschichte, in der ein wild gewordener Kleinbürger den menschenfressenden Tarzan spielt, oder dem *handcolorierten Menschenfresser*,[34] einer köstlichen Märchenparodie, beide im skurril-artmannesken Sprachduktus, voller Drolerien und munterer Einfälle.

Die schon so oft karikierte und verfremdete Mona Lisa muss auch als Menschenfresserin oder Vampirette herhalten, und Franz Josef Strauss ist beinahe für jeden Karikaturistenscherz gut.

Im Vergleich zu den gesellschafts- und militärpolitischen Aspekten des Themas jedoch sind Artmanns Geschichten, wie die Mona-Lisa-Verfremdung, fröhliche Sandkastenspiele binnenliterarischen und künstlerischen

Amusements. Aber vielleicht flieht Artmann zu den putzig-grauslichen literarischen Menschenfressern, mit denen er sich seine fiktive Welt aufbaut, weil ihm die abstrakten Menschenfresser der politischen Welt so sehr Angst machen und er nicht weiß, wie ihnen zu begegnen sei. Wie drückt es Friedrich Dürrenmatt aus:

Sechsmal angekreuzt
  Überhaupt lasse man mich ein wenig mit diesem Frankreich in Ruhe
  Mit diesem Deutschland und England, mit diesem ewigen Europa
  Jedes Volk immer tüchtiger und mutiger als das andere,
  Mit immer besseren Guillotinen.
  Langsam werden mir die Menschenfresser fast lieber.[35]

Diese Haltung ist verständlich, aber ob sie auch hilft, bezweifeln Satiriker und Karikaturisten.

Anmerkungen zu Kapitel IX

1 Pierre J. Proudhon, zitiert nach Pierre Larousse, *Grand Dictionnaire Universel* (Paris, 1865), S. 435.
2 Vgl. Martin Walser, »Die notwendigen Schritte«, Einleitung zu Jonathan Swift, *Ein bescheidener Vorschlag und andere Satiren* (Frankfurt 1975), S. 26–29. Zu Swifts Persönlichkeit vgl. auch Ricardo Quintana, *Swift* (London, 1955); Kathleen Williams, *Jonathan Swift* (London, 1968); *Jonathan Swift*, A Critical Anthology, ed. Denis Donoghue, ed. (London, 1971); David Word, *Jonathan Swift* (London, 1975).
3 Swift, *Ein bescheidener Vorschlag*, a. a. O., S. 55.
4 Swift, *Ein bescheidener Vorschlag*, a. a. O., S. 55–58.
5 Walser, a. a. O., S. 26.
6 François-Marie Voltaire, *Candide oder Der Optimismus* (Frankfurt, 1972), S. 61.
7 Voltaire, *Candide*, a. a. O., S. 62.
8 Voltaire, *Candide*, a. a. O., S. 63 f.
9 Voltaire, *Candide*, a. a. O., S. 84 f.
10 Vor allem von Kurt Schlüter und seinen Schülern ist versucht worden, Karikatur und das Kuriose als literarische Kategorien zu etablieren, ohne dass die Lite-

raturwissenschaften sich dies weitergehend zu eigen gemacht hätten. Vgl. Kurt Schlüter, *Kuriose Welt im modernen englischen Roman* (Berlin, 1969).

11 Vgl. Georg Piltz, *Geschichte der europäischen Karikatur* (Berlin, DDR, 1976), S. 51.

12 Vgl. Ernst H. Gombrich und Ernst Kris, *Caricature* (London, 1940), S. 10–12; Christian W. Thomsen, *Das Groteske im englischen Roman des 18. Jahrhunderts* (Darmstadt, 1974), S. 93–124.

13 Vgl. C. R. Ashbee, *Caricature* (London, 1928), S. 47.

14 Vgl. Die gute Einführung in Gillrays Werk in: *Fashionable Contrasts. Caricatures by James Gillray*, introduced and annotated by Draper Hill (London, 1966), S. 5–26.

15 Vgl. *Cobbetts Political Register*, 30 May 1818, S. 625.

16 Vgl. A. B. Maurice und F. T. Cooper, *The History of the Nineteenth Century in Caricature* (New York, 1903), S. 20–22.

17 Vgl. *Fashionable Contrasts* ..., a. a. O., S. 160.

18 Werner Hofmann, *Die Karikatur von Leonardo bis Picasso* (Wien, 1956), S. 92.

19 Zitiert in *Fashionable Contrasts*, a. a. O., S. 153.

20 Vgl. Dorothy George, *English Political Caricature 1793–1832* (Oxford, 1959), S. 147 f.

21 Werner Hofmann, *Die Karikatur* ..., S. 37.

22 Erläutert in: *La Caricature. Bildsatire in Frankreich 1830–1835 aus der Sammlung von Kritter*, hrsg. von Gerd Unverfehrt (Götüngen, 1980), S. 95.

23 Gottfried Keller, »Ballade vom dürren König«, in: *Deutsches Balladenbuch*, hrsg. von Beate Pinkerneil (Königstein/Ts., 1978), S. 419 f.

24 Franz von Pocci, »Kasperl unter den Wilden«, in: *Kasperletheater für Erwachsene*, hrsg. von Norbert Miller und Karl Riha, insel taschenbuch 339 (Frankfurt, 1978), S. 255–264, hier S. 258.

25 »Kasperl unter den Wilden«, S. 262.

26 Miller, *Kasperletheater*, S. 12.

27 Swift, *Ein bescheidener Vorschlag*, a. a. O., S. 57.

28 Roald Dahl, *Gesammelte Erzählungen* (Reinbek, 1973), S. 46.

29 Vgl. Christian W. Thomsen, *Das englische Theater der Gegenwart* (Düsseldorf, 1980), S. 263 f.

30 Edward Bond, *Early Morning* (London, 1971), S. 110.

31 Dorothee Sölle, *Im Hause des Menschenfressers*. Texte zum Frieden, rororo aktuell 4848 (Reinbek, 1981).

32 *Im Hause des Menschenfressers*, S. 15 f.

33 H. C. Artmann, »Apotheose in Kammgarn«, in: *Grammatik der Rosen*, Gesammelte Prosa, Bd. III (Salzburg, 1979), S. 81–94.
34 H. C. Artmann, »Der handcolorierte Menschenfresser«, in: *Grammatik der Rosen*, Gesammelte Prosa, Bd. II (Salzburg, 1979), S. 293–298.
35 Friedrich Dürrenmatt, in: *Das kleine Rotbuch* 10 (Berlin, 1982), S. 5.

X. Kunst und Kunsttheorie

Ein jedes Genie ist ein Menschenfresser.
Karl Heinz Stockhausen[1]

Unter all den Bildern, die man zum Thema Menschenfresser sammeln kann und von denen viele in diesem Buch vor Augen geführt werden, gibt es eines, das auch international so bekannt geworden ist, dass es Teil des kulturellen und mythischen Bewusstseins fast eines jeden Gebildeten, zumindest in der westlichen Welt, ist. Es handelt sich dabei um Francisco de Goyas Gemälde »Saturn (Kronos) verschlingt eines seiner Kinder«.[2] In diesem Bild sind so viele Aspekte unseres Themas eingefangen, dass es ausführlich vorgestellt werden soll. Über den engeren thematischen Kontext hinaus ist es jedoch auch eines der wichtigsten Bilder des Malers, der vielleicht der größte Genius der spanischen Malerei ist und dessen Werk zugleich ein entscheidendes Bindeglied zwischen älterer und moderner Malerei bildet.

Goya brach mit den malerischen Formeln der Tradition, führte neue, radikale Ausdrucksmittel in die Malerei ein, öffnete ihr thematisch und formal Wege, die die Moderne dann ausweitete. Der Mann aus einfachen Verhältnissen, 1746 geboren, der zum Maler Karls III. und zum Kammermaler Karls IV. aufstieg, heimste künstlerisch Erfolg auf Erfolg ein, hatte Zugang zu den Machtzirkeln der Aristokratie, liebte als sinnlicher Mensch, der er war, die sinnlichen Frauen, blieb aber dem Volk verbunden, aus dem er kam. Auf dem Höhepunkt einer glanzvollen Karriere, 1792, wurde er von einem schweren Schlaganfall getroffen, der den totalen Verlust seines Gehörs zur Folge hatte. Leid und persönliches Unglück aber verhalfen der vollen Genialität Goyas erst zum Durchbruch. Was in ihm von Jugend an angelegt gewesen sein muss, gelangt nun, in der zweiten Hälfte eines langen Künstlerlebens, zu schmerzvoller Entfaltung: Bizarres, Groteskes, Phantastisches, bedrängende Visionen, Karikatur und beißende Sozialsatire, die Kritik an der Verlogenheit und doppelten Moral der Mächtigen in Staat und Kirche, an Machtrausch, Brutalität und Sadismus bei gleichzeitigem Wissen darum, dass das Potential des Verletzens, Folterns, Zerstörens und der perversen Lust in jedem Menschen angelegt ist, wenn auch unterschiedlich stark.

Leiden, Mitleiden und Anklage prägen das Werk Goyas in der zweiten Hälfte seines Schaffens, und die Anklage gegen Krieg, menschliche Grausamkeit und triebhafte Aberration ist so vehement, dass von den fünf großen graphischen Serien Goyas nur die »Tauromachie« (1815–1816) und die vier Lithographien der »*Toros de Burdeos*« (1825) das Licht der Öffentlichkeit erblicken durften. Noch immer trieb die »Heilige Inquisition« ihr waches Unwesen. Den Blutrausch des Stierkampfes darzustellen, jener spanischen Volksbelustigung mit mythischen Urgründen, war erlaubt, die »Caprichos« (1799) dagegen mussten wenige Tage nach ihrer Publikation zurückgezogen werden und erschienen erst wieder 1855. Die aufrüttelnden Greueldarstellungen der »Desastres de la Guerra« sowie die beunruhigenden Phantasien der »Disparates« durften erst viele Jahre nach Goyas Tod, 1863 und 1864, erscheinen.[3]

Gerade diese drei Folgen sowie das andere weltberühmte Gemälde Goyas, »Der Koloss« (1812), sind es jedoch, die zum Umkreis der hier zu besprechenden Bilder gehören. In den »Desastres«, Goyas umfangreichstem Werk von mehreren hundert Einzelblättern, gilt zwar die aktuelle Stoßrichtung den Untaten der napoleonischen Eroberer Spaniens, darüber hinaus sind sie jedoch inzwischen zu einer zeitlosen Anklage gegen die entmenschlichenden Tendenzen und Konsequenzen jedes Krieges geworden. Das Antlitz des Menschen verzerrt sich darin zur Fratze. Seine Taten pervertieren zur Bestialität, kulminierend in Vergewaltigung und Mord. Im Aufbau und in der Beleuchtung seiner in hohem Erregungszustand, aber dennoch mit kompositorischem Raffinement geschaffenen Bilder hat Goya bei Rembrandt gelernt, die nachhaltigsten Anregungen jedoch von Jacques Callots berühmter Folge »Les Misères et les Malheurs de la Guerre« (1633) empfangen. Leiden und Getötetwerden sind allgegenwärtig in diesen Bildern, deren Schlussfolge von 17 Blättern sich in eine scharfe Attacke gegen den Klerus wendet, der mit den Mächtigen paktiert und die Bibel opportunistisch auslegt. Die Darstellung der Sinnlosigkeit des Krieges hat erst in Otto Dix' Folgen über die Geschehnisse in den Schlachten des Ersten Weltkrieges eine vergleichbare Nachfolge gefunden.

In den »Disparates« dominiert eine Stimmungslage phantastischer Boden- und Orientierungslosigkeit, das Numinose, Abseitige, Geheimnisvolle, vermischt mit makabrer Komik. Menschen, Hexen, Dämonen vermögen darin immer wieder zu fliegen. Es ist ein magisches, von der Realität in ein phantastisch-unheilvolles Zwischenreich entrücktes Fliegen von dunkler Symbolik. Der Betrachter wird gewahr, dass Goyas Figuren und ihr Schöpfer selbst von den Schauern eines dunklen Todesreiches umweht werden, aus dem finstere Mächte Vergeltung üben. Dennoch sind die Valeurs grotesker, doppelbödiger Komik nicht zu leugnen, so etwa in den Blättern »Disparate volante«, »Disparate matrimonial« und »Disparate ridiculo«.

Im Kontext der Darstellungen von Kriegsuntaten und Banditenverbrechen ist auch jene Serie von vier auf Holztafeln fast gleichen Formats gemalten Ölbildern zu sehen, die um 1815 herum entstanden ist und deren beide erste Bilder dem engeren Themenbereich dieses Buches angehören. Das eine der beiden Bilder war lange Zeit unter dem Titel »Der Erzbischof von Quebec« bekannt, wobei es sich um das Schicksal jenes im vorigen Kapitel anekdotenhaft erwähnten Bischofs handeln soll, den angeblich Irokesen verspeist haben. In der Tat sind, gerade bei den Irokesen, derartige kannibalistische Vorfälle bezeugt. Wie Sánchez-Cantón nachgewiesen hat,[4] kann dies jedoch nicht das wahre Thema des Bildes sein. Ob diese beiden Bilder nun das Martyrium von Jesuitenmissionaren in Kanada schildern oder allgemein das Thema »Wilde« variieren (analog den Darstellungen brutaler Banditen und roher Soldateska in den »Desastres«,[5] scheint heutzutage weniger wichtig angesichts dreier anderer Gesichtspunkte: Auffällig ist ein symbolischer Realismus, der in einer Art und Weise gestaltet wird, die Goya eindeutig als Vorläufer und Wegbereiter des Impressionismus ausweist. Der Brutalität des Geschehens kontrastiert eine nuan-

116 Francisco de Goya, Saturn verschlingt eines seiner Kinder, 1821–1822, Madrid, Prado

ciert abgestufte, eher zarte, fast durchsichtige Farbgebung der Bilder. Geht es um das Thema Wilde, so werden die Phantasien der Eroberer evoziert, die wir im Kapitel über Reiseliteratur detailliert erörtert haben. Letztlich sind diese Wilden keine Indianer, sondern als Wilde sich gebärdende, nackte Europäer, bestenfalls Wilde in der Imagination des Europäers. Dieser Befund steigert den erschreckenden Symbolgehalt der beiden Bilder, denn im Bewusstsein des Spaniers verschmelzen die imaginierten oder berichteten Greueltaten der Indianer mit denen der napoleonischen Kriege. Der Kulturschock wird nach Europa zurückgespiegelt und in der alten Welt potenziert. »Los Cannibales«, wie man die Bilder seit einiger Zeit betitelt, stellen die konsequente Steigerung der »Desastres« dar, nicht nur das Töten, sondern das Zerstückeln, Ausweiden und Auffressen der ermordeten Spanier. Die Wilden sind im frühen 19. Jahrhundert bei denen eingefallen, die drei Jahrhunderte früher »ganze Sache« bei den Völkern der Karibik machten. Und ob die Szenen nun in der Neuen oder in der Alten Welt spielen, es sind Menschen, europäisch aussehende Menschen, trotz ihrer auch symbolisch zu verstehenden Nacktheit, die hier im kannibalischen Triumph Köpfe und Arme der Ermordeten in der Luft schwenken, mit gieriger Lust in geöffneten Leibern herumwühlen. Der Krieg ist nicht nur »Menschenfresser«, er gebiert auch Menschenfresser, eine nur allzu realistische Vision.

Goya hat schon früh begonnen, in seinen Bildern symbolische Ausdrucksformen zu entwickeln, die weit über den unmittelbaren Stoff hinaus ins Monumentale und Mythische ragen. So ist der »Koloss« von 1812 bis heute ein immer wieder zitiertes Sinnbild der Bedrohung des Menschen durch den Krieg, durch die Mächte der Unterdrückung und des Bösen, selbst dann, wenn die Interpretation stimmen mag, dass der Koloss sich nicht gegen das fliehende Menschengewimmel im unteren Bildteil richtet, sondern Spanien gegen den von jenseits der Pyrenäen anrückenden Feind verteidigen will.[6]

Das Bildnis Saturns, der eines seiner Kinder verschlingt, gehört zu den 14 Wandmalereien in der »Quinta del Sordo«, einem Landhaus, das Goya im Februar 1819 gekauft hatte und in dem er zwei große Räume bis 1823 mit Gemälden ausstattete, in denen der alt gewordene, vereinsamende und taube Maler sich seine Visionen von der Seele malte. Diese Bilder stellen die letzten großen Arbeiten dar, die Goya in seiner Heimat Spanien geschaffen hat, bevor er 1824 nach Bordeaux ins Exil ging. Sie verkörpern gleichsam Selbstgespräche des leidenden alten Mannes, der sich somit seine Träume und

Alpträume zu Gesprächspartnern schuf, innerlich tief aufgewühlt, voller Entsetzen und Erschrecken über die Grausamkeit der Welt und der Menschen.

Doch auch hier gibt es Vorstudien. Fast immer fertigte Goya vor Ausführung eines Gemäldes oder Stiches Rötelskizzen an. In diesem Falle liegt die Vorstudie 20 Jahre zurück und gehört eigentlich zu nicht weiter ausgeführten Blättern der »Caprichos«. Der Saturn-Rötelskizze kommt besondere Bedeutung zu. Denn klar erkennbar gibt es auch zu Goyas Rötelskizze von 1797–1798 eine Vorstudie, nämlich Peter Paul Rubens' Gemälde »Saturn« aus der »Torre de la Parade« (1636–1638).

117 Francisco de Goya, Saturn verschlingt seine Söhne, Rötelskizze 1797–1798, Madrid, Prado

Schon Rubens' Gemälde ist realistisch und grausam genug: Der gigantische, muskelbepackte Saturn stützt sich mit der einen Hand auf einen Stab und hält mit der anderen einen puttoähnlichen, schreienden Knaben umschlungen, dem er mit den Zähnen Haut und Fleisch auf der Brust aufreißt. Der Gesichtsausdruck Saturns ist nicht genau zu erkennen, da er den Kopf gebeugt hält, nur so viel, dass es ihm erhebliche körperliche Anstrengung bedeutet. Goyas Rötelskizze nun markiert ein Zwischenstadium zwischen dem Gemälde Rubens' und seinem eigenen großformatigen Wandbild. Saturn hat darauf bereits ein Bein eines Sohnes verschlungen. Seine Augen und sein Gesichtsausdruck verraten Konzentration und Willensanstrengung,

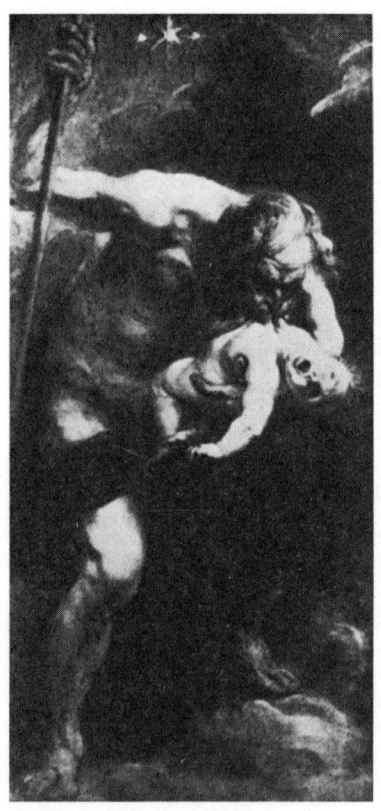

118 Peter Paul Rubens, Saturn, Aus der Torre de la Parada, 1636–1638, Madrid, Prado

mit der linken Hand hält er einen zweiten Knaben umklammert, den er nach dem ersten zu verschlingen gedenkt. Beide Saturne sind alte Männer, der Goyas macht jedoch einen älteren, ungepflegteren, wilderen Eindruck. Zwei Jahrzehnte nach der Rötelzeichnung nimmt Goya das Thema »Saturn« wieder auf. Was hat er nun daraus gemacht? Wie schon im Mythos-Kapitel ausgeführt, war Saturn (Kronos) der jüngste der Titanen, dem seine Mutter Gaia geweissagt hatte, eines seiner Kinder werde ihn des Throns berauben. Aus diesem Grund verschlingt Saturn seine Kinder, bis ihn seine Gattin im Falle des Jüngsten, Zeus, mit einem Stein überlistet. Saturn spielt eine wichtige Rolle in der Barock-Mythologie. Er ist zugleich Verkörperung von absolutistischem Herrscherwillen und absoluter Grausamkeit, aber auch ein Sinnbild der Melancholie, des Schmerzes, der Einsamkeit, ja als Gott der Zeit Symbol der Unentrinnbarkeit und Sinnlosigkeit des Schicksals, womit er auch zum Symbol des Todes wird. Daneben gilt Saturn noch als Gott des Sabbats, was Magie, Geheimkult und Hexensabbat beschwört.[7] Alle diese Bedeutungen und noch weit mehr sind in Goyas Bild eingeflossen. Es ist ein expressionistisches Bild einer nur schwer zu verbalisierenden, komplexen Symbolik und Gefühlsstimmung. Dahinter steckt Einsicht in die grauenerfüllte Unerbittlichkeit des Schicksals und des Willens, gepaart mit Entsetzen. Nackt, mit wirrem Haar, weit aufgerissenen Augen und einem Mund wie einem Höllenschlund kniet der alte Titan. Er besitzt einen muskulösen Oberkörper mit starken Armen und hat einen der Söhne wie in einem Schraubstock unerbittlich und unentrinnbar mit beiden Händen gepackt und ihm bereits den Kopf abgebissen. Aber Saturn schlingt nicht nur, er schreit auch, und zugleich sieht es aus, als habe diese Gestalt keine Ohren unter dem strähnigen Haar. Ein Schrei wie auf Edvard Munchs berühmtem Bild gleichen Titels, aber der Schrei des Tauben, Vereinsamten. Der alte Saturn spiegelt auch die Verwirrung und das Leid des alten Goya. Der Taube kann den Schrei selbst nicht hören, er kann nur, ja er muss schreien, beißen und schlingen, so wie der Krieg, die Welt letztlich ihre Geschöpfe totbeisst, verschlingt, ihr Blut verströmen lässt.

Die Bilder der »Quinta« wurden 1876–1877 von den Wänden abgelöst und hängen heute im Prado zu Madrid, wo sie in ihren Hell-Dunkel-Kontrasten dem Besucher noch immer eine Ahnung jener Schauer vermitteln, die Goya vor dem Mythos, der Welt, den Menschen und dem Tod empfand. Goyas Saturn-Bild wirkt wie ein Vermächtnis. Die darin enthaltene Überzeugung, dass es mit der menschlichen Geschichte letztlich von Anfang bis Ende auf Menschenfresserei hinauslaufe, teilt er mit manch anderem, der in diesem Buch zu Wort kam. Aber Goya ist radikaler als die meisten Literaten und Künstler, die sich dieses Themas annehmen. Und er kennt weder den Rettungsanker eines säkularen Fruchtbarkeitskultes noch den einer metaphysischen oder religiösen Transzendenz. Bei ihm bleiben nur Bitterkeit, Illusionslosigkeit, Entsetzen und Tragik.

Als Gustave Doré 1832 in Straßburg geboren wird, ist Francisco de Goya, der 1828 in Bordeaux starb, erst vier Jahre tot. War Goya lange Zeit der Maler der Könige und Aristokraten, so wächst Doré in eine völlig andere Zeit hinein: Er ist der Maler und Illustrator der Bourgeoisie, der »industrialisierte Romantiker«,[8] wie ihn Konrad Farner genannt hat. Dorés zeichnerisches Werk wird von allen Schichten der Bevölkerung geliebt, von Bürgern, Literaten, Künstlern, Aristokraten, in Frankreich, in England, Deutschland, über die ganze Welt. Noch nie zuvor hat ein Illustrator einen derartigen Erfolg genossen, noch nie ein Künstler derartige Einnahmen erzielt wie Doré, nachdem der 22-Jährige 1854 mit der von Bry edierten Rabelais-Ausgabe im Handumdrehen einen Welterfolg erzielt hat. Fortan reißen sich die Verleger um Doré, er selbst wird aber auch von einer geradezu manischen Schaffenswut gepackt, illustriert Weltliteratur und bis hin zu historischen und patriotischen Schinken alles, was ihm angeboten wird.

Nachdem er 1855 mit der Illustration von Balzacs *Contes drôlatiques* einen weiteren internationalen Großerfolg errungen hat, ist Doré schier nicht mehr zu bremsen. Er plant eine illustrierte Weltbibliothek, mit deren Verwirklichung er 1861 beginnt. Seine Produktion nimmt kapitalistische Formen an, in seinen Werkstätten beschäftigt er bis zu 117 Angestellte, zum erstenmal ist die Kunst wirklich in großem Maßstab industriell verwertbar geworden. Kaum sind seine französischen Ausgaben erschienen, werden sie jeweils in vielen Ländern in Übersetzungen nachgedruckt.

Sein Leben ist ein Taumel, er selbst ein Vulkan an Schaffenskraft, an Planungen, Festen, Soireen, Unternehmungen, künstlerischen Auseinandersetzungen in den Salons, die ihn ohne Rast fortreißen und ihn schließlich schon 1885, 50-jährig, am Herzschlag, heute würde man sagen Infarkt, sterben lassen. Aber da ist er schon eine ausgebrannte Hülse, deren Treibsatz in den beiden letzten Jahren nur mehr flackert, ein Künstler, der beginnt, sich selbst zu zitieren und zu wiederholen, obwohl zu den geplanten oder erst postum erschienenen Werken noch so bedeutende gehören wie die Illustrationen zu Edgar Allan Poes *The Raven* und die genialischen Entwürfe zu Shakespeares *Macbeth*.

Die wesentlichen Stationen seines Schaffens aber sind nach Rabelais und Balzac 1862 die Illustrationen zu den Märchen Perraults, 1863 zum *Don Quijote*, 1875 zu Coleridges *Ancient Mariner* (unter all den berühmten Folgen ist dies vielleicht doch die am meisten gepriesene) und 1879 Ariosts *Orlando Furioso,* sein letztes großes Werk, in dem er sich aber nur noch in wenigen Bildern zu der Könnerschaft und Originalität steigern kann, die von den 50er- bis frühen 70er-Jahren sein Œuvre bestimmt haben.

Für unser Thema sind zuerst und vor allem Dorés Illustrationen zu Rabelais und Perrault von Bedeutung. In der Tat gehören die beiden Bilder, in denen Gargantua als Menschenfresser gezeigt wird, zu den schönsten und trotz ihres Gegenstandes ergötzlichsten Illustrationen Dorés. Da sitzt Gargantua in all der massiven Behaglichkeit eines »großen« Herren und verspeist gesittet »Pilger im Salat«. Man vermeint geradezu jenes dröhnende Lachen zu hören, mit dem er die spätmittelalterlich-frühneuzeitliche Welt erschütterte. Und ganz wortwörtlich rückt er hier dem Kleinzeug des Lebens, vor allem der »dumpfblütig trüb- und tränenseligen Mönchsgesinnung« zu Leibe:

Hier wird mit jovialer, überlegener Spottlust der gloriose Kampf ausgetragen gegen Fanatismus und Intoleranz, Duckmäusertum und Speichelleckerei, gegen die Übel der damaligen Zeit, die ebenfalls die Übel der Gegenwart sind: die kriegslüsternen Herrscher und die machthungrigen Höflinge, die betrügerischen Advokaten und die geldgierigen Pfeffersäcke, die scheinheiligen Pfaffen und die heuchlerischen Richter ... Ja, in dieser Riesenfigur Rabelais mit dessen Riesen Gargantua und Pantagruel sieht

Doré gleich Balzac die Riesenhaftigkeit des menschlichen Schöpfergeistes schlechthin. In ihnen sieht er das große Neue gegen das kleine Alte gesetzt ...[9]

Genial dann auch die kleine Zeichnung Dorés, auf der ein Repräsentant des »Kleinzeugs« auf der Riesenzunge um sein Leben rennt, zurück in jene Unfreiheit, an der er doch so hängt. Hier ist nichts von Goyas Weltverzweiflung zu spüren, die Menschenfresserei wird ganz von der heiteren Seite genommen.

Doch da gibt es auch ganz andere Valeurs in Dorés Repertoire. Sie zeigen sich in den Illustrationen zu Charles Perraults Märchen, mit denen Doré zu dem europäischen Illustrator schlechthin aufsteigt, zum Idol der Zeit, das Kunst und Geld vereint. Perrault war schon seit drei Jahrhunderten ein Favorit der französischen Kinder, wir haben jedoch schon im Märchenkapitel dargelegt, dass seine Geschichten beileibe keine unschuldsvolle Kinderlektüre darstellen, sondern voller frivoler Widerhaken stecken. Und diesen frivolen, den ironisch-sadistischen Ton Perraults gestaltet Doré mit hintergründiger Vollkommenheit. Da ist z. B. das engelhaft-unschuldsreine Rotkäppchen, das mit seiner Großmutter im Bett liegt und sich über deren Aussehen wundert, Wolf im Schafspelz fürwahr. Und wir erinnern uns der Schlussworte von Perraults Rotkäppchen und auch daran, dass die Unschuld oft nur so unschuldig aussieht. Da ist vor allem aber der Menschenfresser im »Kleinen Däumling«, der aus Versehen den eigenen kleinen Ogressentöchtern nächtens mit großem Schlachtermesser die Kehle durchschneidet. Ein Bild, meisterhaft, aber voll so brutal-sadistischer Ironie, dass es in der englischen Ausgabe unterdrückt wurde. Und es dürften kaum Zweifel bestehen, dass es Kindern auch wirklich Alpträume einflößen kann. Doré zeigt sich hier auf der Höhe seiner Kunst, begabt, breiten Gefühlsskalen Ausdruck zu verleihen.

Erneut und zum letzten Male bei Doré finden wir einen Menschenfresser in den Illustrationen zu Ariosts *Orlando Furioso*. Doré schuf hierzu 1879 in kurzer Zeit 681 Zeichnungen. Wieder begeisterte und inspirierte ihn die Traumwelt von Ritterburgen und Geisterschlössern, der Wechsel von leichtem und ernstem Spiel, der Reichtum an Phantasie und sprachlichen Bildern. Dennoch erreicht er hier nur noch selten seine frühere Meisterschaft. Gemessen am *Gargantua* und dem Oger aus dem »kleinen Däumling« ist der Ariost-Menschenfresser zwar noch immer ein besonders schönes Exemplar der Spezies, eine imaginative Mischung von Gorilla, Neandertaler und Wildem aus der Tradition des 16. Jahrhunderts, damit eine Fülle von Menschenfresser-Klischeevorstellungen evozierend, aber doch keine Illustration von hohem künstlerischem Rang mehr.

Im Überblick lässt sich feststellen, dass auch Doré jener Tradition des 19. Jahrhunderts huldigt, die das Thema Menschenfresser verharmlost, zum phantastischen Kuriosum stilisiert, und nur noch in den Perrault-Illustrationen Abgründig-Sadistisches aufleuchten lässt.

Kunst und Literatur haben schon immer nicht nur Vergnügen und Genuss bereitet, sondern auch Ärgernis und Provokation. Das Obszöne gehört dazu, weil es per definitionem anstößig ist, Grenzüberschreitung betreibt, Normen aufbricht, Seh- und Denkweisen ändert. Im 20. Jahrhundert kommt hinzu, dass die Kunst häufig mit einem höheren theoretischen Anspruch auftritt als in den Jahrhunderten zuvor.

Vor diesem Hintergrund ist auch die Happening- und Aktionskunst der späten 60er- und frühen 70er-Jahre zu sehen. Die Szene spielt abermals bevorzugt in Wien, dessen Kunst und Bürgertum immer erneut zum Widerspruch reizt und wo es jenes Ferment, jenen Sauerteig an Boheme gibt, den nur wenige andere Städte aufzuweisen haben. Die Rede ist von Otto Muehl und Hermann Nitsch, deren Aktionen in Deutschland und Österreich einige Jahre Furore machten und sicher hier zur Veränderung des ästhetischen Bewusstseins der 70er-Jahre einiges beigetragen haben. Kannibalismus, Menschenfresserei ist in den Aktionen der beiden, Mitte und Ende der 60er-Jahre, niemals das ausschließliche und alleinige Thema, aber es wird fast immer impliziert. Beide setzen auf eine Ästhetik der Aggressionen und haben es dabei stets auf Schockwirkung abgesehen. Die antibürgerliche Aggression reagiert darin auf die offenen und versteckten Aggressionen des Bürgertums. Indem man »die Sau rauslässt«, wie es im süddeutschen idiomatischen Wortschatz so plastisch heißt, provoziert man natürlich bewusst das, was man zeigen will, den Unwillen des Bürgers, seinen Ruf nach konservativen Rechts- und Ordnungsnormen. Man bringt seinen sonst meist sorgfältig verdrängten Sadismus zum Ausbruch, wie es sich in zahlreichen Leserbriefen auf Aktionen von Hanel Koeck und Otto Muehl artikuliert, deren Tenor dann lautet: »Nicht das Schwein, sondern das Ehepaar hätte man schlachten sollen.«[10] Hier wie im »Theater der Grausamkeit« muss natürlich die Frage erlaubt sein, ob die gewählten Mittel und Techniken, außer bei einem kleinen Kreis von Eingeweihten, gegenüber avantgardistischen Experimenten Aufgeschlossenen, überhaupt jene Denkanstöße erzielen können, die solche Kunst sich so expressiv aufs Panier geschrieben hat. In der Regel wird der Durchschnittsbürger durch

119 Gustave Doré, Menschenfresser, Illustration aus: Ariost, Orlando Furioso, 1879

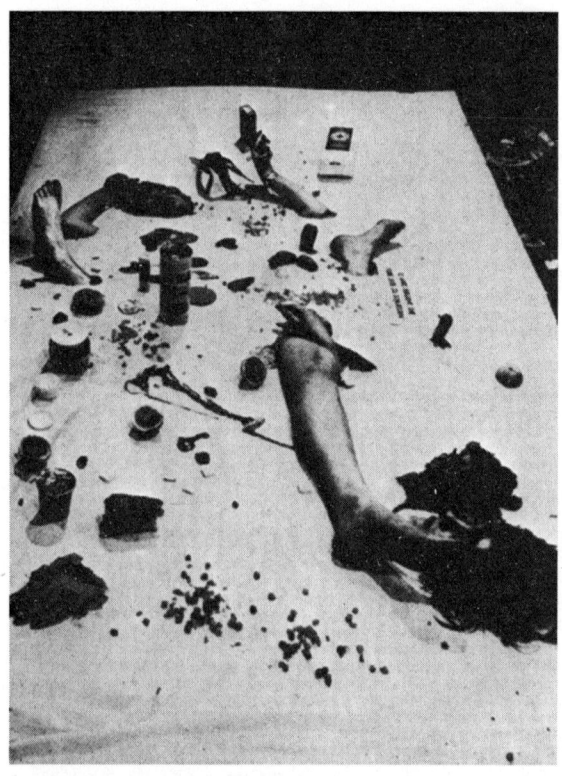

120 Otto Muehl/Hermann Nitsch, Aktion in den 60er-Jahren, Titel unbekannt

derlei Schocks eher in seinen Vorurteilsstrukturen bestätigt als verändert.

Kannibalismus kann man ja auch insgesamt vom Aggressionstrieb herleiten, wie Eli Sagan dies in seinem Buch *Cannibalism. Human Aggression and Cultural Form* (1974) getan hat.[11] Darüber und auch über den kulinarischen Aspekt, den eines der beiden Bilder mit so vielfältigen Anspielungen aufgreift, gibt dieses Buch an zahlreichen Stellen Auskunft. Analysiert man beispielsweise zwei der berühmt-berüchtigten Aktionen von Nitsch, »Lammkreuzigung« und »Mariä Empfängnis« (1969), so tritt hier eine antireligiöse Stoßrichtung hinzu, die ebenfalls auf altbekannte Implikationen unseres Themas verweist:

Nitsch vollzieht im Kreuzigen, Ausweiden, Besudeln und Zerreißen des Lammkörpers eine gleichnishafte Ersatzhandlung des sadistischen Tötungs- und masochistischen Selbstopferungswunsches. Für ihn bedeuten Kultur und Religion einen fortlaufenden historischen Verdrängungskontext, eine Geschichte von Verheimlichungen und Verboten über dem Abgrund eines sadistisch-masochistischen Triebpotentials.[12]

Noch in Gerold Späths Roman *Commedia* (1980), einem bizarren Kleinstadt-Panoptikum und Totentanz verdrängter Aggressionen, Neurosen und Wahnvorstellungen, die unsere Gesellschaft dank christlich-kapitalistischer

Erziehung seit Jahrhunderten ausgeprägt hat, wird nach diesem Muster verfahren. Die Bürger reagieren auf Moralpredigten an einer Stelle mit »Spontankannibalismus«, der aus dem Rückstau lang unterdrückter Aggressionen erwächst:

> ... *die wird hoffentlich dereinst in unsere Hände kommen, die Kiste, wie wir auch hoffen, aus Haßlochers Besitz das berühmteste Hungertuch der transalpinen Welt erwerben oder erben zu können, denn es ist im Gegensatz zu allen andern, die als öde staubgraue Laken vor den Altarbildern hingen, knallbunt bestickt mit einer sehr fleischlichen Freß- und Saufgesellschaft bei üppigstem Gelage, es war die Fastenidee eines gewissen Monsignore Deubelbeiß, den man später Monsignore Fastenspeis nannte, ein Faß von Pfaff, schon in jungen Jahren durch Nepotismus zu dicken Pfründen gekommen, von der Kanzel predigte er verdünntes Wasser und vorn in der Kirche hängte er dem Fastenvolk sein Vielfarbenfreßbesäufnis vor die Nase, daß den Leuten der Saft aus allen Lefzen troff, bis eines Tages, gegen End der Fastenzeit, Monsignore spurlos verschwand, man wußte nicht wie, man weiß es erst jetzt: Die Ausgehungerten haben es nicht mehr ausgehalten, nicht die Fastenpredigten und nicht das Hungertuch, sie haben den Monsignore geschleift und roh aufgefressen und haben Mäuler und Hände an dem Tuch abgewischt, haben es zusammengerollt und haben jahrelang die Schnauze gehalten, so geschehen zu Ratzach, paar Kilometer von hier, ein Spontankannibalenkaff, aber dann hat einer im Suff ein paar Brocken ausgespuckt, da kam dann Monsignore Fastenspeis Stück um Stück wieder heraus.*[13]

Nitsch treibt in seiner Kreuzigungsaktion »Mariä Empfängnis« die Erotisierung und Entsublimierung des Erlösungsgedankens mit stark kannibalistischen Anklängen ins Pornographische vor, um den Widerspruch zwischen Hedonismus und Christentum, zwischen diesseitigem sinnlichem und einem jenseitigen übersinnlichen Erfüllungsanspruch deutlich zu machen. Derartige Radikalismen, zumal in solcher Humorlosigkeit vorgetragen, erweisen sich jedoch meist als Sackgassen. Ob nach einer Radikalkur von Religion und Kultur eine bessere, aggressionsfreiere Gesellschaft zustande käme, darf füglich bezweifelt werden. In hohem Maße erwies sich die Happening- und Fluxus-Bewegung, die doch vorgeblich auf Spontaneität setzte, auch als reichlich theorielastig. Bildende Kunst, die, um überhaupt Verstandes- und gefühlsmäßig nachvollzogen werden zu können, eines umfangreichen theoretischen Apparates bedarf, der ja nicht ihr eigentliches Medium ist, wird stets mit Skepsis und Misstrauen betrachtet werden müssen, da gera-

121 Hermann Nitsch, Mariä Empfängnis, 1969

de hier die Gefahr, eloquenter Scharlatanerie aufzusitzen, hoch ist. Es gibt da freilich auch Zwischenstufen, wie sie z. B. Dieter Roth verkörpert, der in seiner Selbstauffassung als Totalkünstler Timm Ullrichs verwandt ist: Maler, Fotograf, Bildhauer, Texter, Dichter, »environmental artist«, alles zugleich und obendrein sein eigener Verleger. Polemiker mit stark koprophilen Neigungen, macht er aus der unflätigen Aggression auf die Gesellschaft schon wieder einen Hymnus:

Der oft D. Roth genannte Karl-Dietrich Roth startete vor 46 Jahren zum Lauf seines Lebens, dem furchtvollen, wütenden Rennen – im schwarzen Hannover, gezwungen dazu und gestoßen darein von seinen ahnungslosen Herstellern. Er wuchs heran, sich unter den bösen Deutschen im horriblen Hannover gewahrend, zur Zeit der tollen Herrschaft herbeigezauberten Wüterichs, Hitler genannt, inniglich geliebter Mörde-

rich, äußerst menschenfressender Bösewicht auf Erden, oft verwechselt mit dem tollen Wüterich im Himmel, Gott genannt, jener Bösewicht, ein äußerst massenmordender Phantombajazzo, oft Herr Hirngespinst genannt.[14]

Roth geriert sich als amoklaufender Moralist, dem der Zorn über den Lauf der Dinge nur die grimmigste Weltbeschimpfungsattitüde übrig lässt, ein aus dem Ruder gelaufener, außer Kurs geratener Über-Swift, der die »beschissene« Welt mit politischem Wortkot (aber auch mit fotografiertem, bildkünstlerisch, plastisch, multimedial gestaltetem Kot) überzieht:

Jenes Land – »Meine liebe Heimat« oft genannt – war gerade am Überlaufen, voll der hirnverbrannten Kanonenbauer, sowie der seit undurchschaubaren Zeiten schon Messer wetzenden Moralspezialisten, Soldaten der Verteidigung genannt: auf Mord und Totschlag vereidigt; Leidige, Rülpser, Stolpernde, Würstchen, Fressende, Angst Schwitzende, Scheißende, Pissende an Baum, Wand und Tier sowie Mensch, Tölpel, Miniaturen genannt, als Massenmörder entlarvt und bekannt ...[15]

Man erinnere sich, dass nicht nur Swift eine ausgeprägte Vorliebe für das Exkrementelle besaß, sondern auch Beckett eine seiner tragischen Menschheitsfiguren »Krapp« nannte (zu deutsch so viel wie Unrat, Abfall, Scheiße), einen Jedermann, der im grotesken Tonbandsalat versucht, der eigenen Vergangenheit und Identität habhaft zu werden, eine Suche, die tragisch-ergebnislos enden muss und immer wieder in die Erkenntnis mündet, dass Krapp gleich Krapp ist.

Ihm wackelten – und zitterten – die Ohren im Moralgebell und im Schlachtengesang, dem Gesang vom großen Menschenschlachtfest. Vornehmlich gesungen von jenen Trotteln, Schnöseln oder Idioten genannten Soldaten, welche auch Patrioten des Vaterlands und andrer horribler Ort genannt werden, auch Menschenfresser genannt, oft jedoch nicht erkannt als Kannibalen, sondern als in Töpfen rührende Mutterköche auftretend.[16]

Roth evoziert die Prophezeiungen Hesekiels vom »großen Menschenschlachtfest«, lässt daran denken, dass auch Joseph Beuys in den 60er- und frühen 70er-Jahren durch eine Phase der Ästhetisierung und sorgfältigen, quasi kulinarischen Zubereitung von Exkrementen und Hundekackwürstchen hindurchging, Teil jener provozierenden Bewusstmachungs-Welle, die den Betrachter nötigte, mit Augen und Nase wahrzunehmen, dass auch

»Scheiße« schön sei. Roth endet seinen Lebenslauf als gehetzter Randgruppen-Protestbarde, gejagt von Weltschmerz, Selbstmitleid, Menschenverachtung, unter dem satirischen Zerrspiegel jedoch auch mehr als nur ein Gran Wahrheit vergrößernd, vergröbernd, sich und uns in die Haut, ins Hirn reibend:

Da, er fiel heraus! Herausgekaut, fand er sich im Schraubstück wieder vor, strotzend von traurigem Schmutz und feuriger Trauer, – der Sphinx aus dem Rachen gefallen, in die Gesellschaft der Flaschen und Kannibalen aufs neue geraten –, floh der R. und langte wieder an ... bei denen welche er geflohen hatte (ist der doch einer der ihren), Menschen Kauende, Messer Wetzende, Zähne Putzende, Bellende, Pissende, Scheißende sich einander in die Töpfe; dicke Kanonen selbst unter dem erdbewohnenden Pöbel. Diese alle, ein Blut durstendes, äußerst zu fürchtendes Pack, genannt mord-, moral-, schimpf- und schlachtegeiles Gewolfe, hirnverbrannte Massenmörder, speiet auf ihr Bild, in Gedanken, speiet auf sie, überkannibalistisch absingende Selbstfresser usw. usw.! So rennt er dahin, auf dem Lauf des Lebens, zwischen und unter Mördern stolpert er mörderisch dahin. »Fliehe und fliege du!« wünscht ihm furchterregterweise jener: der von ebenso angsterfüllter Art, (er selber). »Du armer, verlassener Mensch und Arsch, laß dich nicht von deinen Zeitgenossen erwischen, flieh, Käfer, flieh!« (24. 9. 76)[17]

Goyas Bild vom »Koloss« kommt hier in den Sinn, fliehen, ziellos, panisch fliehen, wohin? Ans rettende Ufer oder ins Verderben? Kann es für solch theatralische Panik überhaupt ein rettendes Ufer geben? Der Mensch als Lemming unter Lemmingen, wo der Präsident der einen Führungsmacht die Devise ausgibt, auf gigantische Aufrüstung zu verzichten, sei ein katastrophaler Rückschlag für Frieden und Abrüstung, und der der anderen Führungsmacht die oppositionellen Literaten, Künstler und Intellektuellen ins Irrenhaus sperren lässt. So ganz unbegründet ist Roths Panik beileibe nicht, nur wen oder was will er eigentlich retten? Alfred Hrdlička stellt sich der Herausforderung als ein politisch bewusster Künstler, als einer der wichtigsten Bildhauer der Gegenwart, der seine Kunst stets in politische Zusammenhänge eingebunden sieht und sich selbst als »Zoon politikón« begreift, als politisches Wesen, das mit seinen Mitteln wirkend in das Zeitgeschehen eingreifen kann. Dabei akzeptiert er die kannibalische Seite in uns, in sich, und wendet sie ins Positive. Gerade als Bildhauer geht er davon aus, dass bildende Kunst mit dem Darstellen, dem Bilden von Fleisch einsetzt:

122 Alfred Hrdlička, Haarmann-Fries, 1966–1967, Detail

Fleischmachen ist das zentrale Anliegen der bildenden Kunst, eine Kunst der bloßen Fleischdarstellung könnte durchaus existieren, aber Kunst ohne Fleisch, was ist das?[18]

Hrdlička zieht die ungewöhnliche Parallele von Bildhauerei und Striptease, die einander wesensverwandt seien, wobei er sich selbst in der Rolle des »Berufsvoyeurs« sieht. Bildhauerei demonstriere Körpergefühl, sei Schaustellung der eigenen Physis und Neigungen, entblöße, lege bloß, wenn die Figur allmählich aus dem Stein heraustrete. Angeregt von Claude Lévi-Strauss' kulinarischem Dreieck in »Das Rohe und das Gekochte« trachtet Hrdlička danach, seine Faszination am menschlichen Fleisch selbstinterpretatorisch ebenfalls theoretisch zu justieren und geht dabei von der Gleichsetzung »Fleisch = Kunst« aus, wobei er die Pole seiner Arbeit in der Darstellung von »geilem Fleisch = Natur« und »geschundenem Fleisch = Ideologie« sieht.

123 Alfred Hrdlička, Haarmann-Fries, 1966–1967, Detail

In der Tat sind dies die Pole seines Werkes: die Gestaltung sinnlicher Lust auf der einen Seite und die Gestaltung der Aberration, der pervertierten Lust, in seinen Mahnmalen zum Gedenken an die Verbrechen der Nazizeit, wie dem »Plötzenseer Totentanz«, oder in den biblischen Zyklen und Werken für Kirchen andrerseits, die das Leiden des Gekreuzigten mit sensibler Sinnlichkeit als das Quälen und Schinden des Menschen durch den Menschen vor Augen führen:

Nun ich habe mir eine passable Rechtfertigung für meine seltsamen Neigungen zurechtgelegt: geschundenes Fleisch hat nichts mit Sex zu tun, es ist Ideologie – und ich habe es immer wieder betont – selbst mein Interesse an dem Lustmörder Haarmann gilt nicht seinen lustvollen Morden, sondern jenem politischen Background, vor dem sich Haarmann, Prototyp des Massenmörders mit Ordnungssinn, abhebt.[19]

In der Tat hat Hrdlička Haarmann eine quasi tragische Statur verliehen, die dieser wohl nie besessen hat. Der dumpfe, triebhafte Haarmann, der in Hrdličkas Fries schräg zum Himmel blickt, erweckt den Eindruck, als ob er letztlich in seinem Tun, in seiner irregeleiteten, pervertierten Liebe doch nach Gott suche. Großartig, wie er aus dem Stein herauswächst, wieder mit dem Stein verschmilzt, wie Mörder und Opfer eins werden in einer dumpfen Lust, die wir gern tierisch nennen und die doch, wie wir zuzugeben gezwungen sind, menschlich ist. So repräsentiert der »Haarmann-Fries« gleichsam die Spitze von Hrdlickas Dreieck. Weder ist Haarmanns Tun als unverfälschte Natur des »geilen Fleisches« anzusehen, noch es ist frei von Ideologie, da der Polizeispitzel Haarmann durchaus über ein ideologisch aufbereitetes, durch die chaotischen politischen Zustände der Zeit nach dem Ersten Weltkrieg geprägtes Bewusstsein verfügte, dessen gestörtes Rechtsgefühl sich mit einem gestörten Triebleben verband.[20] Hrdlicka spürt mit schonungsloser Offenheit der eigenen Faszination am Fleisch nach, er verweist auf Orpheus, der zerrissen und zerfleischt wird:

Und so ging ich auf Inspirationssuche Anfang der fünfziger Jahre in den Wiener Fleischhallen. Von den arbeitenden Menschen abgesehen, waren es vor allem die riesigen Körbe voll Knochen, Berge von Fleisch, zerhackt und zerschnitten und die animalisch sinnliche Oberfläche der teilweise aufgehängten Schweine, die für mich unerreichter malerischer Vorwurf blieb.[21]

Hrdlicka weist darauf hin, dass es ein besonderer Menschentypus ist, der von diesen Dingen sinnlich und künstlerisch angezogen werde, er betont, dass sein Interesse am Zerlegen von Fleisch in die dunklen Bereiche seines Unterbewußtseins zurückreiche: ... »doch muß ich erkennen, dass mich nicht nur der Anblick von Fleisch, sondern das bloße Wort auch ohne Zusammenhang mit unmittelbarer Freß- oder Sinneslust ausgesprochen oder geschrieben, auf das heftigste assoziieren und kombinieren läßt.«[22]

Es habe den Anschein, dass für ihn nur Fleischsein mehr zähle als Bewusstsein:

Woher kommt dieser schier grenzenlose Appetit auf Menschenfleisch? Der Sündenfall ist Garant für religiöse Hochkonjunktur, und wer davon lebt, wird dafür sorgen, daß er Folgen zeitigt.[23]

Die Idee der Inkarnation, der Fleischwerdung, habe auf seine bildnerischen Vorstellungen nachhaltig eingewirkt, Fleischwerdung sei sein zentrales Kriterium von Natur, Ideologie und Kunst, in der Kunst gehe alle Macht vom Fleische aus.[24]

Für einen Bildhauer, der sich obendrein nicht scheut, den Einblick in die eigene Psyche mitzuliefern, klingt eine derartige Kunsttheorie einleuchtend und überzeugend. Mit Hrdlickas selbstanalytischen Überlegungen schließt sich gleichsam der Kreis. Sie führen zurück auf die mythischen, rituellen, religiösen und zugleich sinnlichen Ursprünge des Kannibalismus.

Goya und Doré wurden stellvertretend für jene Bildkünstler vorgestellt, die das Thema »Menschenfresser« kunstfähig gemacht haben. Muehl, Nitsch und Roth fungieren hier als Repräsentanten der Gruppe, die primär kunstpolitische und kunsttheoretische Anliegen in Aktionen, Worte und »environments« kleidet. Hrdlička macht verständlich, wie und warum ein bedeutender Maler und Bildhauer der Gegenwart theoretisch reflektierend sein umfangreiches Werk auf eine »kannibalische« Kunsttheorie gründen kann.

An den Schluss der Untersuchung seien einige Überlegungen zur Kunst und Kunsttheorie eines Mannes gestellt, der wie kaum ein anderer die Kunst dieses Jahrhunderts begleitet und mitgestaltet hat. Scharlatan, Wahnsinniger, Prophet, Genie, in dessen Werk sich Kitsch und höchste Meisterschaft mischen, ein ewiger Avantgardist, der doch vom Markt, den Medien und der Werbung eingeholt, vereinnahmt, überholt wurde, der sich selbst vermarktete, bis seine Kunst vollends zum Bestandteil des Attalischen »Warenkannibalismus« wurde, und der all dies tat und tut, weil er Kunst aus einem kannibalischen Lebensgefühl schafft, das seine praktischen wie seine theoretischen Fähigkeiten dominiert: Salvador Dalí.

Dalís Werk eignet sich besonders gut für eine abschließende Betrachtung, weil in seinen Schriften und Bildern nahezu alle wesentlichen Aspekte des Kannibalismus präsent sind, die in vorliegendem Buch diskutiert werden: der mythische, der philosophische, der psychologische, der satirische, der erotische, der gastrosophische und der kunsttheoretische.

Leben und Kunst lassen sich für Dalí am besten mit Ess- und Verschlingungsmetaphern umschreiben und deuten. Leben heißt Essen, In-sich-Aufnehmen, Wieder-Ausscheiden. Seit den jungen Jahren unter den Pariser Surrealisten bedient er sich dazu einer expressiven, wild überschießenden, gewalttätig Paradoxa zusammenzwingenden Sprache, und Kannibalismen tauchen immer wieder in seinen Bildern auf. Sei es als »Kannibalismus der Objekte«, wie jene berühmten weichen Uhren, essbare Zeitsymbole, die, von Messern angeschnitten, auf Kissen liegen, auf Organformen, Herz, Leber, Niere anspielen, erotische Symbole in sich integrieren; sei es in den Illustrationen zu Lautréamonts *Gesängen des Maldoror,* wo autonom gewordene Körperteile sich mit Pflanzlichem verbinden, sich selbst kulinarisch servieren, angedeutete weibliche Körper sich mit Messern Brüste und Pobacken abschneiden, Markknochen, innere Organe sich mit Gemüsen, Obst und Gewürzen paaren, Stilleben kulinarischer Lust bilden, zarte Frauengestalten innere Organe und das sakrale kannibalische Essbesteck aus Meteoreisen in der Hand tragen, von dem Duca di Centigloria so andachtsvoll spricht; sei es in großformatigen Ölbildern, wie dem »Herbstlichen Kannibalismus«, wo sich Menschliches mit Pflanzlichem und Mineralischem mischt, Rohes mit Gekochtem, Festes mit Flüssigem, sozusagen eine gastro-kulinarisch-erotische Kommunion und gegenseitige Verzehrung, die dann ihre Apotheose in den *Diners mit Gala* findet, einem orgiastisch-kannibalischen Hohelied der Koch- und Esskunst, das Rezepte und Bilder zu dionysischen Orgasmen kombiniert, getreu der Dalí'schen Devise, »eine Erleuchtung entsteht und verdichtet sich bei mir stets mit meinen Eingeweiden.«[25]

Dabei geht es auf den Bildern allenthalben gewalttätig zu. Da wird geschnitten, gerissen, zerstückelt, ausgequetscht, gemessert, gelöffelt und gegabelt, dass Gilbert Lascauts These, es habe den Anschein, als wolle Dalí zugleich Verschlinger und Verschlungener sein,[26] durchweg richtig erscheint. Hier unterscheidet sich Dalí auch von Duca di Centigloria, sein Kannibalismus macht zumindest gedanklich und auf den Bildern nicht vor sich selbst Halt. In zahlreichen Beispielen wird Autokannibalisches mit einbegriffen, und Dalí präsentiert sich somit neben Artmann als der umfassendste kannibalische Künstler überhaupt. Lascaut hat Essmetaphern und -ansprechungen Dalís zusammengestellt und kommt dabei auf eine stattliche Liste:

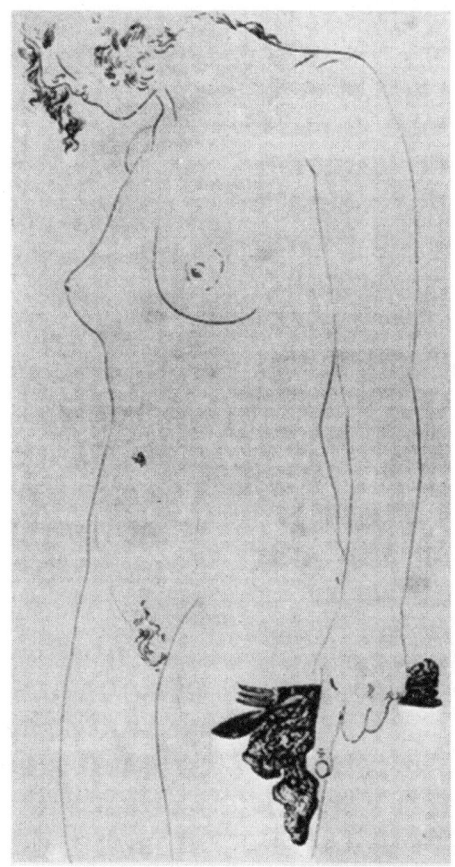

124 Salvador Dalí, *Illustrationen zu Lautréamont, Die Gesänge des Maldoror*, ca. 1934

In Dalís Anatomie wurde schon das besondere Interesse für den Mund und die Verdauungsorgane deutlich. Vor allem der Mund und darüber der Schnurrbart – aus ihm sabbert es, spricht es, er beißt und ißt. Immer wieder ist in Dalís Schriften von Rohem, Gekochtem, Verfaultem, Verbranntem, Gebratenem, Gesottenem, von Honig und Kaviar die Rede. Für Dalí ist der Mund »die Siegesallee«. Das Bewußtsein hat eine kulinarische Vorstellung von sich: »Alle meine Erfahrungen materialisieren sich in gutem Essen, und alle meine Feinschmeckerei wurde zu Erfahrung.«[27]

Surrealismus und Phantastik sind für Dalí seit den frühen 30er-Jahren bestimmend geblieben. Die Kannibalismus-Konnotationen, meist erotisch-kulinarisch aufgeladen, beginnen schon in Schriften wie »Paranoisch-kritische Interpretation des zwanghaften Bildes ›Das Abendläuten‹ von Millet« (1933), »Von der schaurigen und essbaren Schönheit, von der Jugendstilarchitektur« (1933), »Das Phänomen der Ekstase« (1933), »Der neue Anstrich des gespenstischen Sex-Appeals« (1934) und »Heraklits Tränen« (1935).[28]

Dalí ist der erste, der Gaudís fließende, organische Linien, seinen gebauten Wechsel von Aggregatzuständen als essbare Architektur bezeichnet, der die Surrealisten insgesamt als essbar anpreist: »Wir Surrealisten sind ein hervorragendes, dekadentes, anregendes, abenteuerliches und ambivalentes Nahrungsmittel ... Denn wir Surrealisten sind streng genommen keine Künstler und auch keine richtigen Wissenschaftler; wir sind Kaviar ... die feine, berauschende und dialektische Traube des Kaviars.«[29]

Im Gegensatz dazu zeugt es nicht von besonderer Originalität, das Abendmahl in der Kirche als symbolischen Kannibalismus und Wissenschaftsdenken als spekulativen Kannibalismus zu diagnostizieren.

Polemischer Unsinn und visionäre Phantastik liegen in diesen Schriften stets eng beieinander. Dalí beschließt seine »Eroberung des Irrationalen« (1935) mit Reflexionen über die Speisen von Raum und Zeit und einer Vision des sich in ihnen ereignenden historischen Kannibalismus, der doch gerade erst am Horizont heraufzog:

... so gibt sich Salvador Dalí im Jahre 1935 nicht mehr damit zufrieden, Ihnen libidinöse Arithmetik aufzutischen, gibt er sich nicht mehr damit zufrieden, ich wiederhole es, Ihnen Fleisch aufzutischen, sondern er tischt Ihnen Käse auf, denn Salvador Dalís berühmte weiche Uhren sind, glauben Sie mir, nichts anderes als der zarte, extravagante, einsame paranoisch-kritische Camembert der Zeit und des Raumes. Ich muß mich zum Schluß angesichts des echten Hungers, der meinen Lesern vermutlich Ehre macht, dafür entschuldigen, diese theoretische Mahlzeit, die etwas Wildes, Kan-

125 Salvador Dalí, Illustrationen zu Lautréamont, Die Gesänge des Maldoror, ca. 1934

nibalisches erwarten ließ, mit dem zivilisert Unwägbaren des Kaviars begonnen und mit diesem anderen, noch berauschenderen und zerfließenderen Unwägbaren des Camemberts beendet zu haben. Lassen Sie sich nichts weismachen, hinter diesen beiden delikaten Wahnbildern des Unwägbaren verbirgt sich das immer ansehnlichere, das wohlbekannte blutige und irrational gegrillte Kotelett, das uns alle auffressen wird.[30]

Dass Dalí ein Fall für den Analytiker ist, war ihm stets triumphierend bewusst. Die Liebesheilung durch Gala nimmt den narzisstischen Zerstückelungsträumen und Verschlingungsphantasmen ihre Bedrohung. Roger Cal-

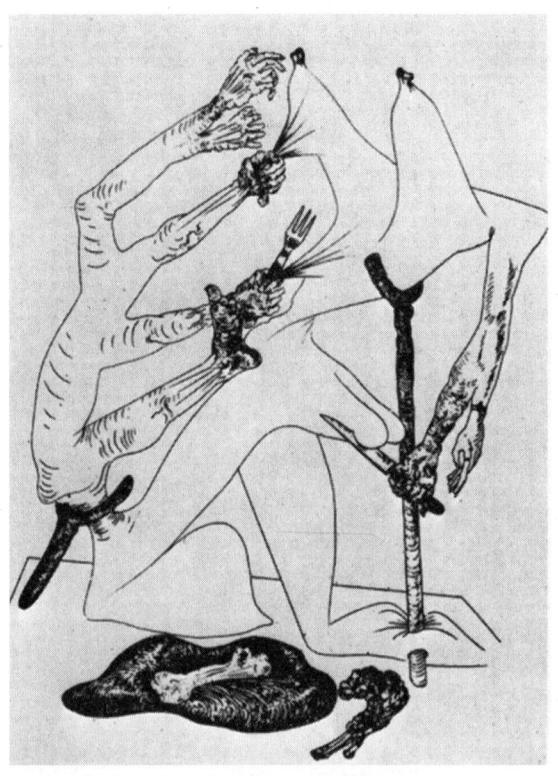

126 Salvador Dalí, Illustrationen zu Lautréamont, Die Gesänge des Maldoror, ca. 1934

lois hat aufgezeigt, wie die Vorliebe der Surrealisten – Breton, Eluard, Dalí – für die Gottesanbeterin mit Kastrationskomplexen, der Angst des Mannes vor der gezahnten Vagina zusammenhängt. Dies Motiv lässt sich, wie schon erwähnt, bis zu den Darstellungen mittelalterlicher Höllenrachen zurückverfolgen. Sexuelle Wollust und Nahrungsaufnahme gehen bei der Gottesanbeterin eine äußerst intensive Verbindung ein. Während des Paarungsaktes köpft das Weibchen das Männchen, wodurch paradoxerweise der verbleibende Rumpf aber noch eine Weile sexuell erregbar bleibt. Das Weibchen beginnt dann, während des Sexualaktes, das Männchen aufzufressen. Eluard gestand Callois, er betrachte dies Verhalten als die ideale sexuelle Beziehung.[31] Dalí nimmt in seiner Interpretation des Millet'schen Bildes »Das Abendläuten« darauf Bezug. Seine Illustrationen zu Lautréamonts *Gesängen des Maldoror* (1934) sind umfassend auf die Kannibalismusthematik fixiert. Lautréamont, der 1870 23-jährig starb, hat die Veröffentlichung seines einzigen großen Werkes (1890) nicht erlebt. Erst die Surrealisten verhalfen nach dem Ersten Weltkrieg diesem dialogisch drapierten Monolog, den sie als Vorläufer eigenen Lebensgefühls und eigener Dichtung feierten, zu spätem Ruhm. Schwarze Romantik, Satanismus, Symbolismus, wahnsinnige Ängste, Besessensein vom Bösen, Alpträume, Halluzinationen, schockierende Visionen, apokalyptische Qualen, kühne Symbolsprache und groteske mythische Bildwelten geben sich in Lau-tréamonts Buch ein aberwitziges und zugleich großartiges Stelldichein. Dalí aber stellt seine Illustrationen unter die Kannibalismusmetapher, die vielfältig variiert wird: Mann an Frau, Frau an Mann, beide gegenseitig, Kannibalismus der Objekte, Objekte an Menschen, Autokannibalismus und Kannibalismus bis zum historischen Zitat. In einem der schönsten Blätter, das offensichtlich von de Chiricos Perspektivtechnik beeinflusst wird, taucht Rubens' und Goyas Saturn in der Sexualsymbolik des Bohnenmannes, bedeckt

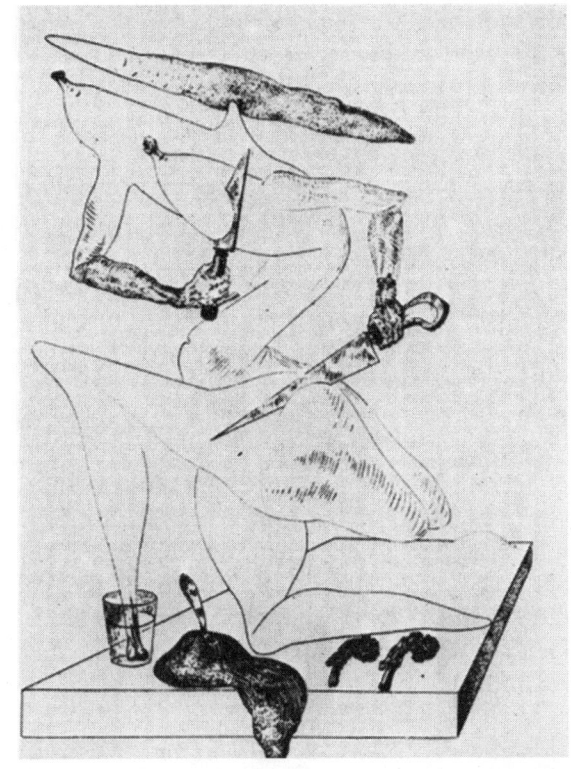

127 Salvador Dalí, Illustrationen zu Lautréamont, Die Gesänge des Maldoror, ca. 1934

mit einer weichen Uhr, auf und zerreißt in ironischer Abwandlung des Mythos eine Frau, der gleichzeitig noch mit einer Nähmaschine das Gehirn operiert wird. Technisch, wie in seinem malerischen und symbolischen Beziehungsreichtum, ist dies eine der meisterlichsten Graphiken Dalís überhaupt, und trotz der offensichtlichen Grausamkeit des Geschehens gewinnt das Blatt durch seine genial-ironische Zitierweise so etwas wie surrealistische Heiterkeit.

Noch einmal, in den *Diners mit Gala* (1973, deutsch 1974), stellt Dalí ein vielfältiges Werk umfassend unter die Kannibalismusmetapher, diesmal unter die der kannibalischen Gastrosophie, mit gastronomischen, ästhetischen, mystischen, philosophischen Konnotationen. Die *Diners mit Gala* sind nämlich ein illustriertes Kochbuch, eines der schönsten vielleicht, die je komponiert wurden, denn es handelt sich in der Tat sowohl in den Rezepten wie in den Bildern um äußerst raffinierte Kompositionen. Diese beinhalten darüber hinaus eine Dalí-Retrospektive bei gleichzeitiger Hommage an Lautréamont, Rabelais, Gilles de Rais und andere.

Dalí hat zu diesem Zeitpunkt längst die gesellschaftlich kritischen Ansätze seiner Kunst dem Imperialismus kannibalischer Gastrosophie geopfert. Wie sagte doch schon der Kyklop des Euripides: »Und meinem Bauch hier, aller Götter Könige ... / das, das ist der Zeus.« (334–5)

Bei aller unbezweifelten Großartigkeit dieses Kochbuches, bei dem die kannibalischen Anspielungen in jeder Illustration vorhanden sind, einer steten Vermischung, Metamorphosen von Menschlichem in Animalisches und Pflanzliches, setzt dies, auch ohne pharisäerhaft zu sein, bedenkliche Akzente. Wer so speist, muss bedingungslos mit den Mächtigen paktieren, und wer so zeichnet, sieht alles Leben primär unter den Auspizien kulinarischer Nutzanwendung. Kannibalische Anklänge sind durchaus auch noch in manchen Rezepten zu vernehmen, und je kannibalischer, desto mehr gehen sie mit Irritationen, Quälereien des tunlichst noch lebenden Fleisches einher, auf dass dieses schmackhafter werde. Ganz handgreiflich provokativ tritt diese Haltung etwa im Kapitel über »Eier und Meeresfrüchte« zutage, das Dalí »Herbstliche Kannibalismen« überschreibt und wozu er im Vorspruch ausführt:

Dem Krebs des Paracelsus sollte man abgehackte Köpfe oder Rumpfstücke junger Märtyrer in heißem Blut beigeben, und das als Huldigung an Gilles de Rais, dessen erquicklichste Ejakulationen beim Anblick jener Hinscheidungen zustande kamen, der noch bartlosen und unschuldigen Enthaupteten, die man einzig mit der jungfräulichen Reinheit ihrer Waffengefährtin, der Jungfrau von Orleans, vergleichen konnte.[32]

Das Gegenstück findet sich im Kapitel »Wild und Geflügel«, welches er »Monarchenfleisch« tituliert und damit denn doch auch politische Akzente setzt:

Um zu erreichen, daß man ein Gänschen zugleich für gekocht und lebendig hält (auf der Tafel von Fürsten und großen Herren serviert man sie häufig so), nehmen Sie eine Ente, eine Gans, ein Gänschen oder ein lebhafteres Tier, eine Gans oder ein Gänschen sind in diesem Falle jedoch jedem anderen Geflügel vorzuziehen. Man rupfe das Tier vollständig außer an Kopf und Hals, halte es über ein Feuer, aber nicht zu dicht, damit es nicht entflieht. Kleine Schüsseln mit Wasser, Salz und Honig bereithalten. Die Platten sollten Sie mit gekochten und gewürfelten Äpfeln belegen. Den Vogel reiben Sie ausgiebig mit Schmalz ein, damit er saftiger wird und sich leichter braten läßt. Nach diesen Vorbereitungen zünden Sie das Feuer an. Wenn der Vogel anfängt zu schwitzen, trinkt er viel Wasser, um seinen Durst zu löschen, und dieses Mittel erfrischt ihm Herz und Glieder, reinigt und leert seinen Magen. Wenn die Flüssigkeit aber erst einmal zu kochen anfängt, verbrennt und kocht sie Eingeweide und Bauch. Sie benetzen ihm jetzt ständig Hirn und Herz mit einem Schwamm. Sobald er anfängt zu schwanken, können Sie sicher sein, daß er gar ist. Nehmen Sie ihn vom Feuer und servieren ihn. Seien Sie beruhigt: Wenn ihm Glied um Glied ausgerissen wird, schreit er derart, daß Sie glauben, er werde eher lebendig als tot verspeist.[33]

Der Surrogatcharakter dieses Rezeptes, das nur die »großen Herren« sich leisten können, ist unübersehbar. Und Dalí ist sicher nicht unbekannt, dass nach dieser Methode bei Häuptlingsgastmählern auf Südseeinseln noch im 19. Jahrhundert auch durchaus Menschen – meist junge Frauen – zubereitet wurden. Vermutlich findet dies, gastrosophisch konsequent, seine Billigung, denn wie sagt doch der Meister: essen – besonders gastronomische Gerichte essen – bedeute stets »über alle Maßen sterben«.

Peter Gorsen hat 1974 Dalí einer schonungslosen und sehr lesenswerten Analyse vom Standpunkt einer marxistischen Literatur- und Kunstpsychologie her unterzogen.[34] Dabei führt er u. a. zur kannibalistischen Ästhetik von Dalís surrealistischer Phase der 30er-Jahre aus:

Doch ersetzt er convulsive durch comestible: »La beaute sera comestible ou ne sera pas«. Die Gleichung convulsive = comestible bzw. convulsive = ondulante = comestible zielt auf die Assoziation des surrealistischen Schönheitsbegriffs mit der psychischen Reproduktion der frühkindlichen und sogar pränatalen Libido. Das für schön Gehaltene aktualisiert demnach immer zugleich auch den infantilen Wunsch nach seiner Eßbarkeit, seiner qualité nutritive, nach sinnlicher Berührung (Lecken, Saugen, Streicheln usw.) und begründet den erotischen Kannibalismus, den »schlechten Geschmack« und die provozierende ästhetische Banausie Dalís und der Surrealisten. Ihr Appetit nach dem Schönen, le désir érotique – est la ruine des esthétiques intellectualistes. In den erotisch gesättigten Schönheitsbegriff des Surrealismus sind nach Dalís Interpretation außer dem weitgehend intellektualisierten Augensinn und dem Hören auch alle sogenannten »niederen Sinne« wie Schmecken, Riechen und Tasten voll integriert. Deswegen nimmt er sich heraus, für den ästhetischen Genuß eines

Jugendstilornaments wie für den Verzehr eines köstlichen Backwerks zu werben: Mange-moi!

Auch scheut er sich nicht, vom parfum sacre eines Bauwerks wie der Sagrada Familia zu sprechen. Auf der Ebene einer »regredierten«, »polymorph perversen« Sinnlichkeit, die sich vom Zwang zum Spiritualismus und zur kulturellen Sublimation befreit hat, sind für Dalí das Gesamtkunstwerk eines Gaudí oder Richard Wagner auf der einen und die reproduzierte synästhetische Libido des Kleinkindes bzw. des intrauterinen Lebens auf der anderen Seite durchaus vergleichbar.[35]

Was den Dalí der unmittelbaren Gegenwart betrifft, so geht Gorsen mit ihm noch wesentlich härter ins Gericht:

Der Dalí von heute erweist sich auf dem kapitalistischen Markt als ein Meister der Liquidation und zynischen Ausbeutung der vergangenen ideologiekritischen und eigenen kritizistischen Ansätze im Sinne des revolutionären Surreallismus der 30er-Jahre. Daß seine amoralische, grenzüberschreitende Haltung und die bürgerfeindliche Provokation der activité paranoiaque-critique mittlerweile den Rang eines schier konkurrenzlosen Markenartikels erreichen konnte, beweist Dalís Anpassung und seine suspekte ästhetische Daueraktualität. Daß er bis heute das Veralten der »révolution surréaliste« ästhetisch überlebt zu haben scheint, spricht nicht etwa für, sondern gegen ihn und weist auf die entscheidende Differenz seiner Entwicklung zur vergangenen antikapitalistischen Opposition der surrealistischen Bewegung hin. Den kritischen Ansatz bei einem dem Leben zurückgegebenen, psychoanalytisch sensibilisierten Kunst- und Ästhetikbegriff haben die veränderten gesellschaftlichen Bedingungen der Rezeption vollends zum alten Eisen geworfen. Weich, komestibel, infantil und mit viel »sex-appeal« schmiegen sich überall die raffiniert verpackten Waren den bewußten und unbewußten Wünschen der potentiellen Käufer an, versprechen alles, um nichts zu halten. Der Konkurrenzkampf um den psychophysisch reizbaren, erotisierbaren Konsumenten hat die hedonistische Aufbereitung der Waren mit Hilfe der Psychoanalyse zur Regel gemacht. Die Rechnung mit dem »polymorph-perversen« und »kannibalisch« mitessenden prospektiven Beschauer, das Beharren auf der ebenso infantilen wie kulinarischen Figur des comédon, nach dem Modell der apparition de l'impérialisme cannibale du Modern Style, stößt in der hedonistisch gleichgeschalteten Konsumgesellschaft auf keinen nennenswerten Widerstand mehr. Nachdem in ihr die Partialtriebsphäre, Sexualphantasien integriert und sogar einst singuläre pornografische, perverse Erfahrungen (Fetischismus, Voyeurismus, Exhibitionismus) dem Warenkleid (Marx) assoziiert sind und somit die Konsumenten in ihrer Bedürfnisstruktur darauf festgelegt werden, hat der Kapitalismus in Dalís Ansatz einen Verbündeten gefunden,

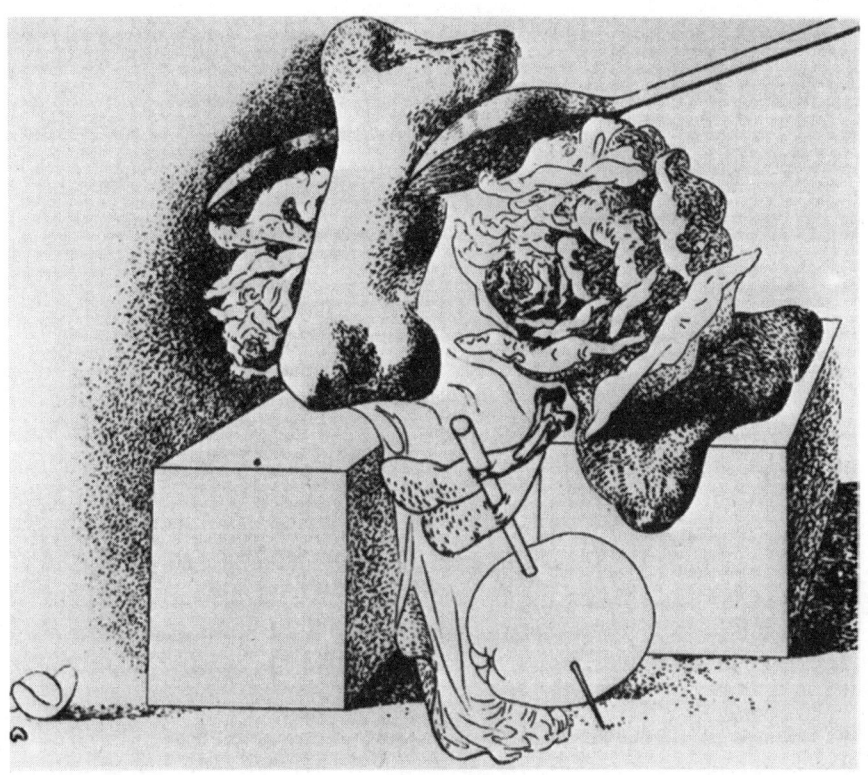

128 Salvador Dalí, Illustrationen zu Lautréamont, Die Gesänge des Maldoror, ca. 1934

und Dalí hat dieses Bündnis allzu gern akzeptiert und kommerzialisiert. Die warenproduzierende Gesellschaft hat die Dalísche barbarie du comédon eingeholt und als Prinzip der Konsumerotik sanktioniert. In der Warenästhetik ist die subjektive Aneigbarkeit und kannibalische Verbrauchbarkeit des Schönen, ist seine restlose Entästhetisierung zum Spiegelphänomen des Begehrens Trumpf. Was der ästhetische Schein der Waren heißt, ist ein Abklatsch des tatsächlichen gesellschaftlichen Zusammenhangs – des ungelebten Lebens; er reproduziert in seiner gesellschaftlich gewordenen und entfremdeten Gestalt.[36]

Und zu Dalís kannibalischer Erotik konstatiert Gorsen, dass grausamerweise der von Dalí 1934 vorausgesagte kannibalische »sex appeal« gesellschaftliche Realität geworden sei. Gorsen zitiert Dalí:

Die Frau wird durch Auseinandernehmen und Entstellung ihrer Anatomie gespenstig (spectral) werden. Der zerlegbare Körper (corps démontable) ist die Hoffnung und eiskalte Erfüllung des weiblichen Exhibitionismus, der erbarmungslos analytisch werden wird, indem er erlaubt, alle Körperteile einzeln zu zeigen ..., um sie stückweise zu verzehren.[37]

Und er fährt fort:

Diese Voraussage ist tatsächlich eingetreten; die Frau als Lustobjekt der sadistischen Phantasie des Mannes gehört heute zum erotischen Inventar der Warenästhetik.[38]

Dalí also als bedingungsloser Anpasser, Sklave, Nutznießer, Dompteur des Warenkannibalismus. So unzweifelhaft richtig diese Analyse in vieler Hinsicht auch ist, so greift sie im hedonismusfeindlichen Ansatz ihres marxistischen Puritanismus doch auch zu kurz. Dem perfekten Phantasten, dem phantasiereichen Gourmet, werden hier die Flügel gestutzt und die raffiniert gewürzten Suppen versalzen. Einer wie Dalí wird aber nie fade Graupensuppen essen mögen. Und der tatsächlich existierende Warenkannibalismus ist viel mehr Konsequenz, Ausfluss der Industriegesellschaft als der politischen Ideologie. Das Vorhandensein der Warenästhetik zu beklagen, dürfte aber ebenfalls wenig sinnvoll sein, angesichts einer sich ständig weiter industrialisierenden Welt. Kannibalistische Kunsttheorie, Gastrosophie, Philosophie und quasireligiöse Vorstellungen überlappen sich bei Dalí und führen zu einer Lebens- und Kunstauffassung, die ähnlich schon Walter Mehring 1925 in einem heute fast vergessenen Buch vertreten hat:

Wir treffen folglich bei der äußersten Feinschmeckerei, friandise auf Kannibalenbräuche, Menschenfraß. Als welch eine scheußliche Profanie, ja welch Verbrechen muß es uns nun erscheinen, eine so heilige Handlung, wie ein Diner, das doch im Sinne der Clan-Gesetze: gemeinsames Verzehren eines Totems ist, zu einem Gedankenlos-sich-Sättigen herabzuwürdigen. Gastronomie ist Gottesdienst, der Griechen θεοδαιδια, *der Götterschmaus, das heidnische Abendmahl; ein grillroom, eine Garküche letzten Endes: ein Molochtempel, da »durch das Feuer zu Moloch eingehen« Vereinigung mit dem Gotte bedeutet. Wenn der Columbische Indianer schließt, daß, wer am besten Speere warf, die meisten Menschen gefressen habe, können wir umgekehrt sagen, daß dasjenige Volk, welches die sinnreichste, nahrhafteste Küche besitzt, siegreich bleibt.*[39]

Auf Dalís Selbstverständnis angewandt heißt dies, dass Feinschmeckerei an sich eine Kunst und der kannibalische Gourmet auch zum größten Künstler befähigt ist.[40]

Wie wir sehen, ist die Palette unseres Themas auch im Bereich von Kunst und Kunsttheorie vielfarbig und nicht über einen Leisten zu schlagen. Hrdlička und Dalí dokumentieren die beiden Pole kannibalistischer Ästhetik der Gegenwart: der gesellschaftspolitisch engagierte Künstler, der um die Spannbreite des Themas von Lust und Leid, um seine zugleich vitale und morbide Faszination weiß, und der perfekte Genießer, der um seine Dekadenz weiß, sie feiert, im Interesse des Genusses zugleich aber auch handwerkliche Meisterschaft und ein Höchstmaß an Raffinesse und Phantasie aufzubieten vermag.

Anmerkungen zu Kapitel X

1 Karl Heinz Stockhausen, in der ARD-Fernsehsendung »Notenschlüssel« am 12.12.1981.
2 Francisco de Goya, »Saturno devorando a un hijo«.
3 Gute Überblicke zu Goya liefern: Pierre Gassier und Juliet Wilson, *Francisco Goya. Leben und Werk* (Fribourg/Frankfurt, 1971) und Joseph Gantner, *Goya. Der Künstler und seine Welt* (Berlin, 1974).
4 Vgl. Gassier/Wilson, *Goya*, a. a. O., S. 254.
5 Vgl. Gassier/Wilson, *Goya*, a. a. O., S. 254.
6 Vgl. Gantner, *Goya*, a. a. O., S. 178.
7 Vgl. Gantner, *Goya*, a. a. O., S. 224.
8 Konrad Farner, *Gustave Doré, der industrialisierte Romantiker* (München, 1975).
9 Farner, *Doré*, a. a. O., S. 59.
10 Aus Leserzuschrift mit der Überschrift »Sehr geehrte Schweine!« auf Braunschweiger Muehl-Aktion 1969, abgedruckt in: Peter Gorsen, *Sexualästhetik. Zur bürgerlichen Rezeption von Obszönität und Pornographie* (Reinbek, 1972), S. 177.
11 Vgl. die Bemerkungen zu Sagans Buch in Kap. IV.
12 Gorsen, *Sexualästhetik*, a. a. O., S. 173.
13 Gerold Späth, *Commedia* (Frankfurt, 1980), S. 311–312.

14 in: *WESTKUNST*. Handbuch zur Ausstellung, hrsg. von Laszlo Glozer (Köln, 1981), S. 296. Zum Werk Roths siehe *Verlagsverzeichnis edition hansjörg mayer* (Stuttgart/London, 1979).
15 *WESTKUNST*, a. a. O., S. 297.
16 ebda.
17 *WESTKUNST*, a. a. O., S. 298.
18 Hrdlička, *Skulptur und Grosse Zeichnungen*, fotografiert von Miho Salus, mit einem Werkkatalog von Manfred Chobot (Wien, 1973), S. 9.
19 Hrdlička, a. a. O., S. 9–10.
20 Hrdlička, a. a. O., S. 22.
21 Hrdlička, a. a. O., S. 10.
22 Hrdlička, a. a. O., S. 15.
23 Vgl. ebda.
24 Hrdlička, a. a. O., S. 39.
25 Salvador Dalí, *Die Diners mit Gala* (Berlin, 1974), S. 11.
26 Gilbert Lascaut, »Und immer wieder das Essen«, in: *Salvador Dalí, Retrospektive 1920–1980* (München, 1980), S. 240.
27 Lascaut, »Und immer wieder das Essen«, a. a. O., S. 239.
28 Alle in: *Salvador Dalí. Gesammelte Schriften*, hrsg. von Axel Matthes und Tilbert Diego Stegmann (München, 1974).
29 Dalí, »Die Eroberung des Irrationalen«, in: *Salvador Dalí, Gesammelte Schriften*, a.a.O., S. 268–279, hier S. 269.
30 Dalí, »Heraklits Tränen«, in: »Die Eroberung des Irrationalen«, a. a. O., S. 279.
31 Roger Callois, »Die Gottesanbeterin«, in: *Salvador Dalí. Gesammelte Schriften*, a. a. O., Anhang, S. 338– 351, hier S. 346.
32 Dalí, *Diners*, S. 55.
33 Dalí, *Diners*, S. 175.
34 Peter Gorsen, »Der kritische Paranoiker, Kommentar und Rückblick«, in: *Salvador Dalí. Gesammelte Schriften*, Anhang, S. 403–518.
35 Gorsen, »Der kritische Paranoiker«, a. a. O., S. 485.
36 Gorsen, »Der kritische Paranoiker«, a. a. O., S. 499–500.
37 Gorsen, »Der kritische Paranoiker«, a. a. O., S. 501.
38 Gorsen, ebda.

39 Walter Mehring, *Neubestelltes Abenteuerliches Tierhaus*. Eine Zoologie des Aberglaubens, der Mystik und Mythologie vom Mittelalter bis auf unsere Zeit (Potsdam, 1925), S. 126–127.

40 Vgl. das bereits 1925 erstmals veröffentlichte Buch: Theodor Lessing, *Haarmann*. Die Geschichte eines Werwolfs, Nachdruck (München, 1973).

129 Alfred Crowquill (A. H. Forrester), Der Riese versucht herauszufinden, ob Tom essbar ist, 1844

Nachwort und Dank

Dieses Buch zu schreiben, war nicht immer leicht. Das bringt der Gegenstand und seine Komplexität so mit sich. Dass es geschrieben werden konnte, ist nicht zuletzt den vielen Menschen zu danken, die die Bedeutung des Themas erkannt und mir beim Sammeln von Material geholfen haben. Wo auch immer ich in den vergangenen Jahren hinkam, wendete sich nach einiger Zeit die Diskussion diesem Thema zu, und erstaunlicherweise wusste nahezu jeder Gesprächspartner in vielen Ländern noch etwas beizutragen, ein Bild, eine Geschichte, eine Anekdote, einen Literaturhinweis. Die Leser seien aufgefordert, dies fortzusetzen. All diesen vielen Helfern und auch meinen Siegener Studenten sei Dank; mehr noch aber dem Team meiner wissenschaftlichen Mitarbeiter. Wer heute im akademischen Leben sagen kann, dass er über eine hervorragende Mannschaft von Mitarbeitern verfügt, ist glücklich zu preisen. Mit Dr. Peter-Gendolla, Thomas Krusche, Herb Ray, den Sekretärinnen Birgit Weyland und Ute Krebs steht mir ein solches Team zur Seite. Vor allem mein Freund und Mitarbeiter Peter Gendolla war mir mit seiner Spürnase, seinem Einfallsreichtum und seiner Begeisterungsfähigkeit ein unerlässlicher Helfer. Die ständigen Diskussionen mit ihm haben erheblich zu diesem Buch beigetragen. Die Fotografen der Universität Siegen, Ursula Herzberg und Jürgen Schwanz, haben mir ebenfalls selbstlos und mit großem Sachverstand geholfen. Und dann mein Freund und Kollege Karl Riha, selbst unablässig Bücher, Gedichte, Bildtexte schreibend, ein Jäger und Sammler mit dem instinktsicheren Blick dessen, der Kunst, Literatur und Geschichte aus ganz ungewohnten Gesichtswinkeln zu analysieren weiß. Über seinen Schreibtisch sind gerade viele der ausgefalleneren Beispiele, versehen mit Riha'schen Zeichnungen und Kommentaren, an mich gelangt.

Zu danken ist auch dem Verleger Christian Brandstätter, der mit dem Gespür des besessenen Büchermachers sofort Implikationen und Attraktionen des Themas begriff und mich ermunterte. Im fernen Wien war er mir gleichsam eine ständige Herausforderung, und die Korrespondenz mit ihm könnte dereinst einem Kuriositätenband des Verlages exotische Lichter aufstecken.

Last but not least meine Frau Inge und meine Söhne Kai und Jörg, die jahrelang das Haus mit einer ständig wachsenden Menschenfresser-Sammlung teilen mussten. Wen wundert's, dass die lieben Kleinen schon im zarten

Alter von sechs und acht Jahren Menschenfresser-Collagen bastelten, wuchsen sie doch in einem Haus auf, wo man H. C. Artmanns *Frankenstein in Sussex* dramatisierte, wo der akademische Senat einer Universität Artmanns *Hochzeit von Caspar und Gelsomina* inszenierte und deren Rektor die Ferien-Lektüre unter dem Gesichtspunkt las, ob da vielleicht Menschenfresser-Stellen auftauchen könnten. In angeblich heilloser Welt scheint es, bei allen auch hier auftretenden Konflikten, doch noch Oasen zu geben, in denen manches heil geblieben ist.

Siegen, 20.2.1983 Christian W. Thomsen

130 anon., Illustration aus Mozleys Ausgabe des Tom Thumb, ca. 1840

Bibliographie

Alexander, Dorothee/Strauss, L., *The German Single Leaf Woodcut*, 2 Bde. (New York, 1977).
Altenburg, Matthias, *Die Liebe der Menschenfresser* (München ²1993).
Amans, Melanie, »Mörder oder Wunscherfüller? Der Kannibalenfall vor dem BGH« vom 14. April 2005 und »Kein Totschlag, sondern Mord« vom 23. April 2005 in der *Frankfurter Allgemeine Zeitung (FAZ)*.
Artaud, Antonin, *Heliogabal oder Der Anarchist auf dem Thron* (München, 1978).
–, *Das Theater und sein Double*, Deutsch von Gerd Henniger (Frankfurt, 1969).
Artmann, Hans Carl, »Apotheose in Kammgarn«, in: *Die Grammatik der Rosen. Gesammelte Prosa*, Bd. III, hrsg. von Klaus Reichert (Salzburg, 1979), S. 81–94.
–, *Aeronautischer Sindtbart* (Salzburg, 1972).
–, »Blauboad 2«, in: *med ana schwoazzn dintn* (Salzburg, 1958), wieder abgedruckt in: The Best of H. C. Artmann, hrsg. von Klaus Reichert (Frankfurt, 1970), S. 36–37.
–, »Frankenstein in Sussex«, in: *Die Grammatik der Rosen*, Bd. II, S. 391–407.
–, *Grünverschlossene Botschaft* (Frankfurt, 1975).
–, »Der handcolorierte Menschenfresser«, in: *Die Grammatik der Rosen*, Bd. II, S. 293–298.
–, »harmann, harmann«, in: allerleirausch (Berlin, 1967), wieder abgedruckt in: ein lilienweißer brief aus lincolnshire, hrsg. und mit einem Nachwort von Gerald Bisinger (Frankfurt, 1978), S. 455.
–, »Die hochzeit caspars mit gelsomina«, in: *The Best of H. C Artmann*, S. 114–130.
–, »Mein Erbteil von Vater und Mutter. Überlieferungen und Mythen aus Lappland«, in: *Die Grammatik der Rosen*, Bd. II, S. 409–451.
–, *Die Sonne war ein grünes Ei* (Salzburg, 1981).
–, »Von denen Husaren und anderen Seil-Tänzern«, in: *Die Grammatik der Rosen*, Bd. I, S. 135–247.
Ashbee, C. R., *Caricature* (London, 1928).
Attali, Jacques, *Die kannibalische Ordnung*. Von der Magie zur Computermedizin (Frankfurt, 1981).

Bachtin, Michail, »Die groteske Gestalt des Leibes«, in: *Literatur und Karneval.* Zur Romantheorie und Lachkultur (München, 1969), S. 15–23.
Barthes, Roland, Leçon/Lektion (Frankfurt, 1980).
Bataille, Georges, *Die Tränen des Eros*, hrsg. von Gerd Bergfleth (München, 1981).
Baudrillard, Jean, *Der Tod tanzt aus der Reihe* (Berlin, 1979).
Bausch, Richard, *Die Kannibalen*, (München 2004).
Beckford, William, *Vathek* (Frankfurt, 1964).
Belgrader, Michael, *Das Märchen von dem Machandelboom, Artes Populares.* Studia Ethnographica et Folkloristica, Bd. IV, hrsg. von Lutz Rohrich (Frankfurt, 1980).
Bense, Max, *edition et* (Stuttgart, 1966).
Beowulf, aus dem Altenglischen übersetzt von Herbert Koziol (Innsbruck, 1979).
Bettelheim, Bruno, *Kinder brauchen Märchen* (Stuttgart, 1977).
Beveren, Th. P. van, *Menschen wie wir.* Religion und Kult der schriftlosen Völker (Gütersloh, 1964).
Die Bibel oder die ganze Heilige Schrift, nach der deutschen Übersetzung von Martin Luther mit 200 Bildern nach Schnorr von Carolsfeld (Stuttgart, 1912).
Bishop, Michael, »Tod und Bestimmung unter den Asadi«, in: *Die seltsamen Bäume von Ektaban* (München, 1981), S. 65–164.
Blöcker, Günther, *Heinrich von Kleist* (Berlin, 1960).
Bofinger, Manfred, *Haps!: Das Menschenfresserbuch*; (25 kannibalische Menschenfressergeschichten aus der Menschheitsgeschichte, kinderleicht serviert), (Frankfurt am Main, 1994).
Bond, Edward, *Early Morning* (London, 1971).
Boesch, Hans, *Kinderleben in der deutschen Vergangenheit* (Leipzig, 1900).
Brackert, Helmut, Hrsg., *»Und wenn sie nicht gestorben sind ...«* Perspektiven auf das Märchen (Frankfurt, 1980).
Brasilianische Märchen, hrsg. und übersetzt von Felix Karlinger und Geraldo de Freitas (Düsseldorf/Köln, 1972).
Braudel, Fernand, *Der Historiker als Menschenfresser:* Über den Beruf des Geschichtsschreibers (Berlin, 1990).
Bregger, Suzanne, *... sondern erlöse uns von der Liebe. Monogamie – der Kannibalismus unserer Zeit* (Reinbek, 1980).
Bucher, Bernadette, »Die Phantasien der Eroberer. Zur graphischen Repräsentation des Kannibalismus in de Brys America«, in: *Mythen der Neuen Welt* – Zur Entdeckungsgeschichte Lateinamerikas, hrsg. von

Karl-Heinz Kohl im Auftrag der Berliner Festspiele GmbH (Berlin, 1982), S. 75–91.

Bukowski, Charles, »Maja Thurup«, in: *Die Stripperinnen vom Burbank und 16 andere Stories* (Frankfurt, 1979), S. 59–65.

Busch, Wilhelm, »Der Eispeter«, in: *Bilderpossen* (Dresden, 1864).

Camporesi, Piero, *Das Brot der Träume*, (Frankfurt am Main, 1990).

Canetti, Elias, *Masse und Macht* (Hamburg, 1960).

La Caricature. Bildsatire in Frankreich 1830–1835 aus der Sammlung von Kritter, hrsg. von Gerd Unverfehrt (Göttingen, 1980).

Centigloria, Duca di, *Ich fraß die weiße Chinesin. Ein Menschenfresserroman* (Reinbek, 1979).

Chessex, Jacques, *Der Kinderfresser* (Frankfurt, 1979).

Chester, Alfred, *(The exquisite corpse) Die Sehnsucht der Menschenfresser*, (Berlin, ^{1}1993).

Chiapelli, F., Hrsg., *First Images of America: The Impact of the New World on the Old* (Berkeley, 1976).

The Classic Fairy Tales, hrsg. von Iona und Peter Opie (Oxford/London, 1974).

Conversations-Lexikon für Geist, Witz und Humor, hrsg. von Adolf Glaßbrenner und M. Saphir, Bd. I–V (Dresden, 1859–60).

Dahl, Roald, *Gesammelte Erzählungen* (Reinbek, 1973).

Dalí, Salvador, *Die Diners mit Gala* (Berlin, 1974).

–, *Gesammelte Schriften*, hrsg. von Axel Matthes und Tilbert Diego Stegmann (München, 1974).

–, *Retrospektive 1920–1980* (München, 1980).

Daumer, Georg Friedrich, *Geheimnisse des christlichen Altertums* (Hamburg, 1847).

Defoe, Daniel, *Das Leben und die höchst merkwürdigen Abenteuer des Robinson Crusoe aus York ...*, mit 100 zeitgenössischen Kupferstichen, aus dem Englischen übertragen von Lore Krüger, Bibliothek des 18. Jahrhunderts (München, 1981).

Denkwürdigkeiten des Hauptmanns Bernal Diaz del Castillo oder Wahrhafte Geschichte der Entdeckung und Eroberung von Neuspanien (Mexiko), hrsg. und bearbeitet von Georg A. Narciß (Stuttgart, 1965).

Doderer, Heimito von, »Eine Person von Porzellan«, in: *Die Erzählungen*, hrsg. von Wendelin Schmidt-Dengler (München, 1972), S. 302–306.

Dross, Annemarie, »Blaubarts Schloß steht im Wald«, in: *Weiblich-Männlich*, hrsg. von Birgitt Wartmann (Berlin, 1980), S. 134–149.

Eitner, Lorenz, *Géricault's Raft of the Medusa* (London, 1972).
Eliade, Mircea, *Mythes, rêves et mystères* (Paris, 1957).
Ellison, Harlan, »Des Menschen bester Freund«, in: *Liebe 2002*, erotic science fiction, hrsg. von Thomas Landfinder (Frankfurt, 1973), S. 141–178.
Erhardt, Volker, *Auch der Kannibale schätzt den Menschen am höchsten* (Köln, 1979).
Erlenberger, Maria, *Der Hunger nach Wahnsinn* (Reinbek, 1979).
–, *Die Singende Erde*. Ein utopischer Roman (Reinbek, 1980).
Esslin, Martin, *Artaud* (Glasgow, 1976).
Euripides, *Sämtliche Tragödien in zwei Bänden*, nach der Übersetzung von J. J. Donner, bearbeitet von Richard Kannicht und mit einer Einleitung von Walter Jens (Stuttgart, 1958).
Farner, Konrad, Gustave Doré, der industrialisierte Romantiker (München, 1975).
Fashionable Contrasts. Caricatures by James Gillray, introduced and annotated by Draper Hill (London, 1966).
Fend, Werner, *Ich jagte Menschenfresser* (München, 1983).
Foucault, Michel, *Sexualität und Wahrheit* (Frankfurt, 1977).
–, *Wahnsinn und Gesellschaft* (Frankfurt, 1969).
Frazer, James George, *The Golden Bough*. A Study in Magic and Religion (London, 1922).
Freud, Sigmund, »Drei Abhandlungen zur Sexualtheorie«, in: *Gesammelte Werke*, Bd. V, Werke aus den Jahren 1904–1905 (London, 1942), S. 27–145.
–, *Totem und Tabu*, Gesammelte Werke, Bd. IX (London, 1940).
Fulda, Daniel, *Das andere Essen*, Kannibalismus als Motiv und Metapher in der Literatur, (Freiburg im Breisgau, ^{1}2001).
Fuller, John, *Cannibals and Missionaries* (London, 1972).
Gantner, Joseph, *Goya. Der Künstler und seine Welt* (Berlin, 1974).
Gassier, Pierre/Wilson, Juliet, *Francisco Goya. Leben und Werk* (Fribourg/Frankfurt, 1971).
George, Dorothy, *English Political Caricature 1793–1832* (Oxford, 1959).
Gersch, Hubert, »Sachlich«, in: *Gerippe der Poesie* (Stierstadt im Taunus, 1960), S. 12.
Glucksmann, André, *Die Köchin und der Menschenfresser* (Berlin, 1979).
Gombrich, Ernst H./Kris, Ernst, *Caricature* (London, 1940).
Gorsen, Peter, *Sexualästhetik. Zur bürgerlichen Rezeption von Obszönität und Pornographie* (Reinbek, 1972).

Goethe, Johann Wolfgang von, »Gretchens Lied im Kerker«, *Faust I, Gesammelte Werke in 22 Bdn.* (Berlin, 1976–78), Bd. VIII, S. 294.
Grimal, Pierre, *Mythen der Völker*, 3 Bde. (Frankfurt, 1967).
Grimm, Jacob und Wilhelm, *Deutsches Wörterbuch* (1885).
Das Große Deutsche Anekdoten-Lexikon (München, 1981).
Grosz, George, »Gesang an die Welt«, in: 1918. *Neue Blätter für Kunst und Dichtung I* (Berlin, 1918), S. 154–155.
Gumbrecht, Hans Ulrich, *Kulturaneignung heute*, Recycling, Kannibalismus, Hybridisierung (Leipzig, 2001).
Haggard, Henry Rider, *Sie*. Ein Abenteuerroman, aus dem Englischen von Helmut Degner (Zürich, 1976).
Hansen, Olaf, »Norman Mailer«, in: *Amerikanische Literatur der Gegenwart in Einzeldarstellungen*, hrsg. von Martin Christadler (Stuttgart, 1973), S. 326–351.
Harris, Marvin, *Kannibalen und Könige*. Aufstieg und Niedergang der Menschheitskulturen (Frankfurt, 1978).
Harris, Marvin, *(Good to eat) Wohlgeschmack und Widerwillen*: Die Rätsel der Nahrungstabus; (vom Kannibalismus bis zum Hamburger – menschliche Essgewohnheiten), Ungekürzte Ausg., (München, 1995).
Hartmann, Martin, *Der moderne Kannibalismus:* Futtermittelimporte und regionale Agrarstruktur (Bad Honnef, 1994).
Hawkes, John, *The Cannibal* (Norfolk, Conn., 1949).
Heckmann, H., Hrsg., *Die Freud' des Essens:* Ein kulturgeschichtliches Lesebuch (München, 1979).
Hellwig, Albert, *Verbrechen und Aberglaube* (Leipzig, 1908).
Henseler, Klaus, *Vom Menschsein und vom Gefressenwerden*: Eine illustrierte Geschichte des Kannibalismus (Hamburg, 2003).
Hesiod, *Sämtliche Gedichte*, übersetzt und erläutert von Walter Marg (Zürich/Stuttgart, 1970).
Hofmann, Werner, *Die Karikatur von Leonardo bis Picasso* (Wien, 1956).
Hogg, Garry, *Cannibalism and Human Sacrifice* (London, 1959).
Hohoff, Curt, *Heinrich von Kleist in Selbstzeugnissen und Bilddokumenten*, rowohlts monographien, Bd. I (Hamburg, 1958).
Holländer, Hans, »Das Bild in der Theorie des Phantastischen«, in: *Phantastik in Literatur und Kunst*, hrsg. von Christian W. Thomsen und Jens Malte Fischer (Darmstadt, 1980), S. 52–78.
Honour, Hugh, »Wissenschaft und Exotismus. Die europäischen Künstler und die außereuropäische Welt«, in: *Mythen der Neuen Welt*, a. a. O., S. 22–47.

Hrdlička, *Skulptur und Große Zeichnungen*, fotografiert von Miho Salus, mit einem Werkkatalog von Manfred Chobot (Wien, 1973).
http://www.dvd-center.de/main/reviews/display.asp.?id=3283&m=1
DVD Center – das ONLINE-Magazin, *Das Schweigen der Lämmer* ...
http://www.imdb.com/title/tt012926quotes,
Memorable Quotes from *The Silence of the Lambs* (1991)
http://www.filmbesprechungen.de/show.php?FilmID=1304
Huizinga, Johann, *Herbst des Mittelalters* (Stuttgart, 1961).
Jensen, Ad. E., *Die getötete Gottheit*. Weltbild einer frühen Kultur (Stuttgart, 1966).
–, *Hainuwele*. Volkserzählungen von der Molukken-Insel Ceram (Frankfurt, 1939).
Joyce, James, *Ulysses*, Übertragung von Hans Wollschläger, edition suhrkamp, N. F. Bd. 100 (Frankfurt, 1981).
Jung, C. G., *Erinnerungen, Träume, Gedanken* (Olten, 1971).
Kafka, Franz, *Gesammelte Werke*, hrsg. von Max Brod (New York, 1946–1963).
–, *Sämtliche Erzählungen*, hrsg. von Paul Raabe (Frankfurt, 1981).
–, *Brief an den Vater*, mit einem Nachwort von Wilhelm Emrich, Fischer TB 480 (Frankfurt, 1975).
Kamper, Dietmar/Wulf, Christoph, Hrsg., *Die Wiederkehr des Körpers*, edition suhrkamp, N. F. Bd. 132 (Frankfurt, 1982).
Karlinger, Felix, Hrsg., *Wege der Märchenforschung*. Wege der Forschung, Bd. CCLV (Darmstadt, 1973).
Kästner, Erich, *Gesammelte Schriften*, Bd. I, Gedichte (Köln/Berlin o. J.).
Keller, Gottfried, »Ballade vom dürren König«, in: *Deutsches Balladenbuch*, hrsg. von Beate Pinkerneil (Königstein/Ts., 1978), S. 419–420.
Kirchschlager, Michael, *Mörder – Räuber – Menschenfresser*: Einhundert Biographien und Merkwürdigkeiten deutscher Verbrecher des 15. bis 18. Jahrhunderts (Arnstadt, ^{1}2002).
Klages, Ludwig, »Vom kosmogonischen Eros«, in: *Sämtliche Werke*, Bd. III, Philosophische Schriften (Bonn, 1974), S. 303–497.
Kleist, Heinrich von, »Penthesilea«, in: *Sämtliche Werke* (München/Zürich, 1965), S. 265–349.
Kott, Jan, »Das Gott-Essen oder die Bakchen«, in: *Gott-Essen*. Interpretationen griechischer Tragödien (München/Zürich, 1975), S. 198–245.
Lacan, Jacques, *Schriften I–III* (Olten, 1973–1980).
Laistner, Ludwig, *Das Rätsel der Sphinx*. Grundzüge einer Mythengeschichte, 2 Bde. (Berlin, 1889).

Laplanche, Jacques/Pontali, Maurice, *Das Vokabular der Psychoanalyse* (Frankfurt, 1973).
Larousse, Pierre, *Grand Dictionnaire Universel* (Paris, 1865).
Lernen durch Handeln. Famulaturen und Praktika in Ländern der Dritten Welt, hrsg. von der Studienstiftung des deutschen Volkes (Bonn, 1981).
Leicht, Bernd, *Kannibalen in Deutsch-Neuguinea*, Mikrofiche-Ausg. (o. O., 2000).
Lessing, Theodor, *Haarmann. Die Geschichte eines Werwolfs*, Nachdruck (München, 1973).
Lévi-Strauss, Claude, *Mythologica IV, Der nackte Mensch* (Frankfurt, 1975).
Lewis, Matthew Gregory, *The Monk* (London, 1973).
Lexikon der griechischen und römischen Mythologie, hrsg. von Wilhelm Heinrich Roscher (Hildesheim/New York, 1978).
Liliencron, Detlev von, »Der Hunger und die Liebe«, in: *Werke*, Bd. I, hrsg. von Benno von Wiese (Frankfurt, 1977), S. 300–302.
Lindforth, Ivan M., *The Arts of Orpheus* (Berkeley, 1941).
Lorbeer, Marie, *Menschenfresser – Negerküsse*: Das Bild vom Fremden im deutschen Alltag (Berlin, 1991).
Luchesi, Elisabeth, »Von den Wilden/Nacketen/Grimmigen Menschenfresser Leuthen/in der Neuen Welt America gelegen. Hans Staden und die Popularität der Kannibalen im 16. Jahrhundert«, in: *Mythen der Neuen Welt*, a. a. O., S. 71–74.
Lüthi, Max, *Märchen* (Stuttgart, 1976).
Maculloch, J. A., *The Childhood of Fiction* (London, 1905).
Mailer, Norman, *Der Alptraum* (München/Zürich, 1969).
–, *Cannibals and Christians* (St. Albans, 1979).
Der Maler Peter Weiss, hrsg. vom Museum Bochum (Berlin, 1982).
Sir John Mandevilles Reisebeschreibung, in deutscher Übersetzung von Michael Velser, hrsg. von Eric John Morrall im Auftrag der Akademie der Wissenschaften der DDR, Deutsche Texte des Mittelalters, Bd. LXVI (Berlin, 1974).
Märchen der Brüder Grimm. Mit 100 Bildern nach Aquarellen von Ruth Koser-Michaels (Berlin, 1937).
Märchen aus Papua-Neuguinea, hrsg. und übersetzt von Ulla Schild (Düsseldorf/Köln, 1977).
Märchen aus Sibirien, hrsg. von Felix Karlinger (Düsseldorf/Köln, 1972).
Märchen aus der Südsee, erzählt von Vladimir Reis, illustriert von Karel Feisig (Hanau, 1976).

Märchen der Welt, hrsg. von Erik Jeschke (München, 1956).
Maerth, Oscar Kiss, *Der Anfang war das Ende*. Der Mensch entstand durch Kannibalismus – Intelligenz ist eßbar (Düsseldorf/Wien, 1971).
Mattenklott, Gert, »Das gefräßige Auge«, in: *Die Wiederkehr des Körpers*, a. a. O., S. 224–240.
--, *Der übersinnliche Leib*. Beiträge zur Metaphysik des Körpers (Reinbek, 1982).
Maurice, A. B./Cooper, F. T., *The History of the Nineteenth Century in Caricature* (New York, 1903).
Mehring, Walter, *Neubestelltes Abenteuerliches Tierhaus*. Eine Zoologie des Aberglaubens, der Mystik und Mythologie vom Mittelalter bis auf unsere Zeit (Potsdam, 1925).
Menninger, Annerose, *Die Macht der Augenzeugen* (Stuttgart, 1995).
Moebus, Joachim, »Über die Bestimmung des Wilden und die Entwicklung des Verwertungsstandpunkts bei Kolumbus«, in: *Mythen der Neuen Welt*, a. a. O., S.49–56.
»Moderne Gastrosophie«, in: *Kladderadatsch-Kalender*, Jahrgang 1852, S. 86–89.
Mongolische Epen, Bd. VIII, Übersetzung von sechs ostmongolischen Epen nach den Aufzeichnungen von Lhisurün, Ganjuurjab, Orgil, Dorongya und Pajai von Walter Heissig (Wiesbaden, 1979).
Montaigne, Michel de, »Von den Menschenfressern«, in: *Essais*, Auswahl und Übersetzung von Herbert Lutho (Zürich, 1953), S. 229–243.
Müller-Seidel, Walter, Hrsg., *Heinrich von Kleist*. Aufsätze und Essays, Wege der Forschung, Bd. CXLVII (Darmstadt, 1980).
Negelein, Julius von, *Die Idee des Aberglaubens* (Berlin/Leipzig, 1931).
Nestroy, Johann Nepomuk, »Häuptling Abendwind oder Das greuliche Festmahl«, in: *Die Possen*, Sechster Teil (Wien, 1924), S. 567–618.
Neumann, Gerhard, Hungerkünstler und Menschenfresser. Zum Verhältnis von Kunst und kulturellem Ritual im Werk Franz Kafkas, in: *Archiv für Kulturgeschichte*, 1984, Bd. 66, H. 2, S. 347–388.
Nordamerikanische Indianermärchen, hrsg. von Gustav A. Konitzky (Düsseldorf/Köln, 1963).
Nubische Märchen, hrsg. und übersetzt von Andreas und Waltraud Kronenberg (Köln, 1978).
Pasley, J. M. S., »Asceticism and Cannibalism: Notes on an Unpublished Kafka Text«, *Oxford German Studies I* (1966), S. 102–114.
Paz, Octavio, *Der menschenfreundliche Menschenfresser*. Geschichte und Politik 1971–1980, edition suhrkamp, N. F. Bd. 64 (Frankfurt, 1981).

Perrault, Charles, *Contes de Fées. Die Märchen*, dt. Übersetzung von Ulrich Friedrich Müller, dtv zweisprachig (München, 1975).
Peter-Röcher, Heidi, *Mythos Menschenfresser*: Ein Blick in die Kochtöpfe der Kannibalen (München, 1998).
Piltz, Georg, *Geschichte der europäischen Karikatur* (Berlin, DDR, 1976).
Pocci, Franz von, »Kasperl unter den Wilden«, in: *Kasperletheater für Erwachsene*, hrsg. von Norbert Miller und Karl Riha, insel taschenbuch 339 (Frankfurt, 1978), S. 255–264.
Poe, Edgar Allan, »Arthur Gordon Pym«, in: *Das Gesamtwerk in zehn Bänden*, hrsg. von Schumacher und Müller, Bd. III, übersetzt von Arno Schmidt und Hans Wollschläger (Herrsching, 1980), S. 112–400.
Polt, Gerhard, *Menschenfresser und andere Delikatessen* (München, 2000).
Prossnitz, Gisela, Der Theatermagier Max Reinhardt. »...ein großer Menschenfresser – und die Gefressenen leben davon«, in: *Parnass*, Kunst, Architektur, Fotografie, Musik, Theater, Literatur. Österreichische Kunst- und Kulturzeitschrift, 1993, J. 13, N. 2, S. 104–107.
Quevedo, Francisco de, »Das Leben des Buscón«, übertragen von Herbert Koch, in: *Spanische Schelmenromane*, Bd. II, hrsg. von Horst Baader (München, 1965), S. 7–154.
Rabelais, François, *Gargantua und Pantagruel*, übersetzt von Gottlob Regis, hrsg. von Ludwig Schrader (München, 1964).
Radin, Paul/Kerényi, Karl/Jung, C. G., *Der göttliche Schelm*. Ein indianischer Mythenzyklus (Hildesheim, 1979).
Raulff, Ulrich, »Chemie des Ekels und des Genusses«, in: *Die Wiederkehr des Körpers*, a. a. O., S. 241–258.
Ritter, Thomas, *USA – der lächelnde Kannibalismus* (Niddatal, 1998).
Ritz, Hans, *Die Geschichte vom Rotkäppchen*. Ursprünge, Analysen, Parodien eines Märchens (Emstal, 1981).
Röckelein, Hedwig, *Kannibalismus und europäische Kultur* (Tübingen, 1996).
Rosei, Peter, *Die Milchstrasse* (Salzburg, 1981).
Rühm, Gerhard, »a frisches fleisch is do«, in: *Gesammelte Gedichte und visuelle Texte* (Reinbek, 1970), S. 101.
Rühmkorf, Peter, *Über das Volksvermögen*. Exkurse in den literarischen Untergrund, rororo 1180 (Reinbek, 1969).
Runeberg, Arne, *Witches, Demons and Fertility Magic* (Helsingfors, 1947).
Russische Volksmärchen, Übersetzung und Einleitung von August v. Lowis (Jena, 1921).

De Sade, *Ausgewählte Werke*, Bd. I und VI, hrsg. von Marion Luckow (Frankfurt, 1972/73).
Sagan, Eli, *Cannibalism*. Human Aggression and Cultural Form (London, 1974).
Savinio, Alberto, *Menschengemüse zum Nachtisch* (München, 1980).
Schenk, Paul, *Berner Brunnen-Chronik* (Bern, ³1960).
Schirrmacher, Thomas, *Völker – Drogen – Kannibalismus*: Ethnologische und länderkundliche Beiträge 1984–1994 (Bonn, 1997).
Schlüter, Kurt, *Kuriose Welt im modernen englischen Roman* (Berlin, 1969).
Schwitters, Kurt, »Nennen Sie es Ausschlachtung«, in: *Das literarische Werk in 5 Bdn.*, Bd. I. (Köln, 1973), S. 64.
Seneca, *Sämtliche Tragödien*, übersetzt und erläutert von Theodor Thomann, Bd. II (Stuttgart, 1969).
Seyfarth, Carly, *Aberglaube und Zauberei in der Volksmedizin Sachsens* (Leipzig, 1913).
Shakespeare, William, *The Tempest*, hrsg. von Frank Kermode, Arden Edition (London, 1964).
Sixel, Friedrich Wilhelm, »Die deutschen Vorstellungen vom Indianer in der ersten Hälfte des 16. Jahrhunderts«, in: *Annali Lateranensi XXX* (Città del Vaticano, 1966), S. 150–161.
Sölle, Dorothee, *Im Hause des Menschenfressers*. Texte zum Frieden, rororo aktuell 4848 (Reinbek, 1981).
Spanische Märchen, hrsg. und übersetzt von Harri Meier und Felix Karlinger (Düsseldorf/Köln, 1961).
Späth, Gerold, *Commedia* (Frankfurt, 1980).
Spiel, Christian, *Menschen essen Menschen*. Die Welt der Kannibalen, überarbeitete Ausgabe (Frankfurt, 1974).
Staden, Hans, *Wahrhaftige Historia und Beschreibung einer Landschaft der wilden, nackten, grimmigen Menschenfresser, in der Neuen Welt Amerika gelegen* (1557), originalgetreuer Faksimiledruck, hrsg. von Günther E. Th. Bezzenberger (Kassel, 1978).
Südamerikanische Indianermärchen, hrsg. von Felix Karlinger und Elisabeth Zacherl (Düsseldorf/Köln, 1976).
Südseemärchen, hrsg. von Paul Hambruch (Düsseldorf/Köln, 1979).
Sweeney Todd. *The Demon Barber of Fleet Street*. A Musical Thriller, Music and Lyrics by Stephen Sondheim, Book by Hugh Wheeler, based on a version of Sweeney Todd by Christopher Bond, RCA 2-3379 Red Seal, Libretto enclosed (New York, 1979).

Swift, Jonathan, *Ein bescheidener Vorschlag und andere Satiren*, übersetzt von Felix Paul Greve und mit einer Einleitung von Martin Walser, Insel Verlag (Frankfurt, 1975).
Tales of the North American Indians, hrsg. von Stith Thompson (Cambridge, Mass., 1929).
Tannahill, Reay, *Flesh and Blood. A History of the Cannibal Complex* (London, 1975).
Die Erzählungen aus den tausendundein Nächten, hrsg. von Enno Lüthmann, Bd. VI (Wiesbaden, 1953).
Thomsen, Christian W., *Der Charakter des Helden bei Seneca und in der frühelisabethanischen Tragödie* (Marburg, 1967).
–, *Das englische Theater der Gegenwart* (Düsseldorf, 1980).
–, *Das Groteske im englischen Roman des 18. Jahrhunderts* (Darmstadt, 1914).
–, *Das Groteske und die englische Literatur* (Darmstadt, 1977).
–, »Ich hatte ihn ja so lieb«. Kannibalismus in Rotenburg – nur ein abnormaler Einzelfall? Die Kulturgeschichte lehrt anderes, in: *DIE ZEIT*, Nr. 52, 18. Dezember 2002, S. 38.
Twain, Mark, »Kannibalismus in der Eisenbahn«, in: *Die besten Geschichten*, ausgewählt und eingeleitet von Johannes Kleinstück und Barton E. Pike, übersetzt von Helmut und Christel Wienken (Bremen, 1980), S. 46–58.
–, *Kannibalismus in der Eisenbahn und andere ausgewählte Erzählungen*, (Zürich, 1987).
Ungerer, Tomi, *Fornicon*, Vorwort von Walter Killy (Frankfurt, 1971).
Verlagsverzeichnis edition hansjörg mayer (Stuttgart/London, 1979).
Verne, Jules, *Die Kinder des Kapitän Grant* (Frankfurt, 1968).
Volhard, Ewald, *Kannibalismus*, Studien zur Kulturkunde, Fünfter Band, hrsg. von Ad. E. Jensen (Stuttgart, 1939).
Voltaire, François-Marie, *Candide oder Der Optimismus* (Frankfurt, 1972).
Vries, Jan de, *Betrachtungen zum Märchen besonders in seinem Verhältnis zu Heldensage und Mythos* (Helsinki, 1954).
Wedekind, Frank, »Der Tantenmörder«, in: *Gesammelte Werke*, Bd. I, hrsg. von Joachim Fredenthal und Arthur Kutscher (München, 1924), S. 107–108.
Wendt, Astrid, *Kannibalismus in Brasilien*: Eine Analyse europäischer Reiseberichte und Amerika-Darstellungen für die Zeit zwischen 1500 und 1654 (Frankfurt am Main, 1989).
WESTKUNST. Handbuch zur Ausstellung, hrsg. von Laszlo Glozer (Köln, 1981).

Widmer, Urs, *Schweizer Geschichten* (Bern, 1975).
Williams, Tennessee, »Plötzlich letzten Sommer«, in: *Tennessee Williams Meisterdramen* (Frankfurt, 1978), S. 395–446.
Wirz, Paul, *Die Marind-anim von Holländisch-Süd-Neuguinea* (Hamburg, 1925).
Wolfe, Tom, *The New Journalism*, With an Anthology edited by Tom Wolfe and E. W. Johnson (London, 1975).
Die Wunderblume und andere Märchen (Berlin, 1964).
Zedler, Johann Heinrich, *Grosses, vollständiges Universal-Lexikon aller Wissenschaften und Künste* (Leipzig, 1739).
Zipes, Jack, *Rotkäppchens Lust und Leid*. Biographie eines europäischen Märchens (Köln, 1982).

Bildnachweis

Alle Bilder – mit Ausnahme von Nr. 3, 4, 5, 6, 7, 8 und 48 – stammen aus dem Archiv von Christian W. Thomsen

Alexander, Dorothee/Strauss, L., *The German Single-Leaf-Woodcut 1600–1700* (New York, 1977) 13
Allegorische Darstellungen des Krieges, hrsg. von Siegmar Holsten (München, 1976) 100, 111, 112
Arnold, Hans, *Monsterland* (Wollerau, 1974) 79, 80, 90, 114
Hans Baldung Grien, Hexenbilder, hrsg. von Carl Georg Heise (Stuttgart, 1961) 25
Basel, Kupferstichkabinett 33, 131
Bibliothèque Nationale, Paris, Kupferstichkabinett 28
Boesch, Hans, *Kinderleben in der deutschen Vergangenheit* (Leipzig, 1900) 12, 14
de Bry, Theodor, *America,* 3. Teil, 1592 (Berlin, Kunstbibliothek) 56, 57
Busch, Wilhelm, *Bilderpossen,* »Der Eispeter« (Erstausgabe, Dresden, 1864) 15
Cinetext Bildarchiv 4, 5, 7, 8
The Classic Fairy Tales, hrsg. von Iona und Peter Opie (Oxford/London, 1974) 30, 34, 35, 36, 38, 39, 41, 129, 130
Dalí, Salvador, *Die Diners mit Gala* (Berlin, 1974) 89
Dalí illustre (1930–1940), Le Monde des Grands Musées (Paris, 1974) 124–128
Honoré Daumier, 10 Bde., hrsg. v. Loys Delteil (Paris 1925–1930, repr. New York, 1969), Cat. H. D. 3144 109
Discus No. 5 (1963) 68
Defoe, Daniel, *Robinson Crusoe,* Erster Teil mit 100 zeitgenössischen Kupferstichen von F. A. L. Dumoulin, Bibliothek des 18. Jahrhunderts (München, 1981) 61
Deutsche Märchen, hrsg. von Fr. Ph. Schmidt (Leipzig, o. J. [ca. 1910]) 31
Doré's Illustrations for Rabelais (New York, 1978) 1, 47
Eitner, Lorenz, *Géricault's Raft of the Medusa* (London, 1972) 62
Fashionable Contrasts. 100 Caricatures by James Gillray, introduced and annotated by Draper Hill (London, 1966) 88, 101, 103, 104, 105
Gantner, Joseph, *Goya. Der Künstler und seine Welt* (Berlin, 1974) 116, 117, 118
Gorsen, Peter, *Sexualästhetik. Zur bürgerlichen Rezeption von Obszönität und Pornographie* (Reinbek, 1972) 94, 121

Goya, Francisco, *Graphik*, hrsg. von Werner Timm (Braunschweig, 1979) 75
Grandville, Das Gesamte Werk, Einleitung von Gottfried Sello (München, 1969) 60, 107
Greser & Lenz, Frankfurter Allgemeine Zeitung 3
Das schöne Grauen, hrsg. von Rolf Schneider (Dortmund, 1968) 18, 32, 69
Halbritter, Kurt, *Gesellschaftsspiele*, mit einem Vorwort von Hartmut von Hentig (München, Wien, 1978) 9
Hay, Malcolm and Roberts, Philip, *Bond. A Study of His Plays* (London, 1980) 113
Hofmann, Werner, *Die Karikatur von Leonardo bis Picasso* (Wien, 1956) 103
Hrdlička, Alfred, *Skulptur und Große Zeichnungen* (Wien, 1973) 122, 123
Klein, H. Arthur, *Graphic World of Pieter Bruegel the Elder* (New York, 1963) 71, 72, 73, 74
Lexikon der griechischen und römischen Mythologie, hrsg. von Wilhelm Heinrich Roscher (Hildesheim/New York, 1978) 20, 21, 22
Märchen der Welt, gesammelt und neu erzählt von Erik Jelde (München, 1956) 37
Melot, Michel, *Die Karikatur. Das Komische in der Kunst* (Stuttgart, 1975) 76, 77
Merian, Matthaeus, *Die Bilder zur Bibel*, mit Texten aus dem Alten und Neuen Testament, hrsg. von Peter Meinhold (Hamburg, 1965) 24
Museum antiker Kleinkunst, München 23
Musée des Beaux-Arts, Besançon 19
Musée Wierz, Brüssel 40
Mythen der Neuen Welt, hrsg. von Karl-Heinz Kohl (Berlin, 1982) 16, 17, 45, 46, 49, 50, 51, 58, 59
Phantastische Malerei von Hieronimus Bosch bis Salvador Dalí, hrsg. von William Gaunt (Wiesbaden, 1974) 70
Piltz, Georg, *Geschichte der europäischen Karikatur* (Berlin, DDR, 1976) 98, 99
von Pocci, Franz, *Lustige Gesellschaft* (München, 1867) 29
Pochat, Götz, *Der Exotismus während des Mittelalters und der Renaissance* (Stockholm, 1970) 42, 43
Punch 10, 86, 87, 108, 110
Schindehütte, Ali, *Gesammelte Zeichnungen*, Die bibliophilen Taschenbücher (Dortmund, 1974) 78
Schroeder, Margot, *Der Schlachter empfiehlt noch immer Herz* (München, 1976) 81

Staden, Hans, *Wahrhaftig' Historia ...*, Faksimiledruck, hrsg. von Günther E. Th. Bezzenberger (Kassel, 1978) 52, 53, 54, 55
Staeck, Klaus, *Edition* (Heidelberg, 1972) 115
Stechow, Wolfgang, *Bruegel* (Köln, 1974) 83
Steinwachs, Ginka, *Marilynparis* (Wien, 1978) 2, 85
Sweeney, Todd, The Demon Barber of Fleet Street, Plattencover, RCA, CBLZ-3379 (1979) 96
Thomsen, Christian W. (Foto) 11, 82, 132
Titanic. Das endgültige Satiremagazin Nr. 3/82 95
Uns ist ganz kannibalisch wohl, hrsg. v. J. Jupiter (Köln, 1981) 91, 92
Waechter, F. K., *Wahrscheinlich guckt wieder kein Schwein* (Frankfurt, 1978) 97
Warner Brothers/Album/AKG 6
Der Maler Peter Weiss, Bilder – Zeichnungen – Collagen – Filme, Museum Bochum, Kunstsammlung, Ausstellung 1980 (Berlin, 1981) 84
van Woerkom, Fons, *Ästhetik und Kommunikation* 40/41 (1980) 63, 64, 65, 66
Wunder der Magie. Zaubertricks und magische Kunststücke, hrsg. von Helmut Fritz und Karl Riha (Dortmund, 1982) 93
Zweitausendundeins Kinderkalender (Frankfurt, 1981) 67, 119

Personenregister

Namen in Großbuchstaben verweisen auf reale Personen; mythologische und literarische Gestalten erscheinen in Normalschrift. Zahlen in Kursivdruck beziehen sich auf Bildunterschriften.

A
Achill 215 f., 236
Aerope 76
AGATHON 75
Agave 69, 71 f., 201, 216 f.
Akis 65
ALBA, Herzog 288, *289*
Alkinoos 60
ANTES *2*, 19, 39
Antiphatos 67
Aphrodite 57
APOLLODORUS von Tarsos 75
ARIOST, Ludovico 326 f., 329
ARISTOPHANES 69
ARNAUD, J. J. 278
ARNOLD, Hans *232, 255, 312*
Arpad 189
ARTAUD, Antonin 41, 198–202, 210, 213 f., 227, 237, 309, 312 f.
Arthur, König 113
ARTMANN, Hans Carl 25, 32 ff., 42, 44, 52, 101 f., 134, 179 f., 185, 227, 237 f., 250 f., 257, 259, 271, 279, 307, 315 f., 318, 339
Athena 54
Atreus 38, 74–77, 120, 244, 262
Atriden 59, 74 f.
ATTALI, Jacques 9, 30, 40, 43, 83, 92 f., 165, 172 f., 184, 223, 228, 238, 241, 247, 257
AUGUSTINUS 138
AyJaya 80

B
Baba Yaga 98
BACHTIN, Michail 145, 182
BALZAC, Honoré de 325 ff.
BARTHES, Roland 207, 211
BATAILLE, Georges 41, 207, 211 ff., 218, 235–238

BÁTHORY, Elizabeth de 107 f., 274
BAUDRILLARD, Jean 252, 258
Bayatur 80
BECHSTEIN, Ludwig 37 f.
BECKETT, Samuel 333
BECKFORD, William 100, 134
BEHAIM, Martin 154
BELLAH, Robert N. 203
BENSE, Max 256, 258
Beowulf 102 f., 134
BETTELHEIM, Bruno 118, 135
BEUYS, Joseph 333
BEVEREN, Th. P. van 90 ff., 170
BIERZUNSKI, Jochen Harro *272*
BISHOP, Michael 178, 185
Blaubart 104, 107 ff., 134
BLOCH, Ivan (Dühren) 221
BLÖCKER, Günther 215, 237
Bloom, Leopold 68, 254 f.
BOKASSA 33
BOND, Edward 310, 313, 317
BOSCH, Hieronymus 66, 207, 293
BRACKERT, Helmut 115–118, 133, 135
BRECHT, Bertolt 198
BRETON, André 342
BROOK, Peter 78
BRUEGHEL Pieter, d. Ä. *195 f., 201 f., 242*
BRY, Theodor de 153, 159, 182, 325; *147, 155, 157*
BUCHER, Bernadette 159 f., 164, 182 f.
BUKOWSKI, Charles 229 ff., 237, 239
Bull John 292, 294
BUSCH, Wilhelm 37, 44; *39*
Buscón 272, 274, 280
Butzenbercht *38*

C
CABRAL, Pedro Alvarez 151, 153
CALLOIS, Roger 342, 350
Caliban 38, 46, 162 ff., 168

CALLOT, Jacques 320
Candide 41, 285 ff., 308 f., 316
CANETTI, Elias 41, 205 f., 211
CARIOU, Len 276
CARRACCI, Annibale 290
CARTIER, Jacques 139
CASTANHEDA 153
CELSUS 86
CENTIGLORIA, Duca di 40, 47, 232, 234, 237, 239, 256 ff., 339; *226*
CERPEAUX, Louis 222
CHESSEX, Jacques 40, 271
Chirico, Giorgio de 343
CHRISTUS 85, 293; *195*
Cinderella 100
COLBERT, Jean Baptiste 108
COLERIDGE, Samuel Taylor 326
COLLAERT, Adriaen *158*
COOK, James 137, 169, 173, 184
CORTES, Hernando 145 f., 150 f.
COTTA, Johann Friedrich 214, 237
CROWQUILL, Alfred (A. H. Forrester) *352*
CRUIKSHANK, George 290, 297

D

DAHL, Roald 308, 317
DALÍ, Salvador 42, 338–350; *253, 339, 341, 342, 343, 347*
DARWIN, Charles 189
DAUMER, Georg Friedrich 82, 92
DAUMIER, Honoré 303 f.; *304*
Däumling, kleiner, (Tom Thumb, Le Petit Poucet) 50, 109, 113, 115, 133, 135, 327; *113, 116, 352, 354*
DEFOE, Daniel 38, 41, 165 f., 169, 183; *166*
DIAZ, Bernal 137, 145 f., 150, 179, 182
DICKENS, Charles 275
DIODORUS 54, 58, 91, 138
Dionysos 54, 69 f., 91, 113, 213, 217, 226, 242
DISRAELI, Benjamin 310
DIX, Otto 320
DODERER, Heimito von 204, 211
Doll, Tiddy *297*
Don Quijote 165, 326

DORÉ, Gustave 42, 115, 298, 325–328, 338, 349; *112, 116, 132, 144, 329*
Dornröschen 109
DULMO, Fernao (Ferdinand von Ulm) 154
DUMAS, Georges 222
DUMOULIN, F. A. L. *167*
DÜRRENMATT, Friedrich 316, 318

E

EGMONT, Graf 289
Eisenhans 101
Eispeter 37, 44; *39*
ELLISON, Harlan 179, 185
Eloi 177
ELUARD, Paul 342
»Emma« 186, 210
EPICHARM 65
ERASMUS 142
Erebos 56
ERHARDT, Volker 278
Erinnyen (Eumeniden) 57
Erkinger 50
ERLENBERGER, Maria 40, 207–211
Eros 57, 120, 194 f., 200, 203, 205, 211 f., 237, 240, 243, 257
Erzbischof von Quebec 321
EURIPIDES 53, 59, 62, 65, 68 f., 72–75, 92, 201, 212 f., 216, 244, 344
Eurydike 220

F

FACAN, M. 51
FARNER, Konrad 325, 349
FASSBINDER, Rainer Werner 278
FERALDO, Claude 278
FINNEY, Albert 169
FINNEY, Jack 177
Fionn 102
FISCHART, Johann 179
FLEISCHER, R. 278
FORSTER, Margaret 40
FOUQUET, Karl 156, 182
Frankensteins Monster 62
FREILIGRATH, Ferdinand 303
Freitag 168 f.
FREUD, Sigmund 41, 57 f., 101, 113, 187, 189–196, 200, 204, 209 f., 234, 250

FROBENIUS, Leo 56, 170 f.
FUCHS, Ernst 33
FULLER, John 278
FÜSSLI, Heinrich *91, 194*

G
Gaia 56 ff., 324
GALA 341, 343, 399; *253*
Galatea 65
GALEN 86
GAMA, Vasco da 151, 153
Gargantua 41 f., 114, 142–145, 181, 197, 244, 303 f., 326 f.; *144, 304*
GAUDÍ, Antonio 340, 346
GEORG III. 292, 296
GÉRICAULT, Théodore 174; *173*
GERSCH, Hubert 270, 280
GIENG, Hans *35*
GILLRAY, James 290 ff., 294–297, 299, 317; *252, 292, 293, 294, 295, 297*
GIRODET, Jean 51
GLADSTONE, William Ewart 310
GLUCKSMANN, André 278
GODARD, Jean-Luc 278
GOETHE, Johann Wolfgang von 59, 88, 90, 121, 213, 268, 279
GOLTZIUS, Hendrik *106*
Gonzalo 162 f.
GORSEN, Peter 345 ff., 349 f.
GOYA, Francisco de 42, 58, 319–325, 327, 334, 338, 343, 349; *51, 207, 321, 323*
GRANDVILLE (Jean Ignace Isidore Gérard) 298 f.; *166, 300*
Gray, Dorian 223
Grendel 102 f.
Gretchen 41,121, 297
GRIEN, Hans Baldung *83, 86, 87*
GRIMAL, Pierre 55, 91
GRIMM, Jakob und Wilhelm 38, 52, 95, 102, 109, 111 f., 115, 119, 135, 268, 279
GROSZ, George 270, 280
Gulliver 113, 282

H
HAARMANN, Fritz 33, 261 f., 271, 336 f., 351; *335, 336*

Hänsel und Gretel 35, 100, 109, 115 ff.,133, 135, 186 f., 205, 243; *117*
HAGGARD, Henry Rider 223, 238
Hainuwele 54, 90
HALBRITTER, Kurt *33*
Hamlet 76, 165, 250
Hans im Glück 114
HANSEN, Olaf 229, 238 f.
Hanswurst 245
HARRIS, Marvin 92, 172, 182, 184
HAYMAN, David *311*
HEINE, Maurice 221
Heliogabal 41, 198 ff., 210
HELLWIG, Albert 86, 93
HEMINGWAY, Ernest 230
Hephaistos 58
HERAKLIT 340, 350
Hermes 63
HERODOT 46, 48, 137
HERWEGH, Georg 303
HESEKIEL 74, 333
HESIOD 56 ff., 91, 133
HESSE, Heliodorus 155
Hinderfür, Hans *38*
HOFFMANN, E. T. A. 101
HOFMANN, Werner 297, 317
HOGARTH, William 290, 294, 297
HOGG, Garry 171, 184
HOLZ, Arno 179
HOMER 46, 48, 59, 61 f., 65 f., 72, 96 f., 101, 243
HONDIUS, Jodocus 139; *148*
HOYLE, Fred 177
HRDLIČKA, Alfred 33, 42 f., 334–338, 349 f.; *335, 336*
HUIZINGA, Johann 84, 93
HUXLEY, Aldous 165
Hymir 50

I
Isaak *75*
Itkal 123 ff., 135

J
Jago 262
JARRY, Alfred 312
JENS, Walter 69, 92

JENSEN, ad. E. 53, 56, 90 ff., 170 f., 184
JEREMIAS 45, 74
JESCHKE, Wolfgang 177
JOHANNES 83 f.
JOHANNOT, Tony 298; *299*
John und der Bohnenstängel 114 f., 135, 243; *114*
JOYCE, James 67, 69, 72, 92, 258
JUNG, C. G. 55, 91, 94, 190, 194 ff., 210
JUVENISS, Harry *303*

K

Kadmus *106*
KAFKA, Franz 2, 4, 41, 191 f., 194, 200, 222, 236, 271
Kain 102, 193
KAMPER, Dietmar 92, 211
KARL der Große 83
Karl III. 319
Karl IV. 319
Karl IX. 162
Kasper (Larifari) 245, 250, 304–307
KELLER, Gottfried 300, 303, 317
KERÉNYI, Karl 196, 210
Kikonen 60
Kinderfresser (Kindlifresser) 35, 40, 44, 261, 271; *35, 36, 37*
KIPLING, Rudyard 168, 183, 223
»Kladderadatsch« 245, 249, 257
KLAGES, Ludwig 29, 41, 200 ff., 205, 211, 240, 257
KLEIST, Heinrich von 41, 212–216, 219 f., 227, 231, 237 f.
KOECK, Hanel 328
KOLLERITSCH, Alfred 253
KOLUMBUS, Christoph 46, 146, 151, 153 f., 183
KOSER-MICHAELS, Martin u. Ruth 135; *114*
KOTT, Jan 70 f., 92
KRATINOS 65
KROLL, Joachim Georg 33
Kronos (Saturn) 42, 56 ff., 192, 319, 324; *86, 321, 323, 324*
KYD, Thomas 78
Kyklop(en) 53, 56, 59, 61–65, 97, 99, 133, 244, 344

L

LA METTRIE, Julien de 222
LACAN, Jacques 41, 207 f., 210 f.
LAFITAU, Joseph-François 139, 181
LAHR, Gerhard *49, 104, 193*
Lamos 66
LANDTMANN, Gunnar 53
LANGENFASS, Hansjörg und Evi *235*
LANSBURY, Angela 276
LAROUSSE Pierre 47, 316
LAS CASAS 162
LASCAUT, Gilbert 339, 350
Lästrygonen 66 f., 92, 258
LAUTRÉAMONT, Comte de (Isidore Lucien Ducasse) 338, 342 ff.; *339, 341, 342, 343, 347*
LEARY, Thimothy 260
LEHRER, Tom 260 f., 279 f.
LEIBNIZ, Gottfried Wilhelm 286
LEM, Stanislaw 177
LÉON, P. Cieza de 153
LÉRY, Jean de 137, 154, 156, 161
LÉVI-STRAUSS, Claude 41, 116, 159, 206 f., 211, 335
LILIENCRON, Detlev von 264, 279
LIVINGSTONE, David 23, 50, 137
LORENZER, Alfred 187
Lotophagen 60 f.
LOUIS PHILIPPE 298
LÜBKE, M. *66*
LUTHER, Martin 92, 156, 289
LÜTHI, Max 94, 133
LYKOPHRON 75

M

Macbeth 88, 90, 326; *91*
Machandelbaum 41, 119, 121, 268
MAERTH, Oscar Kiss 171, 178, 184
MAILER, Normann 228 f., 231, 237 ff., 278
Maldoror 338, 342; *339, 341, 342, 343, 347*
Mänaden 220; *72*
MANDEVILLE, Sir John 41, 138 f., 141, 181, 288
Marind-anim 53, 70 ff., 90
MARLOWE, Christopher 78, 312
MASEREEL, Frans 299; *308*

MATTAR, Johannes 130
MATTENKLOTT, Gert 207, 211, 251 f., 258
»Medusa« 174; *173*
MEHRING, Walter 348, 351
MELVILLE, Herman 174
MERCATOR, Gerhardus 154
MERCK, E. 87
MERIAN, Matthaeus *75*
Meroe 216 f., 219
Metis 58
MIDDLETON, Thomas 78
MILLER, Norbert 307, 317
MILLET, Jean François 340, 342
MITCHELL, Adrian 169
MITTERRAND, François 40
Moloch 200, 299, 348; *307, 308*
Mona Lisa 315; *312*
MONTAIGNE, Michel de 41, 161 ff., 183, 288
MONTALBODDO, Francanzano di 153
MONTANUS, Arnoldus *42*
MONTECZUMA 146
Morlocks 177
MOSES 74
MUEHL, Otto 328, 338, 349; *330*
MUNCH, Edward 325
MUNSTER, Sebastian 50
MUSSET, Alfred de *299*

N
NAPOLEON 216, 288, 294 ff., 320, 322
NESTROY, Johann Nepomuk 20, 24, 245, 257
NIGHTINGALE, Florence 310, 313
NITSCH, Hermann 328, 330 f., 338; *330, 332*

O
OCHWIÄ BIANO 55
Ödipus 101, 165, 282
Odysseus 60 ff., 64, 66 f., 98 f., 101, 243, 254; *59, 62*
OPITZ, Martin 51
Orlando Furioso 42, 326 f.; *329*
Orpheus 54, 91, 220, 226, 337
Osiris 123

Othello 137
D'OUTREMEUSE, Jean 138
OVID 65
OVIEDO, Fernández de 153

P
PAJAI 79, 92
Pan 63
PARTIDGE, B. *307*
PASLEY, J. M. S. 4, 192, 210
PASOLINI, Pier Paolo 278
PASSE, Crispijn de *160*
PAZ, Octavio 218, 235 f., 238 f.
Pelops 75 f.
Penthesilea 41, 212–220, 236 ff., 243
Pentheus 59, 69 ff.
PERRAULT, Charles 108 ff., 115, 134, 244, 257, 326 ff.; *112, 116, 132*
Philemon und Baucis 262
PHILOXENOS 65
PITT, William, d. J. 291, 295 f.
PIZARRO, Francisco 151
PLATON 162, 195
PLINIUS 86, 138
POCCI, Franz von 304, 317; *93*
POE, Edgar Allan 120, 174 f., 184, 204, 326
POLANSKI, Roman 90
Polyphem 38, 46, 59, 62 f., 65 f., 80, 91, 96 ff., 101, 104, 108, 110, 133, 243; *59, 62, 66*
Poseidon 59, 266
Prometheus 58 f.
Prospero 16, 163 f., 256
PROUDHON, Pierre Joseph 48, 281, 316
PUFENDORF, Samuel 45
»Punch« 250, 299; *34, 246, 251, 303, 305*

Q
QUEVEDO, Francisco 272, 280

R
RABELAIS, François 41, 142 f., 179, 181, 197, 325 f., 344; *144, 253*
RADIN, Paul 196 f., 210
RAIS, Gilles de 107 f., 234, 274, 344
RALEIGH, Sir Walter 139, 181, 288
RAMUSIO, Giovanni Battista 153

Rapel 50
RAULFF, Ulrich 92, 207, 253, 258
REMBRANDT 15 f., 320
Rhea 54, 57
Richard III 262
RICHTER/SCHWARTZKOPF/PRANJKO 273
RIHA, Karl 307, 317, 353
RIPAS, Cesare 47
RITZ, Hans 111, 134
Robinson Crusoe 38, 41, 165–169, 183; *166, 167*
ROSEI, Peter 40, 227, 238
ROTH, Dieter 332 ff., 338
ROTHSCHILD, James de 304
Rotkäppchen 19, 35, 109 ff., 134, 327; *111, 112*
ROUSSEAU der Zöllner 163
ROUSSEL, Raymond 177
ROWLANDSON, Thomas 290, 297
RUBENS, Peter Paul 323, 343; *324*
RÜHM, Gerhard 271 f., 280

S
SADE, Marquis de 41 f., 220 ff., 227, 231, 234, 236, 238, 287
SAGAN, Eli 172, 184, 195, 203, 211, 330, 349
SAINT MAXIMIN, Arnoux de 221
SANTA CLARA, Abraham a 52
SARTRE, Jean-Paul 312
SAVINIO, Alberto 40
Schehrezâd 99
Schelm, göttlicher 196 f., 210
SCHINDEHÜTTE, Ali *226*
SCHROEDER, Margot 40; *235*
Schwarzer Mann 34
SCHWITTERS, Kurt 268, 279
SENECA 59, 75 ff., 92
SEYFARTH, Charly 87, 93
SHAKESPEARE, William 8, 14, 38 f., 46, 78 f., 88, 90, 137, 162 ff., 268, 275, 295, 326
SIEGEL, D. 278
Silenos 63 f.; *72*
Sindbad 99, 133
SIXEL, Friedrich Wilhelm 159 ff., 183

Skylla und Charybdis 66
SOKRATES 277
SOLBACH, Werner 130
SÖLLE, Dorothee 40, 313, 315, 317
SONDHEIM, Stephen 274, 280; *275*
SOPHOKLES 75
SPÄTH, Gerold 330, 349
SPIEL, Christian 172, 184
STADEN, Hans 41, 51, 99, 133, 137, 145 f., 153 ff., 158 f., 161, 179, 182 f.; *151, 152, 153, 154*
STAECK *313*
Stallo 33, 101 f.
STAMMLER, Jakob 35
STILLER, Günter *191*
STRABO 46, 48, 137
STRAUSS, Franz Josef 315
Struwwelpeter 37
STURM, Dieter 43
Sweeney Todd 274 ff., 280; *275*
SWIFT, Jonathan 16, 38 f., 41, 113, 223, 244, 247, 257, 281 f., 285, 287, 294, 308 f., 316 f., 333

T
TANNAHILL, Reay 134, 172, 182, 184
Tantalus 76
Tarzan 315
TAYLOR, Elizabeth 223
THEODEKTES 75
THEOKRIT 65
THEVET, André 154, 156
Thyestes 29, 38, 74–78, 246
TIECK, Ludwig 52, 215
Titanen 54, 56 ff., 74, 242, 324
»Titanic« 277; *273*
Titus Andronicus 78 f.
TOPOR, Roland *214, 215*
TOURNEUR, Cyril 78
Tupinamba 99, 146, 156
TWAIN, Mark 175, 184

U
Uenazzager 97
UHLAND, Ludwig 52
ULLRICHS, Timm 332

UNGERER, Tomi 222, 238
Uranos 56 f.

V
Vathek 100, 134
Vcirqo kimai 80
VELSER, Michel 141, 181
VERNE, Jules 177, 184 f.
VESPUCCI, Amerigo 153 f., 159
VIKTORIA, Königin 310
VILLENEUVE-TRANS, Marquis de 221
Vitzliputzli 42
VOLHARD, Ewald 49, 170 f., 173, 184, 257
VÖLKER, Klaus 43
VOLTAIRE, François-Marie 39, 41, 48, 100, 285 f., 308, 316
VOLTZ, Johann Michael 296

W
WAECHTER, F. K. 277
WAGNER, Richard 346
Wakefield-Meister 141
WALDSEEMÜLLER, Martin 154
WALSER, Martin 285, 316

WEBSTER, John 78
WEDEKIND, Frank 261, 279
WEISS, Peter 243
WELLS, H. G. 177
WHEELER, Hugh 274, 280
WIERTZ, Antoine 120
WILDE, Oscar 223
Wilder Mann 31, 41, 46, 50, 59, 100 f., 104, 142, 159, 193
WILLIAMS, Tennessee 42, 223, 225 ff., 237 f., 316
WINKELMANN, Hans Justus 151
Winnebago 197 f.
WIRZ, Paul 53, 90, 170
WOERKOM 188
WOHLGEMUT, Michael 140
WOLFE, Tom 228, 238
Wolfsmann 190
WULF, Christoph 92, 206, 211
Wyndam, John 178

Z
ZEDLER, Johann Heinrich 45, 52
Zeus 54, 57 ff., 63, 324, 344
ZIPES, Jack 111 f., 134 f.
ZOLA, Emile 303

 Bücher entdecken

Sachbücher, die Geschichte schrieben

Das Standardwerk über die dunkle Seite der Weltgeschichte in aktualisierter und vollständiger Neuausgabe.

ISBN-13 978-3-89996-253-6
ISBN-10 3-89996-253-2

 Bücher entdecken

Sachbücher, die Geschichte schrieben

Die erste Chronik weiblicher Tyrannenherrschaft – von den Amazonen über Agrippina und Bloody Mary bis hin zu Katharina der Großen.

ISBN-13 978-3-89996-359-5
ISBN-10 3-89996-359-8

Bücher entdecken

Sachbücher, die Geschichte schrieben

Das neue Standardwerk zu den Höllenvorstellungen der Menschheit – angefangen bei den alten Ägyptern und Babyloniern bis zum modernen Satanismus und der Gothic-Subkultur.

ISBN-13 978-3-89996-405-9
ISBN-10 3-89996-405-5